江苏高校品牌专业建设工程资助项目

江苏省高等教育教学改革研究课题（编号：2017JSJG255）成果

江苏高校品牌专业教材

财务管理系列

管理类专业导论

主　编　陈建明

副主编　赵红梅

中国矿业大学出版社

·徐州·

图书在版编目(CIP)数据

管理类专业导论 / 陈建明主编. —徐州:中国矿
业大学出版社,2019.12
　　ISBN 978-7-5646-4554-0

　Ⅰ. ①管… Ⅱ. ①陈… Ⅲ. ①管理学－高等学校－教
学参考资料 Ⅳ. ①C93

　中国版本图书馆 CIP 数据核字(2019)第 294942 号

书　　　名	管理类专业导论
主　　　编	陈建明
责任编辑	侯　明
出版发行	中国矿业大学出版社有限责任公司
	(江苏省徐州市解放南路　邮编 221008)
营销热线	(0516)83884103　83885105
出版服务	(0516)83995789　83884920
网　　　址	http://www.cumtp.com　E-mail:cumtpvip@cumtp.com
印　　　刷	徐州中矿大印发科技有限公司
开　　　本	787 mm×1092 mm　1/16　印张 18　字数 449 千字
版次印次	2019 年 12 月第 1 版　2019 年 12 月第 1 次印刷
定　　　价	58.00 元

(图书出现印装质量问题,本社负责调换)

序

目前,高校教学过程所遵守的基本原则是:学生先选择专业,再进行专业课程学习,而且学习的顺序严格按照基础课—专业基础课—专业课—毕业设计(论文)的顺序逐步递进。毫无疑问,这样的学习过程其主流是科学合理的,但也存在一些问题。其主要问题是大学生长期陷入具体的课程和章节之中,缺乏对本专业的全面了解。这种情况犹如没有地图迷失在丛林中,只见一棵棵树木而不见森林全貌,只见脚下路径而不辨前进方向,带来的直接后果是部分大学生的专业信念不坚定、专业思想不牢固。

面对刚刚踏入高等学校大门、满怀壮志和憧憬的莘莘学子,我们应该让他们尽快明白以下问题:① 所学专业的性质,在人类社会发展中的作用和地位,当前概貌和未来发展如何? ② 高校将通过哪些途径把自己培养成具有什么样素质的专业人才? ③ 自己在高校环境里将学到哪些知识,获得哪些技能,培养哪些能力? ④ 在大学接受的高等教育和在中学所接受的教育有何区别,怎样适应大学的学习生活,怎样最大限度地调动自己的学习潜力,发挥自己在学习上的主动性,发展自己的特长和才华,创造性地进行学习?

专业导论课程就是在入学之初,为引导大学新生正确认识和理解上述问题而设置的一门课程。其目的是使大学新生认识所学专业的性质、特点以及所学专业的作用和地位,了解所学专业的培养目标和教学内容,树立正确的专业思想和学习观,掌握正确的学习方法,激发专业学习的热情,为之后在校学习打下良好的思想和方法基础。

本教材是徐州工程学院管理学院组织教学科研一线教师为专业导论课程精心编写的指导教材。编写过程中,编写组进行了广泛的调研,收集了专业教师和行业企业管理者的建议,力求保证教材质量。本教材共收录了财务管理、会计学、市场营销、信息管理与信息系统、物流工程、旅游管理、房地产开发与管理等7个专业的导论内容,主要介绍了各专业的历史沿革与发展、培养目标及人才素质要求、学科基础、课程体系设置、教学安排及学习方法、毕业就业及继续教育、学习辅导信息等内容。

本教材的特色主要体现为以下两点:一是介绍了各专业的历史沿革、理论基础,使同学们能够鉴古知今,对本专业的历史发展有所了解;二是以实际需要为主线,站在有利于学生学习、了解、掌握专业知识,有利于人生规划的角度,从大学新生的现实情况出发,介绍各专业必须知晓的培养目标、教学体系、发展方向、就业前景等相关知识,为以后学生在该专业的学习和就业打下坚实基础。

本教材由管理学院院长陈建明教授担任主编、管理学院副院长赵红梅教授担任副主编。全体参编人员共同设计教材框架,拟订编写大纲。具体分工如下:成兵编写第一篇"财务管理专业导论";王远利编写第二篇"会计学专业导论";杨雪编写第三篇"市场营销专业导论";蒋秀莲编写第四篇"信息管理与信息系统专业导论";梁子婧编写第五篇"物流工程专业导论";魏洁云编写第六篇"旅游管理专业导论";李公产编写第七篇

"房地产开发与管理专业导论"。陈建明、赵红梅负责教材的统稿工作。

本教材可供应用型高等院校管理类专业大学生学习专业导论课使用,也可供管理类专业爱好者阅读。在本教材的编写过程中,参考了许多国内外专家的相关文献,编者所在单位的领导及同人给予了大力支持,在此特向他们表示诚挚的感谢。由于编者水平有限,教材中出现错误和疏漏之处在所难免,恳请读者批评指正。

希望本教材的出版能够让更多的大学生了解并喜欢自己的专业!

陈建明

2019 年 7 月 10 日

目　录

第三篇　市场营销专业导论

第四篇　信息管理与信息系统专业导论

第五篇　物流工程专业导论

第六篇　旅游管理专业导论

第七篇　房地产开发与管理专业导论

第一篇

财务管理专业导论

第一章　财务管理专业教育发展概况

第一节　财务管理专业教育发展历程

一、财务管理专业的发展历程

财务管理专业究竟归属于经济学还是管理学,是近年来专业设置中讨论较多的一个话题。通过对国内外财务管理专业设置的调查发现,在国外这一专业通常设在管理学大类下;在国内,这一专业有的设在经济学大类下,有的设在管理学大类下。

从理论渊源上看,财务管理与金融学密切相关。而金融学作为经济学的一个分支,研究的起点是从宏观层面开始的,其核心内容就是货币经济学和国际金融等问题。直到 20 世纪 40 年代前后金融学才逐渐从经济学中分离出来,成为一个独立的学科,其研究的范围逐渐从宏观层面向微观层面延伸。早期微观金融学研究的核心内容是资产定价与资源配置,主要包括投资学和公司财务两部分。在此之后,微观金融学的理论研究空前繁荣,出现了一些日后在金融学史上举足轻重的代表性人物和理论。如马科维茨(Markowitz)的资产组合理论,莫迪利安尼(Modigliani)和米勒(Miller)的资本结构理论,夏普(Sharpe)、林特尔(Lintner)和特里诺(Treynor)等人的资本资产定价模型,法玛(Fama)的有效市场理论,布莱克(Black)和斯科尔斯(Scholes)的期权定价理论,詹森(Jensen)和麦克林(Meckling)的代理理论,罗斯(Ross)的套利定价模型和信号理论,利兰(Leland)和派尔(Pyle)的信息不对称理论,哈特(Hart)的产权理论等。这些理论极大丰富与充实了微观金融学理论体系,也使金融学这一学科充满了生机和挑战,展现出无可限量的发展前途。

在许多人看来,宏观金融学和微观金融学都归属于金融学,涵盖了诸如货币经济学、国际金融、公司财务、投资学、金融市场学等子学科的学科体系,在专业设置中应将这些内容设在同一个学科分类中。但在实务中,以美国为例,货币经济学和国际金融一般设在经济系;公司财务和资产定价通常设在管理学院(商学院)。这种现象看起来是"学科定位与专业设置的逻辑混乱",其实产生这种疑惑的原因在于"金融"这一概念在中西方的含义不完全一致。钱颖一认为,在我国"金融"通常指的是货币银行学(money and banking)和国际金融(international finance),这两部分在国外都不称作金融(finance)。在国外,金融(finance)指的是公司财务/公司金融和资产定价两部分。为了避免混乱,钱颖一教授将国内的"金融"称为"宏观金融",而将国外的"finance"称为"微观金融"。

在我国,财务管理专业的发展变化以 20 世纪 90 年代前后为分水岭。在此之前,财务管理只是作为会计学专业的一门课程,研究企业资金运动,为计划经济下的企业理财服务。伴随现代企业制度的推进,公司作为一种兼容现代商品经济特征和要求的企业组织形式,以其强大的生命力向各个经济领域蔓延,并逐渐成为中国主要经济组织形式之一。面对不断推进的经济变革,面对经济主体多元化,投资、筹资多级化,全球金融一体化的发展趋势,人们迫切需要研究和掌握财务管理技术。这种商务实践的需求,一方面促使财务管理从会计学分离出来,成为一个相对独立的专业;另一方面,国内一些开设金融学专业的院系,其研究的范畴逐渐从宏观金融学向微观金融学延伸,其课程设置也越来越重视微观金融教育。尽管不同专业背景设置的财务管理专业仍带有各自专业的烙印,但从发展趋势看,这一专业越来越向"finance"的本原复归。

在 20 世纪 90 年代后期,财务管理作为管理学下的二级学科,其研究的内容比纯粹的公司财务宽泛得多,不仅研究厂商的投融资行为,还更加关注价值评估与管理。赫伯特·西蒙认为"管理就是制定决策"。亨利·法约尔认为管理是所有的人类组织(不论是家庭、企业或政府)都有的一种活动,这种活动由五个要素组成:计划、组织、指挥、协调和控制。如果将管理学的思想运用到财务活动中,那么,财务管理就是从金融市场和商品市场两个方面对资源各构成要素进行计划、组织、指挥、协调、控制和考评,通过资源的流动和重组实现资源的优化配置,通过各种金融工具的设计和创新实现财务管理目标和价值的增值。当然,财务管理并不是简单地借用微观金融学、管理学中一些现成的原理和结论,而是应用这些原理和结论指导厂商的投资和融资决策。这就是为什么植根于经济学的财务管理会成为管理学院(商学院)的主流课程。

作为一种价值管理,财务管理在研究资源配置时,需要借助其他学科,诸如数学、计量经济学、运筹学、会计学等的各种分析工具和概念,搜集各种必要的信息,以便在不确定条件下选择最优方案。在这些学科中,又属会计学对财务管理影响最大。在财务管理中,如果要对某项财务活动做出抉择,例如资本支出、兼并与收购、风险管理等,都必须依靠有关信息的支持。在计划、组织、指挥、协调、控制企业的财务活动中,要想达到既定的目标,实现价值增值,也必须收集、积累、利用有关的经济信息。在浩如烟海的信息中,会计信息是最重要的组成部分。利用会计信息的载体,如凭证、账簿和会计报表,可以传递财务状况、经营成果以及现金流量等方面的历史信息,经过对这些会计信息的进一步分析、解释和加工,还可以获得有关经济活动变化趋势的预测信息。因此,在一定意义上说,会计作为一种商业语言为厂商的财务决策提供了数据支持,因此财务管理与会计学有着千丝万缕的联系。财务管理学科范畴框架如图 1-1-1 所示。

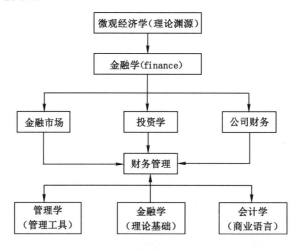

图 1-1-1　财务管理学科框架图

综上所述,作为一门独立的学科,财务管理学科的研究范畴应该与微观金融学的研究范畴相一致,主要由金融市场、投资学和公司财务三大领域构成。在这三大领域中,金融市场主要是分析金融市场的组织形式以及微观结构,考察不同的金融产品和它们的特征,及其在实现资源配置过程中的作用。投资学是以投资者决策为出发点,研究金融市场和金融资产(包括股票、债券、期权和期货)的定价模式及其投资分析与组合管理。公司财务则以公司决策为出发点,研究公司稀缺资源的取得(筹资决策)和使用(投资决策),即公司实物投资与财务运作的决策过程。在这三者中,投资学与公司财务的关系更加紧密,投资学的理论只有通过公司财务活动才能真正和实体经济发生联系,与商品市场发生联系;而公司价值又要通过金融市场的交易才能得到正确的评估。

二、我国财务管理专业的发展历程

在中华人民共和国成立初期,我国一些高校就开设了会计学专业,而财务管理专业则是在1998年才开始陆续在高校设置。1998年,教育部在进行普通高等学校本科专业调整时,将会计学与财务管理列为"管理学"门类的二级类目"工商管理类"之下的并列专业。在全国本科专业目录调整时,在原有的理财学专门化(设立于1989年)和资产评估专门化(设立于1990年)的基础上归并,将财务管理正式列为工商学科下的一个本科专业,正式纳入本科招生计划。这被认为是财务管理学科独立的一个重要标志。从2006年起,财务管理专业资产评估方向也正式纳入本科招生计划。

会计与财务管理工作是经济管理工作的基础和重要组成部分,任何一个企业、事业单位都离不开会计与财务管理工作。随着社会经济的不断发展,会计与财务管理工作已成为经济管理工作的核心,加上多种形式经济实体的不断涌现,需要更多的不同层次的会计从业人员,对高素质会计人才的需求也越来越多。从会计发展历史来看,财务管理工作可以说是会计工作的延伸和发展;基于企事业单位内部管理角度,会计是财务管理工作的重要基础,为财务管理提供主要信息服务。这些均反映了会计与财务管理的密切联系。世界经济的发展与企业管理的需要,促使财务管理从会计学中分离出来。财务管理是把会计学、管理学和金融学等知识融合在一起的一门应用性和实用性都很强的相对独立的学科。

财务管理专业于1998年列入教育部普通高等学校本科专业目录,截至2013年,全国已有超过500所院校开设了财务管理专业,其中地方本科院校占据多数。地方院校以服务地区经济社会发展为目标,在财务管理专业人才培养方面,已经为所在省市、地区的各类工商、金融企事业单位、政府部门输送了大批从事财务管理工作的高级专门人才。

《国家中长期人才发展规划纲要(2010—2020年)》为众多的高等院校发展财务管理本科专业提供了指导思想。该纲要指出,统筹推进企业经营管理人才队伍建设的重要举措之一是培养和引进一批科技创新创业企业家和企业发展急需的战略规划、资本运作、科技管理、项目管理等方面专门人才。可见,财务管理专业培养过程中应注重战略规划、资本运作、投资管理等内容的培养。

2014年10月财政部出台的《关于全面推进管理会计体系建设的指导意见》和2016年6月财政部出台的《管理会计基本指引》等文件,表明政府已将管理会计上升为一项系统工程而进行整体规划和设计,预示着管理会计从前期的政策研究阶段逐渐落实到实施层面。有了政府的顶层设计和推动实施,未来会计从业人员从"财务会计"到"管理会计"的转型已是大势所趋,我国"管理会计"时代已经全面来临。重视战略规划、绩效评价、财务分析、投资管理、成本管理、风险管理、价值管理,成为企业管理会计的主要内容,管理会计成为企业经营决策系统重要工作的总体需要。财务管理作为管理会计的最重要内容之一,在经济管理中的地位日益重要。

国内管理会计人才相对匮乏的现状,为财务管理专业的发展提供了新的机遇,进一步明确了高等院校财务管理专业的未来发展思路。

第二节　高等院校财务管理专业设置状况

一、高等院校财务管理专业设置状况

2012 年财务管理专业的就业相近专业——会计学成为国家控制布点专业,会计学专业的新办院校增速明显放缓。而设立财务管理专业的院校数量呈现快速增加趋势,从 2009—2013 年教育部普通高等学校本科专业备案或审批结果来看,新办财务管理专业的院校总数达到 127 所,其中不仅包括普通高校,还有不少独立学院和民办院校。

在新设财务管理专业的院校中,地方院校成为主流。地方院校的人才培养定位主要是服务于地方或区域经济建设与社会发展。基于"宽口径、厚基础、重实践"的教学理念,目前地方院校已为社会培养了大批具有财务管理专业背景及相关理财技能的专门人才,适应了新形势下经济主体对于同时具备会计理论功底、熟悉资本运营规则、掌握价值管理方法的人才需求的现实情况。

二、高等院校财务管理专业建设现状

从会计发展历史来看,财务管理工作可以说是会计工作的延伸和发展;基于企事业单位内部管理角度,会计是财务管理工作的重要基础,为财务管理提供主要信息服务,这些均反映了会计与财务管理的密切联系。我国高校中财务管理专业大部分隶属会计学院,这也反映出我国专家学者对二者之间关系密切的认同。目前,学界对会计学与财务管理的不同学科属性基本形成共识:会计主要是针对以资金运动为主的经济活动进行的信息管理,而财务管理是对企业筹资、投资、资金营运与收益分配等财务活动进行的价值管理;会计是加工和生成信息的系统活动,而财务管理是一种资本运作活动;会计学注重信息属性,财务管理则侧重管理属性。

由于历史原因和企业经营的环境因素,我国财务管理学科脱胎于会计学科,因此在研究内容和课程设置上与会计学有较多的交叉,很多院校的财务管理专业与会计学相差无几,形成了"财、会不分"的局面,导致财务管理专业定位不清晰、发展方向不明确、与会计学专业界限模糊。财务管理专业建设存在以下问题:① 培养目标还不很明确,人才培养模式定位不够清晰。财务管理专业由于与会计学、金融学等专业的历史渊源,在培养目标上仍带有相关专业的特征,自身特征不突出。② 专业课程之间内容交叉重复问题突出。由于缺乏明确定位,各相关课程或各相关课程群之间在内容上未能围绕专业方向要求进行统一协调和合理安排,内容交叉重复现象严重,导致较多教学资源的浪费。

第三节　财务管理专业高等教育的特点

一、财务管理专业发展定位

财务管理专业交叉学科的特殊性,决定了该专业在专业发展方面既具有与会计学、金融学专业相似的特点,又应突出自身的专业特性。虽然经过了20多年的发展,但是各高校对于财务管理本科专业的准确定位仍未形成统一认识,由专业定位不清带来的人才培养目标不明确,与会计学、金融学专业的界限模糊等问题依然存在。由于对专业特征的把握不清,财务管理专业相对于会计学、金融学专业的竞争优势并不明显,尤其是与会计学专业毕业生就业同质化的倾向比较严重。因此,在当前强调内涵式发展、培育核心竞争力的背景下,财务管理专业的发展定位具有极其重要的战略意义,将直接决定专业课程设置、人才培养质量以及市场需求适应度,乃至专业发展的持续性。

（一）财务管理与金融学的关系

财务管理与金融学学科的界限不明集中表现在财务管理与公司金融课程的关系不明朗方面。从财务管理学科基础核心课程财务管理来看,由于其指的是企业(公司)财务管理,用英文可表示为"financial management、corporate financial management"以及"corporate finance",实际上这也是该课程教材的英文名称,翻译为中文可以是财务管理、公司理财、公司金融等,主要研究企业筹资、投资、经营以及分配过程中的财务问题;而通览公司金融课程的教学内容,发现除侧重点向投资与金融市场机制方面略有偏重以外,基本内容方面与财务管理课程并无显著差别,因而可认为二者实质上等同,而这也使得关于财务管理是否应归属金融类学科引起争议。从宽泛的视角看,广义金融学应包括宏观金融与微观金融两大类,其中宏观金融即国内大多数院校所认可的金融学,主要研究货币政策、金融市场与机构的制度与运行等宏观层面的问题,在国内起源于对货币银行学的研究,与国外关于货币经济学的研究较为一致;而微观金融以公司金融为核心,以资本市场为依托,研究资源的跨期配置与风险管理问题,与国外的金融学科研究范畴一致。由于国内金融学科偏重于宏观方面,易造成宏观金融与微观金融的脱节;而财务管理学科虽然实质上关注了微观金融方面,可划归广义层面的金融学科中,但受其名称的局限而通常被认为是会计学科的附属学科,从而导致财务管理与金融学学科的关系含混不清。

（二）财务管理与会计学的关系

从财务管理与会计两类学科基础核心课程所反映的经济活动来看,由于会计活动基于"资产＝负债＋所有者权益"的平衡等式,对资产负债表等财务报表各个项目进行确认、计量、报告与分析解释,而财务活动基于"资金来源＝资金运用"的资金平衡关系,在相关的财务报表基础上对企业资金的筹集、运用等进行分析和决策,因此,财务管理与会计通过企业的财务报表实现有机的结合。由于无论从经济活动还是研究方面看,会计计量总表现为财务决策的基础,因而多数人观念上并未将财务管理学科从会计学科中独立出来。然而,二者的区别也是显而易见的。由于财务管理研究的是"钱",即资金的运动,侧重于分析与决策,而会计研究的是"账",即对过去的财务事项进行确认,重视计量与报告,因此,从企业的视角来看,会计活动偏重于"企业微观方面",而财务管理则偏重于"企业宏观方面"。

（三）财务管理专业定位

通过对上述三个学科专业基础核心课程的比较,可看出财务管理学科地位的重要性:基于宏观视角,在广义金融学学科范畴内,财务管理与公司金融实质等同,应属微观金融范畴;而基于微观视角,通过与会计学科的比较,财务管理又着眼于微观企业主体的宏观方面,具有宏观视野。割裂财务管理与金融学科的关系易于将财务管理视为会计学科的附属学科,而脱离会计学科的微观公司金融更像是"无源之水,无本之木"。因此,财务管理学科实质上可看作是将金融学科与会计学科联系在一起的"中观学科",而这一学科专业培养的人才应既能读懂企业的财务报表,掌握分析与决策的一般方法,又具有宏观思维,能够在瞬息万变的金融大环境中合理地进行投资与风险管理决策。因此,以培养 CFO（首席财务官）等复合型人才为导向的财务管理学科应定位:立足于微观企业主体,放眼宏观金融环境,融合金融学科与会计学科双重优势,探寻企业财务运行机制与决策优化的综合性学科。

二、财务管理专业人才培养目标

专业培养目标是指专业要培养什么样的人才、应具备什么样的能力、如何构建其知识体系等。财务管理专业培养目标为:培养适应现代市场经济需要,具备人文精神、科学素养和诚信品质,具备管理、经济、法律和财务管理等方面的知识和能力,能在营利性和非营利性机构从事财务管理以及教学、科研方面工作的应用型、复合型人才。这一目标虽然体现了财务管理专业培养对象应掌握的基本知识、应具备的专业能力及就业方向等内容,但是过于笼统,没有突出财务管理专业较之于其他管理类专业的鲜明特色。为此,有些院校对该目标进行了分解、重构,充分考虑到自身特色和学科优势,并以社会需求为导向,有所侧重地在财务管理专业下分设了不同专业方向。经过统计,财务管理专业方向达 15 个,分别为:公司理财方向、网络财务方向、纳税筹划与公司财税方向、税务代理与纳税筹划方向、资产评估方向、国际资产经营方向、国际财务管理方向、企业价值评估方向、成本控制与决策方向、微观金融方向、金融管理方向、金融会计方向、信用管理方向、财务信息化方向、投资理财方向。

财务管理专业侧重于培养能为企事业等单位从事财务管理工作的专业人才,同时积极探寻拓展国际化专业人才教育的途径。随着国际资本市场不断发展与完善,以及企业财务管理活动日趋复杂化,财务管理的国际化已成为一种必然趋势。因此,非常有必要使财务管理教育在遵循教育规律的前提下,针对学科特点与社会需求,加快财务管理教育的国际化进程。财务管理专业培养目标应是应用型、复合型、创新型高级人才,这里的应用型是基于技能的职业型教育与基于理论的研究型教育之间的应用型人才教育。社会经济不仅需要学术型人才,更需要应用型人才。从国内市场来看,以适应经济社会发展需要为出发点,利用学校的区位优势,把重视学生的实际工作能力作为人才培养质量的目标定位符合财务管理专业特色建设的发展要求。

三、财务管理专业人才素质要求

教育部对财务管理专业本科人才提出的培养要求是:本专业学生主要学习财务管理方面的基本理论和基本知识,接受财务、金融管理方法和技能方面的基本训练,具有分析和解决财务问题的基本能力。具体的专业素质要求如下:

（1）掌握经济学、管理学的基本理论和基本知识；

（2）掌握财务管理的基本理论、基本方法和基本技能；

（3）具有较强的语言与文字表达、人际沟通、信息获取以及分析和解决财务管理实际问题的基本能力；

（4）熟悉国内外有关财务、金融管理的方针、政策和法规；

（5）了解本学科的理论前沿和发展动态；

（6）掌握文献检索、资料查询的基本方法，具有一定的科学研究和实际工作能力。

四、财务管理专业课程体系

为构建满足学生综合素质的培养和构建多元化知识结构的需要，财务管理专业需要构建完整规范的学科课程体系，特别是以专业主要就业方向为导向，按照财务管理专门人才需要具备会计、金融、财务管理、信息处理技术四大知识支柱设置相关主干课程，为学生就业和职业发展拓展空间。随着全球经济一体化程度的不断加深，中国教育事业的发展也朝着国际化的方向不断发展，高校各专业人才培养的目标更需要有层次性、各专业知识结构更加需要体现系统性和开放性，人才培养模式更加需要多样性和灵活性，课程体系和内容需要进一步和现实需求接轨、和国际接轨。

一般高校课程体系设计分为三个层次，第一层次为一般自然、人文社会科学基础课；第二层次为公共基础课；第三层次为专业基础课、专业必修课及专业选修课。会计学与财务管理专业课程的主要差异体现在第三层次上。专业基础课主要体现高等教育"宽口径"的要求；专业必修课重点培养学生的核心专业能力，体现"厚基础"的要求；专业选修课的设置重点要体现"强能力"的要求。目前各院校在专业课程设置中，会计学专业的主干课程差异不大。但财务管理专业的主干课程则有较大差异，主要有以下三种形式：一是在会计学专业基础上的转型，如上海财经大学；二是课程设置倾向管理类，在企业管理的基础上培养财务管理人才，如复旦大学；三是与金融管理联系密切，如上海对外经贸大学，直接将财务管理专业设在金融管理学院。此外，会计学专业与财务管理专业在实践教学环节也有较大差异。会计学专业强调的是实际动手操作能力；而财务管理专业更强调分析问题、解决问题的能力，如投资、融资、资金营运、收益分配等预测与决策方案的制定。

第二章 财务管理理论及研究方法

第一节 财务管理理论的产生与发展

一、西方财务管理理论的产生与发展

财务管理,早期是作为微观经济学的一个分支而诞生的,它是属于微观经济理论的一个应用学科。1900年巴舍利耶的《投机理论》的论文被认定为标志着财务学从经济学中独立出来成为一门新学科的里程碑。此后米德、戴维等人又陆续出版了一些财务管理方面的著作,标志着财务管理学的初步形成。直到今天,不少学者还是认为微观经济学中的消费理论、生产理论、市场均衡理论及生产要素价格理论为财务管理提供了理论基础。

到了20世纪初,由于股份公司的迅速发展,许多公司都面临着为扩大企业生产经营规模和加速企业发展而筹措资金的问题。故在这个时期,财务管理的重点就是筹资财务问题。1897年,美国财务学者格林所著的《公司理财》,被学界认为是筹资财务理论最早的代表作。其后的著作有1910年米德的《公司财务》、1920年斯通出版的《公司财务策略》。这一时期西方资本市场发育日趋完善,各种金融机构的出现和金融工具的使用,加上企业扩大规模的需要,促使财务管理学开始研究企业如何利用普通股票、债券和其他证券来筹资,金融中介如投资银行、保险公司、商业银行及信托投资公司等在公司筹资中的作用。当时财务管理的重点就是对金融市场、金融机构和金融工具的描述和讨论。

20世纪30年代,西方经济大萧条,企业的破产、清偿和合并成为财务管理研究的主要问题,这一时期的财务管理的重心是企业与外部市场之间的财务关系处理。这为企业财务状况的系统分析及对资产流动性分析打下了基础。

1929—1933年的大萧条促使学者们开始转入探讨证券市场的价格变动规律和证券内在价值问题,财务学走向理论化。

20世纪50年代是财务管理划时代的分界线。1952年,美国著名财务学家哈里·马科维茨发表的《资产选择:有效的多样化》一文,奠定了投资财务理论发展的基石。该文连同其后陆续产生的资本资产定价理论、有效资本市场假设理论以及套利定价理论等,共同构成了当代投资财务理论的基本框架。基于此,这一时期的财务管理焦点开始从外部转向内部,企业财务管理决策成为公司管理的重心。而我们所熟悉的现金流折现方法用于资本预算分析及金融资产的定价就是从这个时期开始的。此外,计算机技术首度应用于财务分析和规划,以及现金、应收账款、存货、固定资产等的日常管理,各种计量模型也得到了日益广泛的使用。故有人评价:50年代以前的资本结构理论被称为"早期资本结构理论",而50年代以后形成的以MM理论和权衡理论为代表的资本结构理论则被称为"现代资本结构理论"。

到了20世纪60年代至70年代,财务管理的重心又重新从内部向外部转移,资本结构和投资组合的优化,成为这一时期财务管理的核心问题。统计学和运筹学优化理论等数学

方法引入到财务理论研究中。这一时期形成的资产组合理论、资本资产定价模型和期权定价理论为评价企业的价值、研究证券投资的风险和收益奠定了基础，形成了近代财务管理学的主要理论框架，并使财务管理中的投资决策、筹资决策、资本结构和股息策略决策均建立在可靠的实证理论之上。70年代，新财务理论成立。

而从20世纪80年代以来，财务管理学进一步研究不确定条件下的企业价值评估，以及通货膨胀对企业价值的影响。这一阶段主要是对已有的理论进行完善，并在实践的基础上加以修正，使之更好地服务于实践，因而产生更为细分的财务管理方向，如通货膨胀财务管理、企业集团财务管理、国际企业（跨国企业）财务管理、企业并购财务管理等都是在此时发展起来的。

20世纪90年代，行为财务学出现，斯坦在1996年发表的《非理性世界里的理性资本预算》一文标志着公司行为财务的形成。到了21世纪初，企业财务作为一门用来控制资金运动的科学，正以系统论、信息论和控制论等横断科学的新成就来重新武装自己，特别是运用电脑辅助决策系统进行财务决策，使财务管理的发展更加科学和完善。

二、我国财务管理理论的产生与发展

20世纪70年代，西方财务管理理论发展进入成熟阶段，那时我国正处在计划经济时期，财务管理模式与西方市场经济体制下的运作模式截然不同。改革开放以后，1992年党的十四大提出建立社会主义市场经济体制，我国理论界才正式展开对适合我国国情的财务理论体系的探索和构建。因此，在1992年以前，我国财务管理理论的相关研究除了探索学科体系的构建外，更多的是对国外研究成果的推介。

我国财务管理理论是中华人民共和国成立后逐步建立和发展起来的，主要经历了成本管理为主要内容、财务核算与监督为主要方式的管理阶段（1949—1978年），分配管理为主要内容、财务控制与考核为主要方式的管理阶段（1978—1992年）；筹资管理为主要内容、财务预测与决策为主要方式的管理阶段（1992年至今）。在我国财务管理理论数十年的发展历程中，我国学者在财务管理理论结构的研究起点、财务管理假设、财务管理目标、财务管理原则以及财务管理理论体系的构成等方面积累了丰富的研究成果。

1998年以后，我国财务管理理论的研究由整体推介国外理论逐步过渡到更加紧密地联系我国宏观和微观环境，运用国外研究的基础理论，结合企业和资本市场实际情况"量体裁衣"地构建我国的财务管理体系理论框架，如以海尔财务公司为例研究中国大型企业集团企业金融功能、内部金融服务体系构建和财务公司未来发展的模式。

第二节　财务管理理论体系

一、财务管理的理论基础

作为一门学科，财务管理自身既有完整的理论体系，同时也需要相应的理论支撑，就现代财务管理涉及的理论基础看，主要包括经济学理论、金融学理论、管理学理论、财务会计学理论、IT（信息科学）与网络应用、证券等相关法规六个大的方面，另外还涉及计量经济学、统计学、行为学等有关学科。这里仅就六大理论基础做简要介绍。

一、经济学是财务学的理论基础

财务管理理论由两个大的方面共同组成:一方面是财务经济学,主要是基础性理论,表现在经济学领域中主要是微观经济学;另一方面是应用型理论,主要是为企业在实践管理过程中提供管理方式和方法的。而在财务管理理论中,许多概念都与经济学有着密切的关系。例如企业就是微观经济学说中所涉及的"生产厂商",企业投资的规模以及整个资本结构表现在微观经济学中就是"均衡理论"。另外,管理中所涉及的各种管理效益以及时间成本等,都是从经济学中的各种理性假设下发展而来的。因此,我们可以认为财务管理理论是从经济学,尤其是微观经济学中发展而来的,也可以将其看作是微观经济学的一个重要分支。财务管理理论是对财务进行监督管理,尤其是在财务整体发生失衡的情况下,通过采取一些关键性的手段和措施来解决财务资源的具体使用问题,而之所以能够达到这一目的,是因为在这一个市场中,起到关键性作用的还是宏观的手和微观的手,并且两者的目的都在于让企业获得最大的经济效益。

综上,所谓的财务管理学是微观经济学在企业领域发展出来的一个分支,可以采用一系列的手段实现企业经济资源的有效配置。把财务管理学放到经济学的理论框架中,有助于深化财务管理理论的经济学分析。

二、金融和金融市场是财务活动的经营理念和经营工具的基础

现代财务理论与金融学理论几乎完全一致地包括在资本结构理论、资产组合理论、资本资产定价理论、期权定价理论中,因而在理论上是完全融合的。在传统的经营理念上,金融企业主要从事的是货币—信用—货币的交易行为,而工商企业所从事的是货币—实物(服务)—货币的交易行为,因此从工商企业的始点和终点看都与金融活动密切联结着。同时现代工商企业的财务活动可理解为对外部的融投资活动,融投资活动又与金融市场和金融工具紧密联系,特别是上市公司在资本市场的运作使得公司财务和金融活动、金融市场交融在一起,有着共同的背景,依赖同一种工具,因而金融企业的金融活动和工商企业的财务活动过程也是在互动中结合在一起的。传统的财务经营理念需要向现代金融经营理念转变,同时在各自独立的运行中相互分离。探索金融和财务的关系,不仅在理念上,而且在实际运作中也有了进一步的发展,例如,金融企业借壳上市,工商企业股权交易达到控股目的,都是财务理念向金融理念转化的结果。

三、管理学是财务管理的方法论基础

财务管理是企业生产要素人、财、物、事管理中的重要内容之一,是管理活动的重要组成部分。管理学的方法同样适用于财务管理的一般方法,包括预测、计划、决策、控制、分析的方法。现代管理制度的核心是"产权清晰、权责分明、政企分开、管理科学"。如何做到产权清晰呢?首先企业必须要做到独立核算,独立承担市场的风险。在这种情况之下,企业如何拓宽资金的来源渠道、完善企业资本结构并使其多元化,甚至企业资金的收支,都将成为企业需要考虑的重要问题。现代管理制度下,企业财务管理是企业管理的核心,这是经济运行的必然结果,也是在全球化背景之下对于企业发展的理性认识。同样,在一般方法的基础上,探索财务管理的具体方法则是对一般方法的推广运用,如管理的计划方法推广运用到财

务工作中形成财务预算方法,同时,财务预算是财务控制的工具,这就解决了管理学作为一般方法如何对财务管理的具体方法起指导作用的问题。

四、会计学是财务工作的信息基础

会计通过规范性的会计准则和会计制度记录计量所发生的资金运动信息,而财务有效地利用会计信息调动资金和配置资金;会计成为财务工作的信息基础,财务管理离不开会计所提供的以财务信息为主的经济信息,财务活动的开展依赖于内外部会计提供的数据信息。财务管理与会计两者共享资源,互相影响,互相促进等。从管理的环节看,两者也确有交叉,如会计作为信息处理活动,除了事中的核算外,也应有事前的预测、事后的分析,与财务管理的预测、计划、控制、分析、检查等有相同的管理环节。不过,会计的预测主要是提供预测的信息,进行预测的计算,而财务管理则侧重于运筹帷幄,做出规划、判断、决策。

五、IT与网络应用是现代财务技术的应用基础

IT与网络应用是现代财务工作不可或缺的工具,如ERP(企业资源计划)技术、会计应用软件等成为会计核算、计量的基本应用技术,消除了手工核算效率低下、误差难以寻找的弊端,而且还提供了主动控制、自动平衡的基本条件;财务管理模式从过去的局部、分散管理向远程处理和集中式管理转变,实时监控财务状况以回避高速度运营产生的巨大风险。企业集团利用互联网,可以对所有的分支机构实行数据的远程处理、远程报表、远程报账、远程查账、远程审计等远距离财务监控,也可以掌握和监控远程库存、销售点经营等业务情况。这种管理模式的创新,使得企业集团在互联网上通过网页登录,即可轻松地实现集中式管理,对所有分支机构进行集中记账,集中资金调配,从而提高企业竞争力。企业内外以及与银行、税务、保险、海关等社会资源之间的业务往来,均在互联网上进行,将会大大加快各种报表的处理速度。运用数据库开发技术,研制基于互联网的财务及企业管理应用软件,可实现远程报表、远程查账、网上支付、网上信息查询等,支持网上银行提供网上询价、网上采购等多种服务。这样,企业的财务管理和业务管理将在网络的基础上协同运作,统筹资金与存货的力度将会空前加大;业务数据一体化的正确传递,保证了财务部门和供应链的相关部门都能迅速得到所需信息并保持良好的沟通,有利于开发与网络经济时代相适应的新型网络财务系统。

六、证券、税务、会计等相关法律法规是财务控制活动的规范基础

企业财务管理实质是利益协调问题。尤其在市场经济条件下,企业内部与外部之间、所有者与经营者之间、出资人与债权人之间,各种利益关系进一步复杂化。任何单位的经济运行都具有外部性,企业财务也如此。企业"自行管理"必须以遵守共同的财务管理法规为前提。财务管理法规,一方面作为国家财政规章的重要组成部分,应当既能够给各级财政部门管理企业财务提供制度平台,实现依法行政,又可以为各类企业获得国家财政支持创建沟通与联系的渠道,实现公平竞争;另一方面作为企业财务管理的行为准则,能够为企业在组织财务活动、处理各种利益关系方面提供参照的标准。如果没有及时实现制度供给,就会出现一些意想不到的社会经济秩序混乱的现象。《中华人民共和国公司法》《中华人民共和国证券法》《中华人民共和国会计法》等法律及相关规定,已经成为规范企业财务实践活动最重要

的指南和规则,每类法规及其相应的结合都会具体指导如何进行财务活动和财务交易行为。如企业如何组成股份公司,企业集团、有限责任公司如何有效进行税务筹划,在企业提供相关财务报表时选择较为妥当的会计政策。

上面从六个方面阐明了现代财务理论与经济学、金融学、管理学、会计学、网络技术、法律法规之间的关系,表明它们是构造现代财务理论框架的六大支柱,也表明现代财务是一门多学科知识相互交融又自成体系的边缘性学科。它既是独立的,又是综合的。它不依附于任何一门学科,但与会计学科有更近的学科关联,这是不容置疑的一个事实。

二、财务管理的主要理论

(一) 资本结构理论

资本结构理论主要研究的是公司是否存在最优资本结构以及资本结构与公司价值之间的关系,并对此做出分析和解释,大致可以划分为以下三个阶段:传统资本结构理论阶段、现代资本结构理论阶段和新资本结构理论阶段。

1. 传统资本结构理论

(1) 净收益理论。

该理论认为,随着公司负债比例增加,公司的债务资本成本与权益资本成本保持固定不变,但债务资本成本却要低于权益资本成本,所以公司负债程度越高,加权平均资本成本越低,公司价值也就越大

(2) 净营业收益理论。

该理论认为,无论采用何种资本结构,公司加权平均资本成本都固定不变,资本结构对公司价值没有影响,决定公司价值的是公司的营业收益。

(3) 传统折中理论。

该理论认为,在负债比例较低的阶段,权益资本成本的上升不会完全抵消利用低成本的债务资本所带来的好处,公司加权平均资本成本呈现下降的趋势,公司价值增加。但是当公司负债比例超过一定限度以后,债务资本成本和权益资本成本都会上升,导致加权平均资本成本上升,公司价值下降。

2. 现代资本结构理论

(1) MM 理论。

第一,无公司所得税和个人所得税的 MM 理论——资本结构无关论。

美国学者莫迪利安尼和米勒于 1958 年在《资本成本公司财务和投资理论》一文中提出了著名的 MM 理论,认为资本结构的改变不会影响公司价值和资本成本,公司价值取决于它的基本获利能力和风险程度。

第二,修正的 MM 理论——资本结构有关论。

该理论认为,考虑了公司所得税后,负债的利息可以抵税,因此公司可以利用财务杠杆增加公司价值,公司价值将会随着负债程度的提高而增加,而当公司的资本结构为 100% 负债时,公司价值达到最大。

第三,米勒模型。

该模型探讨同时考虑公司所得税和个人所得税时,负债对公司价值的影响。该模型指出,公司最优资本结构受公司所得税和个人所得税变动的影响,公司追求无限免税利益的冲

动在一定程度上会被个人所得税所抵消。

（2）权衡理论。

20 世纪 60 年代后期,资本结构理论的研究逐步放宽 MM 理论的假设条件,分为两个分支:探讨税收差异对资本结构影响的"税差学派"和研究破产成本与资本结构关系的"破产成本学派"。1966 年,罗比切克(Robichek)和梅耶斯(Myers)将两种理论融合,同时考虑所得税和破产成本对公司价值的影响,提出了权衡理论。权衡理论认为,公司最优资本结构是公司债务的税收利益和破产成本相互权衡的结果。

3. 新资本结构理论

（1）代理成本理论。

詹森和麦克林率先将企业理论、代理理论和所有者结构融资理论融合起来,研究了不完全信息条件下公司资本结构的决定机制。詹森和麦克林把股东与经理人的利益冲突导致的代理成本称为"外部股票的代理成本",把股东与债权人的利益冲突导致的代理成本称为"债务的代理成本"。詹森和麦克林指出,最优资本结构就是在总代理成本最小化时得到,此时债务的边际成本等于股权的边际成本。

（2）信号传递理论。

第一,债务比例信号传递模型。

1976 年,罗斯将不对称信息的信号理论引入资本结构研究中,认为资本结构的选择可以向外部投资者传递公司内部人所拥有的信息,建立了信号传递模型。破产概率与债务水平、公司价值都是正相关的,低质量的公司不能靠发行更多的债券来模仿高质量的公司,所以外部投资者把较高的债务水平看作是高质量公司的信号。

第二,基于管理者风险厌恶的信号传递模型。

利兰和派尔认为,公司经理人是厌恶风险的,持有较多的股票会减少经理人的福利,拥有高质量投资项目的经理人可以通过选择更高的债务水平向外部投资者传递优良项目的信号,具有越高债务水平的公司其内部人持有的股份比例越高并且公司质量越高。

第三,优序融资理论。

1984 年,梅耶斯在罗斯模型的基础上,提出了优序融资理论,又称为鸟啄次序理论,讨论了通过资本结构的选择来降低信息不对称造成的投资效率低下问题。该理论认为,因为不对称信息和交易成本的存在,公司进行融资要付出更多的成本,公司发行股票时,股价有可能不被正确评价,经理只愿意在股票价格被高估时才发行股票,但是投资者却不会购买。优序融资理论认为,公司筹集投资资金的顺序是先选择内部融资,当内部资金不足时,公司会先考虑发行无风险或风险低的证券,最后才考虑股权融资。

（3）控制权理论。

在大量的资本交易中人们发现,资本交易不仅仅是剩余利益的索取分配,还涉及剩余控制权问题,其最基本的事实就是普通股具有表决权而债券没有,所以管理者可以通过资本结构的选择与改变来变更公司的投票权分布,从而对接管是否成功产生影响。

（4）资本结构产业组织模型。

20 世纪 80 年代中后期,资本结构理论与产业组织理论相融合,运用产业组织理论的资本结构模型开始出现。

第一,资本结构与公司经营策略之间的关系。

布兰德(Brander)和刘易斯(Lewis)指出在古诺均衡中,杠杆的增加是刺激公司产量增加的可信事前承诺。杠杆的增加会诱使股东采用更具风险性的产品策略,保证提高产量。

第二,资本结构与其产品或投入要素之间的关系。

蒂特曼(Titman)认为,公司一旦破产清算,将不能给顾客继续提供产品、配件和售后服务,同时也会使员工丧失工作机会,潜在员工不再到公司就职,供货商减少或停止与公司的业务关系。不仅公司的负债水平直接或者间接地影响供应商、员工、顾客等非财务利益相关者的利益,这些非财务利益相关者的行为也同样对公司的经营产生影响。所以,生产独特产品或耐用品的公司会减少负债比例,降低破产概率,增加公司价值。

(二)资产配置理论

"资产配置是投资市场上唯一的免费午餐",正如现代资产配置理论的奠基人马科维茨所说的那样,资产配置是投资中最有价值与意义的事情。

1. 马科维茨资产组合理论

1990年,马科维茨因为他在1952年提出的"资产组合理论"而获得当年的诺贝尔经济学奖。他在1952年发表的经典之作《资产选择:有效的多样化》一文中,首次以资产组合为基础,配合投资者对风险的态度,从而对资产选择进行科学分析,由此便产生了现代的"资产组合理论"。该理论奠定了"资产配置"在财富管理行业中的核心地位,甚至被誉为"华尔街的第一次革命"。

在资产组合理论中,马科维茨用均值方差模型对资产配置进行了分析,其最早的模型只考虑三个维度的变量:资产的预期收益率、预期波动率,以及资产之间的相关性,由这个模型衍生出了"60%股票+40%债券"的经典资产配置组合。

该模型虽然分散了部分风险,但因为投资种类仅两种,依然存在很大的风险,尤其是在金融不断创新的今天,这样的资产配置组合已很难发挥作用了。

2. 耶鲁模式

耶鲁模式来自耶鲁大学捐赠基金,耶鲁捐赠基金被称为是全球运作最成功的学校捐赠基金,耶鲁模式也创造了机构投资史无前例的成就,其市值在30年里增长了11倍之多,基金过去30年以13.9%的投资回报率领跑全球高校基金,谱写了耶鲁神话。

耶鲁模式的投资特点是资产类型分散、偏好另类投资,在海外市场、股权、房地产上耶鲁捐赠基金都做了较高配置。

耶鲁模式结合了马科维茨均值方差模型和成熟的主观市场判断,但是由于非流动性资产的风险和收益特征难以量化,所以整体而言耶鲁模式更加偏向于主动型的资产管理。虽说耶鲁捐赠基金是资产配置的黄金标杆,但是对于大部分投资人来说,要去投资绝对收益产品和风险投资产品,是非常有难度和挑战性的。另外,加上较长的锁定期和较高的管理费用,如果你没有像耶鲁捐赠基金一样的人力物力资源,其实你很难选出便宜又好的产品,最后可能会花了大量的精力却得不偿失。

3. 美林投资时钟理论

在现在的资产配置领域,最耳熟能详的理论莫过于"美林投资时钟理论"。

美国著名投行美林证券在研究了美国1973—2004年30多年的历史数据之后,于2004年发表了"投资时钟"这一著名的大类资产配置理论。

根据美林投资时钟,经济分为4个大的周期,即过热期、停滞期、衰退期和复苏期,而投资人为了最大限度地避免经济周期带来的影响,有两种做法。

第一种是预测经济周期,然后根据周期的不同而选取在相应周期中表现较好的投资标的;第二种是如果投资人很难预测经济周期,就在每个周期中选择1～2个品种进行全覆盖,从而达到资产配置的目的。

美林投资时钟理论虽然比较完美,但只是资本市场一个静态的表现,滞后性比较严重,等到我们反应过来的时候,机会已接近尾声,再进去或许只能成为接盘侠。另外,投资者由于自身认知的局限性,往往也会对经济周期产生误判,所以按照投资时钟理论来进行资产配置并不简单。

4. 全天候交易策略

全球最大的对冲基金桥水公司的创始人雷伊·达里奥是公认的对冲基金史上最成功的基金经理,甚至被华尔街尊称为"对冲基金教父"。经过近40年的发展,达里奥一手打造的桥水在2011年超过金融大鳄索罗斯的量子基金,成为全球最赚钱的对冲基金,该公司管理着高达1 500亿美元的资产。

全天候交易策略是达里奥的资产配置策略,主要内容是指在市场上涨、下跌或平盘的过程中,都能实现回报的有效投资策略。关于全天候交易策略,可说的东西太多,但它也是从资产组合理论与耶鲁模式的基础上衍生出来的。与巴菲特的策略相比,达里奥选择了将资金更多地投资于债券,而较少投资于股票。因为达里奥认为一个资产的收益率很难测算,但风险却相对容易计算,所以在配置各类资产的时,更重视背后的风险计量,"风险平价"(或者说风险均衡)即是其资产配置过程中考虑的核心要素。

(三)期权定价理论

期权是指期权合约的购买者拥有权利在预先约定的时间以预先约定的价格购买或卖出约定数量的标的资产,因此,又被称为选择权。期权合约包括看涨期权(call option)和看跌期权(put option),前者赋予持有人买入标的资产的权利,而后者则赋予期权持有人卖出标的资产的权利。合约中的约定价格为敲定价格(strike price)或执行价格(exercise price)。按执行权利的时间的不同要求,期权又有美式和欧式之分:美式期权可以在合约到期前的任何一天执行,而欧式期权则只能在到期日的当日执行。期权的基本特征在于它给予合约持有人的是一种权利而非义务,如果期权合约的购买者认为现行的市场价格比合约中的执行价格对他更有利,他便会放弃对期权合约的执行。期权使合约持有人的交易风险被限制在某一水平之下,从而形成一种防范和规避风险的有效手段,因此期权合约的风险在买卖双方之间并不是完全对称的。

当然,期权持有者获得权利并不是免费的,他要为此付出"代价",这就产生了期权定价问题。期权定价理论是现代金融理论最为重要的成果之一,它集中体现了金融理论的许多核心问题,期权定价理论被应用到各种领域中,期权的标的资产也由股票、指数、期货合约、商品(金属、黄金、石油等)、外汇等扩展到利率、可转换债券、认股权证、掉期和期权本身等许多可交易证券和不可交易证券。

得益于计算机技术的快速发展,期权定价理论研究在以下两个方面得到深化,取得了大量研究成果:一是研究在不完善市场条件下如何确定期权价格问题;二是认为期权所依赖的基础资产的价格是一连续随机过程的假设条件过于理想化,将这个假设条件改进为基础资产的价格服从"跳—扩散过程",研究期权的定价问题。

20 世纪 70—80 年代的重要研究成果有：索普（Thorpe，1973 年）检验了卖空限制条件；默顿（1973 年）推广了考虑股利和随机利率的模型；考克斯、罗斯（1976 年）和默顿（1973 年）采用了交错随机过程（alternative stockastic process）；布莱克和斯科尔斯（1973 年）研究了欧式看跌期权；考克斯和罗斯（1976 年）以及默顿（1976 年）考虑了股票价格公式展开中不具有连续样本路径时的期权问题；英格索尔（Ingersoll，1976 年）和斯科尔斯（1976 年）考虑了资本收益和股利的不同税率效果；鲁宾斯坦（1976 年）和布伦南（Brennan，1979 年）引入了有代表性的投资者效用函数，得到了关于离散时间交易的布莱克-斯科尔斯方程解。布莱克（1976 年）研究了商品期权；考克斯、英格索尔及罗斯（1985 年）考察了利率期权；利兰（1985 年）考虑了交易成本。

20 世纪 90 年代以来特别是近几年，很多经济学家对不完善市场、基础资产的价格存在异常变动跳跃或者基础资产报酬率的方差不为常数等情况下的期权定价问题进行了广泛研究，取得了许多重要研究成果。

不完善市场主要是指对贷款及卖空股票进行限制，或者存在交易成本，或者市场本身不完备等。不完善市场假设显然要比完善市场假设更接近真实的金融市场，但这时的期权定价问题就复杂多了。在不完善市场情况下，通常难以得到布莱克-斯科尔斯模型那种期权的公平价格，已有的定价方法也将失去其作用。关于不完善市场的期权定价问题，目前经济学家采用的主要方法有方差最优套期保值（variance-optimal hedging）、均值方差套期保值（mean-variance hedging）、超套期保值（super-hedging）、有限风险套期保值（limited-risk hedging）等方法。

期权定价方法具有广泛的应用价值，已被应用于包括股票、公司债券、期货、可变利率抵押、保险、投资在内的金融证券和合同的广阔领域。

（四）市场效率理论

市场效率是资本市场的核心特征，它主要讨论证券价格与信息之间的关系。在有效市场中，价格会"充分反映"信息。更准确地说，当某个证券市场在证券价格随着具体信息系统发出的信号而做出反应时，这个市场便可被定义为对某具体信息系统有效。市场效率讨论资本市场是如何在一般意义上和在财务呈报信息的具体方面处理信息的。

1. 市场信息有效性假设的前提和理论基础

有效市场假设（efficiency market hypothesis，EMH）是以一个完美的市场为前提的，主要体现在：

（1）整个市场没有摩擦，即不存在交易成本和税收；所有资产完全可分割、交易；没有限制性规定。

（2）整个市场充分竞争，所有市场参与者都是价格的接受者。

（3）信息成本为零；所有市场参与者同时接受信息。

（4）所有市场参与者都是理性的，并且追求效用最大化。

有效市场假设的理论基础由三个逐渐弱化的假设组成。第一，假设投资者是理性的，因此投资者可以理性评估资产价值；第二，即使有些投资者不是理性的，但由于他们的交易随机产生，交易相互抵消，不至于影响资产的价格；第三，即使投资者的非理性行为并非随机而是具有相关性，但他们在市场中将遇到理性的套期保值者，后者将消除前者对价格的影响。

首先，有效市场假设是理性投资者相互竞争的均衡结果。当投资者是理性的时，他们能准确地将资产价格定为其内在价值。投资者在获得关于资产内在价值的任何信息时,将对已经获得的即使是少量信息进行积极交易。这样一来,他们把信息迅速融入价格,同时消除了使他们产生行动的获利机会。如果这种现象与市场无摩擦、交易无成本的理想条件同时发生,价格必然反映所有信息,投资者从基于信息的交易中将不会获利。

其次,第二个假设指出,并不因为投资者的理性假设不成立,有效市场假设就不成立。在许多情况下,虽然部分投资者非完全理性,但市场仍然是有效的。这是因为非理性投资者的交易是随机的。如果存在大量的非理性投资者,而且他们的交易行为是不相关的,他们的交易很可能相互抵消。在这样的市场中,非理性投资者相互交易,交易量即使很大,也不影响资产价格。

最后,第三个假设是根据投资者之间的交易相关性提出的。注意到第二个假设的前提条件是非理性投资者的交易策略之间不具备相关性,这与实际情况不符,因此具有一定的局限性。但是有效市场假设认为,即使在投资者的交易策略相关时该假设亦成立。这就引出了第三个假设:套期保值对非理性交易者具有抵消作用。套期保值是指"在两个不同的市场以有利的不同价格同时购买和出售相同的(或本质上相似的)资产"。假设某股票的价格由于非理性投资者的相关购买行为而高于其内在价值,聪明的投资者一旦发现这一事实,会出售甚至卖空该股票而同时买入一个近似替代资产来规避风险。可替代资产的存在与完全市场假设密切相关,这对套期保值十分重要,因为它允许投资者从不同的金融资产中获得相同的现金流。

2. 有效市场的形式

信息集是市场信息有效性问题的核心概念之一。根据不同的信息集可将有效市场划分为以下三种形式:

(1) 弱式有效市场。

如果信息集包括了股票历史交易记录所蕴含的信息,如价格水平及波动、交易金额和数量等,但不包括当前的信息,即现行价格已经且仅仅充分反映了历史交易记录所蕴含的信息,则投资者无法利用过去股价所蕴含的信息获得超额利润,这种市场称为弱式有效市场。

(2) 半强式有效市场。

如果信息集不仅包括了股票历史交易记录所蕴含的信息,而且还包括当前的公开信息,如股利分配、兼并收购、经济景气度、财政政策和货币政策等宏观经济变量,但不包括其他未公开的信息,即现行价格已经且仅仅充分反映了历史交易记录所蕴含的信息及当前的公开信息,因此投资者不仅无法利用过去股价所蕴含的信息获得超额利润,而且也无法通过分析当前的公开信息获得超额利润。这种市场称为半强式有效市场。

(3) 强式有效市场。

如果信息集不但包括了弱式和半强式有效市场所蕴含的信息,而且还包括当前未公开的内幕信息,尚未公开的内幕信息实际上早已泄露出来并反映在现行价格中,即现行价格已充分反映了所有的信息,因此投资者不仅无法利用股价所蕴含的历史和当前公开信息获得超额利润,而且即使拥有内幕信息,也无法获得超额利润。这种市场称为强式有效市场。此时市场的方向就如同历史进程的方向一样,是千百万人的思想和行为的千百万个方向的"合力",因而是难以预测的。

这三种形式的有效市场是单向包含关系,强式有效市场的成立蕴含着半强式和弱式有效市场的成立,半强式有效市场的成立蕴含着弱式有效市场的成立,但反之均不成立。

第三节　财务管理主要研究方法

财务理论研究领域应用的研究方法从研究思维模式考察可分为规范研究方法和实证研究方法两大类。规范研究回答的是"应该是什么",其目的在于规范实际问题;而实证研究回答的是"实际是什么",其目的在于解释和预测实际现象。

一、规范研究方法

规范研究方法是以某一价值判断为前提,提出行为标准,探索符合行为标准的理论和政策,力求回答"应当是什么"或者"什么才最好"的一种方法。

财务管理中使用规范研究方法研究的问题有:① 财务管理"应该怎么管理"或财务问题应该怎样解决;② 采用某种方案是否应该,是否合理,以及为什么要做出这样的选择;③ 什么方案才是最佳的方案。规范研究方法可分为演绎法和归纳法,演绎法是从一般的概念和原理推导出个别结论的思维方法;归纳法是通过对大量财务现象进行观察,然后加以分类,从中概括出有关概念的内在联系,再把它们组织或表述为财务理论。这两种研究方法都属于传统研究方法,其中一般以演绎法为主。

二、实证研究方法

实证研究方法是在一定的假设下,根据事实加以验证来陈述问题,力求做出客观解释,并预测行为结果的一种方法。它具有客观性和类似自然科学的性质,其结论可以被检验,人们容易达成共识。实证研究方法包括均衡分析、静态分析与动态分析、财务模型等具体研究方法。在财务管理中使用实证研究方法一般要遵循以下程序:① 寻找选题;② 提出假设;③ 构造模型;④ 选取样本,检验假设,得出结论。

第三章 财务管理专业的教学安排与学习方法

第一节 财务管理专业的教育特色

各高等院校财务管理专业充分利用本校的优势,在专业建设过程中逐步形成了突出的专业特点。徐州工程学院财务管理专业形成了以下专业教育特色。

一、职业素养操守诚信化

财务管理专业建设中形成的财务管理专业文化核心要义为"诚信、规范、创新、协同",将核心要义融入人才培养方案中,并将"诚信"作为职业素养教育首位,职业素养操守诚信化理念体现着财务管理人员的心理素质、道德准则、职业素养与操守。面对全新的社会环境、知识环境和技术环境,徐州工程学院财务管理专业在人才培养方案中设置了专门的课程、训练项目和考核指标,特别是在培养学生的专业素养方面强调职业操守重要性,使财务管理专业文化"进教材、进课堂、进头脑",对财务管理专业的学生从进校的新生入学教育就强调职业道德的重要性,要求任课教师把专业能力、职业操守的教育贯穿于专业教学全过程。

二、实践教学训练系统化

财务管理专业实践教学主要包括课程实验、综合实训和创新能力实践。课程实验有财务会计实验、成本管理实验、证券投资实验、财务分析实验、管理会计实验、审计实验、电子商务实验和管理信息系统实验;综合实训有会计核算综合实训、财务管理综合实训和 ERP 综合实训;创新能力实践有学年论文、大学生创新实践项目、个性化训练项目和毕业(设计)论文。通过以上系统化实践教学训练,培养了学生动手操作能力和创新能力,巩固了学生所学专业知识,实现了学生毕业后就能"实操"的目标。

三、专业实习校内模拟化

一是财会实务校内模拟。为训练学生的财务会计实务操作能力,很多高校建立了财会模拟实验室。训练内容是以企业财务流程为背景资料,从原始凭证的编制、审核到记账凭证的编制以及记账和编制财务报表的一整套仿真性实验案例的实训。二是财务信息化校内模拟。学生通过实际操作熟悉 Microsoft Office 系列办公软件、会计综合实训软件、财务软件、纳税教学软件、电子报税教学软件、财务管理教学软件等多套财务软件,能够熟练操作会计和财务管理软件,满足社会对财务管理专业人才应具备财会软件的操作技能要求。三是ERP 实习校内模拟。该实验综合模拟企业采购、生产、财务、配送和营销等实际运作的全过程,通过专业实习校内模拟化,极大提高了我院财务管理专业学生对企业生产经营管理的实战能力。

四、实验实训考核综合化

为实现应用型人才培养的目标,很多高校财务管理专业对实验实训考核制度进行改革,将实验分为三种类型:基础技术实验、综合型实验和开放型实验。对不同类型的实验提出了不同的考核办法。整个考核系统包括三大内容:一是课程实验考核;二是综合实训考核;三是创新能力实践考核。根据不同的实验实训项目和内容,采取灵活多样的考试形式。学生成绩根据学生参与教学活动的程度、学习过程中提交的分析报告、调研报告、上机操作和卷面考试成绩等综合评定。

五、职业资格证书系列化

为增强学生的就业竞争力,在财务管理专业的人才培养方案中,增设了相关从业资格证书考试培训课程,要求学生在校期间,至少取得两个以上职业资格证书,学生毕业时必须获得会计从业资格证书、证券从业资格证书、银行业职业资格证书、保险从业资格证书等其他相关证书之一,形成职业资格证书系列化。这样不仅增强了财务管理专业学生的专业能力,而且使学生能够根据自己的兴趣、特长、专业方向选择职业资格证书,从而拓展了学生的就业空间。

六、学校社会企业协同化

坚持产教融合、校企合作,构建高校与有关部门、行业、企业协同育人的运行机制,充分利用校内校外两种教育资源,为财务管理专业人才培养提供良好平台。各高校财务管理专业教师积极承接地方政府和企事业单位委托的各类课题,为地方政府和各类企事业单位提供岗位培训,还鼓励支持教师兼职企业财务顾问,帮助企业财务管理人员解答财务、会计及相关法规咨询,为地方中小企业发展提出了有价值的建议和措施。学校与校外企事业单位共同建立实习实训基地,形成紧密型的"校企联盟",积极地为财务管理专业学生提供各种专业实习机会,极大地提高了学生的专业实务操作技能,使学生在校期间就能对会计、财务进行现实中的实务操作,增强他们毕业后的竞争能力。同时,实习企业事业单位也为青年教师提供了实践锻炼的场所,提高了他们的实际操作能力。

第二节　财务管理专业的课程体系

一、设计原则

依据我们学校的"地方性、应用型"办学定位,落实"四大观"先进办学理念,为实现"厚基础、善实践、能创新、高素质"的应用型本科人才培养目标,参照由教育部颁布的《普通高等学校本科专业目录和专业介绍(2012年)》中规定的财务管理专业核心课程构建了本校财务管理专业课程体系。

财务管理专业课程体系无论国内外大致包括以下五个方面:通识课程、学科基础课、专业必修课、专业选修课和集中实践课。按照"厚基础、宽口径、活模块"的原则构建了财务管理专业课程体系。

"厚基础"是指通识课程,通识课程主要包含思想道德修养与法律基础、马克思主义基本原理概论、语文(写作)、外语、高等数学、概率论、计算机应用基础、中国近现代史纲要、心理学、伦理道德、音乐素养等。通识课程旨在培养学生的全面素质,其目标是使受教育者达到五个一:能写一篇好财经应用文;能够熟练地运用一种外语;熟悉一种数量分析的方法;掌握至少一种计算机操作软件;培养一种良好的伦理道德观。

"宽口径"是指财务管理学科基础课和专业必修课。学科基础课和专业必修课培养学生的专业核心能力,包括财务会计核算能力、理财应用能力、财务决策能力和经营管理能力。学科基础课和专业必修课的设置一般应根据财务管理的学科范畴设计,突出专业的学术特色和执业特色。具体地说,财务管理专业应以金融学为理论基础,以会计学为商业语言,以管理学为工具或手段,以满足执业需要为目的构建课程体系。其中学科基础课主要包括:经济学原理(微观和宏观)、管理学原理、应用统计、管理信息系统等。专业必修课主要包括:金融概论、财务会计、财务管理、成本管理、投资学、战略管理、财务分析、专业英语、管理会计、经济法等。

"活模块"课程为专业选修课,设计的目的是为学生自我设计和个性化发展提供更广阔的空间,培养职业岗位能力和特色专业能力。"活模块"课程既可以按照研究型选修课和应用型选修课设计,也可根据专业的培养目标和职业特点设计课程。在后一种情况下,既要考虑"学科本位"的特点,又要考虑"能力本位"的需要,既要考虑不同课程的相互渗透,又要根据不同的执业要求设计不同的模块课程,使课程设置在整体上适应经济和社会发展对人才的需求,同时也满足不同个性学生由于学习能力、学习兴趣及学习方式方面的差异所提出的特殊需要。

"厚基础、宽口径、活模块"课程体系构建模式,不仅使课程体系在结构上与学生的全面素质和综合能力培养相一致,在内容上与职业岗位的需要相一致,而且特别重视"宽口径"内部各课程之间,"活模块"内部"大模块"与"小模块"课程之间,以及"宽口径"与"活模块"课程之间的横向联系,从而实现课程体系整体上的优势互补。"厚基础、宽口径、活模块"课程模式要按照具体的培养目标,制定详细的各门课程标准,明确各门课程的教学目标、教学内容和教学手段等,使各种类型的课程真正形成实现培养目标的合力。

二、课程体系

财务管理专业知识与能力主要包括经济、管理、会计、财务、金融和法律等方面,如图1-3-1所示。根据本校财务管理专业人才培养目标,财务管理专业毕业学生应掌握的理论知识有:① 企业如何进行财务决策以及这些决策如何影响单个企业组织乃至整个社会经济;② 企业如何筹集和分配使用资金;③ 了解金融市场的运作及其工具,并加以具体应用,从而在大型企业的财务部门或者财务咨询公司、金融机构(如商业银行、保险公司等)、政府或非营利机构从事金融与财务工作。

财务管理专业的毕业生就业岗位主要以会计、财务分析、资金管理和投资理财等职业岗位为主。不同各岗位应掌握的专业基本知识如下:

会计岗位应掌握的专业基本知识有:① 会计核算的基本理论与方法;② 会计要素确认、计量的方法;③ 纳税会计处理及纳税申报知识;④ 财经法规知识;⑤ 计算机会计知识;⑥ 会计报表的编制与分析的基本理论和方法。

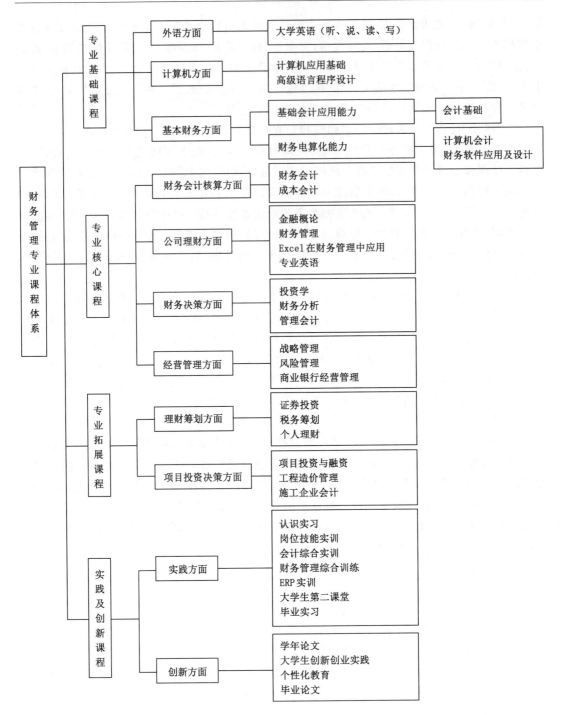

图 1-3-1 财务管理专业课课程体系

财务分析岗位应掌握的专业基本知识有:① 会计核算的基本理论与方法;② 会计电算化知识;③ 财经法规知识;④ 财务分析的方法;⑤ 财务报表编制与分析的基本理论和方法。

资金管理岗位应掌握的专业基本知识有:① 流动资产管理的基本知识;② 筹资管理知识;③ 资金分配管理知识;④ 资金成本与资本结构知识;⑤ 营运资金政策。

投资理财岗位应掌握的专业基本知识有：① 公司理财学的基本理论和方法；② 资本市场与资本运营的基础理论；③ 投资学的基本知识；④ 金融法规；⑤ 投资项目评估与管理的基本知识；⑥ 证券投资技术分析方法；⑦ 风险投资知识。

财务管理专业作为实践性很强的专业，特别需要构建完善的实践性课程体系，培养学生的实务操作能力，为将来能够更好地胜任本职工作打下坚实的基础。理论脱离实际是目前高校财务管理专业教学中普遍存在的问题，因此要加大实践教学环节的培养力度。集中实践教学课程根据学生的学习认知规律循序渐进，开设认识实习、学年论文、会计综合实训、财务管理综合训练、岗位技能实训和毕业实习及毕业论文等实训课程。为加强在校期间的模拟练习，主要采取三种方式：一是加强课程实训内容，在基础会计、财务管理、成本会计等专业主干课程中增加实训课时；二是案例教学；三是 ERP 沙盘仿真实验，通过仿真教学可以让学生面对复杂问题，锻炼综合运用所学知识进行财务管理的能力，从财务角度透视仿真企业的财务活动及整体运营过程。这三种方式的有效实施能很好地达到实习的效果，有效发挥了实践课程的作用。同时学校财务管理虚拟仿真中心配备了大量实践教学软件供师生教学与练习，给实践教学提供了很好的技术支持。伴随着开放实验、独立研究、学科竞赛、自主创业等体验式实践活动的广泛开展，徐州工程学院财务管理专业不仅能让学生以更直接的方式体会到企业实际问题及需求，也使学生在实践过程中快速提高专业知识应用能力。加强实习基地建设，为提高学生专业综合应用能力创造条件。合理安排实习，将学生认识实习、毕业实习和毕业论文的指导有机协调，强化毕业实习和毕业论文的互相促进作用。鼓励学生以毕业实习实践中发现的新问题作为毕业论文的研究课题，以毕业论文的研究成果来指导毕业实习。

第三节　财务管理专业的教学计划

依据本校财务管理专业人才培养目标和教育工作的指导文件，遵循本专业的教学规律，对教学内容、时间、考核形式和学时的安排见表 1-3-1。

表 1-3-1　财务管理专业本科教学计划

课程类别		课程编号	课程名称	学分	学分分配		考核形式	课内周学时数	修读学期
					理论	实践			
通识教育平台	通识必修课	1901G0001	军事理论	2	2		考查	2	1
		1901G0004	大学生心理健康教育	2	2		考查	2	1
		1902G0001	大学体育（Ⅰ）	0.5		0.5	考查	2	1
		1903G0001	大学英语 A（Ⅰ）	3	2.5	0.5	考试	4	1
		1905G0001	大学计算机	2	1	1	考试	4	1
		1918G0002	思想道德修养与法律基础	3	2.5	0.5	考查	3	1
		1901G0003	大学生职业规划教育	0.5	0.5	0	考查	1	2
		1902G0002	大学体育（Ⅱ）	1		1	考查	2	2
		1903G0002	大学英语 A（Ⅱ）	3	2.5	0.5	考试	4	2

表 1-3-1（续）

课程类别		课程编号	课程名称	学分	学分分配		考核形式	课内周学时数	修读学期
					理论	实践			
通识教育平台	通识必修课	1910G0002	应用写作	2	2		考查	2	2
		1918G0001	马克思主义基本原理概论	3	2.5	0.5	考查	3	2
		1902G0003	大学体育（Ⅲ）	1		1	考查	2	3
		1903G0003	大学英语 A（Ⅲ）	2	2		考试	2	3
		1911G0001	音乐素养	2	2		考查	2	3
		1918G0004	毛泽东思想和中国特色社会主义理论体系概论	5	4.5	0.5	考查	5	3
		1901G0002	大学生创新创业素质教育	2	2		考查	2	4
		1902G0004	大学体育（Ⅳ）	1		1	考查	2	4
		1903G0004	大学英语 A（Ⅳ）	2	2		考试	2	4
		1918G0003	中国近现代史纲要	3	2.5	0.5	考查	3	4
		1901G0005	大学生就业指导教育	0.5	0.5	0	考查	1	5
		1918G0005	形势与政策	2	2		考查		1—8
		1902G0005	大学体育（Ⅴ）	0.5		0.5	考查	1	5,6
			通识必修课小计	43	35	8			
	通识选修课		通识选修课程	8	8		考查		2—7
			通识选修课小计	8	8	0	此模块至少选修 8 学分		
			通识课程平台合计	51	43	8			
专业教育平台	学科基础课	1904B0003	高等数学 B（Ⅰ）	4	4		考试	4	1
		1915B0001	管理学原理	3	3		考试	3	1
		1904B0004	高等数学 B（Ⅱ）	4	4		考试	3	2
		1915B0002	经济学原理	4	4		考试	4	2
		1904B0011	线性代数与概率统计	3	3		考查	3	3
		1915B0003	应用统计	3	2.5	0.5	考查	4	3
		1915B0004	管理信息系统	3	2.5	0.5	考试	4	4
			学科基础课小计	24	23	1			
	专业必修课	1915P0002	专业导论	1	1	0	考查	2	1
		1915P0005	基础会计	2.5	2	0.5	考试	3	2
		1915P0006	中级财务会计◆	4.5	4	0.5	考试	5	3
		1915P0007	金融学◆	3	3		考试	4	4
		1915P0008	成本会计◆	3	2.5	0.5	考试	4	4
		1915P0009	财务管理◆	4	3.5	0.5	考试	5	4
		1915P0010	公司财务（双语）▲	2	2		考查	2	5

表 1-3-1（续）

课程类别		课程编号	课程名称	学分	学分分配		考核形式	课内周学时数	修读学期
					理论	实践			
专业教育平台	专业必修课	1915P0011	管理会计◆	3	2.5	0.5	考试	4	5
		1915P0012	EXCEL 在财务中的应用	1.5	1	0.5	考查	2	5
		1915P0013	投资学◆	3	3		考试	3	6
		1915P0014	会计信息系统	1.5	1	0.5	考查	2	6
		1915P0015	财务分析◆	2	1.5	0.5	考试	3	6
			专业必修课小计	31	27	4			
	专业选修课	跨方向课程							
		1901P1001	实验室安全	1	1	0	考查	2	1
		1915P1002	经济法	2.5	2.5		考查	3	5
		1915P1003	税法	2.5	2.5		考查	3	5
		1915P1004	组织行为学	2	2		考查	2	5
		1915P1005	商业银行经营管理	2	2		考查	2	5
		1915P1006	公司战略与风险管理	2	2		考查	2	5
		1915P1007	资产评估	2	2		考查	2	6
		1915P1008	电子商务与 ERP 原理	2	2		考查	2	6
		1915P1009	市场营销	2	2		考查	2	6
		1915P1010	国际贸易结算	2	2		考查	2	6
		1915P1011	运筹学	2	2		考查	2	6
		1915P1012	审计学	3	3		考查	2	7
		1915P1013	中小企业财务管理	2	2		考查	2	7
		1915P1014	财政学	2	2		考查	2	7
		1915P1015	资本运营	2	2		考查	2	7
		1915P1002	学科前沿	1	1	0	考查	2	7
		理财规划方向课程							
		1915P1016	证券投资	3	3		考查	3	5
		1915P1017	税务筹划	2.5	2.5		考查	3	6
		1915P1018	高级财务管理	2	2		考查	2	6
		1915P1019	个人理财	2.5	2.5		考查	2	7
		工程财务管理方向课程							
		1915P1021	项目投融资	3	3		考查	3	5
		1915P1022	运营管理	2	2		考查	2	6
		1915P1023	工程造价管理	2.5	2.5		考查	3	6
		1915P1024	施工企业会计	2.5	2.5		考查	3	7
			专业选修课小计	22	22		此模块至少选修22学分		
			专业课程平台合计	77	72	5			

表 1-3-1(续)

课程类别	课程编号	课程名称	学分	学分分配		考核形式	课内周学时数	修读学期
				理论	实践			
实践教育平台	1901T0001	军事技能	2	0	2	考查		1
	1915T0003	认识实习	1		1	考查		2
	1915T0004	学年论文(会计专题)	2		2	考查		3
	1915T0005	学年论文(财务管理专题)	2		2	考查		4
	1915T0006	学年论文(税务专题)	1		1	考查		5
	1915T0007	会计综合实训(手工)	2		2	考查		7
	1915T0008	会计综合实训(上机)	1		1	考查		7
	1915T0009	ERP原理实务模拟实习	1		1	考查		7
	1915T0010	财务管理综合实训	2		2	考查		7
	1915T0011	大学生创新创业实践	1		1	考查		7
	1915T0012	岗位技能实训	2		2	考查		7
	1915T0001	毕业实习	3		3	考查		8
	1915T0002	毕业设计(论文)	12		12	考查		8
实践教育平台合计			32	0	32			
学分共计			160	115	45			

备注:1. 用◆标注专业核心课程,▲课程表示双语课程。

2. 课程设置具体要求详见指导性意见。

财务管理专业本科学制 4 年,最长修读年限为 6 年。在规定学制内,修满本专业人才培养方案规定的 160 学分,方可毕业,符合《徐州工程学院学士学位授予工作实施细则》相关规定的,可授予管理学学士学位。

第四节 财务管理专业主要课程介绍

一、学科基础平台

(一)经济学原理

本课程学习内容分为微观经济学和宏观经济学两部分。通过微观经济学的学习,同学们应掌握微观经济学的基本原理和分析方法,并能够清楚决定价格的主要因素,解释价格机制的作用和市场运作的原理,理解资源配置有效性的含义及其条件,了解并说明价格机制作用的局限性。而通过宏观经济学的学习学生应了解西方国家的政府进行经济决策的机制与过程,客观地认识经济现象,学会正确地运用宏观经济学中的有关理论来分析我国的宏观经济运行中的问题和对策。课程共有 11 个教学单元,其教学内容与要求分别为:

(1)绪论。掌握经济学概念、研究内容;了解本课程的地位和学习方法;掌握稀缺性、选择的含义。

(2)供求理论。了解需求弹性、供给弹性的概念;理解需求和供给理论、掌握供求均衡及供求定理;掌握需求弹性的计算及其在经济中的运用。

(3)消费者行为理论。了解总效用与边际效用的含义,理解总效用与边际效用的关系;掌握边际效用递减规律、消费者均衡的公式、无差异曲线的含义与特征,用图形说明消费者的均衡;掌握替代效应和收入效应。

(4)生产和成本理论。了解生产函数、机会成本、等成本线、规模报酬的概念;理解短期与长期的含义与区别、短期成本分类与变动规律,掌握长期成本曲线;掌握边际报酬递减规律、规模经济的含义与原因、等产量线的含义与特征、等成本线的含义;掌握两种生产要素的最优组合的公式与图形。

(5)市场理论。了解完全竞争市场的条件和特点;掌握利润最大化的均衡条件、完全竞争厂商的长短期均衡;了解不完全竞争市场的条件和特点;掌握不完全竞争市场长短期均衡。

(6)生产要素市场理论。了解分配理论、工资率、利息的决定以及土地的供给曲线和地租的决定;掌握引致需求,掌握市场的需求曲线的推导,掌握劳动供给曲线;掌握 VMP(边际产品价值)的概念和完全竞争厂商使用生产要素的原则。

(7)一般均衡理论与市场失灵。了解局部均衡和一般均衡的区别,掌握一般均衡的概念及条件、帕累托最优状态;了解垄断的损失、外部性、公共物品和公共资源、信息的不完全的定义。

(8)国民收入核算。了解宏观经济学的内容;掌握宏观经济核算的主要指标(GDP、GNP)、理解 GDP 相关概念;掌握 GDP 的 GNP 区别,掌握宏观经济核算的主要方法。

(9)国民收入决定理论。掌握凯恩斯的消费理论和两部门国民收入的决定;掌握乘数论、各种乘数的计算;了解影响 IS 曲线和 LM 曲线的斜率和移动的因素、掌握 IS-LM 模型(希克斯-汉森模型)决定均衡收入和均衡利率;了解总需求和总供给的概念,理解总需求和总供给曲线形成的过程。

(10)宏观经济政策。了解经济政策目标,掌握财政政策和货币政策的有关内容;理解财政政策、货币政策的机制以及两种政策混合使用的效果。

(11)失业与通货膨胀。了解失业及其原因,了解通货膨胀及其原因;掌握菲利普斯曲线反映的失业和通货膨胀之间的关系。

(二)管理学原理

本课程是从一般理论、一般原理、一般特征的角度对管理活动加以研究,从中找出一般规律性。主要学习内容是管理学的基本概念、基本原理和方法,管理的计划、组织、领导、控制、创新等职能。课程共有 8 个教学单元,其教学内容与要求分别为:

(1)导论。理解管理的概念、管理者和管理对象;了解管理的特征和性质;掌握管理四大职能的内涵;了解管理学研究内容和研究方法;理解管理的基本前提;掌握管理的基本原理。

(2)管理思想与理论的形成与发展。了解中外早期管理实践与管理思想;理解泰勒科学管理原理及其应用;理解法约尔一般管理原理;了解韦伯的行政组织体系理论;理解行为科学理论及其应用;理解现代管理理论各学派的主要观点;了解现代管理科学发展的新趋势。

(3)管理决策。理解决策的概念与特点;掌握决策的分类和过程;了解决策与管理的关系;理解决策的影响因素;掌握决策的一般方法及具体运用;了解最新决策思想、理论和方法。

（4）计划。了解计划工作的含义;掌握计划的一般分类方法;理解计划工作的意义;掌握讨论计划工作的一般步骤;掌握计划工作应遵循的基本原理;掌握战略性计划及其制订;掌握计划的组织实施方法。

（5）组织。理解组织的含义、组织结构、组织设计的内涵和原则;理解组织设计的基本维度和权变因素;掌握组织结构的基本类型、特点及发展趋势;了解人员选聘、培训、考评的内容和程序;了解组织变革的阻力及其对策;了解组织变革的层次和实施模式。

（6）领导。理解领导与领导者的内涵,掌握领导者权力的来源;了解各种领导理论,掌握典型的领导理论,并能运用于实际问题的分析中;了解激励的含义和作用,理解人性假设理论;掌握各种激励理论的主要观点,并能正确应用这些激励理论;理解沟通的内涵;掌握沟通的过程、沟通的类别和沟通网络的形式;理解沟通障碍产生的原因,掌握有效沟通实现的策略。

（7）控制。了解控制的概念和性质;了解控制的重要性;理解控制的基本过程;理解控制的类型;掌握预算控制与非预算控制方法。

（8）创新。了解创新和管理创新的概念;掌握管理创新的特征;理解管理创新的内容体系;理解和掌握管理创新应具备的基本条件;掌握管理创新的基本过程;理解管理创新的思维方法。

（三）应用统计

本课程是一门搜集、整理和分析统计数据的方法论科学,其目的是探索数据的内在数量规律性。取得统计数据是进行统计分析的基础,统计数据的整理是数据收集与数据分析之间的必要环节。统计数据的分析是统计学的核心内容,是通过统计描述和统计推断探索数据内在规律的过程。课程共有12个教学单元,其教学内容与要求分别为:

（1）绪论。了解统计的研究对象、研究方法及与其他学科的联系;熟悉统计的含义、特点、作用和过程及其应用领域,熟悉数据的类型;掌握统计中的几个基本的概念及其相互关系:总体、样本、参数、统计量、变量等。

（2）统计数据的搜集。了解统计数据的来源;熟悉数据的误差类型和数据质量的要求;掌握搜集数据的调查方法,掌握调查方案和调查问卷的设计。

（3）统计数据的整理与显示。了解数据预处理的内容和目的;熟悉图表的合理使用准则和统计表设计的要求;掌握分类数据和顺序数据的整理和显示方法,掌握数值型数据的整理和显示方法。

（4）统计数据的描述。了解统计数据的描述的内容;熟悉偏度和峰度等指标的含义与计算方法;掌握集中趋势各测度值的计算方法和各测度值的特点及应用场合,掌握离散程度各测度值的计算方法和各测度值的特点及应用场合。

（5）统计推断的基础。了解概率的基本知识;熟悉正态分布的概率计算;掌握随机变量及其概率分布,掌握有关抽样分布的基本原理及在抽样推断中的应用。

（6）统计抽样与参数估计。了解统计量和抽样分布的几个概念,了解估计量优良性的标准;熟悉由正态分布导出的几个重要分布,熟悉样本方差的抽样分布;掌握各样本统计量的抽样分布理论,掌握一个总体参数区间估计方法,掌握两个总体参数区间估计方法,掌握样本量的确定。

（7）假设检验。了解假设检验的基本思想；熟悉利用 p 值进行假设检验，利用置信区间进行假设检验；掌握假设检验的步骤，对实际问题进行假设检验。

（8）相关与回归分析。了解相关系数的含义以及相关的种类；熟悉线性相关系数的计算公式；掌握并根据相关系数的取值确定相关程度，掌握一元线性回归的基本原理和参数的最小二乘估计，掌握回归直线的拟合优度，熟悉回归方程的显著性检验，掌握利用回归方程进行估计与预测的方法。

（9）时间序列分析和预测。了解时间序列的含义、构成要素及其分解原理；熟悉时间序列的描述性分析；掌握时间序列的预测程序，掌握平稳序列的预测方法，掌握有趋势成分的时间序列的预测方法，掌握有季节成分的时间序列的预测方法，掌握复合型时间序列的预测方法。

（10）指数分析。了解指数的含义和基本思想；熟悉实际中常用的几种价格指数，了解多指标综合评价指数及其应用；掌握综合指数的计算方法，并利用指数体系进行相对数与绝对数分析；掌握加权平均数指数的计算方法，并利用指数体系进行相对数与绝对数分析。

（11）统计综合分析。深入理解各种统计分析方法的适用范围；掌握各种统计分析方法的结合应用。

（12）SPSS 的应用。了解 SPSS 系统在各行业的应用；掌握利用 SPSS 软件对原始数据进行加工、处理与分析的方法，并能对实际问题进行定量与定性分析。

（四）管理信息系统

本课程融合了管理科学、信息科学、计算机科学、系统科学及行为科学等多学科的知识，主要研究如何利用计算机技术来改善现代管理、企业组织结构及运作方式等。课程共有 12 个教学单元，其教学内容与要求分别为：

（1）信息系统和管理。了解信息的概念、性质和度量；掌握信息系统与管理的关系以及信息系统对决策的支持；了解本课程的地位和作用。

（2）管理信息系统概念与结构。掌握 MIS（管理信息系统）的概念、特点、各种结构；熟悉 MIS 的发展阶段；了解几种常见的管理方法。

（3）管理信息系统对当代管理的影响。掌握 MIS 对企业运营管理、管理者行为、各类型组织及企业、经济和社会的影响；熟悉企业运营价值链、组织的类型划分等；了解管理信息系统对经济、社会的正负面影响。

（4）管理信息系统的技术基础。熟悉计算机的硬件、软件技术、数据通信技术；理解和掌握数据库系统的基本理论、基本技术；了解计算机通信网络的演变和发展情况。

（5）管理信息系统建设概论。熟悉 MIS 开发的过程及步骤；掌握 MIS 常用开发方法的思路、步骤及其区别；了解 MIS 的常用开发方式。

（6）管理信息系统的规划。了解企业 MIS 规划的原因、意义和内容，熟悉诺兰模型；了解企业系统规划法、关键成功因素法、战略目标集转化法，熟悉 UC 矩阵的使用；熟悉 MIS 可行性分析的内容。

（7）管理信息系统的分析。了解系统分析的特点及困难、常用调查方法等；熟悉系统分析阶段的工作内容；掌握业务流程图、数据流程图的绘制方法，判断树、决策表的画法及应用等。

（8）管理信息系统的设计。了解系统设计的原则、内容和步骤，了解模块化设计的原则；掌握系统的总体结构设计、模块结构设计、代码设计、输入输出设计等相关知识与技能。

（9）管理信息系统的实施。熟悉系统实施的步骤；了解系统开发工具的选择；熟悉系统切换的步骤；掌握系统切换的常用方法。

（10）常用管理信息系统开发工具。熟悉 Visio、Access 开发工具；了解 Rational Rose 等工具。

（11）管理信息系统的应用与发展。掌握客户关系管理系统、企业资源计划系统和供应链管理系统的概念、核心管理思想和主要功能；熟悉现代企业主流 MIS 的概况，了解企业信息化的发展方向。

（12）管理信息系统的新发展。掌握决策支持系统（DSS）的概念、结构与功能，企业 DSS 的总体框架和模型等；熟悉知识管理系统，GDSS（群体决策支持系统）及 IDSS（智能决策支持系统）；了解 MIS 面临的移动互联网、云时代及大数据时代等新的发展环境。

二、专业必修平台

（一）金融学

本课程系统地介绍了金融学的基本概念、基本理论和基本业务，揭示了金融市场组成及其运行规律。课程共有 13 个教学单元，其教学内容与要求分别为：

（1）货币与货币制度。掌握货币的职能、本质及货币制度、国际货币体系的基本内容；理解货币的概念和在现代经济生活中的作用；了解货币的起源、种类，货币形式的发展与未来趋势，货币制度及其发展历史等。

（2）信用。掌握信用及其本质，各种信用工具的特点及其功能；了解各种信用形式及其在社会经济活动中的作用、地位及相互关系，我国信用的状况和发展前景。

（3）利息和利率。了解利率对经济的调节作用；掌握几种重要的利率理论的主要内容；理解利息的本质；了解利息率种类及影响利息率水平的决定因素。

（4）外汇与汇率。运用汇率理论分析其对经济的影响；掌握外汇的主要分类方法和汇率决定理论；理解汇率的影响因素；了解外汇、汇率的概念，汇率的标价方法。

（5）金融市场概述。掌握各个货币市场与资本市场的运作及其价格的形成、金融市场创新及金融市场全球化等问题；理解我国金融市场的改革；了解金融市场的概念、要素、分类及其功能。

（6）金融中介概述。掌握各金融中介机构的性质及业务内容、机构体系的发展及变革情况；掌握国内、国际金融机构的概念、机构组成及相互关系；了解市场经济体制下金融机构体系尤其是我国金融机构体系的发展。

（7）商业银行。掌握商业银行经营原则和金融创新，掌握商业银行经营的主要业务；理解商业银行经营管理的原则和方法；了解商业银行的产生和发展、商业银行的性质、职能和组织制度。

（8）中央银行。掌握中央银行与政府的关系及相对独立性，掌握金融监管的主要内容；理解中央银行设立的客观必要性及其产生与发展的历程，明确中央银行的性质；了解中央银行的职能及中央银行在现代经济中的作用。

（9）现代货币的创造机制。掌握中央银行体制下的货币创造过程、派生存款的紧缩过程;掌握扩展的存款货币创造模型和创造乘数的计算方法;了解信用货币、原始存款、派生存款的含义。

（10）货币需求、货币供给与货币均衡。掌握货币供求均衡与非均衡的表现和调节机理;理解货币供给和货币需求的基本概念和基本原理,不同经济学流派对货币需求的认识;掌握货币供给的不同层次、不同层次货币的创造过程及影响因素;了解经济活动的不同主体分别怎样影响货币供给量。

（11）开放经济的均衡。掌握国际收支失衡的主要原因、调节失衡的主要方法;理解国际储备的概念与构成、金融国际化的主要表现;理解国际收支平衡表的构成及各项目的关系;了解国际收支的基本概念、国际储备的作用、金融国际化的作用与影响。

（12）通货膨胀与通货紧缩。能够运用相关理论分析通货膨胀、通货紧缩的社会经济效应;掌握通货膨胀和通货紧缩的内涵及产生的原因;了解衡量通货膨胀和通货紧缩的标准及防范治理措施。

（13）货币政策。能够运用货币政策的主要工具分析其对经济的作用机制和影响;掌握在不同经济时期货币政策的运用及其与财政政策的协调;理解货币政策的最终目标及各目标之间的关系;了解货币政策的内容,西方货币政策的传导机制和货币政策中介目标。

（二）投资学

本课程系统地介绍了投资学的基本概念、基本理论和基本方法,通过学习学生应具备较强的分析和做出投资决策的能力,科学地进行投资决策,认识投资的风险及分析方法,掌握必要的风险控制方法。课程共有 8 个教学单元,其教学内容与要求分别为:

（1）投资导论。了解投资主体及组织形式、投资的基本特点;熟悉投资的基本概念、投资的实质、分类;掌握可行性分析内容、直接投资与间接投资的区别。

（2）投资条件及环境安全分析。了解投资条件内容,熟悉市场条件、供给因素条件、厂址规模条件;掌握投资环境安全分析的原则和方法。

（3）投资估算与分析。了解投资估算依据要求;熟悉项目总资金构成、财务效益分析原理;掌握投资估算方法、财务效益分析方法。

（4）融资方案分析。了解融资主体与产权结构;熟悉资本金来源、债券融资、股票融资,熟悉融资结构、融资风险;重点掌握融资渠道、融资成本分析、融资可行性分析。

（5）投资不确定性与风险控制。熟悉不确定性与风险基本概念、项目不确定性与风险表现特征;掌握盈亏平衡分析、敏感性分析、概率分析;熟悉风险因素识别,掌握风险控制对策。

（6）投资经济与社会分析。了解经济分析、社会分析的含义及重要性;熟悉经济分析、社会分析的步骤、内容;掌握经济分析的指标和方法。

（7）投资方案比较决策。了解投资方案的分类;熟悉方案比选的一般方法、投资方案的优化组合;重点掌握 IRR(内部收益率)、NPV(净现值)法计算分析。

（8）投资结构区域与宏观投资政策。了解我国的投资体制、投资结构、投资区域;理解资本结构理论、投资结构优化的标准和原则;重点掌握投资区域配置规律、投资宏观管理政策的协调。

（三）基础会计

本课程学习内容是我国企业会计准则对会计信息质量要求,7 种会计核算方法和会计处理程序。学生通过学习能够运用会计核算方法和我国企业会计准则对企业的简单会计事项进行账务处理。课程共有 10 个教学单元,其教学内容与要求分别为:

(1) 总论。了解会计的基本职能;理解会计的对象和方法;理解会计信息质量特征。

(2) 会计核算基础。理解会计假设;掌握会计要素与会计等式;掌握会计基础。

(3) 账户与复式记账。运用会计科目与账户;运用复式记账。

(4) 企业主要经济业务核算。能够对一般的资金筹集业务、采购过程业务、生产过程业务、销售过程业务、财务成果形成业务和利润分配业务进行会计核算。

(5) 成本计算。了解成本计算概述及一般程序;掌握制造业企业经营过程主要成本的计算。

(6) 会计凭证。理解会计凭证的意义和种类;掌握原始凭证的填制和审核;掌握记账凭证的填制和审核;理解会计凭证的传递和保管。

(7) 会计账簿。理解账簿的意义与种类;掌握账簿的设置与登记;能够运用会计账簿的启用与登记规则;掌握对账与结账内容和方法。

(8) 财产清查。了解财产清查的意义;掌握财产清查的方法与内容;掌握财产清查结果的账务处理。

(9) 会计报表。了解财务会计报告的概述;理解利润表;理解资产负债表;了解现金流量表和所有者权益变动表。

(10) 会计核算组织程序。了解会计核算组织程序的意义和基本要求;掌握记账凭证核算组织程序;掌握汇总记账凭证核算组织程序;掌握科目汇总表核算组织程序。

(四) 中级财务会计

本课程是以我国发布的《企业会计准则》及相关国际惯例为依据,阐述财务会计理论和讲授财务会计实务的一门课程。其目的是培养学生能够运用中级财务会计的基本理论知识和基本技能,对企业主要财务会计业务进行实务操作。课程共有 13 个教学单元,其教学内容与要求分别为:

(1) 总论。了解财务会计的概念、特点和目标;熟悉我国的财务会计法规体系;掌握财务会计信息质量要求和财务会计计量属性。

(2) 货币资金及应收项目。了解货币资金及应收项目的管理的重要性;熟悉货币资金和应收项目内容,我国对货币资金的管理规定;掌握货币资金以及应收项目的账务处理。

(3) 存货。了解存货的含义和内容;熟悉存货的分类、存货的清查方法和清查结果的账务处理;掌握存货的确认、计量以及记录、报告的方法。

(4) 金融资产。了解金融资产的含义及内容;熟悉我国对不同金融资产会计处理的规定;掌握交易性金融资产的确认、计量、记录和报告的方法。

(5) 长期股权投资。了解长期股权投资初始计量原则,长期股权投资核算方法的转换;熟悉我国对长期股权投资会计处理的规定;掌握长期股权投资权益法、成本法的核算。

(6) 固定资产。了解固定资产的概念、特征和分类;熟悉固定资产的确认条件、影响折旧的因素、折旧范围和计量标准;掌握固定资产的入账价值、增减变动的核算、计提折旧的方法和核算、期末计价及披露等内容。

(7) 投资性房地产。了解投资性房地产处置的核算;熟悉投资性房地产转换的核算;掌握投资性房地产的概念和范围、投资性房地产的确认条件、投资性房地产初始计量的核算、投资性房地产后续计量的核算。

（8）无形资产及其他资产。了解无形资产和其他资产的含义和内容；熟悉无形资产的确认条件、入账价值确定和减值规定、其他资产核算；掌握无形资产增减及摊销的会计处理。

（9）流动负债。了解负债含义、流动负债的内容及分类；熟悉流动负债的含义；掌握各种流动负债的会计核算。

（10）非流动负债。了解非流动负债的内容及分类；熟悉非流动负债的含义和性质、非流动负债的具体形式及借款费用资本化问题；掌握长期借款、长期应付款、应付债券的会计核算。

（11）所有者权益。了解所有者权益的概念、特征和构成；熟悉不同企业的组织形式及所有者权益核算的差异，以前年度损益调整的核算；掌握实收资本增减变动的核算；掌握资本公积的内容和核算；掌握盈余公积、未分配利润、弥补亏损核算。

（12）收入、费用和利润。了解利润的含义和利润的构成；熟悉收入的确认标准，费用的含义、内容和确认；掌握收入、费用和利润的核算。

（13）财务会计报告。了解财务会计报告的含义、内容、作用、种类；熟悉现金流量表反映的内容、作用、列报格式和列报方法，所有者权益变动表反映的内容、作用、列报格式、列报方法和编制方法，会计报表附注及财务状况说明书；掌握资产负债表和利润表反映的内容、编制原理及方法。

（五）成本会计

本课程学习内容是我国法律法规对成本会计核算的要求，成本会计核算的基本理论知识和基本技能，成本报表的编制和分析方法。培养学生能够运用成本会计核算的基本理论知识和基本技能，解决实际成本会计核算基本问题的能力，并能有效地对企业的成本费用进行管理。课程共有8个教学单元，其教学内容与要求分别为：

（1）总论。理解成本及成本会计的概念、成本的经济实质，了解成本会计的对象、职能和任务；掌握财务成本和管理成本的含义；了解成本会计工作组织。

（2）工业企业成本核算程序。理解成本核算的基本要求，掌握费用按各种标准的分类，了解费用的各种分类在成本核算和成本管理中的作用；掌握企业成本核算的一般程序、需要设置的主要会计科目及其用途和结构。

（3）费用在各种产品及期间费用之间的分配和归集。了解各项要素费用的性质和内容，掌握其核算方法；理解辅助生产费用核算特点，掌握辅助生产费用分配方法和账务处理；掌握制造费用的归集和分配的方法；掌握可修复和不可修复废品损失的核算方法；了解停工损失的会计核算。

（4）生产费用在完工产品与在产品间的分配和归集。了解在产品的日常核算；掌握生产费用在完工产品和在产品之间的分配方法及账务处理。

（5）产品成本计算的基本方法。理解各种成本计算方法的特点、适用范围、一般计算程序及账务处理过程；掌握品种法、分批法和分步法的核算方法。

（6）产品成本计算的辅助方法。掌握分类法、定额法核算方法；了解联产品、副产品和等级产品成本的计算。

（7）成本控制。掌握成本控制的意义和要求；了解标准成本法、作业成本法的核算方法。

(8)成本报表的编制和分析。了解成本报表的作用、种类和特点;理解各种产品成本报表和各种费用报表的编制方法,了解成本分析的一般方法和程序;掌握全部商品产品成本、计划完成情况分析、可比产品成本降低计划完成情况分析、主要产品单位成本分析、各种费用报表的分析,以及成本效益分析的方法。

(六)财务管理

本课程系统地介绍了财务管理的基本概念、基本理论和基本方法。学生通过本课程的学习,掌握资金筹集、运用和分配的基本理论、基本内容和财务决策方法。课程共有7个教学单元,其教学内容与要求分别为:

(1)总论。掌握财务管理的概念;掌握财务活动和财务关系;掌握财务管理的目标和优缺点。

(2)价值观念。掌握货币时间价值的含义及计算;掌握投资风险价值的种类及测度;理解证券价值的含义及估价原理。

(3)财务分析。掌握财务状况综合分析和趋势分析;掌握偿债能力、营运能力、获利能力等主要指标;了解财务分析的基础、种类和程序。

(4)筹资管理。掌握企业筹资的含义、动机;掌握资金需要量的预测方法;掌握主要筹资方式的利弊和适用条件;掌握资本结构决策的方法;掌握资本成本的测算;理解杠杆原理及其应用;了解筹资类型和筹资环境。

(5)投资管理。掌握内部投资额预测的方法;掌握现金流量的计算;掌握现金流量指标的计算;掌握投资决策指标;了解投资的分类与原则。

(6)营运资金管理。掌握企业筹资组合策略和资产组合策略;掌握企业持有现金的动机;掌握应收账款的功能与成本;掌握存货的成本与经济批量计算;掌握商业信用的形式及条件;理解营运资金的概念和特点;掌握信用政策决策;了解现金管理的目的。

(7)利润分配管理。理解利润的构成及利润预测的本量利分析法;掌握股利政策的类型及应用;掌握影响股利政策的因素;了解股利种类。

(七)管理会计

本课程系统介绍了管理会计中预测决策、评价考核的基本方法以及对企业经营管理活动进行分析的方法,以培养学生的经营预决策和管理能力。课程共有11个教学单元,其教学内容与要求分别为:

(1)导论。了解管理会计的产生发展;掌握管理会计的目标和内容;掌握管理会计与财务会计的区别与联系。

(2)成本习性分析与变动成本法。了解管理会计的成本概念及分类;掌握混合成本各种分解方法;掌握变动成本法的概念和计算及与完全成本法的区别。

(3)本量利分析。了解本量利分析概念及框架;掌握本量利方法的实际应用;掌握利用本量利进行利润决策的方法;了解非线性、随机下的分析。

(4)经营预测分析。掌握成本、销售、利润、资金需求量的预测;掌握回归预测、趋势预测、经营杠杆系数预测。

(5)短期经营决策。了解短期决策目标、方案类型;掌握短期决策基本方法;掌握定价决策、经济批量决策;了解存货控制方法。

（6）长期投资决策。掌握长期投资决策评价指标的计算及评价；掌握互斥项目的选择和评价；掌握固定资产是否更新决策，何时更新决策。

（7）全面预算管理。了解全面预算的基础知识；掌握全面预算的编制方法；了解全面预算的编制过程。

（8）标准成本控制。了解标准成本制定内容、方法；掌握成本差异计算及分析。

（9）责任会计。了解责任会计的基础知识；掌握责任中心类型及划分；理解内部转移价格。

（10）作业成本管理。了解作业成本法基本理论；理解与传统成本法的区别；掌握简单的作业成本法计算。

（11）战略管理会计。了解战略管理会计发展背景；了解战略管理会计主要方法。

（八）财务分析

本课程主要介绍了财务分析的基本原理、财务会计报告的分析技术，培养学生运用财务的分析方法，通过对财务数据的计算、加工和分析，提供更多、更充分和更深层次的财务信息，使财务报表所揭示的财务信息得到充分利用，能够为信息使用者决策提供充分的依据。课程共有12个教学单元，其教学内容与要求分别为：

（1）总论。掌握财务分析的内涵；了解财务分析的产生和发展；掌握财务分析的主体和目的。

（2）财务分析的信息基础。掌握财务分析信息的种类；理解财务报告的内涵与构成内容；了解审计报告和内部控制信息；了解财务分析的法规与政策依据。

（3）财务分析程序与方法。掌握财务分析的基本程序与步骤；了解战略分析与会计分析；掌握比率分析与因素分析；了解综合分析评价方法；了解图解分析法。

（4）资产负债表分析。了解资产负债表分析的目的；掌握资产负债表水平分析；掌握资产负债表垂直分析；掌握资产负债表项目分析。

（5）所有者权益变动表分析。了解所有者权益变动表分析的目的与内容；了解所有者权益变动表的一般分析；掌握股利决策对所有者权益变动的影响。

（6）利润表分析。了解利润表分析的目的与内容；掌握利润表综合分析；掌握产品销售利润因素分析；掌握利润表分项分析。

（7）现金流量表分析。了解现金流量表分析的目的和内容；掌握现金流量表的水平分析与结构分析。

（8）企业盈利能力分析。了解盈利能力分析的目的；掌握盈利能力指标的计算和分析。

（9）企业营运能力分析。了解营运能力分析的目的；掌握营运能力指标的计算和分析。

（10）企业偿债能力分析。了解偿债能力分析的目的；掌握短期偿债能力和长期偿债能力指标的计算和分析。

（11）企业发展能力分析。了解企业发展能力分析的目的；掌握发展能力指标的计算和分析。

（12）综合分析与业绩评价。掌握杜邦财务分析体系的基本原理；掌握综合指数法的原理及实施步骤；掌握综合评分法的原理及实施步骤。

第五节 财务管理专业的基本概念

财务管理专业知识覆盖了会计、财务、金融和法律等方面的基本理论和知识，以及管理学科的理论前沿和发展动态。下面将围绕这几个方面介绍基本概念。

一、财务管理

财务管理是企业管理的一个组成部分，它是根据财经法规制度，按照财务管理的原则，组织企业财务活动，处理财务关系的一项经济管理工作。简单地说，财务管理是组织企业财务活动，处理财务关系的一项经济管理工作。

财务是与企业资金运动相关的业务，财务管理就是对企业资金运动的管理。如果要创办一个企业，首先，必须要通过各种方式、从各种渠道筹集到所需要的资金；其次，把资金投放到固定资产、无形资产、流动资产或者购买股票、债券等进行对外投资；再次，在日常的经营过程中，还需要对供、产、销有关方面的资金收支进行管理，即对营运资金进行管理；最后，需要对企业的盈利进行合理分配。因此，企业的资金运动包括筹资、投资、日常营运的资金收支以及收益分配。相应地，财务管理也就包括企业的筹资管理、投资管理、营运资金管理和收益分配管理。

二、资金时间价值

资金时间价值是指货币随着时间的推移而发生的增值，是资金周转使用后的增值额。定义是：货币时间价值就是指当前所持有的一定量货币比未来获得的等量货币具有更高的价值。从经济学的角度而言，现在的一单位货币与未来的一单位货币的购买力之所以不同，是因为要节省现在的一单位货币不消费而改在未来消费，则在未来消费时必须有大于一单位的货币可供消费，作为弥补延迟消费的贴水。简单地说，资金的时间价值，是指同样数额的资金在不同的时间点上具有不同的价值，资金具有增值特性。

三、资金成本

资金成本是为取得资金使用权所支付的费用，包括资金筹集费用和资金占用费用两部分。资金筹集费用指资金筹集过程中支付的各种费用，如发行股票、发行债券支付的印刷费、律师费、公证费、担保费及广告宣传费等。需要注意的是，企业发行股票和债券时，支付给发行公司的手续费不作为企业筹集费用，因为此手续费并未通过企业会计账务处理，企业是按发行价格扣除发行手续费后的净额入账的。资金占用费是指占用他人资金应支付的费用，或者说是资金所有者凭借其对资金所有权向资金使用者索取的报酬，如股东的股息、红利、债券及银行借款支付的利息。

四、资本结构

资本结构是指企业各种资本的价值构成及其比例关系，是企业一定时期筹资组合的结果。广义的资本结构是指企业全部资本的构成及其比例关系。企业一定时期的资本可分为债务资本和股权资本，也可分为短期资本和长期资本。狭义的资本结构是指企业各种长期资本的构成及其比例关系,尤其是指长期债务资本与(长期)股权资本之间的构成及其比例关系。最佳资本结构便是使股东财富最大或股价最高的资本结构,亦即使公司资金成本最小的资本结构。

五、资本运营

从广义的经济理论角度讲,资本运营的内涵是指以资本增值最大化为根本目的,以价值管理为特征,通过企业全部资本和生产要素的优化配置和产业结构的动态调整,对企业的全部资本进行综合有效运营的一种经营方式。它囊括了以资本增值最大化为目的的企业经营活动,包括资本经营、资产经营和生产经营。通常所讲的资本运营一般是指狭义上的概念,指独立于生产经营而存在的价值化的资本,以某种存在形式,通过市场化流动,不断地优化组合和有效配置,以提高运营效率和效益的经济行为和经营活动。

六、投资

投资指国家或企业以及个人,为了特定目的,与对方签订协议,促进社会发展,实现互惠互利,输送资金的过程,也是特定经济主体为了在未来可预见的时期内获得收益或是资金增值,在一定时期内向一定领域投放足够数额的资金或实物的货币等价物的经济行为。投资可分为实物投资、资本投资和证券投资等。前者是以货币投入企业,通过生产经营活动取得一定利润;后者是以货币购买企业发行的股票和公司债券,间接参与企业的利润分配。

七、金融市场

金融市场又称为资金市场,包括货币市场和资本市场,是资金融通市场。所谓资金融通,是指在经济运行过程中,资金供求双方运用各种金融工具调节资金盈余的活动,是所有金融交易活动的总称。在金融市场上交易的是各种金融工具,如股票、债券、储蓄存单等。资金融通简称为融资,一般分为直接融资和间接融资两种。直接融资是资金供求双方直接进行资金融通的活动,也就是资金需求者直接通过金融市场向社会上有资金盈余的机构和个人筹资;与此对应,间接融资则是指通过银行所进行的资金融通活动,也就是资金需求者采取向银行等金融中介机构申请贷款的方式筹资。金融市场对经济活动的各个方面都有着直接的深刻影响,如个人财富、企业的经营、经济运行的效率,都直接取决于金融市场的活动。

金融市场的构成十分复杂,它是由许多不同的市场组成的一个庞大体系。一般根据金融市场上交易工具的期限,可以把金融市场分为货币市场和资本市场两大类。货币市场是融通短期(一年以内)资金的市场,资本市场是融通长期(一年以上)资金的市场。货币市场和资本市场又可以进一步分为若干不同的子市场。货币市场包括金融同业拆借市场、回购协议市场、商业票据市场、银行承兑汇票市场、短期政府债券市场、大面额可转让存单市场等。资本市场包括中长期信贷市场和证券市场。中长期信贷市场是金融机构与工商企业之间的贷款市场;证券市场是通过证券的发行与交易进行融资的市场,包括债券市场、股票市场、基金市场、保险市场、融资租赁市场等。

八、货币

能够充当商品交易的媒介，并被人们普遍接受的就是货币。

九、个人理财

个人理财是指通过收集整理个人客户的收入、资产、负债等数据，听取客户的目标、要求，为客户制定投资组合、储蓄计划、保险投资对策、继承及经营策略等财务设计方案，并帮助客户实施的过程，以保证客户财富和闲暇的终身消费。

根据这个定义，我们可以看出个人理财坚持以客户为导向、以市场为中心的理念，以客户的财富和闲暇的终身消费为目标，涉及的面非常广泛，包括了客户财务需求的所有方面，具有系统性和连续性。

十、成本会计

成本会计是成本会计人员协助管理计划及控制公司的经营，并制定长期性或策略性的决策，并且建立有利的成本控制方法、降低成本与改良品质的重要方法。成本会计是一个估算，跟踪和控制产品和服务成本的流程。成本会计的内容包括以下几个方面：成本预测、成本决策、成本计划、成本控制、成本核算、成本分析和成本考核。

十一、审计

审计是由国家授权或接受委托的专职机构和人员，依照国家法规、审计准则和会计理论，运用专门的方法，对被审计单位的财政、财务收支、经营管理活动及其相关资料的真实性、正确性、合规性、合法性、效益性进行审查和监督，评价经济责任，鉴证经济业务，用以维护财经法纪、改善经营管理、提高经济效益的一项独立性的经济监督活动。

十二、战略管理

战略管理指对一个企业或组织在一定时期的全局的、长远的发展方向、目标、任务和政策，以及资源调配做出的决策和管理艺术。对于战略管理的意义可以从三点进行理解：其一，战略管理的重要性在于借助它可以规划未来远景，并用以指导今后数年以至更长时期的行动；其二，通过战略管理来计划或规划指导采取的重大战略行动，明确其方向性和行为目标；其三，战略管理是关系企业生死存亡的重要管理功能，它决定着企业如何选择、确定和实施战略目标，并根据环境变化进行调整，是对企业经营活动进行控制的动态管理过程，是关系长远发展的全局性决策。

十三、纳税筹划

所谓纳税筹划，是指通过对涉税业务进行策划，制作一整套完整的纳税操作方案，从而达到节税的目的。关于纳税筹划包括的内容，目前国内有三种不同的观点：一是认为纳税筹划专指一种情况即节税筹划，也就是认为节税筹划与纳税筹划是相同的范畴；二是将纳税筹划向外延伸到各种类型的少缴税、不缴税的行为，甚至将偷税、逃税、欠税都包括在纳税筹划的范畴之内；三是认为纳税筹划是关于对各种纳税事务的筹划，是一个全方位的概念，涉及纳税人纳税事务的各方面,但纳税筹划不能违背国家有关的法律、法规。

十四、国际财务管理

国际财务管理是财务管理的一个新领域,它是按照国际惯例和国际经济法的有关条款,根据国际企业财务收支的特点,组织国际企业财务活动,处理国际企业财务关系的一项经济管理工作。其基本内容包括:外汇风险管理、国际筹资管理、国际投资管理、国际营运资金管理、国际纳税管理。

第六节　财务管理专业课程学习方法的建议

大学教育属于专业化教育,学生开始专业学习后,或游刃有余,大学生活过得丰富多彩,或困难重重,难以适应大学的学习节奏,这些都与学习方法选择得是否得当有关。了解财务管理专业学习的特点,掌握学习的方法,寻求最佳的学习路径,对于学生顺利实现学习目标,完成财务管理专业素养的训练十分重要。

一、财务管理专业学习特点

(一)学习目标的定向性

财务管理专业培养的是经济社会发展需要的高素质应用型财务管理人才,要求学生德、智、体、美全面发展,系统掌握财务管理专业基础理论、基本知识和基本技能,能在工商企业、行政机关和事业单位等的财务管理一线从事专业工作,成为具有创新精神和实践能力的高级财务人才。学生在专业学习过程中要与自身未来的职业生涯规划紧密联系起来,因此,学生的学习具有较高层次的职业定向性,那就是为未来所要从事的财务管理职业做准备。

(二)学习内容的专业性

四年的大学学习都是以财务管理专业为主线展开的,学习会计、财务、金融和法律等方面的基本理论和知识,同时进行必要的专业技能训练,能够具备解决会计、财务、金融和经营管理基本问题的能力。学生除了培养自身的专业素质,还应注重培养通用职业素质。学生在具备通用职业素质基础上,掌握专业学习的方法,这样在学习和从事其他专业时也能驾轻就熟,水到渠成。

(三)学习方式的自主性

与中学阶段不同,大学阶段的学生心智已经相对成熟,学生应当培养和适应学习的自主性,回归学习的本质,即为需要而学习。大学学习机制据此设计,强调和培养学生学习的自主性。一是课程选择的自主性。财务管理专业实行学分制。学生通过选课,在一定程度和范围内自主选择课程以及学习进程。二是课程学习的自主性。老师领进门,学习在个人。在老师指导下学生要自己去支配和决策每个人的学习。学生要充分发挥个人学习的自主性,不断探索和总结适合自己的学习方法,取得学习的实效。

(四)学习途径的多样性

与其他专业一样,随着教学手段的进步和教学模式的发展,财务管理专业学习途径是多种多样的,课堂虽然仍是主要的学习途径,但已不像中学时那样几乎是唯一的途径。听课、阅读、认识实习实践、会计综合实训模拟、财务管理综合实训模拟、ERP 实训模拟、大学生创新创业实践、财务管理岗位技能实训、学科竞赛、科学研究、社会工作、志愿服务等都是获得知识、提升能力的途径。对专业知识的学习已广泛地从课堂之内延伸到课堂之外。

（五）学习过程的探索性

财务管理是研究如何通过计划、决策、控制、考核、监督等管理活动对资金运动进行管理，以提高资金效益的一门学科，具有很强的探索和创新的性质。财务管理专业同一门课程可以有多本教材、多种参考书；某一理论可以有多个不同的观点，甚至不同的结论，需要学生在掌握基本理论和知识的基础上，自己思考、把握、选择，确立自己的见解。学生的学习不仅仅在于掌握知识，更在于探究知识的形成过程，掌握科学的研究方法，以发现新的知识，解决实际问题。在知识更新不断加速的时代背景下，学生除了掌握基本知识，更要注重创新能力的培养，突出学生在专业学习过程中的主体地位，倡导学生进行探索性、创新性学习，培养学生发现知识、创新方法、解决问题的能力。

（六）学习管理的开放性

高等教育注重培养学生学习的自主性和自觉性。学生可以按照财务管理专业培养目标，根据自己的兴趣爱好、行为特长，进行选择性的学习、创造性的学习。教学管理形式偏重"目标管理"，管理规定大多是目标要求、规则要求和"底线"要求，目标需全力追求，规则必须遵守，"底线"不可逾越。实行学分制是学习管理开放性的标志，它为每一位学生提供了专业学习指引和毕业要求，但如何达到毕业要求主要在于学生，达到毕业要求的才准予毕业。

二、财务管理专业的学习要求

（一）明确学习目标，尽早制订学习规划

人生要有目标，有目标才有希望，有希望才有动力，有动力才有行动，有行动就需要规划。作为财务管理专业的学生，未来是在注册会计师事务所、资产评估事务所等各类事务所，或是在国家行政部门，或是在金融机构，抑或是到各类企业从事会计、财务管理和管理咨询等工作，确立明确的目标，再制订与之相适应的规划，可称为"大学学业规划"。学业规划应将毕业目标细化为学年目标、学期目标，以及实现目标的时间、措施。以此作为指导，要制订每周、每天的时间利用计划，将自己在课内的学习以及课外的实践、生活安排得井井有条。

（二）学习与思考结合

学习是进步的基础，思考是进步的阶梯。养成思考的良好习惯，将老师讲授的知识进行整理、分类、归纳、提炼，转化为自己的知识，才能掌握知识的本质与内涵。思考是我们学习知识、运用知识的重要环节，也是能力培养的要求，我们要乐思、善思、勤思。一是敢于发问。真正有成就的人是善于在学习中提出问题、思考问题并解决问题的人。要逐步变"不问"为"敢问"，变"敢问"为"善问"，同时在问的过程中学会解决问题，培养自己的思维能力和创造能力。二是敢于否定。在学习的过程中，我们要多问几个"为什么"。我们不能否定一切，但也不能相信一切，凡事必须有自己的独立判断和思考，不迷信权威，不随波逐流，这样才能求得知识的真谛。三是敢于创新。有了大胆体验、探索创新的激情和冲动，就会眼界高远、思维开阔，就能站在前人的肩膀上，去解决前人未能解决的问题。

（三）课内与课外融通

大学里,课堂教学仍是学习的中心环节,但各类课程课堂讲授时间相对减少。老师课堂教学往往是提纲挈领式的,做启发性的指导和答疑解惑。在课外的大量时间里,学生课前要做到提前预习,通过预习,发现课程重点和难点,了解课程的内在联系,做到心中有数,掌握听课的主动权;课后应通过查阅资料、补充笔记、完成作业和课余思考等消化课堂知识。这样才能将课内和课外构成一个整体的学习体系,主动、积极和自觉地开展学习,实现课内与课外的融通。

（四）理论与实践统一

"读万卷书,行万里路",历来是治学的两条基本途径。读万卷书就是学习理论,行万里路就是勤于实践。认识世界是为了改造世界,理论联系实践,才能学有所成。财务管理专业的专业属性决定大多数学生是以财务实务操作及技能学习为主,财务管理专业教学的目的就是让学生在掌握基本理论和知识的基础上,将抽象的专业理论知识运用于具体实践之中,以发展实践应用能力。作为一名财务管理专业的大学生,要深刻体会理论学习和实践活动的重要性,将二者结合起来,不可偏废。

三、财务管理专业理论课程学习方法

学习方法因人而异,但一些普遍的方法可供借鉴和参考。

（一）培养学习的兴趣

有关学习动机的研究发现,学习兴趣是学习积极性中最活跃的心理成分,它是推动学生进行学习活动的关键因素。只有学习者具备了强烈的学习兴趣,才会有学习的原动力,才会积极主动地学习,所以应采取积极的手段激发学生自主学习的兴趣,增强学习的信心,实现良性循环。学生应从感兴趣的话题入手,结合现实中存在的经济管理问题进行思考,将有趣的生活案例融入到枯燥的财务知识学习中去,增加财务知识的趣味性和实用性。在网络非常普及的今天,学生们可以充分利用现代化技术手段扩展自己的视野,了解财务工作对个人、家庭、企业乃至国家的意义,这就会产生学好财务管理知识的成就感。我们培养了对财务管理专业学习的兴趣,形成了乐观向上的态度,学习效果会更好。

（二）提高自学的能力

现代社会经济发展日新月异,财务管理理论知识、法律法规更新也越来越快,"一时学习,够用终身"的观念早已难以适应财务管理工作的需要。学习的任务不是"学会一切知识",而是"学会学习知识"。大学期间,在校学习的目的,就是在掌握基本理论、基本知识的基础上,掌握最基本的学习方法和学习工具,以便将来运用这些方法和工具获得新的知识。大学与其说是学习了一门专业,倒不如说是学会了如何学习,让自己今后能够"无师自通"。因此,培养和提高自学能力,是财务管理专业学生学习的重要内容,一方面要高效率地掌握知识,善于将老师传授的知识融会贯通;另一方面要是具备独立吸收知识、获取信息的能力。

（三）培养认真预习、复习的习惯

"先预习,后上课",将使学习变得轻松,提高课堂的听课效率,并有助于培养学生的自学能力和思考能力。学生在预习过程中注意新旧知识的联系和对比,并把重点、难点、疑点做好记号,以便上课时特别注意听老师的讲解。课堂上要认真记下老师授课的重点内容、补充的内容、难以理解的疑点……以备课后请教其他同学或老师。课堂笔记要书写清楚、条目分明、内容充实,以便课后仔细复习理解。财务管理专业课程概念、原理、公式较多,且难记、难掌握,所以要勤于复习。学生只有科学地进行复习,才能巩固、消化所学的内容。多做练习特别是业务题,是财会学习中的重要环节,它对学生透彻理解和巩固所学知识,培养学生应用知识去解决实际问题的能力都会起到很大的作用。在编制会计分录时,一定要弄清经济业务的来龙去脉。同时,在做会计分录时多加以分析比较,能使知识融会贯通。做练习时,注意培养自己认真严谨的学风,这有助于在未来财会工作岗位上形成认真严谨的工作作风。

(四)充分利用网络资源

现代化教育技术手段的发展,网络教学资源的开发,拓展了学生的学习空间,为学生自主学习创造了良好的环境和条件,学生能够充分、快捷、不受时空限制地利用网络资源来进行学习,将网上课堂和现实课堂相结合,学生主体和教师主导相结合,使之成为实施教学过程和保证质量的主要手段。网上教学环境实现了多种教学方法、多种教学媒体、多种教学技术层面上的混合,提供了个别化自主学习的环境,通过教师、学生与教学资源三者之间的互动,实现了培养终身学习能力的目标。但网络资源的利用还需要学校和教师努力创建基于网络的专业学习环境,开设财务管理网上课堂,建立网上模拟实验室,搭建网络交流平台,引导学生利用网络相关资源。从专业学科门类的角度看,要为学生打造一个积极、交互、资源丰富的学习环境,帮助打通各门专业课程之间的"关节",让他们可以自由遨游在专业学科知识的海洋中,利用网络资源,逐步形成"教师导学→学生自主学习←教师助学"的"三学"教学模式。

四、财务管理专业实践课程学习方法

财务管理专业是一个社会实践性较强的专业,因此实践创新能力是财务管理专业学生的核心竞争力,用人单位更偏爱有实际能力的人。同学们应结合企业实际,熟练掌握企业的财务运营实务,提高财务实务处理能力和综合能力,更好适应企业的工作要求,打下良好的职业发展基础。大学里实践创新训练的途径很多,如课内的实验、综合练习、毕业设计或毕业论文,课外的学科竞赛、申报为鼓励学生实践创新设立的科创基金项目、省和国家设立的大学生创新创业实践训练计划项目等。积极参与专业实践活动可以使学生平时的课堂学习得以有效地巩固和深化,充分调动学生的主动性,极大程度地推动了同学们学习财务管理专业课的热情。实践经历、实践作品、实践证书的具备更能证明学生的能力。

财务管理专业实践教学体系包括实验室模拟实习、校外实习和学生科研活动等,下面主要介绍学生参与这些实践学习的方法。

(一)实验室模拟实习

模拟实验对于提高学生的动手操作能力、分析问题和解决问题的能力具有非常重要的作用。学生可以借助模拟实验条件,如利用ERP沙盘模拟创造的符合企业生产经营实际的情景,产生入境感知,不知不觉地在教师创设的教学情境与提供的定向指导中进入真实的情境中进行专业训练并灵活运用所学的专业知识,进而对专业课程内容产生浓厚的兴趣。

实验室模拟实习的方式有电算化实习和手工实习两种。在认真分析财务管理教材和企业理财实践的基础上,财务管理电算化实验可以分为基础实验、单项实验和综合实验三类。其中基础实验是针对财务管理电算化软件的各种功能及基本操作分别设计若干实验项目。此类实验的目的是培养学生的计算机财务管理应用的基本操作能力。单项实验是针对财务管理的每一个重要知识点分别设计若干个实验项目,如在企业实践中,资金需要量预测、资本成本和资本结构决策、货币时间价值应用、最佳现金持有量的确定、存货经济订货量决策、最佳信用政策决策、销售收入预测、利润预测及本量利分析、全面预算的编制和财务分析等均可通过软件进行,因此,可以分别设计成多个单项实验项目。通过单项实验可以提高学生对财务管理基本知识的运用能力。综合实验是将财务管理与会计学的知识融合在一起,以案例的形式加以体现,如可以分别设计筹资决策综合分析、企业并购决策分析、企业财务分析等实验项目,旨在培养学生对财务管理与会计知识的综合运用能力。

（二）校外实习

针对校外实习存在的问题,可以采取以下步骤以确保校外实习收到良好的实习效果:

第一学年采取"渗透式"实习。目的是让大一学生对于将来的财务管理专业学习产生感性认识与兴趣。具体内容为通过参观实习基地,分析典型企业案例,使学生接触、了解财务管理专业的概貌,让学习更有针对性。培养方式为引导式,重点是让学生建立起对财务管理专业的兴趣与概念。

第二学年采取"参与式"实习。特点是让大二学生打好财务管理专业学习的基础,财务实操有直观的认识。具体内容为参与实习基地财务管理的基础性工作,让学生有更为直观的接触。培养方式为辅导式,重点是让学生进入专业学习的海洋,对学生的专业书籍阅读进行辅导。

第三学年采取"体验式"实习。特点是让大三学生更好地掌握财务管理专业的各项理论,拓宽专业知识面,不仅有理论,还能将之用于实操。具体内容为以顶岗形式参与实习基地的岗位性工作,如现金岗、制度岗,让学生更加明确财务管理专业学习目标,活学活用,突出"干中学"。培养方式为引领式,重点是让学生将学到的理论运用到实操中,并从实践中再总结、归纳有关的财务管理理论,达到融会贯通的效果。

第四学年采取"介入式"实习。特点是让大四学生不仅拥有财务理论知识,还有财务实操经验,掌握企业财务运营的主要情况,成为财务管理人才,为社会所用。具体内容为深度介入实习企业的财务运营工作,并在实践中综合运用所学的财务管理理论,提出有关建议,成为财务管理人才。培养方式为互动式、交流式,重点是让学生在实习中掌握财务实操并与理论相对照,同时学会职场的沟通技巧,以全面达到专业培养的效果。

（三）学生科研活动

科研能力是未来社会高级财务管理人才不可或缺的一种能力。有同学认为,科研离自己太远了,那是研究生阶段的事情,事实并非如此。在本科阶段参与科研活动可以产生对知识最现实、最迫切的需求。知识是有生命周期的,一些知识现在有用,未来未必有用;知识是有局限性的,在这个领域有用,换一个领域未必有用。拥有知识的人,未必拥有能力;考试需要知识,做人做事需要能力。知识向能力的转化,练习是关键。科研需要进行大量复杂的思考,这也是为什么科研工作比较难、比较痛苦。学生参与科研,就是进入了这样一种训练过程,不停地遇到新的难题,不停地思考。

有同学会担心，本科生会不会不具备相应的基础，不适合做科研。答案是不会。首先，科研训练可以由易到难，精心设计；其次，现在高中毕业生的知识积累从历史的角度来看，已相当丰富；再次，也不一定要非常功利地去考虑能不能做出成果来，培养自己的能力才是根本目的。总之，本科课堂目前注重的是教授解决问题的知识，而科研能够帮助学生形成发现问题、分析问题和解决问题的能力，这更重要。

学生参与科研活动的途径多种多样，可以参加学术讲座，可以完成阶段性小论文或开展学生科研论文大赛，可以找老师合作开展科研。但同学们也要记住，科研不同于填鸭式的学习，科研更加需要个人的能力，而能力是别人教不会的。所以，如果想在科研中有所得，必须手、眼、嘴、脑全部充分调动起来，尤其是脑，要仔细观察，仔细琢磨，要"悟"，要充分调动自己的能动性、积极性去学习、思考，不要被动等待。

第四章　财务管理专业学生毕业与就业

第一节　毕业要求

财务管理专业培养的学生,应掌握管理学科、经济学科的基本理论与基础知识;熟悉国家有关财务管理法律法规和方针、政策;较深入了解市场经济运行机制,具备综合分析、解决财务管理实际问题的能力和初步的科研能力;熟练掌握一门外语,具有较强的外语阅读能力和相当的外语听、说、写、译能力,能利用外语获取专业信息;通过国家计算机二级水平考试,能熟练运用计算机从事业务工作。

财务管理专业学生在学分修满之后,应具有以下两大方面的 8 种能力。

一、专业基本能力要求

(1)财务会计核算能力。掌握凭证填制、登记账簿、编制报表等基本技能。

(2)财务管理基本能力。熟悉财务管理的基本理论,掌握财务管理的原理与基本方法。

(3)经营管理基本能力。熟悉统计分析基本理论和企业管理的一般流程,掌握企业经营管理基本原理与基本方法。

二、专业核心能力要求

(1)会计实务处理能力。掌握会计信息的生成过程、会计电算化软件操作,能对企事业单位、不同行业会计实务进行处理。

(2)证券投资分析能力。熟悉经济运行的宏观和微观环境,掌握投资的基本理论,掌握证券投资的理论和应用技巧。

(3)项目评估分析能力。熟悉并掌握企业资产评估、项目评估和审计理论和方法的应用。

(4)公司理财能力。熟悉并掌握企业内部控制和公司治理、企业战略与风险管理的基本理论。

(5)金融管理能力。熟悉并掌握金融市场的运作及对金融产品分析等能力;提高金融企业的财务分析能力。

第二节　就业前景

财务管理是对公司经营过程中的财务活动进行预测、组织、协调、分析和控制的一种管理活动,是企业管理的一个重要组成部分。因此,财务管理专业毕业生的就业方向主要有:各类行政企事业单位;各种专业事务所,包括会计师事务所、资产评估事务所等做审计、金融分析、投资分析、财务管理、财务等工作;金融证券机构,包括银行、保险、证券、信托等行业;

专门的金融、货币、经济、调研机构；中高职学校等事业单位。财务管理专业培养的学生具有财务分析、投资决策、金融等方面的理论知识和应用能力，在实际工作中能充分利用所学的财务管理专业知识开展各项工作。本专业适应面广，就业前景广阔。

麦可思研究院《2016年中国大学生就业报告》数据显示，2015届财务管理专业毕业生就业率位列十大专业第一名，就业率95.3%，见图1-4-1。根据麦可思研究院《2017年中国大学生就业报告》数据（表1-4-1），麦可思《2018年中国大学生就业报告》最新数据（表1-4-2），主要从月收入、就业满意度、工作与专业相关度，以及专业所对应的热门职业的就业质量差异等方面，分析2016届和2017届大学毕业生就业数量（就业比例）较大的十个专业的就业前景。财务管理专业又连续两年入围就业率排名前十专业。其中2017届财务管理专业毕业生就业数量位居第三。在就业率方面，2016届财务管理的就业率位列十大专业第三，为93.5%；2017届财务管理专业以94.2%的就业率在十大专业中排名第三。财务管理专业在就业人数、就业率、就业满意度以及专业相关度等方面都有着较为突出的表现。2017届财务管理专业毕业生的初次就业率为97.83%，去向中企业占58.70%（其中银行占10.87%），事业单位或考上公务员的占10.87%，升学占17.39%，会计师事务所占8.7%。用人单位对财务管理专业毕业生满意度高，社会评价好。

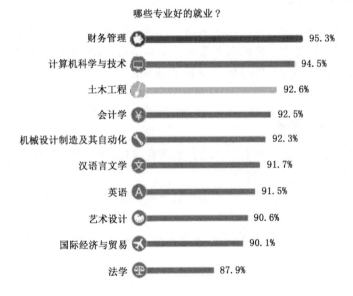

图1-4-1　2015届十大本科专业就业率情况

表1-4-1　全国2016届毕业生比例较高的前十位本科专业就业情况

毕业生比例排序	专业名称	毕业半年后就业率	毕业半年后月收入（元）	工作与专业相关度	就业现状满意度	毕业半年内离职率
1	会计学	91.8%	4 026	82%	69%	21%
2	财务管理	93.5%	3 868	77%	69%	28%
3	英语	90.9%	4 159	72%	67%	30%
4	艺术设计	90.2%	4 082	68%	67%	37%

表 1-4-1(续)

毕业生比例排序	专业名称	毕业半年后就业率	毕业半年后月收入(元)	工作与专业相关度	就业现状满意度	毕业半年内离职率
5	计算机科学与技术	93.9％	5 452	80％	75％	23％
6	机械设计制造及其自动化	92.9％	4 123	70％	59％	24％
7	国际经济与贸易	91.1％	4 285	52％	66％	31％
8	土木工程	92.7％	4 193	85％	62％	15％
9	电气工程及其自动化	95.5％	4 401	80％	71％	15％
10	金融学	90.7％	4 621	79％	67％	21％

数据来源：麦可思中国 2016 届大学毕业生培养质量跟评价。

表 1-4-2　全国 2017 届毕业生就业数量较大的前十位本科专业的就业情况

毕业生比例排序	专业名称	毕业半年后就业率	毕业半年后月收入(元)	工作与专业相关度	就业现状满意度	毕业半年内离职率
1	英语	91.5％	4 482	75％	69％	29％
2	会计学	91.7％	4 323	83％	68％	20％
3	财务管理	94.2％	4 184	79％	69％	28％
4	土木工程	92.8％	4 566	86％	65％	15％
5	机械设计制造及其自动化	92.6％	4 494	68％	62％	23％
6	计算机科学与技术	93.9％	5 855	77％	74％	22％
7	汉语言文学	91.6％	4 803	83％	72％	21％
8	电气工程及其自动化	95.6％	4 803	77％	70％	17％
9	国际经济与贸易	91.2％	4 590	54％	67％	30％
10	软件工程	96.7％	6 259	85％	75％	26％

第三节　职业发展

随着我国经济的持续发展,对财务管理专业人才的需求一直处于较为旺盛的状态,在各地的招聘职位需求排行榜上,财务管理专业一直处于领先位置。调查显示:目前财务管理队伍在逐年递增,财务管理岗位从单一型转向复合型,但缺乏复合型人才。

一、职业发展路线

财务管理是适应面最广、就业机会最多的专业之一,可供选择的职业发展路线也很多,主要有以下三种。

(一)事务所路线

事务所路线主要经过审计助理—审计—高级审计—审计经理—高级审计经理—合伙人的发展过程。财务人前两年进入事务所一般是做审计的基础工作,审计助理和审计的工作主要研究审计工作底稿、熟悉审计流程,涉及财务费用、银行存款、营业收支等方面的工作,逐渐接触往来类别、财务报表、收入、成本方面的科目。在会计师事务所前两年是积累阶段,这个阶段是通往高级审计的重要阶段,考过相关证书,可为职场升职增添砝码。在事务所的高级审计一般需要做 3 年,高级审计一般需要协助经理管理小组,需要了解被审计公司的内部控制,对负责的项目做出风险评估,进行公司治理,以及投融资事宜。

(二)企业路线

企业路线主要经过出纳—会计—财务主管—财务经理—财务总监—首席财务官(CFO)的发展过程。企业路线是财务人选择最多的一条路线,少数人进了国企和事业单位,多数人则进了私企,进入企业以后一般是从出纳、会计做起,日常的工作一般是管理原始凭证,负责记账、结账工作,过几年,做得好的很快就会从会计的岗位升为会计主管。会计主管需要做各种明细账、总分类账务工作,也需要协助上级领导进行业务的制定,以及后期的监督与实施。在企业的前几年,是财务人职业发展的基础,从财务基础知识、数据报表,到团队的沟通和管理,都需要提升自己的专业和技能,为以后职场的晋升奠定基础。当积累到一定的工作经验,晋升为财务经理时,很多人会成为这个领域的专业人才。这个阶段最重要的是完成管理角色的过渡,除了专业领域的提升,精力更应该放在团队管理、下属培养、团队协作方面。财务总监通常要帮助首席执行官(CEO)做战略决策,精通投融资、风控、成本预算等各种财务技能,是 CEO 的左膀右臂。CFO 是地位显赫的公司高级管理者,在公司治理中扮演着重要角色,进入董事决策层和经理执行层,以股东价值创造为基础,参与公司战略。CFO 的重要职责就是通过资源配置实现企业的战略目标和长期发展,因此,CFO 应该是企业战略的管理者,代表出资方实施企业外部资本控制,并向股东和董事会负责。

(三)银行路线

(1)前台。柜员—柜长—会计主管—会计主任—支行副行长—支行行长。

(2)后台。风控专员—风控主管—风控主任—支行副行长—支行行长。

进入银行以后,银行前台一般是从柜员做起,再做柜长,随着工作经验和人脉的积累,晋升为会计主管,多年后,可以晋升为主任,也可以往支行副行长和支行行长的方向发展,但这需一定的年限和人脉积累。进入银行后台一般从风控专员做起,慢慢地可以晋升为风控主管,风控主管是银行的预警器,负责消灭或者减少风险事件发生的可能,帮助银行减少风险事件带来的损失等,工作几年以后可以晋升为风控主任。与前台一样,风控主任可以往支行副行长和支行行长的方向发展,但需要大量的关系、人脉以及业绩。

二、职业发展具体岗位

财务管理专业就业的具体岗位主要有:

财务经理:做好财务核算,提供财务分析报告、编制预算、管理成本和资金,更需要对企业的全面运营管理甚至是战略决策提供强有力的支持。

财务分析师:从事财务分析行业的人员,一般先负责企业基础的财务分析工作,考取职业资格证书并且积累一定经验之后,可以从事高级的财务策划管理工作,成为企业的财务分析经理、财务经理、财务成本控制经理、预算经理、资金经理、审计经理等;另外对于财务知识有了足够的了解后,还可以转为做财务管理咨询顾问,分析公司财务状况,研究行业内公司信息,跟踪融资策略、财务分析和财经政策。工作内容包括:分析实际发生的财务账目,针对实际情况判断、解释与预算产生的重要差异,预测公司财务收益和风险;分析、评估各项业务和各部门业绩,提供财务建议和决策支持;预测并监督公司现金流和各项资金使用情况;写各种财务分析报告、投资财务报告、可行性研究报告等。

融资主管:需要拥有广泛的人脉资源、项目资源和社会资源,需要通晓金融系统游戏规则,熟悉公司战略规划,为实现蓝图提供必需的资金资源。

银行大堂经理助理:在银行营业网点配合银行大堂经理工作,负责直接面对客户进行业务咨询、引导,介绍产品和本行开展业务,维护大厅秩序,解决客户纠纷等工作的基础岗位。

银行业务客户经理:又称零售业务客户经理,指在银行从事个人客户开发、客户管理和维护、产品销售、市场拓展等工作的人员。

证券大客户管理:是指在有效的客户关系管理和维护下,为大客户提供个性化解决方案的人,从而使企业从大客户处获取长期、持续的收益。

财务顾问:财务顾问是指金融中介机构,根据客户需要,站在客户的角度为客户的投融资、资本运作、资产及债务重组、财务管理、发展战略等活动提供咨询、分析、方案设计等服务。

预算经理:众所周知,预算做得越精确,公司的年度计划运行就会越顺利,而且可以减少浪费。预算经理做的正是这样的工作。他需要根据实际的经营情况,定期对已编制的预算进行更新,使预算更趋准确,并要建立、改进、完善预算管理体系,建立相应的机制,还要监督和控制预算单位的预算执行情况,撰写相应的报告。

税务专员:税务专员承担着税务方面的一线工作,琐碎却非常重要,主要负责办理公司日常税务相关事务,管理各类发票(增值税专用发票、营业税发票等),编制税务、统计等报表,申请、报批公司税务优惠政策的手续,管理公司税务证照等工作。

成本管理员:在企业生产经营过程中完成各项成本核算、成本分析等一系列科学管理行为的人员。

内部审计专员:审计分为外部审计和内部审计。内部审计是指由企业的内部审计机构或专职审计人员对本单位及所属单位的财务收支、经济活动的真实性、合法性和效益性的独立监督和评价行为。

税务代理人:税务代理人是指受纳税人、扣缴义务人的委托在法律规定的代理范围内,代为办理税务事宜的单位或者个人。

出纳:出纳是整个会计循环工作的一个环节,是负责管理货币资金、支票、有价证券、印章、收据,办理资金收支结算、单据报销的重要岗位。

信贷专员:信贷专员是受理贷款申请、提供政策咨询、核实资质、上报批准、贷款发放和回收的人员。

会计:贯彻执行国家颁布的有关财务制度,严格按照《中华人民共和国会计法》进行记账、算账、报账,严格遵守财经纪律,做到手续完备、内容真实、数据准确、账目清晰,建立和完善会计核算体系,合理设置会计科目和账目,认真履行会计职责。

基金柜员:是指在基金公司自己设立的营业网点(一般称为直销中心、理财中心等),直接销售本公司基金产品和服务的人员。

证券柜员:柜员一般统指在企业对外营业柜台的工作人员,主要负责直接面向客户,办理柜面业务操作、查询、咨询等,是企业与客户联系最密切的岗位。证券行业柜员,工作场所是在证券营业部的营业厅。

特许金融分析师(Chartered Financial Analyst):简称CFA,CFA是全球投资业里最为严格、含金量最高、最具权威的一种职业资格,被称为全球金融第一考的考试,为全球投资业在道德操守、专业标准及知识体系等方面设立了规范与标准,被全世界广泛认知与认可。《金融时报》于2006年将CFA专业资格比喻成投资专才的"黄金标准"。自成立以来,CFA协会培养了许多活跃于金融行业前沿的高水平专业人士。CFA持证人遍布全球,服务于众多企业。随着中国经济步入新的发展阶段,金融行业在中国经济发展中将扮演越来越重要的角色。因此,投资管理行业需要更多专业的金融人才。而CFA协会在中国的快速发展也反映了市场的这一需求。2015年,超过36 000名候选人参加CFA考试,使中国成为亚太地区第一大市场,排名全球第二,仅次于美国。

英国特许注册会计师:特许注册会计师公会(the Association of Chartered Certified Accountants,简称ACCA)成立于1904年,是目前世界上领先的专业会计师团体,也是国际上海外学员最多、学员规模发展最快的专业会计师组织。英国立法许可ACCA会员从事审计、投资顾问和破产执行的工作。ACCA会员资格得到欧盟立法以及许多国家公司法的承认。ACCA是国际会计准则委员会(IASC)的创始成员,也是国际会计师联合会(IFAC)的主要成员。1999年2月联合国通过了以ACCA课程大纲为蓝本的《职业会计师专业教育国际大纲》,该大纲可作为世界各地职业会计师考试课程设置的一个衡量基准。获得ACCA资格必须通过ACCA的14门全球统考课程,共分为两个部分,第一部分为基础阶段,主要分为知识课程和技能课程两个部分。知识课程主要涉及财务会计和管理会计方面的核心知识,也为接下去进行技能阶段的详细学习搭建了一个平台。技能课程共有6门课程,广泛涵盖了一名会计师所涉及的知识领域及必须掌握的技能。

中国注册会计师(CPA):CPA是注册会计师(Certified Public Accountant)的英文缩写,是指依法取得注册会计师证书并接受委托从事审计和会计咨询、会计服务业务的执业人员,是从事社会审计/中介审计/独立审计的专业人士。注册会计师主要承接的工作有:审查企业的会计报表,出具审计报告;验证企业资本,出具验资报告;办理企业合并、分立、清算事宜中的审计业务,出具有关的报告;法律、行政法规规定的其他审计业务等。尤其是在执行上市公司审计时,注册会计师不仅要鉴证一个公司是否遵循了法律、法规和制度,而且还要判定其会计报表是否遵循了真实性、公允性和一贯性原则。由注册会计师依法执行审计业务出具的报告,具有证明效力。CPA为中国唯一官方认可的注册会计师资质,唯一拥有签字权的执业资质。

注册管理会计师:美国注册管理会计师(CMA)是美国管理会计师协会(IMA)旗下资格认证,全球130多个国家承认,国际国内认可,是就业升职的敲门砖,事业发展的引擎!CMA在我国信息、建筑、金融等行业得到了广泛推广和认可,它作为国际财会领域三大黄金证书之一,也被列入央企国际化人才培训计划。目前500强企业例如:中石化、中国电信、IBM(国际商业机器公司)、海尔集团在招聘财务高管时也优先考虑持有CMA认证者,众多猎头也相应争抢CMA毕业学员。注册管理会计师是侧重于企业内部的管理、决策方面,是为企业创造价值的。如果你的职业发展路线是企业财务主管、财务总监、总会计师、CFO、CEO、副总经理等,学习CMA对提升你的财务思维、管理能力、决策能力有很大的帮助。作为企业精益化管理的核心内容,管理会计在我国呈现出巨大的发展空间。市场对管理会计人才的需求,也呈现持续性的快速增长。

综上所述,财务人的选择其实有很多,虽然在基层岗位时工作相对琐碎,工作任务也相对较大,但这些都是学习和积累的过程。财务人只有重视前几年的发展,才能在以后的工作中得到的晋升,并且在以后一定有大展身手的好机会。财务管理是一个企业的命脉,财务管理专业的学习与就业不仅需要学生具有分析和解决财务、金融问题的基本能力,由于财务管理工作的性质,还要求从业人员具有较高的政治理论素养和社会责任感,具有较强的创新意识和良好的身体心理素质,具备良好的专业品质和与主要面向工作岗位相适应的踏实敬业、吃苦耐劳、团结协作的职业素养。

第二篇
会计学专业导论

第一章　会计学专业教育发展概况

第一节　会计学专业教育发展历程

会计学是研究会计信息的收集、记录、报告、解释、分析和验证,并有效地管理经济活动的一门管理科学,由阐明会计制度赖以建立的会计理论,以及处理和组织会计实务的会计程序和方法组成。

会计学专业人才培养定位于博学的专业人士,培养这样的专业人士充分考虑了如下具体要求:在会计实践中具备诚信意识和专业操守;课程体系能够与专业素质和能力要求有效衔接;形成保证会计专业技能相关性和时效性的持续学习与创新能力;与会计实务界形成互动,获得会计实务界的有力支撑;会计教育课程有持续的质量保证。

经济越发展,会计越重要。党的十一届三中全会以来,我国高等会计教育事业随着国民经济的恢复、发展、繁荣而呈现出恢复、发展进而繁荣的态势,有力地证明了这一论断。总的来说,1978年以来我国高等会计专业教育体系得到全面恢复与迅速发展:高等会计教育规模迅速扩大;高等会计教育学历层次体系基本形成;高等会计教育专业方向设置趋于合理,会计学科体系不断完善。

一、高等会计教育招生规模迅速扩大

1977年,我国各大专院校陆续恢复了招生。在较短时间内,几乎所有的会计专业都迅速地得到了恢复。与此同时,一些高等院校也适时地办起了会计专业,会计教育的招生规模随之迅速扩大。据统计,1977年全国各财经院校的会计专业只招收了400多名新生;1978年3月16日,教育部发出通知,同意财政部在北京恢复中央财政金融学院,设立金融、会计等专业,在校生规模为2 000人。1978年6月6日,教育部下发了《关于1978年高等学校和中等专业学校招生工作意见》,根据其要求与安排,全国设立财会专业的院校迅速恢复,到年底就达到21所,当年招生人数为1 314人,在校人数达到2 024人。到1984年,设有财会专业的高等院校激增至104所,到1985年就达到121所,在校学生人数增加到18 000人。到了1995年,在全国1 054所普通高等院校中,设有会计类专业的院校就有495所,6所院校已经毕业和在校的会计学博士生为87人,28所院校在校的会计学硕士生为1 024人,219所院校的在校会计专业本科生为43 958人,426所院校的在校会计专业专科生为71 654人,会计专业在校生总数为116 723人,占当年我国高等院校在校生总数290.1万的4%。1997年,全国高等院校会计专业共毕业本专科生38 708人,招生38 765人,在校生规模达到了126 243人。

这一时期高等会计教育的特点为:一是打破了原来仅由财经院校兴办会计专业的固定模式,文、理、工各类高校,包括农、林、水、石油、地质和师范等专业性较强的院校,也陆续开办了会计类专业;二是会计教育由专才教育逐步地进入了通才教育的时期;三是在会计专业

课程结构上,打破了"老四门"的历史格局,形成了新的课程结构体系;四是会计教材建设呈现出百花齐放的局面。

二、高等会计教育学历层次体系基本形成

1978年以来,我国高等会计学历教育获得了充分的发展。到现阶段,我国高等会计教育学历层次主要包括:会计学博士研究生教育、会计学硕士研究生教育、会计学本科生教育和会计硕士(MPAcc)专业教育(事实上,会计硕士专业教育不是一种学历教育,但鉴于其与会计的相关性和重要性,我们把它与学历教育放在一起)。

(一)会计学博士研究生教育

1981年11月3日,国务院批准在上海财经学院(现上海财经大学)和厦门大学设立首批会计学专业博士点,同时批准娄尔行和葛家澍两位教授为我国首批会计学博士生导师,并从1982年开始招收会计学专业博士学位研究生。清华大学于1999年开始招收会计学博士研究生,首次聘请了部分海外教授作为博士生的导师。会计博士生招生对象一般为取得硕士学位或具有同等学力者,培养方式为全脱产、定向、委培或者在职不脱产4种方式,专业方向设置因各校的导师而异,主要有:会计理论、审计理论、国际会计和财务会计、现代管理会计、金融业和高新技术产业会计、会计审计史学、西方会计与审计、会计电算化、会计制度建设和国际财务管理等。从20世纪80年代中期开始,随着我国博士后研究制度的形成,厦门大学、上海财经大学、中国人民大学和中南财经大学(现为中南财经政法大学)4所高校还先后设立了会计学博士后流动站。我国会计学博士研究生的规模逐渐扩大。截至1984年底,我国还没有会计学博士生毕业,在校生也仅为7人,但在1992—1996年这5年内,全国就有65名会计学博士研究生毕业,在校博士研究生从52名增加到120名。1999年5月,有学者对1985—1999年15年间全国设有会计学博士点的财经院校(所)和部分综合性大学的会计学博士层次教育的情况进行了比较精确的统计:截至统计之日止,我国共有154人获得会计学博士学位,1999年各点尚有在读会计学博士生180人。

(二)会计学硕士研究生教育

我国从1979年开始招收会计学专业硕士学位研究生。1981年11月3日,国务院批准了首批硕士学位授予单位,它们是中国人民大学、天津财经学院(现为天津财经大学)、上海财经学院(现为上海财经大学)、湖北财经学院(现为中南财经政法大学)和财政部财政科学研究所。1983年6月,国务院批准的第二批会计学专业硕士学位授予单位有:中国财政金融学院(现中央财经大学)、北京经济学院(现首都经济贸易大学)、辽宁财经学院(现东北财经大学)、四川财经学院(现西南财经大学)和上海社会科学院。据1996年的统计,我国共有28所高校和中国社会科学院、财政部财政科学研究所及上海社会科学院等专门研究机构面向我国内地和港、澳地区招收会计专业的硕士生。会计学硕士研究生的专业方向主要设置有:会计理论与方法、财务会计、财务管理、成本管理会计、国际会计、电算化会计、审计学、经济效益审计和涉外审计等。在培养方式上有全脱产、委托培养、定向培养和在职学习等多种方式。

(三)会计学本科生教育

本科层次的会计教育是我国普通高等会计教育体系的重点,学生从每年参加普通高等学校招生全国统一考试的高中毕业生中录取,学制为 4 年,完成规定的学业后可授予管理学学士学位。会计本科生教育的规模发展迅速,据统计,截至 1985 年 6 月 30 日止,我国有 86 所普通高校设会计类专业,共毕业本科生 16 388 人,当年在校生为 8 510 人。但到了 1996 年,我国已有 244 所院校招收会计学专业的本科生,当年招收新生超过 1 万人,毕业生为 7 624 人,在校生为 55 826 人。1994 年,为了满足培养注册会计师专门人才的需要,经国家教育委员会和财政部批准,开始在中国人民大学等 7 所高校开设"注册会计师"专业并正式招生。1995 年又将这一范围扩大到 23 所高校。截止到 2005 年 6 月,全国已有 293 所高校开设会计学本科教育。1996 年,我国第一家会计学院——东北财经大学会计学院正式成立,此后,上海财经大学、西南财经大学、中南财经政法大学与陕西财经学院均先后设立了会计学院。1998 年 7 月 20 日,北京国家会计学院经国务院批准成立;2000 年 9 月,上海国家会计学院正式组建;2002 年 1 月,厦门国家会计学院又经国务院批准成立。3 个国家会计学院的成立,标志着我国会计教育随着经济的发展迈上了一个新台阶。

（四）会计硕士（MPAcc）专业教育

为健全和完善国家高层次会计人才培养体系,建设高素质、应用型的会计人才队伍,调整学位与研究生教育的类型结构,经国务院学位委员会批准,2004 年我国首次设立会计硕士专业学位。会计硕士专业教育作为职业教育,比会计学硕士教育更偏重于实务,学习的目的是解决实际工作中的问题。首批全国会计硕士专业学位试点院校有 21 所:中国人民大学、清华大学、中央财经大学、南开大学、天津财经大学、东北财经大学、复旦大学、上海财经大学、厦门大学、武汉大学、中南财经政法大学、中山大学、暨南大学、西南财经大学、西安交通大学、北京大学、上海交通大学、南京大学、湖南大学、重庆大学、财政部财政科学研究所。同时还有北京国家会计学院、上海国家会计学院、厦门国家会计学院分别与清华大学、上海财经大学、厦门大学按联合培养方式开展会计硕士专业学位教育试点工作。

三、高等会计教育专业方向设置趋于合理,会计学科体系不断完善

中华人民共和国成立以来,我国各高校的专业设置虽然几经变化和调整,但大多数都还是按照国民经济和上层建筑的各个领域来加以确定的,这种大的趋势对会计教育的专业设置产生了一定的影响。

在 20 世纪 70 年代末 80 年代初我国会计教育的恢复期,主要是沿袭 50 年代引进的苏联模式,基本上是按行业来划分与设置专业,如工业会计、农业会计、商业会计、银行会计及预算会计等。这种按行业划分的方式虽然增加了学生就业的对口性,但因专业过细,不仅在组织教学上增加了难度,同时也在一定程度上限制了学生的就业面。因此,到了 80 年代后期,根据《中共中央关于教育体制改革的决定》,为了适应社会主义现代化建设事业对高层次且通用性强的管理人才的需要,国家教委将高等会计专业原所属的会计学、工业会计、工业财务会计、商业会计、物资会计、商业财务会计、财务与会计、贸易企业财务管理和农业财务等十多个相近的专业统一归并为"会计学"专业,此外还新设了"国际会计"专业,规定了各专业的培养目标、业务要求及主干专业课程,使我国高等会计专业人才在向宽口径、通用化人才培养模式方面过渡迈出了实质性的一大步。

进入 20 世纪 90 年代以后,经济快速发展导致各行业对高素质会计人才的需求增加,同时由于招生制度改革,高等院校有了更大的招收委培生、自费生、走读生等各种形式的招生自主权,各高校受到利益驱动,纷纷开出了一个个对考生具有相当诱惑力且冠以各种不规范名称的财会类专业。有条件的院校和不具备条件的院校都竞相开设了财会专业,如涉外会计、股份制企业会计、外贸会计、国际会计及注册会计师专门化等,这使高等会计教育的专业设置又回到了80年代初的那种小专业口径的局面。直到1997年4月,国家教育委员会再次组织专家对我国各种高等教育专业设置进行论证,决定将会计类学科列作"管理学"下的二级学科,再一次重申各种财会类专业的名称必须归并为"会计学"专业,并确定从1998年起,开始实行新的专业目录,博士、硕士、本科、专科等层次在原则上均只设立"会计学"专业,从而使会计教育在专业名称的设置上开始向规范化过渡。

中国会计学会自1980年成立以来,就对高等会计教育学科体系设置的问题给予了高度重视。针对当时会计学科体系基本是沿袭50年代初期从苏联引进的"会计核算原理—专业会计—财务管理—经济活动分析"这一"老四门"的学科体系模式,不少有识之士提出了改革和重组的建议。1981年,中国人民大学阎达五教授等人撰写了《论会计学科体系的改革》一文,就会计学科体系的改革问题做了纲领性的阐述。文中提出了12项改革措施:一是逐步建立一门"经济效果、价值管理和经济核算学",作为会计专业的基础理论课;二是建立一门"普通会计学",主要阐述会计原理、会计标准、会计制度、会计组织、会计信息管理、会计分类和会计方法论,并根据需要设立若干专门会计学,但不按部门单独设立工业、农业和商业会计;三是单独建立"成本管理学",内容既包括传统的成本计算内容,又包括成本分类、成本预测、成本决策、成本计划、成本控制、成本分析、成本预算管理和数学模型在成本管理中的应用等;四是建立"会计监督学",包括会计监督的理论、方法、标准、依据、组织体系、具体技术、内部监督与社会监督及专职会计师应当具备的其他专业知识;五是改造企业财务管理课程,建立真正意义上的"理财学";六是充实、深化和扩展"企业经济活动分析课";七是建立"会计制度设计学",研究不同行业和不同会计主体中会计制度设计的理论、方法和技术;八是设置"会计应用数学"研究会计中应用数学方法的规律性;九是开设"会计史";十是开设"会计法"课;十一是开设"电子计算机在会计中的应用"课;十二是会计专业的学生还应当学习有关"控制论""决策论""经营学""市场学""消费心理学""技术经济学""计量经济学"等学科知识,满足现代化科学管理的需要。同年,财政部还委托上海财经大学和中南财经大学分别进行本科会计专业教改试点。经过5年实践,上海财经大学确立了由"基础会计""财务会计""成本会计""管理会计""审计"5门核心专业课、5门一般专业课及5门选修专业课所构成的体系。中南财经大学则提出了由"会计学原理""企业会计学""成本会计学""管理会计学""财务管理学"及"审计学"6门主干专业课及一批指定选修课和任选课相互配合而形成的基本体系。又经过5年多的实践,各普通高校将会计学科体系的主干内容基本统一到以上海财经大学模式为基础的"基础会计""财务会计""高级财务会计""成本会计""管理会计""审计学"及"财务管理"7门核心专业课程上。在此基础上,各校又根据实情,适当增设电算化会计、会计制度设计、税务会计、会计信息系统设计及财务报表分析等专业课,再加上诸如货币银行学、财政学、统计学、市场学、国际贸易和国际金融等方面的配套课程,使得能够被大多数高校所接受的具有中国特色的会计学科体系的基本框架得以确立。

第二节 会计学专业高等教育的特点

一、人才培养与社会需求紧密联系

人才培养要注重与社会特别是行业、企业对人才、技能的需求相结合,教学工作吸收行业、企业的专家参与和指导,并根据劳动力市场的变化不断加以修改。为使学生能更好地满足用人单位的需要,真正胜任用人单位的工作岗位,会计人才培养方案应根据市场需要和学生就业情况来制定,每学年都要进行相应的修改和替换。每当出现新理论、新政策、新法规时,老师都应及时把它们加入到授课内容里面,避免学生在学校学到的理论知识与社会需要脱节。另外,学校还应加强学生财务软件(用友、金蝶)、办公软件、数据库等计算机操作技能的培训。目前,社会用人单位都非常重视学生职业专项技能,为拓宽学生就业渠道,可充分利用学校的教学资源,鼓励与支持学生参加社会考试,如考取电算化证、计算机等级证和助理会计师证等。同时,要加强考核学生运用与创新会计专业知识的能力,使学生在课堂学习、完成作业和社会调研等活动过程中,表现出自我管理、与人沟通合作、解决问题和应用现代科技手段、设计和创新等能力。

二、课程设置及教学方式突出职业技能和实践能力

教育强调实践,理论与实践是密切结合的。学校要围绕能力培养搞好教学领域的各项改革,实现以能力为基础的教学体系。在人才培养方式上应当逐步淡化理论课与实训课的界限,加强实践环节和现场教学,注重培养学生的动手能力,努力实现教学与实践的零距离,毕业与上岗的零过渡,使学生毕业后能马上走上工作岗位并能快速胜任岗位。在会计基础理论知识够用的前提下,提高实践实训课时的比例。着重加强对学生课程实践技能操作、综合模拟实习技能操作以及财务会计软件的技能操作的培训。最后要联系企业建立校外实践基地,作为学校的专业实训基地,并聘请具有丰富会计经验的会计人员做学生的实训指导教师,使学生在社会第一线得到实践锻炼。

三、加强与行业联系,强化产学合作教育

应该建立与行业的紧密联系,尽可能利用第三方的优势,如政府、学术组织等。大力提倡会计教学人员到企业、会计师事务所等兼职,同时积极邀请会计行业的资深人士参与到会计教学工作中。这样一方面弥补了学校实训课教师的不足,保证了教学上较高的专业水平;另一方面又加强了学校与社会的联系,保持了学校师资结构的灵活性,也提高了师资队伍的综合素质。学校应当争取行业、企业在教育内容和标准制定方面的支持,借鉴澳大利亚的模式,在专业设置、课程开发、教学进程、质量标准等教学活动的开展过程中都应加强与行业、企业的密切合作。这样培养出来的人才才能更好地符合行业要求,符合社会经济发展的需求。

第三节 会计学专业高等教育的改革

一、重新定位人才培养目标,实行分层次教学,培养各层次人才

教育是在平时的工作、生活以及学习中进行的,显然,仅仅依靠学校教育而没有平时的积累是不可能在激烈的竞争中获取优势地位的。因此,我国人才培养目标是以社会需求为前提,培养出具有扎实的知识基础、较强的实务操作能力以及良好的职业道德素质和职业判断能力,具备创新意识,具有良好的心理素质,熟练掌握国际准则并兼具国内国外良好执行能力,面向政府机关、企事业单位以及各类会计中介机构组织,同时拥有持续学习的能力和较强的适应能力的高级应用型会计人才。

市场需要大量本科层次的会计人才,本科层次的会计人才既可以胜任初级和中级岗位,而且经过培养还可以参与到企业的专业管理工作中去。因此本科层次的会计人才不仅要有过硬的专业基础知识和其他基础知识,还要有较高的实际操作水平,要将培养目标定位于通用人才。市场需求的研究生层次的会计人才主要定位于高级会计岗位,因此研究生层次会计人才应着重培养其综合素质,除了要具备过硬的专业基础知识,还要注重其知识领域的扩宽,使其掌握多领域的知识,而且要注重培养其研究能力、专业技能和管理能力,使其成为全能型人才。

二、完善课程设置,使学生知识结构更加合理,建立科学合理的学科体系

构建会计学科体系应以会计教育目标为根本出发点,本着"宽口径、厚基础、高素质、强能力"的原则,建立科学、合理、层次分明的体系,从而做到理论与实践相结合、素质教育与专业知识教育共同发展。

(1)提高基础课和其他学科比重。在经济全球化的背景下,经济发展对会计职业的变化提出了更全面的要求。会计人员不仅要有扎实的专业基础知识和操作技能,还应该了解并掌握信息技术、经济、金融、管理乃至国际准则等一些与会计相关的专业知识,这样才能适应社会的发展,提高会计人才的综合素质,拓宽知识层面,开拓视野,与时俱进。所以,各高校在进行课程设置时,应当提高基础课和其他学科的比重,加强高等数学、大学英语、信息技术的比重,增设世界经济学、组织行为学等课程,并且要增加基础课和其他非会计专业课的课时,还可以鼓励学生多参加一些选修课程,例如中外文学赏析、心理学、伦理学等,拓宽知识领域。

(2)合并一些有重复内容的专业课。教师在教授知识时,要注意学科之间的相互渗透,可以将相关学科有效地进行衔接,归并重复内容,概括提炼知识要点,并比较分析重复学科的侧重点。这样不仅可以有效地避免课程内容的重复,还可以避免由于内容重复而造成的课时浪费,力求课程内容充实。

(3)增加会计实践教学比重。会计学是一个实践性和操作性很强的专业。为了更好地适应会计工作的实际需要,培养学生的实际操作能力和动手能力是十分必要的。因此,高校在进行课程设置时,要增加实践课程比重,使实践教学得到强化。首先,要增加会计模拟实验课程课时。在讲解基础会计、财务会计、成本会计、会计电算化等相关学科时,要注重这些

第二章　会计学专业的教学安排

第一节　会计学专业的教学计划

徐州工程学院会计学专业是 2005 年经省教育厅批准设立的,并于同年开始招收会计学专业本科生。在学校领导的大力支持下,会计学专业形成了"宽口径、厚基础、高素质、强能力"的办学思想,在教学管理和教学实践中加强质量监控,侧重实验实训,注重应用能力培养,形成了自己的人才培养特色。

一、培养目标

会计学本科专业培养适应社会主义市场经济建设需要,具备人文素养、科学精神和诚信品质,掌握会计、管理、经济、法律和计算机应用的知识,具有实践能力和沟通技巧,能够在工商企业、金融企业、中介机构、政府机构、事业单位及其他相关部门胜任会计及相关工作的应用型、复合型、外向型和创新型专门人才。

会计学作为应用学科,应用型是人才培养的基本要求。应用型人才培养要求学生形成会计专业能力框架,具备会计业务处理和会计事务管理等实践能力。复合型人才培养要求学生将跨学科、跨专业的知识融会贯通,培养学生多学科交融的知识视野和思维素质。外向型人才培养要求学生掌握国际前沿的学科理论知识与方法,了解国际经贸规则及会计准则,具有国际视野、跨文化沟通能力和国际竞争力。创新型人才培养要求学生通过初步的学术训练,具有一定的学术研究能力,或社会实践中的创新意识和创新能力。

二、培养标准与知识能力实现矩阵

（一）培养标准

1. 素质要求

会计学专业学生的素质结构包括科学与人文素质、专业素质及身心素质三个方面。

第一,科学与人文素质。

学生需要树立社会主义核心价值观,具有良好的道德修养和社会责任感、积极向上的人生理想、符合社会进步要求的价值观念和应有的爱国主义情怀,注重人文素养,树立法治观念、公民意识和科学态度。

第二,专业素质。

学生需要具备会计专门知识和技能,具有创新意识以及分析和解决相关问题的基本能力,坚持职业操守和道德规范,具有事业心、责任感和严谨的工作态度,以及遵纪守法、诚实守信和勇于奉献的精神。

第三,身心素质。

学生具有健康的体魄和心理素质,正确认识自然规律和社会发展规律,正确处理人与自然和谐发展关系以及社会人际关系。

2．学科基础知识

作为工商管理类学科下属的专业,会计学专业培养的学生首先应掌握管理学和经济学等学科知识,建立良好的、基础扎实的知识背景。

3．专业知识

在具备学科基础知识后,学生需要系统掌握包括基本理论、方法和技能在内的会计专门知识,了解本学科的理论前沿和发展动态,熟悉国内外与会计有关的法规制度和国际惯例。

4．通识性知识及其他相关知识

学生还需要具备文学、社会学、心理学、历史学、政治学、伦理学、哲学和艺术学等方面的人文社会科学知识,学习思想政治理论知识,掌握并运用高等数学、统计学、外语和计算机等方面的知识技能,以及适当的工程技术知识。

5．专业能力和综合能力

第一,专业能力。

学生需要熟练掌握定性和定量分析方法,准确地陈述和处理会计事项,撰写会计工作报告和财务分析报告,养成职业判断能力,提升专业水准,通过敏锐的洞察力对信息进行恰当分析,为决策支持和风险管理提出合理建议。

第二,综合能力。

包括知识与信息的获取能力、人际交往与沟通能力,以及自主学习、终身学习和持续创新的能力。学生需要具有良好的人际关系和团队精神,较强的语言与文字沟通能力,文献检索和资料查询等信息获取能力,较强的学习提高和知识转化与应用能力,能够理论联系实际,不断探索理论与实践的创新。

（二）知识能力实现矩阵

1．素质要求（表 2-2-1）

表 2-2-1　素质要求及课程设置

毕业要求	知识与能力要求	课程与教学环节
思想道德修养	① 掌握毛泽东思想、邓小平理论、"三个代表"重要思想、科学发展观以及习近平新时代中国特色社会主义思想的科学体系和精神实质;树立正确的世界观、人生观和价值观; ② 培养高尚的思想道德和理想情操;了解法律基础知识,增强法治观念	马克思主义基本原理概论、思想道德修养和法律基础
职业道德修养	① 树立科学的职业观,养成诚信品格,具有良好的职业道德和敬业精神; ② 关心时事,掌握基本的军事理论知识	毛泽东思想和中国特色社会主义理论体系概论、形势与政策、军事训练

2. 学科基础知识(表 2-2-2)

表 2-2-2 学科基础知识要求及课程设置

毕业要求	知识与能力要求	课程与教学环节
专业基础能力	① 掌握高等数学基本知识; ② 统计学的基本知识	高等数学 E(Ⅰ、Ⅱ)、线性代数 C、概率统计 B、应用统计、学科前沿
会计核算基础	① 掌握基础会计应用能力; ② 掌握管理学的基本原理; ③ 掌握经济学的基本原理; ④ 掌握管理信息系统原理	基础会计、管理学原理、经济学原理、管理信息系统

3. 专业知识(表 2-2-3)

表 2-2-3 专业知识要求及课程设置

毕业要求	知识与能力要求	课程与教学环节
会计核算能力	① 掌握中级财务会计核算能力; ② 掌握企业成本核算能力; ③ 掌握外贸企业会计核算能力; ④ 掌握会计电算化应用能力; ⑤ 掌握事业单位、金融组织会计核算能力	财务会计、成本会计、计算机会计、事业会计、金融组织会计、税法、经济法、保险实务、涉外会计、税务筹划、国际贸易结算、外贸单证、西方会计
会计管理能力	① 掌握财务管理、证券投资能力; ② 掌握企业内部管理决策能力; ③ 掌握企业业务审计能力; ④ 掌握电子商务与 ERP 应用能力	财务管理、金融概论、企业战略与风险管理、证券投资、管理沟通、资产评估、管理会计、审计学、国际商法、电子商务与 ERP 原理、国际金融、市场会计、财务报表分析、财政学、项目投资与融资、国际财务管理

4. 通识性知识(表 2-2-4)

表 2-2-4 通识性知识要求及课程设置

毕业要求	知识与能力要求	课程与教学环节
基本职业素质	① 掌握就业创业的基本方法和技巧; ② 掌握计算机的基础知识和基本原理,为从事各项工作打下基础; ③ 具备一定的阅读和翻译专业英文资料的能力以及听、说、写的能力	大学生职业发展与就业指导、计算机应用基础、大学英语 A(Ⅰ—Ⅳ)、大学语文
身心素质	① 心理健康; ② 掌握科学锻炼身体的技能	大学生心理健康教育、体育(Ⅰ—Ⅴ)
科学与人文素质	① 掌握常用的人文社科知识; ② 具备一定的审美、鉴赏能力; ③ 培养人文与科学精神; ④ 具备一定的科技创新能力	中国近现代史纲要、音乐素养、素质拓展、大学生创新创业素质教育、通识选修课程

5. 专业能力和综合能力(表 2-2-5)

表 2-2-5　专业能力和综合能力要求及课程设置

毕业要求	知识与能力要求	课程与教学环节
职业核心能力	① 具备企事业单位会计业务处理和操作能力; ② 具备企业财务管理能力; ③ 具备企业税务处理能力; ④ 具备企业财务分析与审计能力	基础会计、财务会计、成本会计、事业会计、金融组织会计、计算机会计、财务管理、企业战略与风险管理、税法、经济法、审计学
职业实操运作能力	① 具备从事会计实务手工操作能力与财务软件应用能力; ② 具备审计实务操作能力; ③ 具备涉外及外贸业务处理能力	会计综合实训(手工)、会计综合实训(上机)、ERP 原理实务模拟实训、顶岗实习、审计模拟实训、认识实习、国际会计
职业拓展和创新能力	① 具备从事会计与财务工作相关的沟通能力,具有编写财务报告、审计报告的应用写作能力; ② 具备从事会计与财务工作相关的管理创新能力	管理沟通、专业实习、学年论文(会计专题)、学年论文(财务管理专题)、毕业设计(论文)、素质拓展、大学生创新创业实践

三、专业核心课程

管理学原理、经济学原理、基础会计、财务会计、成本会计、财务管理、国际会计、税法。

四、学制与毕业要求

(1)学制:4 年。

(2)毕业要求:会计学专业的基本学制为 4 年,实行弹性学制,但一般修业年限不少于 3 年,不多于 8 年(我校为不多于 6 年)。在规定时间内完成符合培养目标及培养方案规定的全部课程和学习任务,考核合格,获得相应的学分,并符合各项要求者,准予毕业并发给毕业证书。符合《中华人民共和国学位条例》《中华人民共和国学位条例暂行实施办法》和学校有关规定者,经过学位委员会审查通过,授予管理学学士学位。

五、学位及授予条件

符合《徐州工程学院学士学位授予工作实施细则》的相关规定,可授予管理学学士学位。

六、课程构成一览表(表 2-2-6)

表 2-2-6　徐州工程学院会计学专业课程构成

课程分类	
通识课程平台	通识必修课
	通识选修课

表 2-2-6(续)

课程分类	
专业课程平台	学科基础课
	专业必修课
	专业选修课
集中实践平台	认识实习、学年论文等

第二节　会计学专业的课程设置

会计学专业课程体系包括课堂教学课程和实践教学课程。课堂教学课程应包括思想政治理论课、通识课、公共基础课、学科基础课、专业必修课、专业选修课和一般选修课(通选课)等课程模块。实践教学课程应包括实验、实训、认识实习、专业实习、社会实践及毕业论文(设计)。

会计学专业培养方案总学分不低于 140 学分,其中课堂教学课程的学分比例应不高于 85%。

一、课程设置

课程设置包括课堂教学和实践教学两部分。

课堂教学的会计学专业核心课程(即主干课程)至少应包括基础会计(会计学原理)、中级财务会计、高级财务会计、管理会计(含成本会计)、审计学、公司财务(财务管理)、会计信息系统、会计职业道德等知识模块。

会计学专业着眼于学生均衡知识结构的形成,按照人文与社会科学、数学与科技、语言与文学、健康与艺术、职业发展与就业、经济与管理等类别设置一般选修课程。专业选修课程及一般选修课程在课堂教学课程中的比例应不低于 25%,选修课程中应含有创新创业内容。

会计学专业课堂教学除了传授知识为主的讲授方式外,还广泛采用以培养学生能力和提升学生素质为主的其他教学方式,如案例分析、情景模拟、现实世界问题及创新创业导向的项目研究、研究性讨论、文献阅读与综述、口头报告与演讲、自查与互查作业等。

会计学专业充分使用案例分析这种开放式、互动式的教学方式。案例教学经过事先周密的策划和准备,使用特定的案例素材,指导学生提前搜集和阅读相关资料,组织学生开展充分讨论,形成互动与交流。案例讲解需要将案例资料与经济管理理论结合起来,指导学生理解经济管理实践的复杂环境,培养其经济管理能力和创新意识。

会计学专业需要在课堂教学之外设置实践教学环节,引导学生自主学习,以运用和检验课堂教学成果,了解和熟悉企业的运行状态。实践教学课程应包括实验、实训、认识实习、专业实习、社会实践及毕业论文(设计)。实践教学学分至少应占总学分的 15%。

第一,实验。

会计学专业教学需要建立必要、适用的实验室,开发与课堂教学内容相配合的实验课。实验课要按照由基础到高级、由单项到综合、由感性认识到体验创新的方式进行。在实施方式上,应做到既可以结合具体的课程教学来开设部分实验内容,也可以单独设立专门的实验课,以保证实验教学的灵活性与深度。

第二,实训。

作为职业化培养的重要环节,会计学专业教学需要安排必要的实训活动。会计实训要求在院校可控的状态下,提供类似企业的实际操作环境,对学生进行手工做账和计算机软件操作等职业技术应用能力的实际训练。

第三,认识实习。

会计学专业应在学生完成基础课和部分入门专业课的基础上,组织学生进行认识实习,帮助学生获取相关专业领域的感性认知,巩固所学理论知识。认识实习的主要组织形式为参观国内外知名的会计师事务所、企事业单位、跨国公司的会计(审计)实践和观看相关的会计实践活动影视。

第四,专业实习。

会计学专业应制定实习教学大纲,明确专业实习的教学目的与基本要求,明确专业实习的主要内容以及学时分配。在完成大部分专业课教学任务的基础上,组织学生进行实际操作练习,使学生了解具体经济管理活动的主要内容和基本规则,运用专业知识对现实问题进行综合性的研究,并尝试提出解决问题的系统方案。

第五,社会实践。

会计学专业应根据培养目标组织社会实践。社会实践包括社会调查、勤工助学、公益活动和创业实践等。通过多种形式的社会参与活动,让学生了解社会生活,培养社会责任感,增强感性认识和社会活动能力。鼓励学校积极开展创业实践和创新竞赛,举办创新创业讲座,丰富学生的创业知识和体验,提升学生的创业精神和创业能力。

第六,毕业论文(设计)。

会计学专业应加强毕业论文(设计)的实践性导向,体现会计学专业人才培养的目标要求。鼓励学生采取学术论文、案例分析、调研报告、诊断报告、管理模拟、创业设计等多种形式完成毕业论文(设计),提高科学研究能力或实践运用能力。毕业论文(设计)应遵守学术道德和学术规范,具有学术价值、应用价值或创新意义。

(一)通识课程平台

通识课程是每所高校按照规定统一设置的、所有专业学生必修的课程。总体上可以分为三大模块:① 社会科学通识课,如马克思主义基本原理概论、毛泽东思想和中国特色社会主义理论体系概论;② 自然科学通识课,如计算机应用基础;③ 实践环节通识课,如体育、大学生创新创业素质教育等。通识课程虽然不一定同所学专业有直接联系,但它们能促进学生德智体全面发展,并为学生进一步学习提供不可缺少的方法论。通识课程一般包括中国近现代史纲要、思想道德修养与法律基础、马克思主义基本原理概论、毛泽东思想和中国特色社会主义理论体系概论、大学生职业发展与就业指导、大学生创新创业素质教育、体育、大学英语、计算机应用基础、大学生心理健康教育等,这些课程通常安排在大学一、二年级学习。

通识课程一般占总学时的 30%~40%。

(二)专业课程平台

专业课程平台包括学科基础课和专业课。

第一,学科基础课。

学科基础课是高等学校中设置的一种为专业课学习奠定必要基础的课程,是学生掌握专业知识技能必修的重要课程。设置学科基础课的目的在于,转变以往过窄的以专业为中心的培养模式,按照学科门类培养学生,实施宽口径专业教育,使学生得到本学科的基本知识与基本教育的训练,以提高学生的专业适应能力与就业适应能力。

学科基础课有一定的应用背景,但不涉及具体的实际操作与应用,因而其覆盖面较宽,有一定的理论深度和知识广度。这类课程构成了高校学生学习专业课程、形成专业能力的重要基础,并与专业课程共同构成了大学专业教育的核心课程体系。徐州工程学院会计学专业学科基础课主要有高等数学、线性代数、概率统计、经济学原理、应用统计、管理学原理、管理信息系统等。

学科基础课一般占总学时的 10％～20％,安排在大学一、二年级学习。

第二,专业课。

专业课是指高等学校根据培养目标所开设的讲授专业知识和专门技能的课程。其任务是使学生掌握必要的专业基本理论、专业知识和专业技能,了解本专业的前沿科学技术和发展趋势,培养分析解决本专业范围内一般实际问题的能力。

由于专业知识的发展比较迅速和经常变动,而且专业知识的范围也比较广泛,一般情况下,专业课的设置并非一成不变,专业课的内容变化也较为迅速。但是,由于高等学校只能打下一定专业知识的基础,更加专门的知识,要在实际工作岗位上继续学习,因此,专业课的设置和主要的课程内容,在一定时期内有相对的稳定性。徐州工程学院会计学专业课程主要有管理学原理、经济学原理、基础会计、财务会计、计算机会计、财务管理、经济法、管理会计、成本会计、国际会计、税法、西方会计、审计学、专业导论和学科前沿等。另外,徐州工程学院会计学专业结合社会需求和会计学专业本身的发展形势,在市场调研的基础上增加了ACCA 创新实验课程。

专业课程一般占总学时的比例为 30％～40％,安排在大学三、四年级学习。

（三）集中实践平台

集中实践教学环节的目的在于通过教学、科研、实践相结合的方式,培养学生对所学知识的应用能力、实践创新能力、社会实践能力。集中实践教学环节主要包括认识实习、学年论文、外贸单证、会计综合实训、ERP 原理实务模拟实习、岗位技能实训、审计模拟实训、毕业实习、毕业论文写作等。集中实践主要通过校内集中实训、校外集中实训、校内综合设计、校外顶岗实训等方式完成。

集中实践环节的学时数一般占总学时的 10％～20％。

二、课程性质

（一）必修课

必修课是指根据专业培养目标和培养要求,学生必须修读的课程和实践性教育教学环节,一般占到总学时的 70％～80％。

（二）选修课

选修课指学生可在一定范围内自由选择学习的课程。选修课主要是为了培养学生的兴趣爱好和为劳动就业需要而开设的,一般占总学时的比例为 20%～30%,主要分为通识选修课程和专业选修课程两种。前者是面向全校学生而非局限在本专业内开设的跨学科课程,会计学专业要求学生通识选修课程和素质拓展课程必须修满 13 学分;后者指学生在所学专业领域内选择学习并达到一定学分要求的课程,可选课程总学分数一般超过培养方案规定学分数的 50%～100%,会计学专业要求学生专业选修课程必须修满 22 学分。

第三节　会计学专业的教学环节

会计学专业是当前高校中设置较为广泛的应用型专业之一,是极具发展性和时代活力的专业,其理论与实务紧密相连,具有很强的综合性和应用性。会计学专业的教学可分为理论教学环节和实践教学环节两大部分。

一、理论教学环节

理论教学一般由课堂讲授、课堂讨论、辅导答疑、课程作业等环节构成。

(一)课堂讲授

课堂讲授是理论教学的重要环节,也是本科阶段常用的传统教学方法。所谓讲授法是教师通过口头语言向学生描绘情境、叙述事实、解释概念、论证原理和阐明规律的教学方法。它是通过叙述、描绘、解释、推理来传递信息、传授知识、阐明概念、论证定律和公式,引导学生分析和认识问题的一种教学方式。讲授法不是知识的简单传递和注入,它是由教师的理解转化为学生的理解的过程。教师的讲授能使深奥、抽象的课本知识变成具体形象、浅显通俗的东西,从而排除学生对知识的神秘感和畏难情绪,使学习真正成为可能和轻松的事情。讲授法采取直接的形式向学生传递知识,避免了认识过程中的许多不必要的曲折和困难,这比学生自己去摸索知识可少走不少弯路。所以,讲授法在传授知识方面具有无法取代的简捷和高效两大优点。

目前,除了传统的板书讲授外,多媒体技术已在大学课堂上广泛应用。教师通过综合应用文字、图片、动画和视频等资料来进行课堂讲授,使得抽象难懂的知识变得直观易懂、生动形象,使课堂讲授在知识的传播上更为生动、方便和高效。学生们不仅能更好地接受知识,而且在单位时间内可接受的信息量更大,了解的信息更丰富。

(二)课堂讨论

课堂讨论是在教师的指导下,学生围绕某一中心问题发表意见而进行互相启发和学习。课堂讨论常见的方式有专题讨论、案例分析等。在讨论教学的条件下,学生相互交流,可以自由发言、提问,也可以立即做出回答;教师也可参与讨论。教师的职责主要起指导、组织和提供信息以及小结等作用。这种教学方法的优点是可以培养学生的批判性思维能力和口头表达能力,使学生发挥主观能动性,加深对所学知识的理解,在吸收和消化知识的过程中提高独立工作能力,并引导学生通过研讨获得新的知识和探索新知的能力。

(三)辅导答疑

辅导答疑是教学过程中的一个重要环节,是课堂教学的继续,是教师完成教学任务的必备手段。在学习过程中,教师除了在课上和课间与学生面对面交流外,还可以采用电话答疑、网上答疑、集中辅导答疑等多种形式进行辅导答疑,使学生在学习过程中遇到的问题得以及时解决。

（四）课程作业

课程作业是训练学生巩固所掌握的知识,并运用所学知识解决问题,实现知识向能力转化的一个重要教学环节,也是教师训练并了解学生学习情况的一个重要手段。在完成作业的过程中,学生通过积极思考和分析论证,也会不断提高分析问题和解决问题的能力。

二、实践教学环节

会计学专业的实践教学一般分为课程实验、实习实训和毕业论文等几个环节。

（一）课程实验

会计学专业的课程实验教学,使以往专业教学中存在的理论教学和实践教学相脱节的现象得到改变,让学生通过课程实验,充分理解现代会计学的基本原理和运作机制,了解会计学相关业务的操作流程,从理论和实践的结合与融通中,更深入地理解知识体系,培养学生们分析和解决实际问题的能力。

（二）实习实训

实习实训是会计学专业十分重要的实践教学环节,通过实习实训,可以使学生增强会计业务的动手能力和操作能力,为将来实际从事会计工作打好基础。徐州工程学院会计学专业学生进行实习实训主要在徐州工程学院实习实训基地、校内实验室或者学生自行联系的各类型企事业单位中进行,实习结束后学生需提交实习报告。

实习实训一般安排在每学期期末或寒暑假期间,是学生在完成基础理论、基本专业知识等课程的学习之后,进行实践学习,对即将从事的会计工作进行综合、全面认识。

大学四年级的第二学期安排学生毕业实习。毕业实习是学生毕业前的最后一个实践环节,能有效提高学生综合运用所学理论知识解决实际问题的能力,同时为毕业论文收集素材,为完成毕业论文打好基础。通过毕业实习,应达到以下要求:

第一,帮助学生更好地把理论知识与会计管理工作实际相接轨,缩小理论与实际工作之间存在的差距;

第二,使学生了解和熟悉会计学岗位一般业务手段和方法,为毕业后胜任专业工作打好基础;

第三,培养学生的市场敏感性,能从市场中发现问题和解决问题;

第四,在实践中培养学生严谨的工作作风;

第五,从学生的实践反馈中获取有益的信息,有助于进一步改进和完善课堂教学工作。

（三）毕业论文

毕业论文是高等教育不可缺少的基本教学环节,是本科人才培养计划的重要组成部分,也是大学生必须完成的一门重要的必修课。通过撰写毕业论文这一环节,可以全面检验学生综合运用多学科的理论、知识与方法的能力,进行从事科学研究和发明创新基本技能的集中训练。一般而言,学生要撰写一篇优秀的毕业论文,必须确定好选题,制定合理的研究方案,进行深入的调查,全面收集数据和资料,在运用相关理论和研究方法的基础上,深入分析,充分论证和研究,从而提出有一定创新性的观点。因此,毕业论文写作是一个创造性的活动,属于学术研究的范畴。

毕业论文写作安排在大学四年级的第二学期,学生在老师的指导下独立完成毕业论文并通过论文答辩,方能取得成绩。

第四节 会计学专业主要课程介绍

会计学专业设置管理学原理、经济学原理、基础会计、财务会计、成本会计、财务管理、国际会计、税法 8 门核心课程。

一、管理学原理

管理学是研究管理活动过程及其规律的科学,主要讲授管理学的基本概念和性质,管理思想理论的形成和发展,管理学理论与实践面临的挑战和发展趋势,管理原理与方法,管理过程中的计划、决策、组织、领导、控制、创新等管理职能。目的是以科学性、先进性、系统性和实用性的教学,使学生能够掌握管理过程的普遍规律、基本原理和一般方法,并注重管理实践能力的运用。该课程是管理类专业的专业基础课程,是学习其他管理课程的理论基础。

二、经济学原理

本课程包括微观经济学和宏观经济学两个部分,主要讲授均衡价格理论、效用论、生产与成本理论、完全竞争市场、不完全竞争市场、要素价格决定、一般均衡理论和微观经济政策、国民收入的核算及决定的简单模型、IS-LM 模型、总需求-总供给模型、失业与通货膨胀、宏观经济政策、经济增长与经济周期等内容。通过微观经济学的学习,学生应掌握微观经济学的基本原理和分析方法,并能够清楚决定价格的主要因素,解释价格机制的作用和市场运作的原理,理解资源配置有效性的含义及其条件,了解并说明价格机制作用的局限性。通过宏观经济学的学习,学生应了解西方国家的政府进行经济决策的机制与过程,客观地认识经济现象,正确地运用宏观经济学中的有关理论来分析我国的宏观经济运行中的问题和对策。该课程是管理类专业的专业基础课程,是学习其他经济管理课程的理论基础。

三、基础会计

该课程是会计学专业的专业基础课程,主要讲授账户的设置、会计凭证的填制和审核、复式记账原理、账簿的设置和登记、财产的清查及会计报表的编制原理等会计核算的基本理论知识和方法。通过该课程的学习,学生应系统而较扎实地掌握会计学中的基本概念、基本知识、基本方法和基本技能,了解和掌握会计核算的专门方法和会计信息的收集、整理、分类、汇总和披露的全过程,对会计学这一学科有一个初步的了解和认识,能够运用会计核算方法和我国企业会计准则规定对企业的基本会计事项进行会计处理。该课程的学习,为学生进一步学习和学好其他会计专业课程奠定一个坚实的基础,也为将来做好会计工作和处理企业经济管理业务奠定必要的专业基础。

四、财务会计

该课程主要讲授具体的会计核算,按会计的六大要素展开,即资产、负债、所有者权益、收入、费用和利润,并讲授会计报表的格式及编制要求,通过讲授财务会计的基本理论和实务,培养学生掌握财务会计的基本知识、基本技能,具备会计实务的基本操作能力。学生通过学习掌握财务会计学的基本理论和基本方法,培养学生能结合我国的会计准则、会计制度,处理实际会计工作的能力。

五、成本会计

该课程是会计学专业的专业核心课程,主要讲授成本核算的基本理论及基本方法,包括各项要素费用的归集与分配,生产费用在完工产品与在产品之间的归集与分配,成本核算的基本方法及辅助方法。通过学习,学生应具有能够选择不同的分配方法进行各项要素费用分配,使用不同的成本核算方法进行成本核算,对不同的成本报表编制和分析的能力;具有综合的专业分析和实际应用的能力;具有根据不同的经济环境灵活应用专业知识的能力和自我学习与知识扩展的能力。

六、财务管理

该课程是会计学专业的专业核心课程,主要讲授财务管理的基本理论和方法,资金时间价值和风险、财务预测、决策、计划、控制、分析的基本原理;企业各种资金筹集方式的优缺点,最佳资本结构的确定,证券投资、固定资产投资项目决策,营运资金管理以及分配政策的制定等财务管理的理论、内容和方法。该课程培养学生能够运用财务管理的理论和方法解决财务问题的能力。

七、国际会计

该课程是会计学专业的专业核心课程,主要讲授国际比较会计、国际会计的协调、跨国公司会计处理、国际会计中物价变动会计、企业合并与合营的会计处理、合并财务报表的编制、外币交易及外币报表的折算等实务问题。通过学习,学生应了解在经济全球化快速发展的今天,会计的跨国沟通、交流和协调的重要性;熟练掌握国际会计学的基本理论和基本技能,并运用到国际比较会计、国际会计的协调及国际会计实务中,解决跨国公司会计处理的特殊问题。

八、税法

该课程是会计学专业的专业核心课程,主要讲授以流转税、所得税制度为中心的内容,主要包括税法的基本概念、税收法律关系、税收实体法要素、税法的特点与类别、税法的作用与立法原则、税法体系等内容,增值税、消费税、企业所得税、个人所得税、房产税、资源税等常用税种,税收征收管理法的内容。通过本门课程的学习,学生既要掌握税法的基本理论,又能遵循我国的现行税法处理实际纳税业务,在理论和实践上掌握我国现行税法的基本理论和实务,具有解决普通纳税问题的能力。该课程实用性强,理论性复杂,学习本课程要求理论指导实践,注意解决实际工作中面临的问题;对理论问题要理解透彻;对业务方法要熟练掌握。

第三章 会计学专业基础知识与学习方法

第一节 基本概念

一、会计

(一)会计的产生和发展

会计的产生和发展经历了很长的历史时期。它是随着社会生产的发展和加强管理的要求而产生,并随着社会经济、特别是市场经济的发展和科学技术的进步而不断完善、提高的。

物质资料的生产,是人类社会存在和发展的基础。人们在进行生产活动时,一方面要创造物质财富,取得一定的劳动成果;另一方面要发生劳动耗费,包括人力、物力的耗费。在一切社会形态中,人们进行生产活动时,总是力求以尽可能少的劳动耗费,取得尽可能多的劳动成果,做到所得大于所费,提高经济效益。为达到这一目的,人们在社会生产中除了不断采用新技术、新工艺,还必须对劳动过程进行组织和规划,同时对劳动耗费和劳动成果进行记录和计算,并以计算的结果与以往的结果或他人的结果进行比较和分析。这种对所得与所费进行记录和比较的要求,正是会计产生的前提。

会计的产生始于人类社会的早期生产,它最初只是生产职能的附带部分,即由生产者在生产时间之外附带地将收入、支出等事项记载下来;当社会生产力发展到一定水平,出现了剩余产品,为从事会计活动的社会分工提供了物质条件,它才逐渐地从生产职能中分离出来,形成特殊的、专门的独立职能,并逐渐形成了专门从事这一工作的专职人员。可见会计是生产活动发展到一定阶段的产物。它是伴随着生产活动的产生、发展而产生的,是为管理好生产而起作用的。

会计经历了漫长的发展过程。在奴隶社会和封建社会,会计主要是用来核算和监督政府的财政开支,为官方服务的。随着商品经济的发展,特别是资本主义生产的发展,生产社会化程度日益提高,会计有了一个从简单到复杂、从低级到高级的不断发展的过程。

由于商品经济的发展,货币成为衡量和计算商品的价值尺度,会计可以利用货币作为价值尺度的职能进行价值核算,综合地记录、计算、分析和考核财产物资的利用和生产经营过程中的各种耗费及其结果。在商品生产及商品交换日益复杂化的过程中,会计所记录的内容在不断丰富,记录的方法也在不断更新。一般认为,从单式记账法过渡到复式记账法,是近代会计形成的标志,即15世纪末期,意大利数学家卢卡·帕乔利的著作《算术、几何、比及比例概要》问世,标志着近代会计的开端。

随着社会经济的发展和管理要求不断提高,会计的地位和作用,它所计算和考核的内容、范围以及所要达到的目的和要求,都在不断发展和变化,并日趋完善。同时,科学技术水平的提高也对会计的发展起了很大的促进作用。现代数学、现代管理科学与会计的结合,特别是电子计算机技术引进会计领域,使会计在操作方法上有了根本性的变化。这种变化不仅体现在会计有了更多、更快地取得信息、披露信息的手段,也表现为会计可进一步利用取得的信息,更好地为管理服务。这样,比较完善的现代会计就逐步形成了。一般认为,成本会计的出现和不断完善,在此基础上管理会计的形成并与财务会计相分离单独成科,是现代会计的开端。再就是,随着社会分工的进一步细化,各不同生产行业和与之相关的社会事业也有了长足发展,这也使得会计在不同行业、社会事业中有了自己的立足点,并逐步形成了相应的会计分支。诸如,物价变动会计、国际会计、责任会计、人力资源会计、标准成本会计,等等。

会计产生和发展的历史表明:会计是随着社会生产的发展和经济管理的客观要求而产生和发展的,经济越发展,作为经济管理重要组成部分的会计就越重要。

（二）会计的本质

尽管会计从产生到现在已有几千年的历史,但是人们对会计本质的认识存在着不同的看法,致使会计至今尚无一个明确、统一的定义。所以会计定义的研究也就成为会计理论研究争论中最集中、分歧最大的一个方面。目前"信息系统论"和"管理活动论"成为会计的两大主要流派。

信息系统论认为:会计是一个以提供财务信息为主的经济信息系统。具体地讲,会计信息系统是指在企业或其他组织范围内,旨在反映和控制企业或组织的各种经济活动,由若干具有内在联系的程序、方法和技术组成,由会计人员加以管理,用以处理经济数据、提供财务信息和其他有关信息的有机整体。这种观点,将会计看成是为经济管理提供价值信息服务,但本身并不是经济管理活动。

管理活动论认为会计的本质是一种经济管理活动。将会计作为一种管理活动并使用"会计管理"这一概念在西方管理理论学派中早已存在。"古典管理理论"学派的代表人物法约尔把会计活动列为经营的六种职能活动之一;美国人卢瑟·古利克则把会计管理列为管理的功能之一;20世纪60年代出现的"管理经济会计学派"则认为进行经济分析和建立管理会计制度就是管理。

在我国会计理论界,管理活动论最早是由杨纪琬、阎达五教授在20世纪80年代初提出的。他们认为,"无论从理论上还是从实践上看,会计不仅仅是管理经济的工具,它本身就有管理的职能,是人们从事管理的一种活动",并在之后对会计的本质的研究中,逐渐形成了较为系统的"会计管理活动论"。杨纪琬教授指出,"会计管理"的概念是建立在"会计是一种管理活动,是一项经济管理工作"这一认识基础上的,通常讲的会计就是"会计工作"。他还指出,"会计"和"会计管理"是同一概念,"会计管理"是"会计"这一概念的深化,反映了会计工作的本质属性。阎达五教授认为,会计作为经济管理的组成部分,它的核算和监督内容以及要达到的目的受不同社会制度的制约,"会计管理"这个概念绝不是少数人杜撰出来的,它有充分的理论和实践依据,是会计工作发展的必然产物。

在"会计管理活动论"前提下,会计是以货币为主要计量单位,运用一系列专门的方法和程序,对企事业、机关单位或其他经济组织的经济活动进行连续、系统、全面的反映和监督,旨在提供经济信息和提高经济效益的一项经济管理活动,是经济管理的重要组成部分。

二、会计准则

会计准则(accounting principle)是会计人员从事会计工作的规则和指南。按其使用单位的经营性质,会计准则可分为营利组织会计准则和非营利组织会计准则。

（一）基本准则和具体准则

我国会计准则从纵向上,分为两个层次,即基本准则（企业会计准则）和具体会计准则（应用准则）,具体会计准则又分为通用业务会计准则、财务报表会计准则、特殊业务会计准则和特殊行业会计准则。从横向上,每一具体会计准则一般包括引言（准则范围）、定义（某准则涉及的概念）、一般确认原则、一般计量方法、一般报告原则、一般提示事项、附则（解释权和生效日期）七个部分。

基本准则是概括组织会计核算工作的基本前提和基本要求,是说明会计核算工作的指导思想、基本依据、主要规则和一般程序。企业会计的账务处理程序、方法等都必须符合基本准则的要求。基本会计准则还是制定具体准则的主要依据和指导原则。具体准则涉及会计核算的具体业务,它必须体现基本准则的要求才能保证各具体准则之间的协调性、严密性及科学性。

具体会计准则是按照基本准则的内容要求,针对各种经济业务做出的具体规定。它的特点是操作性强,可以根据其直接组织该项业务的核算。例如,固定资产会计、投资会计、借款会计的准则等等。根据世界各国的实践经验和中国的实际情况,我国的具体准则可以考虑包括通用业务准则（主要是基本准则的具体化）、特殊业务准则（如物价变动会计准则和破产清算会计准则）、特殊行业会计准则和特殊经营方式会计准则。

（二）会计准则的"四性"

大家也都知道,每个企业有着变化多端的经济业务,而不同行业的企业又有着各自的特殊性,会计准则的出现,就使会计人员在进行会计核算时有了一个共同遵循的标准,各行各业的会计工作可在同一标准的基础上进行。会计准则的作用就是指导会计工作的基本规范。

（1）规范性。每个企业都有着变化多端的经济业务,而不同行业的企业又有各自的特殊性。有了会计准则,会计人员在进行会计核算时就有了一个共同遵循的标准,各行各业的会计工作可在同一标准的基础上进行,从而使会计行为达到规范化,使得会计人员提供的会计信息具有广泛的一致性和可比性,大大提高了会计信息的质量。

（2）权威性。会计准则的制定、发布和实施要通过一定的权威机构,这些权威机构可以是国家的立法或行政部门,也可以是由其授权的会计职业团体。会计准则之所以能够作为会计核算工作必须遵守的规范和处理会计业务的准绳,关键因素之一就是它的权威性。

（3）发展性。会计准则是在一定的社会经济环境下,人们对会计实践进行理论上的概括而形成的。会计准则具有相对稳定性,但随着社会经济环境的发展变化,会计准则也要随之变化,进行相应的修改、充实和淘汰。

（4）理论与实践相融合性。会计准则是指导会计实践的理论依据,同时会计准则又是会计理论与会计实践相结合的产物。会计准则的内容,有的来自理论演绎,有的来自实践归纳,还有一部分来自国家有关会计工作的方针政策,但这些都要经过实践的检验。没有会计理论的指导,准则就没有科学性;没有实践的检验,准则就没有针对性。

三、财务管理

财务和会计是密切联系的两个概念。两者都是对资金进行管理,具有相互依存的关系。

财务管理强调对资金在经营活动、筹资活动、投资活动、分配活动中的运用。

财务管理是在一定的整体目标下,关于资产的购置(投资)、资本的融通(筹资)和经营中现金流量(营运资金),以及利润分配的管理。西方财务学主要由三大领域构成,即公司财务、投资学和宏观财务。其中,公司财务在我国常被译为"公司理财学"或"企业财务管理"。

(1)财务管理的萌芽时期:企业财务管理大约起源于 15 世纪末 16 世纪初。当时西方社会正处于资本主义萌芽时期,地中海沿岸的许多商业城市出现了由公众入股的商业组织,入股的股东有商人、王公、大臣和市民等。商业股份经济的发展客观上要求企业合理预测资本需要量,有效筹集资本。但由于这时企业对资本的需要量并不是很大,筹资渠道和筹资方式比较单一,企业的筹资活动仅仅附属于商业经营管理,并没有形成独立的财务管理职业,这种情况一直持续到 19 世纪末 20 世纪初。

(2)筹资财务管理时期:19 世纪末 20 世纪初,工业革命的成功促进了企业规模的不断扩大、生产技术的重大改进和工商活动的进一步发展,股份公司迅速发展起来,并逐渐成为占主导地位的企业组织形式。股份公司的发展不仅引起了资本需求量的扩大,而且也使筹资的渠道和方式发生了重大变化,企业筹资活动得到进一步强化。如何筹集资本扩大经营,成为大多数企业关注的焦点。于是,许多公司纷纷建立了一个新的管理部门——财务管理部门,财务管理开始从企业管理中分离出来,成为一种独立的管理职业。当时公司财务管理的职能主要是预计资金需要量和筹措公司所需资金,融资是当时公司财务管理理论研究的根本任务。因此,这一时期称为融资财务管理时期或筹资财务管理时期,这一时期的研究重点是筹资。主要财务研究成果有:1897 年,美国财务学者格林出版了《公司财务》,详细阐述了公司资本的筹集问题,该书被认为是最早的财务著作之一;1910 年,米德出版了《公司财务》,主要研究企业如何最有效地筹集资本,该书为现代财务理论奠定了基础。

(3)法规财务管理时期:1929 年爆发的世界性经济危机和 20 世纪 30 年代西方经济整体的不景气,造成众多企业破产,投资者损失惨重。为保护投资人利益,西方各国政府加强了证券市场的法治管理。如美国 1933 年和 1934 年出台了《联邦证券法》和《证券交易法》,对公司证券融资做出严格的法律规定。此时财务管理面临的突出问题是金融市场制度与相关法律规定等问题。

(4)资产财务管理时期:20 世纪 50 年代以后,面对激烈的市场竞争和买方市场趋势的出现,财务经理普遍认识到,单纯靠扩大融资规模、增加产品产量已无法适应新的形势发展需要,财务经理的主要任务应是解决资金利用效率问题,公司内部的财务决策上升为最重要的问题。西方财务学家将这一时期称为"内部决策时期"。在此期间,资金的时间价值引起财务经理的普遍关注,以固定资产投资决策为研究对象的资本预算方法日益成熟,财务管理的重心由重视外部融资转向注重资金在公司内部的合理配置,使公司财务管理发生了质的飞跃。由于这一时期资产管理成为财务管理的重中之重,因此称之为资产财务管理时期。

(5)投资财务管理时期:第二次世界大战结束以来,科学技术迅速发展,产品更新换代速度加快,国际市场迅速扩大,跨国公司增多,金融市场繁荣,市场环境更加复杂,投资风险日益增加,企业必须更加注重投资效益,规避投资风险,这对已有的财务管理提出了更高要求。20 世纪 60 年代中期以后,财务管理的重点转移到投资问题上,因此这一时期称为投资财务管理时期。

(6)财务管理深化发展的新时期:20 世纪 70 年代末,企业财务管理进入深化发展的新时期,并朝着国际化、精确化、电算化、网络化方向发展。70年代末和80年代初期,西方世界普遍遭遇了旷日持久的通货膨胀。80年代中后期以来,进出口贸易筹资、外汇风险管理、国际转移价格问题、国际投资分析、跨国公司财务业绩评估等,成为财务管理研究的热点,并由此产生了一门新的财务学分支——国际财务管理。80年代中后期,拉美、非洲和东南亚发展中国家陷入沉重的债务危机,苏联和东欧国家政局动荡、经济濒临崩溃,美国经历了贸易逆差和财政赤字,贸易保护主义一度盛行。这一系列事件导致国际金融市场动荡不安,使企业面临的投融资环境具有高度不确定性。80年代诞生了财务管理信息系统。90年代中期以来,计算机技术、电子通信技术和网络技术发展迅猛。财务管理的一场伟大革命——网络财务管理,已经悄然到来。

第二节 主要理论

一、复式记账法

早在数千年前就已经有了反映经济情况的记录,在古希腊和古罗马已经出现某些会计观念。然而这些早期的记录和观念并不足以形成会计理论,14世纪复式簿记的产生,才是研究会计思想和会计观念最合适的起点。

最早的完整复式簿记方法是从意大利热那亚中世纪商人的账簿中发现的,时间约在1340年前后,最近发现的证据证明复式记账的创始日期还要更早。我们不必进一步了解当时复式记账的技术,就可以知道这种方法所依据的观念明显的有以下几个:企业单位和企业关系的观念;经济业务用货币形式记账的事实;不同的项目可以按照共同的货币单位来比较;通过费用和产权账户的使用,说明对资本和收益的区别已有所了解。在这些观念和技术产生之前,肯定需要某些前提知识的发展过程。

会计发展的重要条件是中世纪意大利商业城市的兴起。11—13世纪的十字军东征,促进了意大利城市和东方贸易的发展,使意大利城市积累了财富。代理商和合伙人的出现,贸易规模不断扩大,不仅可以使资本家的财富和年青商人的勇敢结合起来,而且,可以分担海运风险。在会计发展过程中,会计经营方式之所以重要,是因为它区别于业主而使企业作为一个单独的个体;代理方式之所以重要,是因为它需要会计责任。会计发展的一个前提条件是表达能力,其中包括书写技术、算术的应用和普遍使用货币作为共同计算单位等。尽管在复式簿记发明之后,用罗马数字记分类账和计算净利很不方便,但罗马数字仍在账簿记录中使用达几个世纪之久。阿拉伯数字的引进大大促进了会计的发展。社会制度方面的前提条件包括:① 私有财产观念;② 信贷的发展;③ 资金的积累。但以上这些前提条件还不能充分阐明会计理论的发展,短期合伙和合伙经营方式的出现不仅有利于资本的积累和运用,并且对于会计理论的发展具有更重要的影响。

描述复式簿记方法的第一本公开出版物,是意大利人卢卡·帕乔利1494年在威尼斯出版的学术论文集,这本论文集中有一部分篇幅是复式簿记。尽管帕乔利不是复式簿记的发明者,但他的书对复式记账在欧洲的广泛传播起了很大作用。至16和17世纪,不仅在意大利,且在德国、荷兰、英国也有人著书,在整个欧洲传播这种"意大利记账法"。

二、借贷记账法

(一) 借贷记账法的产生

最早的借贷复式记账法源于 13—15 世纪的经济比较繁荣的意大利城邦国家。在 1211 年,作为意大利比较成功的城市之一佛罗伦萨,就出现了关于记账术语的记载。到了 1494 年,意大利学者卢卡·帕乔利所著的《算术、几何、比及比例概要》出版后,曾被译为多种文字,在不同语言的国度广泛使用。卢卡·巴其阿勒总结推广的复式簿记,正是当时已臻于最完美形式的威尼斯簿记。他在著作中总结的复式簿记的"原理"和"规则",像"盘存企业的资产;根据盘存结果在账簿上登记原始记录;记录交易;过入分类账;填写过账摘要;编制试算表以查核记账过程的正确性;结清虚账户并通过损益账户转入资本账户等",与今天的会计实务几乎是一致的。帕乔利讲道:"为了顺利地获取关于债务和债权的资料,应努力把自身业务纳入应有的秩序之中。因此进行核算是为了弄清楚债权和债务的数额。"同时在所有交易事项均已记录以后,还应加设一个"损益"或"利得与损失"虚账户,并将该账户的余额结转到"资本"账户上。这说明复式簿记并非一种纯粹的记账技术,它具有很明确的目标,即:不仅为商人及时地提供资产、负债信息,而且还要及时地提供损益信息。

(二) 借贷记账法的传播

1873 年,日本从西方引进卢卡·帕乔利的记账法。日本著名明治维新的启蒙思想家福泽谕吉,在他的一部名为《账合之法》(《记账方法》)的译著里,首次使用了"借"与"贷",其中"借"是从某处"借来",因而形成债务,"贷"是"借给",因而形成债权。这一译法尊重了西文的原义,被不断继承和弘扬。

借贷记账法在中国的传播分为两个阶段。中国学者蔡锡勇编著的《连环账谱》是我国第一部介绍和研究借贷复式簿记的著作,全书既参照意大利借贷复式账法的基本原理,又吸收了我国传统收付账法之精华。继《连环账谱》之后,我国留日学者谢霖与孟森合作以日本学者森川镒太郎所著之《银行簿记学》为蓝本,编纂一本部门会计著作《银行簿记学》,结合银行业务直接将日文"借""贷"翻译成中文"借"和"贷"。但汉语中,"借"是借进和借出的意思,"贷"也有借人或借出之意。"借""贷"记账法字面意思这一翻译,导致中国会计人在一开始接触会计时,就无法从字面以上明白这两个记账符号的真正含义。

三、财务管理基本理论

(一) 资本结构理论

资本结构理论是研究公司筹资方式及结构与公司市场价值关系的理论。1958 年莫迪利安尼和米勒的研究结论是:在完善和有效率的金融市场上,企业价值与资本结构和股利政策无关,即 MM 理论。米勒因 MM 理论获 1990 年诺贝尔经济学奖,莫迪利安尼 1985 年获诺贝尔经济学奖。

(二) 现代资产组合理论与资本资产定价模型

现代资产组合理论是关于最佳投资组合的理论。1952 年马科维茨提出了该理论,他的研究结论是:只要不同资产之间的收益变化不完全正相关,就可以通过资产组合方式来降低投资风险。马科维茨为此获 1990 年诺贝尔经济学奖。

资本资产定价模型是研究风险与收益关系的理论。夏普等人的研究结论是:单项资产的风险收益率取决于无风险收益率,市场组合的风险收益率和该风险资产的风险。夏普因此获得 1990 年诺贝尔经济学纪念奖。

(三)期权定价理论

期权定价理论是有关期权(股票期权,外汇期权,股票指数期权,可转换债券,可转换优先股,认股权证等)的价值或理论价格确定的理论。1973 年斯科尔斯提出了期权定价模型,又称 B—S 模型。90 年代以来期权交易已成为世界金融领域的主旋律。斯科尔斯和莫顿因此获 1997 年诺贝尔经济学奖。

(四)有效市场假说

有效市场假说是研究资本市场上证券价格对信息反映程度的理论。若资本市场在证券价格中充分反映了全部相关信息,则称资本市场为有效率的。在这种市场上,证券交易不可能取得经济利益。理论主要贡献者是法玛。

(五)代理理论

代理理论是研究不同筹资方式和不同资本结构下代理成本的高低,以及如何降低代理成本提高公司价值。理论主要贡献者有詹森和麦科林。

(六)信息不对称理论

信息不对称理论是指公司内外部人员对公司实际经营状况了解的程度不同,即在公司有关人员中存在着信息不对称,这种信息不对称会造成对公司价值的不同判断。

第三节　学习方法

大学是人一生中最为关键的阶段。从入学的第一天起,你就应当对大学四年有一个正确的认识和规划,以使在学习中享受到最大的快乐,在毕业时找到自己最喜爱的工作,把自己培养成为一个有能力、有思想、有价值、有前途的人。

学习方法是提高学习效率、达到学习目的的手段。钱伟长教授曾对大学生说过:一个青年人不但要用功学习,而且要有好的科学的学习方法。要勤于思考,多想问题,不要靠死记硬背。学习方法对头,往往能收到事半功倍的成效。

一、大学学习的重要阶段

在大学学习中要注意把握几个重要阶段:课前自主学习、课中探究学习和课后反思学习。这些阶段把握好了,就能为进一步获取知识打下良好的基础。

(一)课前自主学习阶段

在课前自主学习阶段,教师根据课程教学目标、教学需要及学生特点,设计开发教学视频、课件、习题库、网络优秀视频以及其他课程素材,上传到网络教学平台,为学生提供足够的各类课程资源,并在课前给学生布置学习任务,包括学习目标、知识点、习题等。学生首先要充分发挥自主学习能力,进入网络教学平台观看教学视频。在此过程中学生可以根据自己的知识接受能力合理安排时间和学习进度,有效解决传统课堂上部分知识接受能力较差学生跟不上教师节奏的问题。其次,在观看教学视频过程中如遇到疑惑问题,可以充分借助网络教学平台和多样化的辅助教学工具(如 QQ、微信、微博等),与同学或教师进行互动交流,解决部分问题。在课前讨论交流中仍然解决不了的疑难问题,可以通过网络教学平台及其他交流工具上传给教师,再由教师在课堂教学中组织专题讨论或释疑解惑。通过交流,教师也可以了解掌握学生自主学习的实际接受程度,便于下一阶段教学内容的组织和安排,使课堂教学更为充实有效。最后,学生看完教学视频后需要在习题库中完成教师上传的课前练习,这有利于学生对学习内容的巩固和深化。这一阶段的学习目的主要是学生初步完成对各知识点的理解和接受,找出存在的问题。

（二）课中探究学习阶段

在课中探究学习阶段,课堂活动主要包括:提出问题、独立探索、协作学习、成果交流、总结反馈五个环节,主要任务是帮助学生完成知识的内化。学生通过观看视频、互动交流、课前作业练习等过程的学习提出了存在的问题,但由于不同学生对知识的理解和思维的不同,会存在不同的问题,主要由教师对这些问题进行总结和提炼,来决定课堂上需要探究的主要问题。独立探索和协作学习是课堂活动和探究学习的重要环节,教师可以选择一些难度适中的问题让学生独立探索,教师提供启发辅导和一对一交流;对于一些难度较大的问题,可以组成学习小组,成员间分工协作,教师加强监控和辅导,充分调动小组成员的积极性,共同解决问题。学生的学习成果可以用微视频、课件的方式在课堂上进行汇报,与其他同学进行分享交流,达到共同提高的学习效果。最后,教师和学生一起对课堂教学活动进行总结反馈。在这个过程中,教师的作用主要是引导,引导学生关注教学任务中的重点内容和关键知识点,防止学生偏离学习内容;引导学生进行独立探索与小组讨论、协作学习相结合,启发学生对疑难问题的解决思路。这一阶段的学习目的主要是通过有效引导和课堂探究学习,成果展示、总结与反馈,深化学生对知识的理解,锻炼学生独立思考能力、团队协作能力、人际交往能力和实际解决问题能力,培养和提高学生的综合能力。

（三）课后反思学习阶段

课后反思学习阶段是对所学知识应用提升的过程,也是对所学知识拓展延伸的过程。学生在经过自主、协作、探究学习以后,对该部分知识点已基本理解和掌握,接下来就是深入地反思学习。学生不仅需要理解和掌握基本知识点,更重要的是学会应用;能够把众多知识点联结起来,融会贯通;学会知识的迁移,在教师设置的一些新的问题情境中,应用已学的知识解决实际问题,在实践操作中得以锻炼。这一过程通过学生深层次地学习、反思、巩固强化,能够促进学生知识技能的进一步内化、拓展和提升。教师在课后学习阶段主要任务是进行评价总结。为全面反映学生的学习情况,评价应采用过程评价和结果评价相结合的方式。过程评价主要考查学生参与课堂活动、团队协作、语言表达、成果交流汇报等方面的表现;结果评价主要考查学生对基本知识的理解和掌握情况、对情境问题的解决程度和作业完成情况等。通过教师的评价和学生的反思,一方面可以提高学生知识水平和应用能力,另一方面也可以优化教学设计,改进教学方法,提高教学效果。

学生在学习中要抓住上述这几个基本环节,在理解的基础上进行记忆,注意及时消化和吸收。经过不断思考,不断消化,不断加深理解,这样得到的知识和能力才是扎实的。

二、大学一般学习应该注意的问题

大学学习除了把握好以上主要环节之外,还要注意以下问题。

（一）要制订科学的学习计划,做驾驭时间的主人

大学的学习单凭勤奋和刻苦是远远不够的,只有掌握了学习规律,相应地制订出学习的规划和计划,才能有计划地逐步完成预定的学习目标。首先要根据学校的培养计划,从个人的实际出发,根据总目标的要求,从战略角度制订出基本规划,包括自己希望达到的总体目标、知识结构,在学好专业计划课程之外选修哪些科目,着重培养哪几种能力等等。对大学新生来说,制订整体计划是困难的,最好请教本专业的老师和求教高年级同学,先制订好一年级的整体计划,经过一年的实践,待熟悉了大学的特点之后,再完善四年的整体规划。

其次要制订阶段性具体计划,如一个学期、一个月或一周的安排,计划的制订要结合自己的学习情况和适应程度,主要是学习的重点、学习时间的分配、学习方法如何调整、如何选择参考书目等。这种计划要遵照符合实际、切实可行、不断总结、适当调整的原则。著名数学家华罗庚教授曾说过:"时间是由分秒积成的,善于利用零星时间的人,才会做出更大的成绩来。"

（二）要讲究读书的艺术,同时要勇于怀疑、批判

大学学习不光是完成课堂教学的任务,更重要的是发挥自学能力,在有限的时间里去充实自己,选择与学业及自己的兴趣有关的书籍来读是最好的办法。学会在浩如烟海的书籍中,选取自己必读之书,就需要有读书的艺术。首先要确定读什么书,其次对确定要读的书进行分类,正如培根所说:有些书可供一赏,有些书可以吞下,不多的几部书应当咀嚼消化。浏览可粗,通读要快,精读要精。这样就能在较短的时间里读很多书,既广泛地了解最新的科学文化信息,又能深入研究重要的理论知识,这是一种较好的读书方法。读书时还要做到如下两点:一是读思结合,读书要深入思考,不能浮光掠影,不求甚解。二是读书不唯书,不读死书,这样才能学到真知。古人云:尽信书,则不如无书。

（三）要善于综合和分析

所谓综合,即对研究对象的各要素、方面、环节、过程的概括、抽象能力;所谓分析,即对研究对象各要素、方面、环节、过程等做出解析性、还原性说明的能力。这两方面能力的培养,一要通过哲学方法论的专门训练,二要在学习中不断积累。关于综合,不仅要综合客观对象的各方面,更重要的是注意综合前人对研究对象的重要思路和各种结论,甚至注意综合自己的各种思考和成果;关于分析,就是在研究理论问题时,一定要弄清概念,从概念分析入手,把对象清晰地展示出来,然后才能进一步谈怎么办的问题。

（四）要察微知著,并要学会辩证思维

宇宙间的一切事物、现象之间,事物的要素与整体之间,都存在着这样或那样的联系,存在着或多或少的可类比的性质。就像我们日常生活中,从一个人的一句话、一个动作、一个眼神,甚至音调、语气上能"看"到他的内心世界一样,科学研究中也存在这种"一叶知秋""察微知著"的道理。要培养自己的这种全面辨察能力,首先要培养自己对专业浓厚的兴趣,其次要培养细心的习惯,再次还要培养自己丰富的联想和想象能力。同时,要学会从正面、反面、不同侧面及动态变化中认识事物、分析问题。之所以要这样,是因为世界上的一切事物无不具有辩证的性质。例如生与死、福与祸、好与坏、真理与谬误、人的优点与缺点之间都具有相互包含的关系,只看到一面而看不到另一面及其他方面,只看到一时之状态而不与历史与未来联系起来,只看到"是此非彼"而不知"亦此亦彼",势必钻牛角,得出片面的甚至错误的结论。

第四章 会计学专业学生毕业与就业

第一节 毕 业 要 求

根据教育部颁发的相关文件中对于本科会计学专业学生的要求,遵照最新版本的《徐州工程学院管理学院会计学专业人才培养方案》中的具体培养计划和目标,会计学专业毕业生必须达到以下标准,才允许获得教育部认可的相关学历学位证书。具体要求如下。

一、道德修养等方面的毕业要求

(一)思想道德素质

学生需要充分掌握马克思列宁主义、毛泽东思想、邓小平理论、"三个代表"重要思想、科学发展观、习近平新时代中国特色社会主义思想的科学体系和精神实质;树立正确的世界观、人生观和价值观;培养高尚的思想道德和理想情操;了解法律基础知识,增强法治观念;树立科学的职业观,养成诚信品格,具有良好的职业道德和敬业精神;做到严格自身行为规范,遵守校纪校规,具备良好的社会道德风范和积极向上的进取精神。

(二)科学与人文素质

参加本科生新生军训,并通过国防教育。积极参加体育锻炼,要求必须通过各学期体育课程的考核,以及国家规定的本科毕业生所必须达到的体育测试标准。

在坚持专业教育的基础上,为强化学生的个性教育和素质拓展,提升学生的审美和人文素养、生活素养、科学素养、体育精神以及社会责任感,徐州工程学院积极倡导"幸福生活观",引导学生实践"读讲一本书、熟识乐理知识或掌握一种乐器、爱上一项体育运动、参加一个科技创新团队、参与一次社会实践活动"等大学生素养提升"五个一"工程,提高学生社会适应能力、职业竞争能力和幸福生活能力,拥有一定的审美、鉴赏能力,通过人文和科学精神的培养,塑造完美人格。学生在音乐素养和素质拓展方面要修满6个学分。

二、专业知识与专业技能方面的毕业要求

在专业课程的学习过程中,按照会计学专业人才培养方案,学生需要完成三大课程模块的学习,通过考试或考查,毕业总学分达到规定学分标准,最长修读年限为6年。通过专业系统的学习,要求会计学专业的学生达到培养目标,并具备以下知识及能力。

(1)具有良好道德修养和综合素质,具有坚定的政治方向和良好的心理素质,具有健康的体魄,达到国家规定的大学生体育合格标准,培养学生德、智、体、美全面发展。

(2)掌握管理学、经济学和现代会计学的基本理论、基本知识。

(3)掌握会计学的定性、定量分析方法,掌握文献检索、资料查询的基本方法,能够熟练掌握计算机的运用和操作,具有一定的科学研究和实际工作能力。

（4）具有较强的语言与文字表达、人际沟通以及分析和解决会计实际问题的能力。

（5）具有在购物中心、连锁卖场以及其他各类零售业门店从事开发、运营与管理的基本理论知识和职业能力,具有企业品类管理、商品采购、物流配送、门店管理、卖场设计、理货管理、商品促销等方面的工作能力。

（6）具有应用互联网开展网络会计的策划、设计、维护与管理工作的能力,具有网络信息收集、网络市场分析、网络市场推广、网店运营管理、网络会计策划、网络客户服务、网络销售等方面的工作能力。

根据我国教育部制定的相关标准,会计学专业学生在规定的修业年限内学完教育教学计划规定课程,成绩合格或者修满相应的学分,达到学校毕业要求的,准予毕业;全国大学英语四级考试成绩和计算机等级考试成绩达到要求的,通过学位论文答辩,平均学分绩点≥2.0的可以申请授予管理学学士学位。

第二节　会计学专业学生的就业形势分析

一、会计学专业人才面临的机遇

未来会计人才拥有更多机遇,经济发展对会计人才的需求更多、对会计人才的才能要求更高,会计人才拥有更广泛的职业选择,必将成为经济舞台上的主角。

（一）未来经济对会计从业人员的数量需求扩大

第一,国内会计人才。

经济主体逐步多元化,信息技术迅猛发展,资本市场不断扩大,这一切导致了我国会计事业的巨变。我国的会计工作从过去的记账、算账、报账,发展到价值管理、风险管理、参与决策;会计信息从过去的"报表数字",发展成为资源配置和投资决策的重要依据。

第二,ACCA。

加入世贸组织后,外资不断涌入,中国企业自身也不断发展,更多的企业进行了股份制企业改革,这些都导致了对会计人才的巨大需求。对于外国投资者来说,由于语言、文化、制度等方面的差异,考虑到相对成本,他们必然考虑本土化战略,雇用大量高素质国内员工,或需要中国的会计市场能够按照国际惯例和国际会计准则为他们提供规范的会计师服务。

未来资本市场的发展也产生了对会计人才的旺盛需求。目前,我国的资本市场已得到了空前的发展,在上海和深圳证券交易所上市的各类公司已有1 000多家,两市公司总市值高点时曾达到30多万亿,未来仍不断有企业准备在国内上市或海外上市,金融创新不断涌现。考取ACCA资格证书是一个不错的选择。

第三,CPA。

中国注册会计师协会自1991年以来开始举办注册会计师考试,据统计,截至2007年,我国约有14万人取得注册会计师全科合格证,而这一数据与我国高达35万的CPA人才需求量仍有不小的差距。另据美国劳动部提出的2008—2009职业手册的观点,会计和审计人员的需求在未来会有大幅度增长。

未来经济对会计从业人员的需求必将有增无减,高级的财务、会计类职业更是被誉为未来的"金饭碗"职业。

（二）未来经济发展对会计人才的需求层次提高

第一，管理型人才。

中小企业传统的记账、算账、报账的"簿记式"会计已不能适应经营管理的需要，"簿记式"的会计必然要上升到战略管理会计的高度，会计的从业人员必须懂得内控、预算、投资管理、风险管理和信息系统架构等新知识，才能胜任在新的时代条件下的工作需要。

第二，技术型人才（不是操作型人才）。

未来新经济环境下信息技术日新月异，技术进步大大降低了信息生产和传输的成本，但并没有因此削弱高级会计人员在信息服务上的优势。传统会计从业人员特有的技术优势将消失殆尽，取而代之的将是那些懂得企业资源计划（ERP），熟悉会计信息系统，了解如何设计和维护会计系统、如何结合企业内外环境中相关因素协助公司决策者准确解读和有效利用会计系统产生的信息的高级财务、会计人员。

第三，国际化人才、专业化人才、复合型人才。

全球经济一体化，国内各行各业面临国际化竞争，会计准则逐步与国际接轨，也增大了对高端财务、会计人才的需求。具备CPA（注册会计师）资格的高级会计人并不多，具备国际会计资格证书的高级会计人才更不多。根据全球最大的人力资源咨询公司Robert Half International（RHI）的一项调查发现，大部分的CFO都表明有了会计证书对会计职业生涯是非常有价值的。这些证书包括注册管理会计师（CMA）、注册会计师（CPA）、内部稽核师（CIA）等。

可以预见，未来高素质、复合型、国际化的高端会计人才将获得更多机遇，这些人才应当精通会计专业技能、掌握较扎实的经济学理论基础，善于管理，熟悉金融、法律、计算机等学科知识，具有国际视野和战略思维。

（三）未来经济发展为会计人才提供了广阔发展空间

选择会计学专业的学生今后既可以从事会计实务工作，也可以继续深造，攻读研究生，从事高级会计相关实务工作或从事研究工作，未来经济发展为会计人才职业选择提供了广阔发展空间。

如果对研究感兴趣或欲进入较高端会计实务领域的学生可以考虑选择考研。但如果数学外语不好，还是建议优先选择考注册会计师，毕竟在会计这一行，经验非常重要。高端的财务、会计研究人员未来发展也将机遇无限。巴菲特的价值投资理念最关注的就是公司的财务报表，然后加上自己独特的研究分析，使之成为世界第一富翁，其导师格雷厄姆的经典著作《上市公司财务报表解读》是其最初的也是一直坚持的投资指南。

二、会计学专业人才面临的挑战

（一）面对国际化的挑战

经济全球化时代，生产、交易、资本等经济行为和生产要素已超越国界，在世界范围内流动和配置，会计人才面对全球化带来机遇的同时也必须正视挑战，这包括全球化时代下会计人才、会计师事务所及会计理论研究等的国际化问题。

国际化的复合会计人才是我国深入参与经济全球化的重要基础。国际化的复合会计人才应该是掌握国际通行的会计审计标准，了解国际贸易和商务规则，熟悉国际环境，能为企业提供会计审计服务,更能在企业国际资本运作、组织管理、决策咨询和国际战略上提供优质服务的高级人才。我国会计从业人员虽然众多,但有国际化经验,熟悉会计规则,又不过于僵化,能创造性地开展工作,把会计理论、会计执业和会计管理等领域的工作整合起来的人才还不够多。

（二）面对市场化的挑战

未来的财务报告将面对来自各种非财务信息的挑战,如果会计人员不能洞察市场客户的信息需求,增强服务理念,将面临被动局面。未来会计职能定位不仅要从公司治理、资本运营、风险管理等多个层面重新思考,还要主动发现市场需求,提高会计服务的主动性、敏感性,为客户决策提供充分的有用信息。

会计人员要学会从投资者、CEO、监管者和普通大众的角度看待会计,看待会计语言,采取必要的方式使会计语言更加通俗易懂,更加方便交流和有效利用。为提高会计信息的认知度,提升会计在宏观经济中的地位和作用,有专家建议,要研究和分析会计信息与经济风险、市场整体运行之间的内涵关系,设计一套具有宏观经济"晴雨表"作用的会计"CPI"（消费者价格指数）,并有效建立数据采集和分析系统,将会计与统计结合起来,对分布于各行各业、产业链上下游的会计信息进行深度分析、判断,对市场整体运行状况起到评价、引导、预警作用。

（三）面对信息化的挑战

国际会计准则正在以很快的速度在世界范围内被认同和接受,如果所有的公众和绝大多数的企业都使用统一的报告框架,那么一种适应新信息技术传媒时代的全球一体化的财务信息传递方式,也将变得可行。此外,信息化环境下,一些崇尚时效的未来投资者们,可能通过短信、语音和在线沟通的方式进行日常交流,会计也将面对这类投资者的需求变化的挑战。可以预见,会计人员将改变原来印刷形式的财务报告,考虑传媒技术的新变化,向投资者发布形式丰富、方便快捷的财务报告。此外,信息化环境下,企业还面临信息技术本身的问题,面临信息系统维护、数据更新和信息利用工作,面临信息监督等许多问题。

（四）面对诚信的挑战

诚信是会计行业的核心价值观,是会计行业的灵魂,会计诚信是整个经济健康运行的重要基石。随着我国经济发展,市场程度逐步深化、市场交易更加复杂化、市场利益不断交织,这些都对会计诚信提出了挑战。

每一次诚信危机过后,总有新的制度来进一步规范会计师的诚信问题,如美国的萨班斯法案,但应当明白任何制度都不如公众的信心重要。新经济环境下,公众信心的丧失可能造成一个企业的迅速灭亡。我国目前仍处于市场经济体制的不断完善之中,法治建设没有完全到位,一些具体制度仍有待完善,会计从业人员在面对利益冲突时,可能面临诚信原则的挑战,因此,坚持会计人员职业道德,准确把握各项会计、审计准则,坚持正确的职业判断将尤为重要。

随着我国经济改革的不断深化和市场经济的不断发展,未来会计行业及会计人才必将机遇无限,但我们也必须正视如经济全球化、技术信息化及诚信问题等多方面的挑战。面对挑战,会计人才必须以习近平新时代中国特色社会主义思想为指导,不断解放思想、开拓创新、大胆探索,不断适应新的变化,使会计行业更具活力、拥有更加美好的未来!

第三篇

市场营销专业导论

第一章　市场营销专业教育发展概况

第一节　市场营销专业教育发展历程

市场营销又称为市场学、市场行销或行销学，简称"营销"。它包含两种含义，一种是动词理解，另一种是名词理解。关于市场营销的定义，权威的有以下四种。

美国市场营销协会认为：市场营销是创造、沟通与传送价值给顾客，及经营顾客关系以便让组织与其利益关系人受益的一种组织功能与程序，是一种最直接有效的营销手段。

菲利普·科特勒认为：市场营销是个人和集体通过创造并同他人交换产品和价值以满足需求和欲望的一种社会和管理过程。该定义强调了营销的价值导向。菲利普·科特勒于1984年对市场营销又下了定义：市场营销是指企业的这种职能——认识未满足的需要和欲望，估量和确定需求量大小，选择和决定企业能最好地为其服务的目标市场，并决定适当的产品、劳务和计划（或方案），以便为目标市场服务。

麦卡锡于1960年也对微观市场营销下了定义：市场营销是企业经营活动的职责，它将产品及劳务从生产者直接引向消费者或使用者以便满足顾客需求及实现公司利润，同时也是一种社会经济活动过程，其目的在于满足社会或人类需要，实现社会目标。这一定义虽比美国市场营销协会的定义前进了一步，指出了满足顾客需求及实现企业盈利成为公司的经营目标，但这两种定义都说明，市场营销活动是在产品生产活动结束时开始的，中间经过一系列经营销售活动，当商品转到用户手中就结束了，因而把企业营销活动仅局限于流通领域的狭窄范围，而不是将其视为企业整个经营销售的全过程，即包括市场营销调研、产品开发、定价、分销广告、宣传报道、销售促进、人员推销、售后服务等。

格隆罗斯认为：网络营销是在一种利益之上，通过相互交换和承诺，建立、维持、巩固与消费者及其他参与者的关系，实现各方的目的。该定义强调了营销的目的。

总之，市场营销学是一门科学性和艺术性兼备的应用学科，是建立在经济科学、行为科学、现代管理理论基础之上的综合性应用科学，研究以满足消费者需求为中心的企业市场营销活动及其规律性，具有全程性、综合性、实践性特点，是管理类各专业的必修课，同时还是人文、哲学、社会科学等专业的重要课程。

一、国外市场营销专业的产生与发展

市场营销学于20世纪30年代产生于美国，随后广泛应用于各个领域。20世纪50年代市场营销学开始传播到其他西方国家。日本于20世纪50年代初开始引进市场营销学，1953年日本东芝电气公司总经理石坂泰三赴美参观访问，回到日本的第一句话是："我们要全面学习市场营销学。"1955年日本生产力中心成立，1957年日本营销协会成立。这两个组织对推动营销学的发展起了积极作用。20世纪60年代，日本经济进入快速发展时期，市场营销原理和方法广泛应用于家用电器工业，市场营销观念被广泛接受。60年代末70年代

初,社会市场营销观念开始引起日本企业界的关注。从 70 年代后期起,随着日本经济的迅猛发展及国际市场的迅速扩大,日本企业开始从以国外各个市场为着眼点的经营战略向全球营销战略转变。20 世纪 50 年代,市场营销学传播到法国,最初应用于英国在法国的食品分公司。60 年代开始应用于工业部门,继而扩展到社会服务部门。1969 年被引进法国国营铁路部门。70 年代初,市场营销学课程先后在法国各高等院校开设。20 世纪 60 年代后,市场营销学被引入苏联及东欧国家。

几十年来,随着社会经济及市场经济的发展,市场营销学发生了根本性的变化,从传统市场营销学演变为现代市场营销学,其应用从营利组织扩展到非营利组织。当今,市场营销学已成为同企业管理相结合,并同经济学、行为科学、人类学、数学等学科相结合的应用边缘管理学科。市场营销学的产生与发展同商品经济的发展、企业经营哲学的演变是密切相关的。市场营销学自 20 世纪初诞生以来,其发展经历了五个阶段。

(一)萌芽阶段(1900—1920 年)

这一时期,各主要资本主义国家经过工业革命,生产力迅速提高,城市经济迅猛发展,商品需求量亦迅速增多,出现了需过于供的卖方市场,企业产品价值实现不成问题。与此相适应的市场营销学开始创立。早在 1902 年,美国密执安大学、加州大学和伊利诺伊大学的经济系开设了市场学课程。之后宾夕法尼亚大学、匹茨堡大学、威斯康星大学相继开设此课。在这一时期,出现了一些市场营销研究的先驱,其中最著名的有阿切·W. 肖、巴特勒、约翰·B. 斯威尼及赫杰特齐。哈佛大学教授赫杰特齐走访了大企业主,了解他们如何进行市场营销活动,于 1912 年出版了第一本销售学教科书,它是市场营销学作为一门独立学科出现的里程碑。

阿切·W. 肖于 1915 年出版了《关于分销的若干问题》一书,率先把商业活动从生产活动中分离出来,并从整体上考察分销的职能。但当时他尚未能使用"市场营销"一词,而是把分销与市场营销视为一回事。

韦尔达、巴特勒和威尼斯在美国最早使用"市场营销"术语。韦尔达提出:"经济学家通常把经济活动划分为三大类:生产、分配、消费。生产被认为是效用的创造""市场营销应当定义为生产的一个组成部分""生产是创造形态效用,营销则是创造时间、场所和占有效用",并认为"市场营销开始于制造过程结束之时"。

这一阶段的市场营销理论同企业经营哲学相适应,即同生产观念相适应,其依据是传统的经济学,是以供给为中心的。

(二)功能研究阶段(1921—1945 年)

这一阶段市场营销学以营销功能研究为其特点。此阶段最著名的代表者有:克拉克、韦尔达、亚历山大、瑟菲斯、埃尔德及奥尔德逊。1932 年,克拉克和韦尔达出版了《美国农产品营销》一书,对美国农产品营销进行了全面的论述,指出市场营销的目的是"使产品从种植者那儿顺利地转到使用者手中"。这一过程包括三个重要又相互有关的内容:集中(购买剩余农产品)、平衡(调节供需)、分散(把农产品化整为零)。这一过程包括七种市场营销功能:集中、储藏、财务、承担风险、标准化、推销和运输。1942 年,克拉克出版的《市场营销学原理》一书,在功能研究上有创新,把功能归结为交换功能、实体分配功能、辅助功能等,并提出了推销是创造需求的观点,实际上是市场营销的雏形。

（三）形成和巩固时期（1946—1955 年）

这一时期的代表人物有范利、格雷特、考克斯、梅纳德及贝克曼。1952 年，范利、格雷斯和考克斯合作出版了《美国经济中的市场营销》一书，全面地阐述了市场营销如何分配资源，指导资源的使用，尤其是指导稀缺资源的使用；市场营销如何影响个人分配，而个人收入又如何制约营销；市场营销还包括为市场提供适销对路的产品。同年，梅纳德和贝克曼在《市场营销学原理》一书中，提出了市场营销的定义，认为它是"影响商品交换或商品所有权转移，以及为商品实体分配服务的一切必要的企业活动"。梅纳德归纳了研究市场营销学的五种方法，即商品研究法、机构研究法、历史研究法、成本研究法和功能研究法。由此可见，这一时期已形成市场营销的原理及研究方法，传统市场营销学已形成。

（四）市场营销管理导向时期（1956—1965 年）

这一时期的代表人物主要有：罗·奥尔德逊、约翰·霍华德及麦卡锡。奥尔德逊在1957 年出版的《市场营销活动和经济行动》一书中，提出了"功能主义"。霍华德在《市场营销管理：分析和决策》一书中，率先提出从营销管理角度论述市场营销理论和应用，从企业环境与营销策略二者关系来研究营销管理问题，强调企业必须适应外部环境。麦卡锡在 1960年出版的《基础市场营销学》一书中，对市场营销管理提出了新的见解。他把消费者视为一个特定的群体，即目标市场，企业制定市场营销组合策略，适应外部环境，满足目标顾客的需求，实现企业经营目标。

（五）协同和发展时期（1966—1980 年）

这一时期，市场营销学逐渐从经济学中独立出来，同管理科学、行为科学、心理学、社会心理学等理论相结合，使市场营销学理论更加成熟。在此时期，乔治·道宁于 1971 年出版的《基础市场营销：系统研究法》一书，提出了系统研究法，认为公司就是一个市场营销系统，"企业活动的总体系统，通过定价、促销、分配活动，并通过各种渠道把产品和服务供给现实的和潜在的顾客"。他还指出，公司作为一个系统，同时又存在于一个由市场、资源和各种社会组织等组成的大系统之中，它将受到大系统的影响，同时又反作用于大系统。

1967 年，美国著名市场营销学教授菲利浦·科特勒出版了《市场营销管理：分析、计划与控制》，该著作全面、系统地发展了现代市场营销理论。他精辟地对营销管理下了定义：营销管理就是通过创造、建立和保持与目标市场之间的有益交换和联系，以达到组织的各种目标而进行的分析、计划、执行和控制过程。他提出市场营销管理过程包括：分析市场营销机会，进行营销调研，选择目标市场，制定营销战略和战术，制定、执行及控制市场营销计划。菲利浦·科特勒突破了传统市场营销学认为营销管理的任务只是刺激消费者需求的观点，进一步提出了营销管理任务还影响需求的水平、时机和构成，因而提出营销管理的实质是需求管理，还提出了市场营销是与市场有关的人类活动，既适用于营利组织，也适用于非营利组织，扩大了市场营销学的范围。

1984 年，菲利普·科特勒根据国际市场及国内市场贸易保护主义抬头，出现封闭市场的状况，提出了大市场营销理论，即"6P"战略：原来的"4P"（产品、价格、分销及促销）加上两个"P"——政治权利和公共关系。他提出了企业不应只被动地适应外部环境，也应该影响企业的外部环境的战略思想。

（六）分化和扩展时期（1981 年至今）

在此期间，市场营销领域又出现了大量丰富的新概念，使得市场营销这门学科出现了变形和分化的趋势，其应用范围也在不断扩展。

1981 年，莱维·辛格和菲利普·科特勒对"市场营销战"这一概念以及军事理论在市场营销战中的应用进行了研究。几年后，列斯和特罗出版了《市场营销战》一书。1981 年，瑞典经济学院的克里斯琴·格罗鲁斯发表了论述"内部市场营销"的论文，科特勒也提出要在企业内部创造一种市场营销文化，即企业市场营销化的观点。1983 年，西奥多·莱维特对"全球市场营销"问题进行了研究，提出过于强调对各个当地市场的适用性，将导致生产、分销和广告方面规模经济的损失，从而使成本增加。因此，他呼吁多国公司向全世界提供一种统一的产品，并采用统一的沟通手段。1985 年，巴巴拉·本德·杰克逊提出了"关系营销""协商推销"等新观点。1986 年，科特勒提出了"大市场营销"这一概念，提出了企业如何进入被保护市场的问题。在此期间，"直接市场营销"也是一个引人注目的新问题，其实质是以数据资料为基础的市场营销，由于事先获得大量信息和电视通信技术的发展才使直接市场营销成为可能。

20 世纪 90 年代以来，关于市场营销、市场营销网络、政治市场营销、市场营销决策支持系统、市场营销专家系统等新的理论与实践问题开始引起学术界和企业界的关注。进入 21 世纪，互联网的发展应用，推动着网上虚拟发展，基于互联网的网络营销得到迅猛发展。

二、国内市场营销专业的产生与发展

中华人民共和国建立之前，我国虽曾对市场营销学有过一些研究（当时称"销售学"），但也仅限于几所设有商科或管理专业的高等院校。在 1949—1978 年间，除了我国台湾和港澳地区的学术界、企业界对这门学科已有广泛的研究和应用外，在整个中国内地，市场营销学的研究一度中断。在这长达 30 多年的时间里，国内学术界对国外市场营销学的发展情况知之甚少。十一届三中全会以后，党中央提出了对外开放、对内搞活的总方针，从而为我国重新引进和研究市场营销学创造了有利的环境。1978 年，北京、上海、广州的部分学者和专家开始着手市场营销学的引进研究工作。虽然当时还局限在很小的范围内，而且在名称上还称为"外国商业概论"或"销售学原理"，但毕竟在市场营销学的引进上迈出了第一步。1984 年 1 月，中国高等院校市场学研究会成立，继而各省先后成立了市场营销学会。这些营销学术团体对于推动市场营销学理论研究及在企业中的应用起了巨大的作用。经过数十年的时间，我国对于市场营销学的研究、应用和发展已取得了可喜的成绩。如今，市场营销学已成为各高校的必修课，市场营销学原理与方法也已广泛地应用于各类企业。我国市场营销学的整个发展过程，大致经历了以下五个阶段。

（一）引进时期（1978—1982 年）

在此期间，通过对国外市场营销学著作、杂志和国外学者讲课的内容进行翻译介绍，选派学者、专家到国外访问、考察、学习，邀请外国专家和学者来国内讲学等方式，系统介绍和引进了国外市场营销理论。但是，当时该学科的研究还局限于部分大专院校和研究机构，从事该学科引进和研究工作的人数还很有限，对于西方市场营销理论的许多基本观点的认识也比较肤浅，大多数企业对于该学科还比较陌生。然而，这一时期的努力毕竟为我国市场营销学的进一步发展打下了基础。

（二）传播时期（1983—1985 年）

经过前一时期的努力,全国各地从事市场营销学研究、教学的专家和学者开始意识到,要使市场营销学在中国得到进一步的应用和发展,必须成立各地的市场营销学研究团体,以便相互交流和切磋研究成果,并利用团体的力量扩大市场营销学的影响,推进市场营销学研究的进一步发展。1984 年 1 月,全国高等综合大学、财经院校市场学教学研究会成立。在以后的几年时间里,全国各地各种类型的市场营销学研究团体如雨后春笋般成立。各团体在做好学术研究和学术交流的同时,还做了大量的传播工作。例如,广东市场营销学会定期出版了会刊《营销管理》,全国高等综合大学、财经院校市场学教学研究会在每届年会后都向会员印发了各种类型的简报。各团体分别举办了各种类型的培训班、讲习班。有些还通过当地电视台、广播电台举办了市场营销学的电视讲座和广播讲座。这些活动,既推广、传播了市场营销学知识,又扩大了学术团体的影响。在此期间,市场营销学在学校教学中也开始受到重视,有关市场营销学的著作、教材、论文在数量和质量上都有很大的提高。

（三）应用时期（1986—1988 年）

1985 年以后,我国经济体制改革的步伐进一步加快,市场环境的改善为企业应用现代市场营销原理指导经营管理实践提供了有利条件,但各地区、各行业的应用情况又不尽相同,具体表现为:① 以生产经营指令性计划产品为主的企业应用得较少,以生产经营指导性计划产品或以市场调节为主的产品的企业应用得较多、较成功;② 重工业、交通业、原材料工业等和以经营生产资料为主的行业所属的企业应用得较少,而轻工业、食品工业、纺织业、服装业等以生产经营消费品为主的行业所属的企业应用得较多、较成功;③ 经营自主权小、经营机制僵化的企业应用得较少,而经营自主权较大、经营机制灵活的企业应用得较多、较成功;④ 商品经济发展较快的地区(尤其是深圳、珠海等经济特区)的企业应用市场营销原理的自觉性较高,应用得也比较好。在此期间,多数企业应用市场营销原理时,偏重于分销渠道、促销、市场细分和市场营销调研部分。全国高等综合大学、财经院校市场学教学研究会于 1987 年 8 月更名为“中国高等院校市场学研究会”。

（四）扩展时期（1989—1994 年）

在此期间,无论是市场营销教学研究队伍,还是市场营销教学、研究和应用的内容,都有了极大的扩展。全国各地的市场营销学术团体,改变了过去只有学术界、教育界人士参加的状况,开始吸收企业界人士参加。其研究重点也由过去的单纯教学研究,改为结合企业的市场营销实践进行研究。学者已不满足于仅仅对市场营销一般原理的教学研究,而对其各分支学科的研究日益深入,并取得了一定的研究成果。在此期间,市场营销理论的国际研讨活动进一步发展,这极大地开阔了学者们的眼界。1992 年春,邓小平南方谈话发表以后,学者们还对市场经济体制的市场营销管理,中国市场营销的现状与未来,跨世纪中国市场营销面临的挑战、机遇与对策等重大理论课题展开了研究,这也有力地扩展了市场营销学的研究领域。

（五）国际化时期（1995 年至今）

1995 年 6 月,由中国人民大学、加拿大麦吉尔大学和康克迪亚大学联合举办的第五届市场营销与社会发展国际会议在北京召开。中国高等院校市场学研究会等学术组织作为协办单位,为会议的召开做出了重要的贡献。来自 46 个国家和地区的 135 名外国学者和 142 名国内学者出席了会议。25 名国内学者的论文被收入《第五届市场营销与社会发展国际会议论文集》(英文版),6 名中国学者的论文荣获国际优秀论文奖。从此,中国市场营销学者开始全方位、大规模地登上国际舞台,与国际学术界、企业界的合作进一步加强。

第二节　高等院校市场营销专业设置状况

市场营销作为一门以经济科学、行为科学和管理科学为基础,以研究满足市场需求为中心的营销活动及其规律性的应用科学,当前在我国经济发展中的地位越发显得重要。从某种程度上讲,市场营销既是经济发展的催化剂,又是对经济发展的真实反映。目前,市场营销理论不仅应用于企事业单位、非营利机构和政府机构,而且广泛涉及我国社会、经济、政治、文化、科技等领域以及人民群众日常生活的各个方面。20 世纪 90 年代后,我国高校经济类和管理类学校陆续建立了市场营销系或市场营销学院,据统计,全国有 760 多所高校开设市场营销本科专业,有 80 多所重点大学设有市场营销硕士专业,该专业是中国十大高薪专业之一。因此,市场营销专业已成为高校中最为普遍的专业。随着市场经济的发展和国际交流的增加,社会上对市场营销专业人才的需求量越来越大。

中国各高校的市场营销专业培养方案设计相差不多,无论是重点院校还是普通院校,都要求学生们掌握经济学、管理学、市场营销学的基本理论,掌握市场营销分析方法,要求具有一定的语言文字表达能力和沟通能力,熟悉国家有关市场营销的政策法规,了解市场营销理论前沿知识,要具备能够利用相关知识分析问题和解决问题的基本能力。在研究生教育中还要求学生掌握文献检索方法和数量分析方法,具有独立科研和工作的能力。

如在全国第一个开设市场营销专业的中国人民大学商学院,旨在为企业培养理论基础雄厚、具有创新和开拓精神、操作能力强的高级专业管理人才。要求学生全面掌握市场经济理论和管理基本理论;熟悉企业经营管理、市场营销所需的人力资源、组织行为、财务会计、金融投资、计算机、统计等方面基本知识;熟练运用外语;有独立分析、解决问题的能力;掌握从事市场调查、营销策划、市场开拓等方面的技能。

中国高校的市场营销专业基本都设在商学院或经济管理学院,如中国人民大学、吉林大学等学校的市场营销专业设在商学院,北京大学、华中科技大学等则设在管理学院。

第三节　市场营销专业高等教育的特点

经过数十年的发展,我国市场营销专业高等教育基本形成了自己的特点。

一、市场营销专业定位与培养模式突出以能力为本位

市场营销专业的定位,不同的学校各有不同,但基本上将其定位为管理学、经济学、心理学、社会学、数学、计算机、艺术等多学科相互渗透的一门工商企业管理专业。该专业注重营销技能与技巧方面的系统训练,强调分析和解决问题的基本能力、沟通能力和创新能力的培养,培养能够适应竞争激烈、变化迅速的市场环境的高素质营销管理人才,使学生具有从事市场营销工作的基本技能,具有较强的实践操作能力。

课程体系包括基础课程＋专业课程＋选修课程＋实践课程,培养模式主要体现的是以能力为本位的实践性教学模式,注重学生能力的培养。实践课程课时安排充分,并根据学生理论学习的进程和掌握情况,分阶段有计划地进行实践教学,使理论与实践相互促进。

二、与企业密切联系、强调产学合作

市场营销专业与企业生产活动联系密切,强调产学合作,有些高校还依托行业办学。高校在产学合作中的优势在于人才,即高校专业教师及他们为企业培养出的优秀营销人才。鼓励专业教师和学生合作开发项目,依托行业,面向中小企业,积极开展应用研究、技术开发和咨询服务活动,进行发展战略研究,使学校成为促进生产力发展和社会进步的动力源。这也体现了高校非常重视教师的实践操作能力和专业技能的培养和提升。高校通过多种渠道,多方面地吸收优秀师资,提高师资队伍的能力结构和学历层次结构,加强对教师实践经验和专业技能的培训,完善教师管理制度,从而更好地培养学生的综合能力。

三、注重专业培养中的创新

一方面知识是处于不断更新变化中,市场营销专业能够根据实践的发展,不断提出新问题,形成新的热点,并融入到教学体系中,例如环境营销、数据库营销、网上营销、关系营销等。另一方面新技术、新方法在营销专业教育中也得到重视与应用,如在计算机和现代通信技术发展的每一阶段,都有专著和论文研究它们对营销的影响及其在营销中的应用;又如对营销渠道系统的研究,就曾经历了运用经济学方法、经验制度方法、社会心理学方法和数学方法进行研究的不同阶段,但并不是用后一种方法否定前一种方法的结论,而是使整个理论更为丰满。

四、注重专业培养方向的细分化

市场营销专业教育在整体培养范围不断扩大的同时,注重个人培养范围的细分化。除了学习市场营销方向的综合知识外,还强调细分化方向的学习,如品牌战略、渠道管理、广告策略、价格的心理学研究、决策或新产品推出等等,让学生根据自己的兴趣,选择几个领域进行深入学习,学术活动和实践也向这方面倾斜。另外,根据学生对不同行业的偏好,针对不同行业所对应的职业岗位群,设置汽车、房地产、机械、医药等专业方向模块课程群。学生主要学习特定行业产品的知识,这样可以适应市场需求,真正实现培养复合型高级营销人才的目标。这种培养方式既有利于市场营销学科整体和细分化的发展,又有利于学生对整体和细分营销知识技能的把握。

五、知识结构不断完善,重视基础知识通识化教育

美国曾对 11 311 位科学家的论文、成果、晋级等各方面进行分析调查,发现这些人才大多数是以博取胜的,很少有仅仅精通一门的专才。因此,美国主张在加强基础专业学习的同时,提倡"百科全书式"的教育。目前,以美国为代表的西方高等教育界人士,强调高等教育应更加重视通识化教育,使受教育者加强学习概括性强、适应性广、具有普遍意义的基础理论、基础知识和基本技能。对于市场营销专业这种边缘性学科来说,更应引起高度重视。因此,我国市场营销专业更加注重知识结构的完善,重视基础学科学习,强调数学、计算机应用

对基本理论知识的教学,并按学科知识结构和分类科目组织教学。

六、教学方式多样化,注重学生实践和创新能力的培养

我国高校的市场营销专业教学方式多样化,积极拓展实践教学模式,注重以能力为本位的实践性教学,积极运用了案例教学法、互动讨论法、课堂呈现、模拟教学法(企业模拟、角色模拟、动态模拟等)、项目教学法、体验式教学法(沙盘推演、拓展训练、行为学习等)等。这种实践性教学模式与传统教学模式最根本的区别在于,前者以学生为中心,以学为主,后者以教师为中心,以教为主。教不一定导致学,更不能保证学会。这种以学生自身高参与性为主的多样性的教学方式,使得课堂内容丰富、生动有趣,课堂气氛比较活跃,自由开放,学生能够主动去学,增强了学生的实践和创新能力。实践教学的课时数应超过理论教学的课时数,学校对学生负责,积极鼓励并为学生联系企业实习,参与真实企业活动的实践,而且实习时间相对集中,教师辅导学生实践,交流沟通密切。通过理论与实践结合的方式考评学生的学习成绩,并对学生及时反馈,加强学生理论知识与实践技能的掌握。

从高校的市场营销专业教育来看,市场营销本科专业是一个常青树,国内高校都相当重视市场营销专业的发展和人才的培养,注重实践教学,加强对市场营销专业人才能力的培养实际上已经成为高等教育发展的潮流。

第四节　市场营销专业学科体系

一、市场营销专业的理论体系

市场营销专业的理论体系经历了古典营销理论、交易营销理论、关系营销理论的运动和转化,已经逐渐构建起一门专门学科的理论体系,推进了市场营销学专业的建设与发展。

熊彼特曾说:"任何特定事件的人和科学状况都隐含它过去的历史背景,如果不把这个隐含的历史明摆出来,就不能圆满地表述科学的状况。"具有现代科学意义的营销理论体系产生于 20 世纪 50 年代中期。霍华德在 1957 发表的《营销管理:分析和决策》一书中提出了"营销管理"一词,并指出营销管理的实质是公司创造性地适应其变化着的环境。随后,尤金·麦卡锡于 1960 年在《基础营销管理》中提出了至今还在推崇的 4Ps 策略,菲利普·科特勒在他的著作《营销管理:分析、计划和控制》中对 4Ps 策略予以确认,这便形成了以交易营销为核心的管理营销理论体系。从 20 世纪 90 年代起,交易营销体系逐渐受到来自欧洲马林、古麦逊、格隆鲁斯、贝克等学者的批评。关系营销理论体系开始登上历史舞台。

最早提出关系营销概念的是美国学者贝利,他认为"关系营销就是保持顾客"。其后不断有相关的营销学者提出对关系营销的论述。对关系营销理论体系的研究成为 20 世纪 90 年代以后学术争论的焦点。北欧学派的格隆鲁斯和古麦森对关系营销理论体系的建立起到了关键作用。关系营销是建构在交易营销理论的基础上,利用了原先存在的架构和解决办法,虽然在顾客满意、信任、顾客忠诚、顾客保留、客户关系管理等众多领域有所深入,但没有创造新的架构和解决办法,显然难以符合合格的库恩理论体系的条件,在更多的学者眼里,关系营销理论体系只是交易营销理论体系的发展和延伸,但丰富了市场营销学科的内涵。

二、市场营销专业的课程体系

经过几十年的发展,中国高校的市场营销专业课程体系建设有了较大的进步和发展,课程体系的设计既考虑了专业知识的传授,又兼顾了基础理论知识和方法的学习,将社会需求与学生学习兴趣相结合,体现出较强的灵活性,尤其是重点大学中自主招生权限的市场营销专业更体现出这一点。

市场营销专业作为分支学科一般下设在工商管理学院,归属管理学范畴。按照社会对市场营销管理人才综合素质和专业能力的要求,结合高校的办学定位,市场营销专业培养能适应社会和经济发展需要的、德、智、体、美全面发展的,能在金融、传媒、信息等现代服务业和工商企业从事市场营销管理、调研、策划、公关、咨询等工作的应用型、复合型专业人才,注重夯实专业基础,开阔专业视野,同时也强调对学生专业专才实践能力和专业通才实践能力的培养。

由于我国特殊的国情与教育管理体制,国内高校的市场营销专业课程体系可分为三方面的内容:一是公共必修课程,如思想道德修养与法律基础、马克思主义基本原理概论、中国近现代史纲要、大学英语、计算机基础等课程,这些课程是国家教学大纲中要求必修的课程,每所高校的学时安排和学期安排基本一致;二是基础课程,如高等数学、经济学原理、管理学、会计学原理等课程,这些课程的设置可根据学校具体办学特色来设计难易度,一般院校与重点院校之间有一定差距;三是专业课程,如市场营销学、消费者行为学、渠道管理、客户关系管理、国际市场营销等课程,需要学习的课程数目较多,虽然各高校专业课设置基本一致,但从教学内容与层次上讲各个学校的差异度也较大。

市场营销虽然是一门独立学科,但是具有综合性和实践性等明显特点。针对这个特点,高校在主干课程的设置上,覆盖了经济学(如宏观经济学、微观经济学)、社会和心理学(如消费者行为学)、管理学(如管理学基础)等学科,体现了市场营销专业兼容并蓄的特点。此外,高校在兼顾理论教学的基础上,重视实践环节,组织并指导学生参加社会调查、认识实习、专业实习和毕业实习等实践教学活动,还设有专业实践模拟课程,如决策模拟、商务谈判模拟、网络营销模拟等。

三、市场营销专业相关的学科

一门学科的建立必须建立在规范的逻辑起点上,这是为了夯实这门学科的基础,建立起这门学科的理论大厦。一个概念只具有高度的抽象性、普遍性和一般性,才可能成为一门科学逻辑起点。菲利普·科特勒曾经说过"经济学是营销学之父"。市场营销学借鉴了许多经济学的概念与理论,经济学是其重要的理论基础,而且由于早期市场营销方面的学者基本上都是经济学家,因而市场营销学长期被作为经济学的一个分支来看待。从这个意义上看,"交换"就成为市场营销学的逻辑起点。菲利浦·科特勒认为,交换是营销学的核心概念。杨望成进一步研究认为,建立正确的逻辑起点是构建一个学科的重要基础。市场营销学的逻辑起点是交换,因为它具备逻辑起点应有的普遍性、抽象性、简单性、元素性、统一性和一致性等六个特性。由交换的概念衍生出来的交易、需要、欲望、需求、目标市场、定位、细分、价值、满意等核心概念构成了市场营销学学科发展的基石。

作为一门应用性经营管理学科,市场营销学在其发展过程中,不断吸纳了经济学、管理学等多门学科的相关理论,形成了自己的理论体系。表 3-1-1 是市场营销学与经济学、管理学等学科的区别与联系。

表 3-1-1　市场营销学与经济学、管理学等学科的区别与联系

视角	学科		
	市场营销学	经济学	管理学
学科属性	交叉学科、边缘学科	独立学科	独立学科
构成要素	市场营销发展史、一般市场营销理论、营销战略、营销组合	经济学思想史、经济学理论	管理理论、组织理论、管理思想史
研究方法	传统研究法、历史研究法、管理研究法、系统研究法	规范研究、实证研究	规范研究、案例研究
实践意义	企业实践、提高企业营销绩效	学术思想传承、政府决策	企业实践、提高管理绩效

　　从学科的生长历史长短来看,依次是经济学、管理学、市场营销学。市场营销学的历史最短,整个市场营销学的发展又离不开经济学、管理学两大学科。就目前状况而言,市场营销学尚未完全成熟,没有经济学、管理学支撑很难独立发展,无论是理论基础还是实践应用,这两个已经形成的独立学科都具有很重要的地位。

　　目前市场营销学的学科结构呈现三个主要特点:第一,市场营销学科分化越来越细,学科门类更加丰富。20 世纪 80 年代以后,营销学界提出了大量新的营销观念与理论。如大市场营销、关系营销等,极大地丰富了营销学理论,推进了基础营销学的发展,但也出现了各理论众说纷纭、莫衷一是、语义混乱、观点重复等问题。第二,市场营销学出现了专门的交叉性学科,各个衍生交叉学科联系愈加紧密,传统学科界限、学科禁区不断被打破。第三,市场营销学与现代网络新技术结合形成的创新性营销专门学科,实现了在营销理论领域的新发展。市场营销学的这种发展趋势促使人们去探索建立更完善的学科知识体系,也正是这些已经形成和待建的学科构成了市场营销学的基本学科结构,如图 3-1-1 所示。

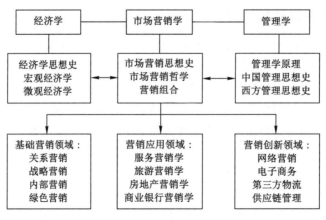

图 3-1-1　市场营销学学科体系结构图

一个完整的学科知识体系结构是由一些基本的知识单元、知识板块、基本理论、应用领域等要素有机构成的,最初是相关的基本要素形成一定的学科结构,在这个学科结构的基础上构建较为完整的知识体系,从而形成一门独立的学科。在现代学科飞速发展的今天,一些独立的学科有可能再作为另外一门学科的基本要素去构建新的交叉学科。市场营销学科发展正是符合这一规律的,在市场营销学完整的学科体系没有构建起来之前,其分支学科相对活跃,一些分支领域学科经过发展之后又成为构建市场营销学科的基本要素。从图 3-1-1 中我们可以看出,市场营销学学科门类可以分为三组。

第一组是整个市场营销学研究的基础理论,包括关系营销、整合营销、战略营销、内部营销、绿色营销、直复营销理论、体验营销、定制营销等理论,构成各门具体市场营销学的理论基础,在这一群组中,包括市场营销学的过程环节以及相应的一些基本职能。科学理论结构的建构包括两个阶段:一是初始概念的形成,为整个结构的形成奠定基础;二是以初始概念为逻辑起点,派生出概念群,通过组织转化成结构。虽然说一些学科属于有待创建的学科,但其主要作用都是探索市场营销学的具有普遍性、一般性、基础性的问题,并运用具有工具性特征的理论和方法,从不同角度研究市场营销的要素、市场营销的原则以及相关理论问题,即一般意义上市场营销所涉及的主要内容。这种待建学科概念的确定以及理论学科的完善与发展对于市场营销学本身来说是有重要意义的。

第二组是市场营销学的应用领域。伴随着市场营销学基础理论研究的深入,大量兴起的边缘学科、交叉学科,在高度分化的基础上实现高度综合,并且高度综合的趋势增强,逐渐形成一个多层次纵横交错的立体学科网络。如服务营销学、旅游营销学、房地产营销学、保险市场营销学、商业银行市场营销学、汽车市场营销学、非营利组织市场营销学等理论。每一个学科都存在自己的合理化技术结构、技术要素,运用市场营销思想与专门领域实践相结合,把握技术先进性与适用性的原则,遵守市场营销学的规范是应用市场营销学的重要方面,通过市场营销学处理好专门领域中的矛盾和营销难题。这些都可直接应用到实践中去,有的分支学科还成为专项培训领域的重要课程。

第三组是营销创新领域。随着现代网络技术的不断发展,企业的营销模式积极引用新技术、新手段,创造了许多新的营销模式,也为营销理论与实践提出了许多新课题和新领域。如网络营销电子商务、第三方物流、供应链管理、顾客关系管理、手机支付、虚拟经营、手机营销、电话商务等营销模式,由此推进了市场营销学的新发展。

第二章 市场营销专业的教学安排

第一节 市场营销专业的教学计划

徐州工程学院市场营销专业自 2005 年开始招生,根据社会和经济发展对人才的需求,不断调整人才培养方案,修订教学计划。目前,徐州工程学院市场营销专业的教学计划内容如下。

一、培养目标

市场营销专业按照学校立德树人要求,围绕"四大观"办学理念,以区域经济社会发展和产业需要为导向,以学生专业能力和创新意识培养为核心,以学生素养提升协调发展为目标,努力培养"厚基础、善实践、能创新、高素质"的德智体美劳全面发展的应用型人才。

培养目标 1:培养德、智、体、美全面发展,具有较高的政治素养、良好的道德修养和理想情操,正确的世界观、人生观和价值观,具备基本人文素养的人才。

培养目标 2:培养具有必要的科学知识,掌握基本的科学方法,崇尚科学精神,具备基本科学素养的人才。

培养目标 3:培养掌握市场调查、销售管理、客户管理、营销策划、商务谈判等基本方法,能够适应现代市场经济需要,具有从事市场营销活动的基本能力和素质的应用型营销人才。

培养目标 4:培养具有较强的自主学习能力,能够不断学习和适应发展,具有较好的发展潜力,能够不断拓展营销知识领域和提高营销业务水平,能够胜任高层次营销业务岗位的高级营销人才。

培养目标 5:培养具有开拓创新精神,具有较强的创新创业意识,掌握创业理论知识和技能,能够运用企业管理和营销知识进行自主创业的应用型创新创业人才。

学生能从市场营销基层业务做起,毕业两到三年可以进行基层管理,并具有较强的自我学习能力和后续发展潜力,最终发展为公司的中、高层管理人才,毕业五年后预期达到企业营销经理与营销总监岗位。

二、学制与毕业条件

学制:标准学制 4 年,最长学习年限 6 年。

毕业条件:修完本专业人才培养方案规定内容,成绩合格,达到最低毕业要求的 160 学分;取得至少 4 个创新创业实践学分;体质健康测试合格;且符合学校规定的其他条件与要求,准予毕业。

三、学位及授予条件

符合《徐州工程学院学士学位授予工作实施细则》的相关规定,授予管理学学士学位。

四、课程构成一览表(表3-2-1)

表 3-2-1　市场营销专业课程构成及学分分配汇总表

课程分类		学分	比例(%)	实践环节学分	实践环节学分比例(%)
通识教育平台	通识必修课	43	26.88	8	5
	通识选修课	8	5	0	0
专业教育平台	学科基础课	24	15	1	0.63
	专业必修课	30.5	19.06	2.5	1.56
	专业选修课	22.5	14.06	2.5	1.56
实践教育平台		32	20	32	20
合　　计		160	100	46	28.75

第二节　市场营销专业的课程设置

大学教育是以培养高级专门人才为任务的专业教育,最重要的功能在于,通过教育和辅导,开启年轻人的创造性思维能力,使他们能够广纳新知,用自己的才智和学识为人生目标服务,故其教学是围绕人才培养的目标和要求展开的。课程设置分为通识课程、专业课程和集中实践课程三类。

按照课程的学习性质,又可将其分为必修课和选修课两类。

一、课程类别

(一)通识课程平台

通识课程是每所高校按照规定统一设置的、所有专业学生必修的课程。总体上可以分为三大模块:① 社会科学通识课,如马克思主义基本原理概论、毛泽东思想和中国特色社会主义理论体系概论;② 自然科学通识课,如计算机应用基础;③ 实践环节通识课,如体育、大学生创新创业素质教育等。通识课程虽然不一定同所学专业有直接联系,但它能促进学生德智体全面发展,并为学生进一步学习提供不可缺少的方法论。通识课程一般包括中国近现代史纲要、思想道德修养与法律基础、马克思主义基本原理概论、毛泽东思想和中国特色社会主义理论体系概论、大学生职业发展与就业指导、大学生创新创业素质教育、体育、大学英语、计算机应用基础、大学生心理健康教育等,这些课程通常安排在大学一、二年级学习。

通识课程一般占总学时的 30%～40%。

(二)专业课程平台

专业课程平台包括学科基础课和专业课。

1. 学科基础课

学科基础课是高等学校中设置的一种为专业课学习奠定必要基础的课程,它是学生掌握专业知识技能必修的重要课程。设置学科基础课的目的在于,转变以往过窄的以专业为中心的培养模式,按照学科门类培养学生,实施宽口径专业教育,使学生得到本学科的基本知识与基本教育的训练,以提高学生的专业适应能力与就业适应能力。

学科基础课有一定的应用背景,但不涉及具体的实际操作与应用,因而其覆盖面较宽,有一定的理论深度和知识广度。这类课程构成了高校学生学习专业课程、形成专业能力的重要基础,并与专业课程共同构成了大学专业教育的核心课程体系。徐州工程学院市场营销专业学科基础课主要有高等数学、线性代数、概率统计、经济学原理、应用统计、管理学原理、管理信息系统等。

学科基础课一般占总学时的 10%～20%,安排在大学一、二年级学习。

2. 专业课程

专业课是指高等学校根据培养目标所开设的讲授专业知识和专门技能的课程。其任务是使学生掌握必要的专业基本理论、专业知识和专业技能,了解本专业的前沿科学技术和发展趋势,培养分析解决本专业范围内一般实际问题的能力。

由于专业知识的发展比较迅速和经常变动,而且专业知识的范围也比较广泛,一般情况下,专业课的设置并非一成不变,专业课的内容变化也较为迅速。但是,由于高等学校只能打下一定专业知识的基础,更加专门的知识要在实际工作岗位上继续学习,因此,专业课的设置和主要的课程内容,在一定时期内有相对的稳定性。徐州工程学院市场营销专业课主要有市场营销学、消费者行为学、网络营销、市场调查、组织行为学、商务谈判与沟通、会计学原理、经济法、竞争战略管理、客户关系管理、人力资源管理、国际贸易理论与实务、企业形象设计与策划、商务应用文写作、公共关系学、品牌营销与策划、商务英语、国际市场营销、服务营销、广告策划与管理、专业导论和学科前沿等。另外,徐州工程学院市场营销专业结合社会需求和市场营销专业本身的发展形势,在市场调研的基础上把专业方向确定为"零售管理方向"和"网络营销方向",在此基础上,优化了课程设置,增加了具有专业特色的课程。其中,"零售管理方向"主要开设课程有零售管理、市场营销策划、物流基础和整合营销传播等;"网络营销方向"主要开设课程有网页设计与制作、电子商务案例分析、网络营销策划和新媒体营销等。

专业课程一般占总学时的比例为 30%～40%,安排在大学三、四年级学习。

(三)集中实践平台

集中实践教学环节的目的在于通过教学、科研、实践相结合的方式,培养学生对所学知识的应用能力、实践创新能力、社会实践能力。集中实践教学环节主要包括军事训练、营销素质拓展训练、营销认知实践、产品销售实习、商务谈判模拟、广告策划实训、大学生创新创业实践、企业岗位实习、市场营销综合实训、毕业实习、毕业论文写作等。集中实践主要通过校内集中实训、校外集中实训、校内综合设计、校外顶岗实训等方式完成。

集中实践环节的学时数一般占总学时的 10%～20%。

二、课程性质

(一)必修课

必修课是指根据专业培养目标和培养要求,学生必须修读的课程和实践性教育教学环节,一般占到总学时的 70%～80%。

（二）选修课

选修课指学生可在一定范围内自由选择学习的课程。选修课主要是为了培养学生的兴趣爱好和为劳动就业需要而开设的,一般占总学时的比例为 20%～30%,主要分为通识选修课和专业选修课两种。前者是面向全校学生而非局限在本专业内开设的跨学科课程,市场营销专业要求学生通识选修课程和素质拓展课程必须修满 13 学分;后者指学生在所学专业领域内选择学习并达到一定学分要求的课程,可选课程总学分数一般超过培养方案规定学分数的 50%～100%,市场营销专业要求学生专业选修课程必须修满 31.5 学分。

第三节 市场营销专业的教学环节

市场营销专业是当前高校中设置较为广泛的应用型专业之一,是极具发展性和时代活力的专业,其理论与实务紧密相连,具有很强的综合性和应用性。市场营销专业的教学可分为理论教学环节和实践教学环节两大部分。

一、理论教学环节

理论教学一般由课堂讲授、课堂讨论、辅导答疑、课程作业等环节构成。

（一）课堂讲授

课堂讲授是理论教学的重要环节,也是本科阶段常用的传统教学方法。所谓讲授法是教师通过口头语言向学生描绘情境、叙述事实、解释概念、论证原理和阐明规律的教学方法。它是通过叙述、描绘、解释、推理来传递信息、传授知识、阐明概念、论证定律和公式,引导学生分析和认识问题的一种教学方式。讲授法不是知识的简单传递和注入,它是由教师的理解转化为学生的理解的过程。教师的讲授能使深奥、抽象的课本知识变成具体形象、浅显通俗的东西,从而排除学生对知识的神秘感和畏难情绪,使学习真正成为可能和轻松的事情。讲授法采取直接的形式向学生传递知识,避免了认识过程中的许多不必要的曲折和困难,这比学生自己去摸索知识可少走不少弯路。所以,讲授法在传授知识方面具有无法取代的简捷和高效两大优点。

目前,除了传统的板书讲授外,多媒体技术已在大学课堂上广泛应用。教师通过综合应用文字、图片、动画和视频等资料来进行课堂讲授,使得抽象难懂的知识变得直观易懂、生动形象,使课堂讲授在知识的传播上更为生动、方便和高效。学生们不仅能更好地接受知识,而且在单位时间内可接受的信息量更大,了解的信息更丰富。

（二）课堂讨论

课堂讨论是在教师的指导下,学生围绕某一中心问题发表意见而进行互相启发和学习。课堂讨论常见的方式有专题讨论、案例分析等。在讨论教学的条件下,学生相互交流,可以自由发言、提问,也可以立即做出回答;教师也可参与讨论。教师主要起指导、组织和提供信息以及小结等作用。这种教学方法的优点是可以培养学生的批判性思维能力和口头表达能力,使学生发挥主观能动性,加深对所学知识的理解,在吸收和消化知识的过程中提高独立工作能力,并引导学生通过研讨获得新的知识和探索新知的能力。

（三）辅导答疑

辅导答疑是教学过程中的一个重要环节，是课堂教学的继续，是教师完成教学任务的必备手段。在学习过程中，教师除了在课上和课间与学生面对面交流外，还可以采用电话答疑、网上答疑、集中辅导答疑等多种形式进行辅导答疑，使学生在学习过程中遇到的问题可以及时得到解决。

（四）课程作业

课程作业是训练学生巩固所掌握的知识，并运用所学知识解决问题，实现知识向能力转化的一个重要教学环节，也是教师训练并了解学生学习情况的一个重要手段。在完成作业的过程中，学生通过积极思考和分析论证，也会不断提高分析问题和解决问题的能力。

二、实践教学环节

市场营销专业的实践教学一般分为课程实验、实习实训和毕业论文等几个环节。

（一）课程实验

市场营销专业的课程实验教学，使以往专业教学中存在的理论教学和实践教学脱节的现象得到改变，让学生通过课程实验，充分理解现代营销学的基本原理和运作机制，了解市场营销相关业务的操作流程，从理论和实践的结合与融通中，更深入地理解知识体系，培养学生们分析和解决实际问题的能力。

例如，我们把"市场营销学"课程的实践教学分成三个模块进行：一是市场营销原理实践模块。该模块涉及的理论知识点是营销理论概述、营销环境分析、市场调查与消费者行为分析，主要对学生的市场营销认知能力、调查研究能力与行为分析能力进行培养；实践训练主要选择自我推销演练、现场模拟实践的方式。二是目标市场营销模块。该模块的主要知识点包括市场细分、目标市场的选择、市场定位，主要培养学生目标市场的营销能力；实践训练主要选择案例分析、情境模拟的方式。三是市场营销组合策略模块。该模块的主要知识点包括产品策略、定价策略、渠道策略和促销策略，主要培养学生市场营销组合策划能力、新产品开发能力和营销沟通能力等；实践训练主要选择角色扮演、现场模拟实践、参观实习等方式。课堂实验中，教师会把学生分成若干组，每个组在组长的带领下，对每个成员分配任务或角色，在模拟环境下完成模拟营销活动，让学生在模拟营销活动中完成体验式学习。

（二）实习实训

实习实训是市场营销专业十分重要的实践教学环节，通过实习实训，可以使学生增强营销业务的动手能力和操作能力，为将来实际从事营销工作打好基础。徐州工程学院市场营销专业学生进行实习实训主要在徐州工程学院实习实训基地、校内实验室或者学生自行联系的各类型企事业单位中进行，实习结束后学生需提交实习报告。

实习实训一般安排在每学期期末的 19～20 周，是学生在完成基础理论、基本专业知识等课程的学习之后，进行实践学习，对即将从事的营销工作进行综合、全面认识。

大学四年级的第二学期安排学生毕业实习。毕业实习是学生毕业前的最后一个实践环节，能有效提高学生综合运用所学理论知识解决实际问题的能力，同时为毕业论文收集素材，为完成毕业论文打好基础。通过毕业实习，应达到以下要求：

（1）帮助学生更好地把理论知识与营销管理工作实际相接轨，缩小理论与实际工作之间存在的差距；

（2）使学生了解和熟悉市场营销岗位一般业务手段和方法，为毕业后胜任专业工作打好基础；

（3）培养学生的市场敏感性，能从市场中发现问题和解决问题；

（4）在实践中培养学生严谨的工作作风；

（5）从学生的实践反馈中获取有益的信息，有助于进一步改进和完善课堂教学工作。

（三）毕业论文

毕业论文是高等教育不可缺少的基本教学环节，是本科人才培养计划的重要组成部分，也是大学生必须完成的一门重要的必修课。通过撰写毕业论文这一环节，可以全面检验学生综合运用多学科的理论、知识与方法的能力，进行从事科学研究和发明创新基本技能的集中训练。一般而言，学生要撰写一篇优秀的毕业论文，必须确定好选题，制定合理的研究方案，进行深入的调查，全面收集数据和资料，在运用相关理论和研究方法的基础上，深入分析充分论证和研究，从而提出有一定创新性的观点。因此，毕业论文写作是一个创造性的活动，属于学术研究的范畴。

毕业论文写作安排在大学四年级的第二学期，学生在老师的指导下独立完成毕业论文并通过论文答辩，方能取得成绩。

第四节　市场营销专业主要课程介绍

市场营销专业设置市场营销学、消费者行为学、市场调查、网络营销、广告策划与管理、商务谈判与沟通、客户关系管理和市场营销策划8门核心课程。

一、市场营销学（3 学分）

本课程主要讲授以顾客为中心的企业营销活动过程，介绍企业识别市场机会，选择目标市场，创造、传递、沟通和实现顾客价值，分析企业市场营销环境，研究各市场购买行为，制定恰当的市场营销组合决策，组织和控制市场营销活动等的有关理论与方法。通过本课程的学习，学生应了解现代企业市场营销的基本知识、基本原理和基本方法，培养、提高正确分析和解决市场营销管理实际问题的能力。

二、消费者行为学（3 学分）

本课程主要讲授消费者购买心理、影响消费者购买行为因素、消费者购买决策过程、顾客管理等理论与方法。通过本课程的学习，学生应熟记和理解感觉、知觉、态度、个性、自我概念等基本概念及其基本理论，了解消费者决策的基本模式与过程，不断增强观察问题、思考问题和解决实际问题的能力。

三、市场调查（2.5 学分）

本课程主要讲授市场调查内容、市场调查程序、市场调查方法、问卷设计、市场调查组织与监控、市场调查资料的数据处理、市场调查分析、市场调查报告撰写等市场调查方法和技术。通过本课程的学习，学生应具备进行问卷设计、市场调查实践、撰写调查报告的能力。

四、网络营销(3 学分)

本课程主要讲授网络营销环境、网络市场调研、网络营销战略与计划,网络营销组合等理论知识,要求学生从网络营销理论出发,认识网络营销环境、进行网络市场调研、分析网络消费者的特征,灵活运用网络营销的产品策略、价格策略、渠道策略、网络广告与促销策略等。通过本课程的学习,学生应具备利用网络进行市场营销的能力。

五、广告策划与管理(2.5 学分)

本课程主要讲授广告的基本原理、运作模式、广告策划流程、广告目标确定、广告预算制定、广告媒体计划、广告效果评估等管理技术。通过本课程的学习,学生应能较系统地掌握现代广告学的基本原理、基本方法与基本技能,能够运用广告的基本规律进行广告活动,并通过理论和实践的学习,培养广告实践能力,为毕业后从事企业管理、市场营销及广告等方面工作打下良好的基础。

六、商务谈判与沟通(2.5 学分)

本课程主要讲授商务谈判的有关知识、技巧和方法,商务沟通的基本理论、基本技巧和技能等,具有知识面广、法律性强、实践性强、系统性强的特点。通过本课程学习,学生应掌握商务谈判的基本理论以及主要操作技能,建立基本的商务沟通意识,并掌握基本的个人沟通技能,同时了解和掌握企业中高层商务人员应当具备的商务沟通知识和能力,为以后从事营销相关工作打下良好基础。

七、客户关系管理(2.5 学分)

本课程主要讲授客户关系管理(CRM)的基本概念、原理和应用,确立以客户为中心的管理理念,重点讲述客户关系管理的基本知识、基本原理和基本技术;学生以 CRM 系统设计开发和呼叫中心的构建为主,了解 CRM 应用系统的模型、设计方法和各子系统的相关功能及呼叫中心在 CRM 中的作用等。通过本课程学习,学生应具备良好的现代企业客户关系管理的逻辑思维能力,以客户为中心的战略性管理理念以及从事企业客户关系管理的专业素质和技能。

八、市场营销策划(2.5 学分)

本课程主要讲授市场营销策划的基本概念、方法和策略,市场策划书的基本要素和撰写要求,掌握产品策划、包装策划、品牌策划、广告策划、公关策划、推广策划、口碑营销策划以及其他营销活动专题的营销策划书的撰写方法和技巧。通过本课程学习,学生应具有将营销理论与实际问题结合起来进行营销策划的能力,能够较好地适应市场营销管理工作实践的需要。

第三章　市场营销专业基础知识与学习方法

第一节　基　本　概　念

一、市场营销

市场营销，又称作市场学、市场行销或行销学，MBA（工商管理硕士）、EMBA（高级管理人员工商管理硕士）等经典商管课程均将市场营销作为对管理者进行管理和教育的重要模块包含在内。美国市场营销协会（American Marketing Association，AMA）认为市场营销是在创造、沟通、传播和交换产品中，为顾客、客户、合作伙伴以及整个社会带来价值的一系列活动、过程和体系。菲利普·科特勒强调了营销的价值导向：市场营销是个人和集体通过创造产品和价值，并同别人自由交换产品和价值，来获得其所需所欲之物的一种社会和管理过程。而格隆罗斯强调了营销的目的：所谓市场营销，就是在变化的市场环境中，旨在满足消费需要、实现企业目标的商务活动过程，包括市场调研、选择目标市场、产品开发、产品促销等一系列与市场有关的企业业务经营活动。

二、市场营销观念

市场营销观念的演变与发展，可归纳为六种，即生产观念、产品观念、推销观念、市场营销观念、社会市场营销观念和大市场营销观念。

（1）生产观念：生产观念是指导销售者行为的最古老的观念之一，这种观念产生于20世纪20年代前。企业经营哲学不是从消费者需求出发，而是从企业生产出发。其主要表现是"我生产什么，就卖什么"。生产观念认为，消费者喜欢那些可以随处买得到而且价格低廉的产品，企业应致力于提高生产效率和分销效率，扩大生产，降低成本以扩展市场。例如，美国皮尔斯堡面粉公司，从1869年至20世纪20年代，一直运用生产观念指导企业的经营，当时这家公司提出的口号是"本公司旨在制造面粉"。美国汽车大王亨利·福特曾傲慢地宣称："不管顾客需要什么颜色的汽车，我只有一种黑色的。"这也是典型表现。显然，生产观念是一种重生产、轻市场营销的商业哲学。

生产观念是在卖方市场条件下产生的。在资本主义工业化初期以及第二次世界大战末期和战后一段时期内，由于物资短缺，市场产品供不应求，生产观念在企业经营管理中颇为流行。中国在计划经济旧体制下，由于市场产品短缺，企业不愁其产品没有销路，工商企业在其经营管理中也奉行生产观念，具体表现为：工业企业集中力量发展生产，轻视市场营销，实行以产定销；商业企业集中力量抓货源，工业生产什么就收购什么，工业生产多少就收购多少，也不重视市场营销。

生产观念是一种"我们生产什么，消费者就消费什么"的观念。因此，除了物资短缺、产品供不应求的情况之外，有些企业在产品成本高的条件下，其市场营销管理也受产品观念的支配。例如,亨利·福特在 20 世纪初期曾倾全力于汽车的大规模生产,努力降低成本,使消费者购买得起,借以提高福特汽车的市场占有率。

(2) 产品观念:它也是一种较早的企业经营观念。产品观念认为,消费者最喜欢高质量、多功能和具有某种特色的产品,企业应致力于生产高价值产品,并不断加以改进。它产生于市场产品供不应求的"卖方市场"形势下。最容易滋生产品观念的场合,莫过于当企业发明一项新产品时。此时,企业最容易出现"市场营销近视",即不适当地把注意力放在产品上,而不是放在市场需要上,在市场营销管理中缺乏远见,只看到自己的产品质量好,看不到市场需求在变化,致使企业经营陷入困境。

例如,美国爱尔琴钟表公司自 1869 年创立到 20 世纪 50 年代,一直被公认为是美国最好的钟表制造商之一。该公司在市场营销管理中强调生产优质产品,并通过由著名珠宝商店、大百货公司等构成的市场营销网络分销产品。1958 年之前,公司销售额始终呈上升趋势,但此后其销售额和市场占有率开始下降。造成这种状况的主要原因是市场形势发生了变化:这一时期的许多消费者对名贵手表已经不感兴趣,而倾向于购买那些经济、方便且新颖的手表;而且,许多制造商迎合消费者需要,已经开始生产低档产品,并通过廉价商店、超级市场等大众分销渠道积极推销,从而夺得了爱尔琴钟表公司的大部分市场份额。爱尔琴钟表公司竟没有注意到市场形势的变化,依然迷恋于生产精美的传统样式手表,仍旧借助传统渠道销售,认为自己的产品质量好,顾客必然会找上门。结果,致使企业经营遭受重大挫折。

(3) 推销观念:推销观念是在第一次世界大战与第二次世界大战之间普遍流行的观念。当时之所以此观念较为流行,其社会经济背景是生产力发展了,产品丰富了,其直接原因是这时的西方发达国家大多处于严重的经济危机时期。尤其是 1929—1933 年那场深刻的经济危机席卷了整个资本主义世界,这种危机的直接表现就是产品相对过剩,很多企业在经济危机的冲击下倒闭,所以资本主义所面临的直接问题已不再仅仅是扩大生产规模,产品销售已显得同样重要。

在这种形势下,各企业开始重视推销工作,纷纷成立推销机构,组建推销队伍,培训推销人员。企业界也开始认识到:很多情况下,消费者不会自动来购买商品,须推销员去说服、感化和刺激;企业只注重生产还不行,应将企业的人力、物力和财力转移一部分出来用于销售。很多企业大力进行广告宣传,形成一种"高压推销"或"强力推销"的局面。它们的口号也由过去的"待客上门"变成"送货上门"。为了满足实践的需要,一些理论工作者也加入到"推销术"和"广告术"的研究行列中来,一些研究成果在实践中得到了应用。

在推销观念指导下,企业在把主要精力放在生产上的同时,开始把部分精力放在产品销售上。但这时的企业并没有真正面向市场,而仅仅是把已经生产出来的产品设法推销出去。至于消费者是否满意,企业不太关心。这一观念与生产观念相比,是一个进步,但由于它所重视的推销是现有产品的推销,因而二者不存在本质的区别,企业照样是生产什么就推销什么,生产之前不了解消费者需求,销售以后也不去征询顾客的意见和要求。所以,这是一种只在形式上做了改变的生产观念。

(4) 市场营销观念:市场营销观念是作为对上述诸观念的挑战而出现的一种新型的企业经营哲学。这种观念是以满足顾客需求为出发点的,即"顾客需要什么,就生产什么"。尽管这种思想由来已久,但其核心原则直到 20 世纪 50 年代中期才基本定型。当时社会生产力迅速发展,市场趋势表现为供过于求的买方市场,同时广大居民个人收入迅速提高,有可能对产品进行选择,企业之间为实现产品的竞争加剧,许多企业开始认识到,必须转变经营观念,才能求得生存和发展。市场营销观念认为,实现企业各项目标的关键,在于正确确定目标市场的需要和欲望,并且比竞争者更有效地传送目标市场所期望的物品或服务,进而比竞争者更有效地满足目标市场的需要和欲望。

市场营销观念的出现,使企业经营观念发生了根本性变化,也使市场营销学发生了一次革命。市场营销观念同推销观念相比具有重大的差别。

西奥多·莱维特曾对推销观念和市场营销观念做过深入的比较,指出:推销观念注重卖方需要;市场营销观念则注重买方需要。推销观念以卖主需要为出发点,考虑如何把产品变成现金;而市场营销观念则考虑如何通过制造、传送产品以及与最终消费产品有关的所有事物,来满足顾客的需要。可见,市场营销观念的四个支柱是:市场中心,顾客导向,协调的市场营销和利润。推销观念的四个支柱是:工厂,产品导向,推销,赢利。从本质上说,市场营销观念是一种以顾客需要和欲望为导向的哲学,是消费者主权论在企业市场营销管理中的体现。

(5) 社会市场营销观念:社会市场营销观念是对市场营销观念的修改和补充。它产生于 20 世纪 70 年代西方资本主义出现能源短缺、通货膨胀、失业增加、环境污染严重、消费者保护运动盛行的新形势下。市场营销观念回避了消费者需要、消费者利益和长期社会福利之间隐含着冲突的现实。社会市场营销观念认为,企业的任务是确定各个目标市场的需要、欲望和利益,并以保护或提高消费者和社会福利的方式,比竞争者更有效、更有利地向目标市场提供能够满足其需要、欲望和利益的物品或服务。社会市场营销观念要求市场营销者在制定市场营销政策时,要统筹兼顾三方面的利益,即企业利润、消费者需要的满足和社会利益。

上述五种企业经营观,其产生和存在都有其历史背景和必然性,都是与一定的条件相联系、相适应的。当前,外国企业正在从生产型向经营型或经营服务型转变。企业为了求得生存和发展,必须树立具有现代意识的市场营销观念、社会市场营销观念。但是,必须指出的是,由于诸多因素的制约,当今美国企业不是都树立了市场营销观念和社会市场营销观念的,事实上,还有许多企业仍然以产品观念及推销观念为导向。

中国仍处于社会主义市场经济初级阶段,由于社会生产力发展程度及市场发展趋势、经济体制改革的状况及广大居民收入状况等因素的制约,中国企业经营观念仍处于以推销观念为主、多种观念并存的阶段。

(6) 大市场营销观念:20 世纪 80 年代中期提出。20 世纪 70 年代末,资本主义经济不景气和持续"滞涨"导致西方国家纷纷采取贸易保护主义措施。在贸易保护主义思潮日益增长的环境中,从事国际营销的企业为了成功进入特定市场从事经营活动,除了运用好产品、价格、渠道、促销等传统的营销策略外,还必须依靠权利和公共关系来突破进入市场的障碍。大市场营销观念对于从事国际营销的企业具有现实意义,重视和恰当地运用这一观念有益于企业突破贸易保护障碍,占据市场。

三、STP 战略

STP 战略中的 S、T、P 三个字母分别是 segmenting、targeting、positioning 三个英文单

词的缩写,即市场细分、目标市场和市场定位的意思。STP营销是现代市场营销战略的核心。

市场细分:市场细分的概念是美国市场学家温德尔·史密斯于1956年提出来的,是企业根据自身条件和营销目标,以需求的某些特征或变量为依据,区分具有不同需求的顾客群体的过程。它是第二次世界大战结束后,美国众多产品市场由卖方市场转化为买方市场这一新的市场形势下企业营销思想和营销战略的新发展,更是企业贯彻以消费者为中心的现代市场营销观念的必然产物。

目标市场:按消费者的特征把整个潜在市场,细分成若干部分,根据产品本身的特性,选定其中的某部分或几部分的消费者作为综合运用各种市场策略所追求的销售目标,此目标即为目标市场。例如,现阶段我国城乡居民对照相机的需求,可分为高档、中档和普通三种不同的消费者群。调查表明,33%的消费者需要物美价廉的普通相机,52%的消费者需要使用质量可靠、价格适中的中档相机,16%的消费者需要美观、轻巧、耐用、高档的全自动或多镜头相机。国内各照相机生产厂家,大都以中档、普通相机为生产营销的目标,因而市场出现供过于求现象,而各大中型商场的高档相机,多为高价进口货。如果某一照相机厂家选定16%的消费者目标,优先推出质优、价格合理的新型高级相机,就会受到这部分消费者的欢迎,从而迅速提高市场占有率。

市场定位:市场定位也称作"营销定位",是市场营销工作者用以在目标市场(此处目标市场指该市场上的客户和潜在客户)的心目中塑造产品、品牌或组织的形象或个性(identity)的营销技术。企业根据竞争者现有产品在市场上所处的位置,针对消费者或用户对该产品某种特征或属性的重视程度,强有力地塑造出此企业产品与众不同的、给人印象鲜明的个性或形象,并把这种形象生动地传递给顾客,从而使该产品在市场上确定适当的位置。

四、企业战略

企业战略是对企业各种战略的统称,其中既包括竞争战略,也包括营销战略、发展战略、品牌战略、融资战略、技术开发战略、人才开发战略、资源开发战略等。企业战略是层出不穷的,例如信息化就是一个全新的战略。企业战略虽然有多种,但基本属性是相同的,都是针对企业的谋略,都是针对企业整体性、长期性、基本性问题的计谋。例如:企业竞争战略是针对企业竞争的谋略,是针对企业竞争整体性、长期性、基本性问题的计谋;企业营销战略是针对企业营销的谋略,是针对企业营销整体性、长期性、基本性问题的计谋;企业技术开发战略是针对企业技术开发的谋略,是针对企业技术开发整体性、长期性、基本性问题的计谋;企业人才战略是针对企业人才开发的谋略,是针对企业人才开发整体性、长期性、基本性问题的计谋。以此类推,都是一样的。各种企业战略有同也有异,相同的是基本属性,不同的是谋划问题的层次与角度。总之,无论哪个方面的计谋,只要涉及的是企业整体性、长期性、基本性的问题,就属于企业战略的范畴。市场营销学对企业战略的定义是企业在市场经济竞争激烈的环境中,在总结历史经验、调查现状、预测未来的基础上,为谋求生存和发展而做出的长远性、全局性的谋划或方案。

五、顾客

顾客泛指商店或服务行业前来购买东西的人或要求服务的对象,包括组织和个人。因此,凡是已经来购买和可能来购买你的产品或服务的单位和个人都可以算是顾客,即所有享受服务的人或机构,也指把自己需求带给我们的人。顾客有内部顾客与外部顾客之分。所谓内部顾客就是指企业的员工;而外部顾客则不仅指产品或服务的最终消费者,也包括产品流通过程中的顾客,甚至相关的社会团体。

六、顾客忠诚

顾客忠诚是在企业与顾客长期互惠的基础上,顾客长期、反复购买和使用企业的产品与服务,进而对企业与品牌形成的信任、承诺、情感维系和情感依赖。忠诚的顾客会更多、更频繁地购买公司的产品,会更愿意试用新产品或购买更高档的产品,会更愿意接受与品牌相关的交叉购买,会乐于推荐新顾客并传播有利于企业与品牌的信息,且对价格的敏感度较低,愿意为高质量付出高价格。由于交易的惯例化,企业对忠诚顾客付出的交易成本、服务成本更低。

顾客忠诚度指顾客忠诚的程度,是一个量化概念。顾客忠诚度是指由于质量、价格、服务等诸多因素的影响,使顾客对某一企业的产品或服务产生感情,形成偏爱并长期重复购买该企业产品或服务的程度。

七、顾客满意

顾客满意是以顾客(即购买者)知觉到的产品实际状况和购买者的预期相比较来决定的。如果产品的实际状况不如顾客的预期,则购买者感到不满意;如果实际状况恰如预期,则购买者感到满意;如果实际状况超过预期,则购买者感到非常满意。顾客的预期是由过去的购买经验、朋友的意见以及营销人员和竞争者的信息和承诺来决定的。

顾客满意度是对顾客满意做出的定量描述。可简要定义为:顾客对企业产品和服务的实际感受与其期望值比较的程度。

八、消费者市场

消费者市场是指所有为了个人消费而购买物品或服务的个人和家庭所构成的市场。消费者市场是现代市场营销理论研究的主要对象。成功的市场营销者是那些能够有效地发展对消费者有价值的产品,并运用富有吸引力和说服力的方法将产品有效地呈现给消费者的企业和个人。

九、消费者购买行为

消费者购买行为也称消费者行为,是消费者围绕购买生活资料所发生的一切与消费相关的个人行为,包括从需求动机的形成到购买行为的发生直至购后感受总结这一购买或消费过程中所展示的心理活动、生理活动及其他实质活动。一般表现为五个阶段:① 确认需要,消费者经过内在的生理活动或外界的某种刺激而确认的某种需要;② 搜集资料,消费者通过相关群众影响、大众媒介物宣传以及个人经验等渠道获取商品有关信息;③ 评估选择,对所获信息进行分析、权衡,做出初步选择;④ 购买决定,消费者最终表示出的购买意图;⑤ 购后消费效果评价,包括购后满意程度和对是否重购的态度。

十、产品整体概念

产品是指能够供给市场,被人们使用和消费,并能满足人们某种需求的任何东西,包括有形的物品、无形的服务、组织、观念或它们的组合。

20 世纪 90 年代以来,菲利普·科特勒等学者倾向于使用五个层次来表述产品整体概念,认为五个层次的表述方式能够更深刻、更准确地表述产品整体概念的含义。产品整体概念要求营销人员在规划市场供应物时,要考虑到能提供顾客价值的五个层次。产品整体概念的五个基本层次是:

(1)核心产品。核心产品是指向顾客提供的产品的基本效用或利益。从根本上说,每一种产品实质上都是为解决问题而提供的服务。因此,营销人员向顾客销售任何产品,都必须具有反映顾客核心需求的基本效用或利益。

(2)形式产品。形式产品是指核心产品借以实现的形式。它由五个特征构成,即品质、式样、特征、商标及包装。即使是纯粹的服务,也具有相类似的形式上的特点。

(3)期望产品。期望产品是指购买者在购买产品时期望得到的与产品密切相关的一整套属性和条件。

(4)延伸产品。延伸产品是指顾客购买形式产品和期望产品时附带获得的各种利益的总和,包括产品说明书、保证、安装、维修、送货、技术培训等。国内外很多企业的成功,在一定程度上应归功于它们更好地认识到服务在产品整体概念中所占的重要地位。

(5)潜在产品。潜在产品是指现有产品包括所有附加产品在内的,可能发展成为未来最终产品的潜在状态的产品。潜在产品指出了现有产品可能的演变趋势和前景。

十一、产品生命周期

产品生命周期,亦称"商品生命周期",是指产品从投入市场到更新换代和退出市场所经历的全过程。它是产品或商品在市场运动中的经济寿命,也即在市场流通过程中,由于消费者的需求变化以及影响市场的其他因素所造成的商品由盛转衰的周期。主要是由消费者的消费方式、消费水平、消费结构和消费心理的变化所决定的。一般分为导入(进入)期、成长期、成熟期、衰退(衰落)期四个阶段。

(1)导入期:新产品投入市场,便进入导入期。此时,顾客对产品还不了解,只有少数追求新奇的顾客可能购买,销售量很低。为了扩展销路,需要大量的促销费用,对产品进行宣传。在这一阶段,由于技术方面的原因,产品不能大批量生产,因而成本高,销售额增长缓慢,企业不但得不到利润,反而可能亏损。产品也有待进一步完善。

(2)成长期:这时顾客对产品已经熟悉,大量的新顾客开始购买,市场逐步扩大。产品大批量生产,生产成本相对降低,企业的销售额迅速上升,利润也迅速增长。竞争者看到有利可图,将纷纷进入市场参与竞争,使同类产品供给量增加,价格随之下降,企业利润增长速度逐步减慢,最后达到生命周期利润的最高点。

(3)成熟期:市场需求趋向饱和,潜在的顾客已经很少,销售额增长缓慢直至转而下降,标志着产品进入了成熟期。在这一阶段,竞争逐渐加剧,产品售价降低,促销费用增加,企业利润下降。

（4）衰退期：随着科学技术的发展，新产品或新的代用品出现，将使顾客的消费习惯发生改变，转向其他产品，从而使原来产品的销售额和利润额迅速下降。于是，产品又进入了衰退期。

十二、品牌

品牌是制造商或经销商加在商品上的标志。它由名称、名词、符号、象征、设计或它们的组合构成。一般包括两个部分：品牌名称和品牌标志。品牌是人们对一个企业及其产品、售后服务、文化价值的一种评价和认知，是一种信任。品牌已是一种商品综合品质的体现和代表，当人们想到某一品牌的同时总会和时尚、文化、价值联想到一起，企业在创品牌时不断地创造时尚，培育文化，随着企业的做强做大，不断从低附加值转向高附加值升级，向产品开发优势、产品质量优势、文化创新优势的高层次转变。当品牌文化被市场认可并接受后，品牌才产生其市场价值。

第二节　主要理论

市场营销理论是企业把市场营销活动作为研究对象的一门应用科学。它是研究把适当的产品，以适当的价格，在适当的时间和地点，用适当的方法销售给尽可能多的顾客，以最大限度地满足市场需要。营销管理的实质就是公司创造性地制定适应环境变化的市场营销战略。市场营销的主要理论有以下八种。

一、4Ps 理论

杰罗姆·麦卡锡于 1960 年在其《基础营销》（*Basic Marketing*）一书中第一次将企业的营销要素归结四个基本策略的组合，即著名的"4Ps"理论：产品（product）、价格（price）、渠道（place）、促销（promotion），由于这四个词的英文字头都是 P，再加上策略（strategy），所以简称为"4Ps"。1967 年，菲利普·科特勒在其畅销书《营销管理：分析、规划与控制》第一版进一步确认了以 4Ps 为核心的营销组合方法：

产品：注重开发的功能，要求产品有独特的卖点，把产品的功能诉求放在第一位。

价格：根据不同的市场定位，制定不同的价格策略，产品的定价依据是企业的品牌战略，注重品牌的含金量。

渠道：企业并不直接面对消费者，而是注重经销商的培育和销售网络的建立，企业与消费者的联系是通过分销商来进行的。

促销：企业注重销售行为的改变来刺激消费者，以短期的行为（如让利、买一送一、营销现场气氛等等）促成消费的增长，吸引其他品牌的消费者或导致提前消费来促进销售的增长。

二、6Ps 理论

进入 20 世纪 80 年代，市场营销学在理论研究的深度上和学科体系的完善上得到了极大的发展，市场营销学的概念有了新的突破。1986 年，菲利普·科特勒在《哈佛商业评论》

(3—4 月号)上发表了《论大市场营销》。他提出了"大市场营销"的概念,即在原来的 4P 组合的基础上,增加两个 P:"政治权力"(political power)、"公共关系"(public relations)。他认为现在的公司还必须掌握另外两种技能,一是政治权力,公司必须懂得怎样与其他国家打交道,必须了解其他国家的政治状况,才能有效地向其他国家推销产品;二是公共关系,营销人员必须懂得公共关系,知道如何在公众中树立产品的良好形象。这一概念的提出,是 80年代市场营销战略思想的新发展。用菲利普·科特勒自己的话说,这是"第四次浪潮"。1984 年夏,他在美国西北大学说:"我目前正在研究一种新观念,我称之为'大市场营销':第四次浪潮。我想我们学科的导向,已经从分配演变到销售,继而演变到市场营销,现在演变到'大市场营销'。"

三、10Ps 理论

随即,菲利普·科特勒又提出为了精通"4Ps"(他称之为战术上的),必须先做好另一个"4Ps"(他称之为战略上的)。

第一个"P"是"探查"(probing)。这是一个医学用语。医生检查病人时就是在探查,即深入检查。因此,战略 4Ps 的第一个"P"就是要探查市场,市场由哪些人组成,市场是如何细分的,都需要些什么,竞争对手是谁以及怎样才能使竞争更有成效。真正的市场营销人员所采取的第一个步骤,就是要调查研究,即市场营销调研(marketing research)。

第二"P"是"细分"(partitioning),即把市场分成若干部分。每一个市场上都有各种不同的人(顾客群体),人们有许多不同的生活方式。比如:有些顾客要买汽车,有的要买机床,有的希望质量高,有的希望服务好,有的希望价格低。分割的含义就是要区分不同类型的买主,即进行市场细分,识别差异性顾客群。

但是,商家不可能满足所有买主的需要,必须选择那些能在最大限度上满足其需要的买主,这就需要第三个"P"——"优先"(prioritizing)。哪些顾客对商家最重要?哪些顾客应成为商家推销产品的目标?假定一个销售人员到美国去推销丝绸女装,他必须了解美国市场,必须分出各种不同类型的买主,即各类女顾客,必须优先考虑或选择他能够满足其需要的那类顾客。

第四个"P"是定位(positioning)。定位就是,商家必须在顾客心目中树立某种形象。大家都知道某些产品的声誉。如果人们认为"奔驰"牌汽车声誉极好,那就是说,这个牌子的市场地位很高;而另一种汽车声誉不好,就是说它的市场地位较低。因此,商家必须决定,要在顾客心目中为自己的产品树立什么样的形象。产品一旦经过定位后,便可以运用上面提到的战术 4Ps。如果某公司想生产出世界市场上最好的机床,那么该公司就应该知道,它的产品的质量要最高,价格也要高,它的渠道应该是最好的经销商,促销要在最适当的媒体上做广告,还要印制最精美的产品目录等。如果公司不把这种机床定位为最佳机床,而只是将其定位为一种经济型机床,那么公司就要采用与此不同的营销组合。因此,关键是公司怎样决定它的产品在国内或国际上的地位。

至于另外两个"P",科特勒称为"大市场营销"(megamarketing),即"政治权力"(political power)和"公共关系"(public relations)。

四、11Ps 理论

在科特勒的理解中,还有第 11 个"P",他称之为"人"(people)。这个"P"贯穿于市场营销活动的全过程,是实现前面 10 个"P"的成功保证。该"P"将企业内部营销理论纳入市场营销组合理论之中,主张经营管理者了解和掌握职工需求动向和规律,解决职工的实际困难,适当满足职工物质和精神需求,以此来激励职工的工作积极性。这种"大市场营销组合"理论将市场营销组合从战术营销转向战略营销,意义十分重大,被称为市场营销学的"第二次革命"。

五、7Ps 理论

与有形产品的营销一样,在确定了合适的目标市场后,服务营销工作的重点同样是采用正确的营销组合策略,满足目标市场顾客的需求,占领目标市场。但是,服务及服务市场具有若干特殊性,从而决定了服务营销组合策略的特殊性。1981 年布姆斯和比特纳建议在传统市场营销理论 4Ps 的基础上增加三个"服务性的 P",即人员(participant)、有形展示(physical evidence)和过程管理(process management),而形成了 7Ps 理论。

人员(participant)在营销组合里,意指人为元素,扮演着传递与接受服务的角色。换言之,也就是公司的服务人员与顾客。在现代营销实践中,公司的服务人员极为关键,他们可以完全影响顾客对服务质量的认知与喜好。尤其是服务业,人员素质参差不齐,服务表现的质量就无法达到一致的要求。人员也包括未购买及已购买服务的顾客。营销经理人不仅要处理公司与已购顾客之间的互动关系,还得兼顾未购顾客的行为与态度。

有形展示(physical evidence)可以解释为"商品与服务本身的展示,亦即使所促销的东西更加贴近顾客"。有形展示的重要性,在于顾客能从中得到可触及的线索,去体验你所提供的服务质量。因此,最好的服务是将无法触及的东西变成有形的服务。

过程管理(process management)中的过程是指"顾客获得服务前所必经的过程"。进一步说,如果顾客在获得服务前必须排队等待,那么这项服务传递到顾客手中的过程,时间的耗费即为重要的考虑因素。

4Ps 与 7Ps 之间的差别主要体现在 7P 的后三个"P"上,从总体上来看,4Ps 侧重于早期营销对产品的关注上,是实物营销的基础,而 7Ps 则侧重于后来所提倡的服务营销,是对产品之外的服务的关注,是服务营销的基础。7Ps 多被用于服务行业。

六、4Cs 理论

在以消费者为核心的商业世界中,厂商所面临的最大挑战之一便是:这是一个充满"个性化"的社会,消费者的形态差异太大,随着"以消费者为中心"时代的来临,传统的营销组合 4P 似乎已无法完全顺应时代的要求,于是营销学者提出了新的营销要素。

劳特朗先生 1990 年在《广告时代》上面,对应传统的 4P 提出了新的观点:"营销的 4C"。它强调企业首先应该把追求顾客满意放在第一位,产品必须满足顾客需求,同时降低顾客的购买成本,产品和服务在研发时就要充分考虑客户的购买力,然后要充分注意到顾客购买过程中的便利性,最后还应以消费者为中心实施有效的营销沟通。4C 即消费者的需要与欲望(customer's needs and wants);消费者获取满足的成本(cost and value to satisfy consumer's needs and wants）；用户购买的方便性（convenience to buy）；与用户沟通（communication with consumer）。

有人甚至认为在新时期的营销活动中，应当用 4C 来取代 4P。但许多学者仍然认为，4C 的提出只是进一步明确了企业营销策略的基本前提和指导思想，从操作层面上讲，仍然必须通过 4P 为代表的营销活动来具体运作。所以 4C 只是深化了 4P，而不是取代 4P。4Ps 仍然是目前为止对营销策略组合最为简洁明了的诠释。

其实，4Ps 与 4Cs 是互补而非替代的关系。如：customer，是指用"客户"取代"产品"，要先研究顾客的需求与欲望，然后再去生产、销售顾客确定想要买的服务产品；cost，是指用"成本"取代"价格"，了解顾客要满足其需要与欲求所愿意付出的成本，再去制定定价策略；convenience，是指用"便利"取代"地点"，意味着制定分销策略时要尽可能让顾客方便；communication，是指用"沟通"取代"促销"，"沟通"是双向的，"促销"无论是推动策略还是拉动战略，都是线性传播方式。

七、4Rs 理论

4Rs 营销理论是由美国学者唐·舒尔茨在 4Cs 营销理论的基础上提出的新营销理论。4R 分别指代 relevance（关联）、reaction（反应）、relationship（关系）和 reward（回报）。该营销理论认为，随着市场的发展，企业需要从更高层次上以更有效的方式在企业与顾客之间建立起有别于传统的新型的主动性关系。

八、4Ss 理论

市场营销策略则主要强调从消费者需求出发，建立起一种"消费者占有"的导向。它要求企业针对消费者的满意程度对产品、服务、品牌不断进行改进，从而达到企业服务品质最优化，使消费者满意度最大化，进而使消费者达到对企业产品产生一种忠诚。4S 是指满意（satisfaction）、服务（service）、速度（speed）和诚意（sincerity）。

第三节 学 习 方 法

一、大学的一般学习方法

学习方法是提高学习效率、达到学习目的的手段。钱伟长教授曾对大学生说过：一个青年人不但要用功学习，而且要有好的科学的学习方法。要勤于思考，多想问题，不要靠死记硬背。学习方法对头，往往能收到事半功倍的成效。

（一）大学学习的重要阶段

在大学学习中要注意把握几个重要阶段：课前自主学习、课中探究学习和课后反思学习。这些阶段把握好了，就能为进一步获取知识打下良好的基础。

1. 课前自主学习阶段

在课前自主学习阶段，教师根据课程教学目标、教学需要及学生特点，设计开发教学视频、课件、习题库、网络优秀视频以及其他课程素材，上传到网络教学平台，为学生提供足够的各类课程资源，并在课前给学生布置学习任务，包括学习目标、知识点、习题等。学生首先要充分发挥自主学习能力,进入网络教学平台观看教学视频。在此过程中学生可以根据自己的知识接受能力合理安排时间和学习进度,有效解决传统课堂上部分知识接受能力较差学生跟不上教师节奏的问题。其次,在观看教学视频过程中如遇到疑惑问题,可以充分借助网络教学平台和多样化的辅助教学工具(如 QQ、微信、微博等),与同学或教师进行互动交流,解决部分问题。在课前讨论交流中仍然解决不了的疑难问题,可以通过网络教学平台及其他交流工具上传给教师,再由教师在课堂教学中组织专题讨论或释疑解惑。通过交流,教师也可以了解掌握学生自主学习的实际接受程度,便于下一阶段教学内容的组织和安排,使课堂教学更为充实有效。最后,学生看完教学视频后需要在习题库中完成教师上传的课前练习,这有利于学生对学习内容的巩固和深化。这一阶段的学习目的主要是学生初步完成对各知识点的理解和接受,找出存在的问题。

2. 课中探究学习阶段

在课中探究学习阶段,课堂活动主要包括:提出问题、独立探索、协作学习、成果交流、总结反馈五个环节,主要任务是帮助学生完成知识的内化。学生通过观看视频、互动交流、课前作业练习等过程的学习提出了存在的问题,但由于不同学生对知识的理解和思维的不同,会存在不同的问题,主要由教师对这些问题进行总结和提炼,来决定课堂上需要探究的主要问题。独立探索和协作学习是课堂活动和探究学习的重要环节,教师可以选择一些难度适中的问题让学生独立探索,教师提供启发辅导和一对一交流;对于一些难度较大的问题,可以组成学习小组,成员间分工协作,教师加强监控和辅导,充分调动小组成员的积极性,共同解决问题。学生的学习成果可以用微视频、课件的方式在课堂上进行汇报,与其他同学进行分享交流,达到共同提高的学习效果。最后,教师和学生一起对课堂教学活动进行总结反馈。在这个过程中,教师的作用主要是引导,引导学生关注教学任务中的重点内容和关键知识点,防止学生偏离学习内容;引导学生进行独立探索与小组讨论、协作学习相结合,启发学生对疑难问题的解决思路。这一阶段的学习目的主要是通过有效引导和课堂探究学习,成果展示、总结与反馈,深化学生对知识的理解,锻炼学生独立思考能力、团队协作能力、人际交往能力和实际解决问题能力,培养和提高学生的综合能力。

3. 课后反思学习阶段

课后反思学习阶段是对所学知识应用提升的过程,也是对所学知识拓展延伸的过程。学生在经过自主、协作、探究学习以后,对该部分知识点已基本理解和掌握,接下来就是深入地反思学习。学生不仅需要理解和掌握基本知识点,更重要的是学会应用;能够把众多知识点联结起来,融会贯通;学会知识的迁移,在教师设置的一些新的问题情境中,应用已学的知识解决实际问题,在实践操作中得以锻炼。这一过程通过学生深层次地学习、反思、巩固强化,能够促进学生知识技能的进一步内化、拓展和提升。教师在课后学习阶段主要任务是进行评价总结。为全面反映学生的学习情况,评价应采用过程评价和结果评价相结合的方式。过程评价主要考查学生参与课堂活动、团队协作、语言表达、成果交流汇报等方面的表现;结果评价主要考查学生对基本知识的理解和掌握情况、对情境问题的解决程度和作业完成情况等。通过教师的评价和学生的反思,一方面可以提高学生知识水平和应用能力,另一方面也可以优化教学设计,改进教学方法,提高教学效果。

学生在学习中要抓住上述这几个基本环节,在理解的基础上进行记忆,注意及时消化和吸收。经过不断思考,不断消化,不断加深理解,这样得到的知识和能力才是扎实的。

（二）大学一般学习应该注意的问题

大学学习除了把握好以上主要环节之外，还要注意以下问题。

1. 要制订科学的学习计划，做驾驭时间的主人

大学的学习单凭勤奋和刻苦是远远不够的，只有掌握了学习规律，相应地制订出学习的规划和计划，才能有计划地逐步完成预定的学习目标。首先要根据学校的培养计划，从个人的实际出发，根据总目标的要求，从战略角度制订出基本规划，包括自己希望达到的总体目标、知识结构，在学好专业计划课程之外选修哪些科目，着重培养哪几种能力等等。对大学新生来说，制订整体计划是困难的，最好请教本专业的老师和求教高年级同学，先制订好一年级的整体计划，经过一年的实践，待熟悉了大学的特点之后，再完善四年的整体规划。

其次要制订阶段性具体计划，如一个学期、一个月或一周的安排，计划的制订要结合自己的学习情况和适应程度，主要是学习的重点、学习时间的分配、学习方法如何调整、如何选择参考书目等。这种计划要遵照符合实际、切实可行、不断总结、适当调整的原则。著名数学家华罗庚教授曾说过："时间是由分秒积成的，善于利用零星时间的人，才会做出更大的成绩来。"

2. 要讲究读书的艺术，同时要勇于怀疑、批判

大学学习不光是完成课堂教学的任务，更重要的是发挥自学能力，在有限的时间里去充实自己，选择与学业及自己的兴趣有关的书籍来读是最好的办法。学会在浩如烟海的书籍中，选取自己必读之书，就需要有读书的艺术。首先要确定读什么书，其次对确定要读的书进行分类，正如培根所说：有些书可供一赏，有些书可以吞下，不多的几部书应当咀嚼消化。浏览可粗，通读要快，精读要精。这样就能在较短的时间里读很多书，既广泛地了解最新的科学文化信息，又能深入研究重要的理论知识，这是一种较好的读书方法。读书时还要做到如下两点：一是读思结合，读书要深入思考，不能浮光掠影，不求甚解。二是读书不唯书，不读死书，这样才能学到真知。古人云：尽信书，则不如无书。

3. 要善于综合和分析

所谓综合，即对研究对象的各要素、方面、环节、过程的概括、抽象能力；所谓分析，即对研究对象各要素、方面、环节、过程等做出解析性、还原性说明的能力。这两方面能力的培养，一要通过哲学方法论的专门训练，二要在学习中不断积累。关于综合，不仅要综合客观对象的各方面，更重要的是注意综合前人对研究对象的重要思路和各种结论，甚至注意综合自己的各种思考和成果；关于分析，就是在研究理论问题时，一定要弄清概念，从概念分析入手，把对象清晰地展示出来，然后才能进一步谈怎么办的问题。

4. 要察微知著，并要学会辩证思维

宇宙间的一切事物、现象之间，事物的要素与整体之间，都存在着这样或那样的联系，存在着或多或少的可类比的性质。就像我们日常生活中，从一个人的一句话、一个动作、一个眼神，甚至音调、语气上能"看"到他的内心世界一样，科学研究中也存在这种"一叶知秋""察微知著"的道理。要培养自己的这种全面辨察能力，首先要培养自己对专业浓厚的兴趣，其次要培养细心的习惯，再次还要培养自己丰富的联想和想象能力。同时，要学会从正面、反面、不同侧面及动态变化中认识事物、分析问题。之所以要这样，是因为世界上的一切事物无不具有辩证的性质。例如生与死、福与祸、好与坏、真理与谬误、人的优点与缺点之间都具有相互包含的关系，只看到一面而看不到另一面及其他方面，只看到一时之状态而不与历史

与未来联系起来,只看到"是此非彼"而不知"亦此亦彼",势必钻牛角,得出片面的甚至错误的结论。

二、市场营销专业学习方法

(一)专业学习方法建议

1. 建构主义学习方法

建构主义是一种关于知识和学习的理论,强调学习者的主动性,认为学习是学习者基于原有的知识经验生成意义、建构理解的过程,而这一过程常常是在社会文化互动中完成的。建构主义的提出有着深刻的思想渊源,它具有迥异于传统学习理论和教学思想的内涵,对教学设计具有重要指导价值。

建构主义提倡在教师指导下的、以学习者为中心的学习,也就是说,既强调学习者的认知主体作用,也承认教师的指导作用。建构主义指出不能忽视教师的指导作用,教师是意义建构的帮助者、促进者,而不是知识的传授者与灌输者。学生是信息加工的主体、是意义的主动建构者,而不是外部刺激的被动接受者和被灌输的对象。学生要成为意义的主动建构者。学生在学习过程中要主动发挥主体作用:

(1)要用探索法、发现法去建构知识的意义;

(2)在建构意义的过程中要主动去搜集并分析有关的信息和资料,对所学习的问题要提出各种假设并努力加以验证;

(3)要把当前学习内容所反映的事物尽量和自己已经知道的事物相联系,并对这种联系加以认真的思考。"联系"与"思考"是意义构建的关键。如果能把联系与思考的过程与协作学习中的协商过程(即交流、讨论的过程)结合起来,则学生建构意义的效率会更高、质量会更好。协商有"自我协商"与"相互协商"(也叫"内部协商"与"社会协商")两种。自我协商是指自己和自己争辩什么是正确的;相互协商则指学习小组内部相互之间的讨论与辩论。

2. 问题学习法

问题学习法是指以问题为起点,教师通过设置复杂的、有意义的问题情境,引导学生将学习与问题挂钩,通过小组协作和自主探究,解决真实性问题,并学习隐含于问题背后的科学知识,形成解决问题的技能和自主学习的能力。问题学习法最早起源于20世纪50年代,1969年由美国神经病学教授巴罗斯依据建构主义的学习理论首创基于问题的教学模式并在加拿大麦克马斯特大学尝试使用,随后延伸到美国和澳大利亚,被一些大学的医学课程广泛应用,并逐步被拓展到法律、工程学、教育、社会研究等其他专业的教育领域中,成为目前国际上较为流行的一种学习方法。问题学习法的主要特点有:

(1)以"问题"为基础。问题学习法是以实际问题为基础来组织学习的。首先教师设置问题情境,问题来源于实际生活,与教学要求的基本概念、基本结论和基本方法联系在一起;其次,学生围绕解决问题来展开学习,通过搜集相关资料和信息寻求问题解决途径,激发了学生的学习动力,同时通过问题的探索与解决不但学习了隐含在实际问题背后的教学理论,也学会了解决问题的思路和方法,培养了学生综合思考能力及解决问题能力。在整个基于问题的学习中,问题始终处于核心地位。

(2)以"学生"为主体。问题学习法体现了建构主义思想,在问题驱动下,学生由传统教学中被动的知识接受者角色转变为一个积极建构意义的、具有自我指导学习理念和能力的、主动的学习者。问题情境的设置需要学生积极主动地参与探索,对知识进行搜集、分析、筛选、综合和概括等,使学生参与到教与学的过程中,最大限度地发挥学生的能动性和创造性,真正理解和掌握知识及培养多方面能力。在学生的自主学习过程中,能够解决问题的成就感会让学生对自己的学习负责,而不依赖教师,教师只是一个辅助者。有研究结果表明:问题学习法能够增强学生对知识的记忆保持,促进学生对新问题的概念迁移,提高学生的综合运用能力与自主学习能力。

(3)以"合作"为途径。小组合作学习、合作解决问题是问题学习法的一个重要特征。为了培养学生各方面能力,激发学生的探索精神,教师在设置问题时要使问题具有一定的复杂性和难度,学生凭借个人力量往往难以解决,必须以小组为单位进行合作,通过小组分工、讨论与协作,形成对问题的全面认识,并找到解决问题的有效途径。

3. 情境学习法

情境学习理论认为:知识是具有情境性的,知识是活动、背景和文化产品的一部分,知识正是在活动中、在其丰富的情境中、在文化中不断被运用和发展着的。

(1)知识的认知:情境中习得知识。知识是具有情境性的。知识的学习不是传输与被动接受的过程,应该是有意图的、积极的、自觉建构的实践过程。人类学家莱芙与温格的情境学习理论研究了"助产士"的案例,案例中一位玛雅的女孩因其母亲或祖母是一名助产士,在家庭环境的影响下,慢慢掌握了许多有关助产术程序的特定知识,吸取助产术实践的本质精华,而逐渐成长为一名助产士。案例说明:知识的教授对于学习而言不是最核心的,而情境则是整个学习过程中重要而有意义的组成部分。当学习者处于真实情境中时,他所获取的知识往往是一种默会的知识,真实的情境有助于学习者对知识形成真实的认知。因此,学习者对知识的认知和理解不可能脱离具体的情境而产生,学习者最好基于情境而习得知识。

(2)知识的内化:运用中得以发展。知识具有工具性,学习活动实质上是学习者通过个体与社会环境的相互作用,提高参与实践活动能力的社会化过程,并将外化的知识内化为学习者的知识,外化的知识经验内化为学习者的知识经验。知识就像生活中的工具一样,不被使用的工具本身没有任何意义,只有经过使用,才能获取财富。同样,如果学习者没有在有意义的情境或社会活动中充分运用知识,那么,学习者和知识之间是割裂的,外化的知识依然游离于学习者之外,无法提高学习者的经验和能力。因此,学习是一个参与的过程,正如玛雅女孩从最初的信息传递、取器械等简单事情的参与开始,最终成长为可以进行产前按摩、协助分娩的熟练的助产士一样,只有通过不断地运用和实践,经过从边缘性参与到充分参与的过程,外化的知识才有可能内化为学习者的知识,学习者的经验才有可能得以增生与发展。

知识是基于情境的,情境中习得知识,然后经过参与与实践,又将这些知识自然地运用到真实的情境中,学习者的认知与经验会得到不断的生长和发展。因此,在市场营销专业的学习中,学生应该转变传统学习观念,引入情境学习理论的学习理念,在真实情境中使用知识、使用工具,主动高效地接受新知识,提高自身的实践技能与经验。

4. 合作学习法

合作学习是 20 世纪 70 年代初兴起于美国,并在 70 年代中期至 80 年代中期取得实质性进展的一种富有创意和实效的、结构化的、系统的学习策略,由 2～6 名能力各异的学生组成一个小组,以合作和互助的方式从事学习活动,共同完成小组学习目标,在促进每个人的学习水平的前提下,提高整体成绩,获取小组奖励。

合作学习需要创建一个学习共同体。人类学家莱芙与温格的情境学习理论中最早提出学习共同体的概念。"共同体"实际意味着在一个活动系统中的参与,参与者共享他们对于该活动系统的理解。一个学习共同体是诸多个体的集合,强调在特定的共同体文化或情境中个体各自担负的责任和共同的任务,而不是任一群体的集合。学习实质上是获得特定的学习共同体成员身份的过程,这一过程需要学习者从"合法的边缘性参与"开始逐渐成长为该实践共同体的核心成员。

在市场营销专业学习中,以学生自由组合为主、教师调整为辅的方式组建市场营销团队,团队推选一名组长,成员在组织能力、营销策划能力、营销沟通能力等方面能够互补。每次学习任务中,教师和学生一起设定教学目标,教师对教学内容进行分解、分配,共同体成员合作学习,在真实的情境中解决一项真实的问题。共同体内,每个成员都有自己的角色和任务、独特的风格和专长,每个成员都有机会分享各种学习资源,共同体成员之间相互影响,从而使得每个成员都能得到发展,完成边缘向核心、学徒向师父的转变。如以新产品市场推广项目为实践任务的学习共同体内,共同体成员分别承担市场调查、新产品设计、产品定价、渠道设计和市场促销与沟通等各项任务,共同体成员在市场调查的基础上参与讨论,对任务进行充分的分析,制定任务的解决方案,在相互配合与协调下,共同完成一项新产品的开发与推广。任务完成后,团队成员把完成各自任务的过程中积累的经验形成总结报告,在共同体内分享,教师根据学生任务完成的实际情况和总结报告的质量给予效果评价。学生在实践共同体内完成实践任务的过程中,获得了充分的运用知识的机会,强化了对于知识的理解,理论知识得以内化,动手能力得以提升。

5. 行动学习法

行动学习法产生于欧洲,英国的雷格·瑞文斯教授是其重要创始人。行动学习法又称"干中学",就是通过行动来学习,即通过让受训者参与一些实际工作项目,或解决一些实际问题,如领导企业扭亏为盈、参加业务拓展团队、参与项目攻关小组,或者在比自己高好几等级的卓越领导者身边工作等,来发展他们的领导能力,从而协助组织对变化做出更有效的反应。行动学习建立在反思与行动相互联系的基础之上,是一个计划、实施、总结、反思进而制订下一步行动计划的循环学习过程。

行动学习法包含如下四个层面:

(1)行动学习是一小组人共同解决组织实际存在问题的过程和方法。行动学习不仅关注问题的解决,也关注小组成员的学习发展以及整个组织的进步。

(2)行动学习是一个从自己行动中学习的过程。行动学习的关键原则:每一个人都有潜能,在真正"做"的过程中,这个潜能会在行动中最大限度地发挥出来。

(3)行动学习通过一套完善的框架,保证小组成员能够在高效的解决实际存在的问题的过程中实现学习和发展。行动学习的力量来源于小组成员对已有知识和经验的相互质疑和在行动基础上的深刻反思。因此,行动学习可以表述为以下公式:AL=P+Q+R+I。

其中,AL(action learning):行动学习。

P(programmed knowledge):结构化的知识。

Q(questions):质疑(问有洞察性的问题)。

R(reflection):反思。

I(implementation)：执行。

行动学习＝结构化的知识＋质疑＋反思＋执行。

（4）行动学习是一种综合的学习模式，是学习知识、分享经验、创造性研究解决问题和实际行动四位一体的方法。

行动学习法的本质是通过努力观察人们的实际行动，找出行动的动机和其行动可能产生的结果，从而达到认识自我的目的。

（二）专业学习应该注意的问题

市场营销专业具有理论与实务紧密相连、综合性和应用性很强的特点，要顺利完成学习任务，学生在专业学习中，应注意如下问题。

1. 完善知识结构

建立合理的知识结构是一个复杂长期的过程，必须注意如下原则：第一，整体性原则，即专博相济，一专多通，广采百家为我所用。第二，层次性原则，即合理知识结构的建立，必须从低到高，在纵向联系中，划分基础层次、中间层次和最高层次，没有基础层次，较高层次就会成为空中楼阁，没有高层次，则显示不出水平，因此任何层次都不能忽视。第三，比例性原则，即各种知识在顾全大局时，数量和质量之间合理配比。比例性原则应根据培养目标来定，成才方向不同知识结构的组成就不一样。第四，动态性原则，即所追求的知识结构决不应当处于僵化状态，而须是能够不断进行自我调节的动态结构。这是为适应科技发展知识更新、研究探索新的课题和领域、职业和工作变动等因素的需要，不然跟不上飞速发展的时代步伐。

2. 通过实践培养创新能力

学生要在实践中创新，特别是要参与社会实践。社会实践内容广阔，模式多样，场所、对象各异，形势变化多样，大学生在参加过程中脱离课堂和校园的束缚，更容易激发他们的兴趣，活跃他们的思维，实践他们所学的知识，这样更有利于培养大学生的创新能力，为专业学习及今后的就业、深造打下良好的基础。

3. 培养专业实务技能

市场营销专业的应用性非常强，因此学生掌握必要的实务技能对今后顺利就业非常重要。市场营销是企业以满足顾客需要、实现顾客满意为中心所进行的一系列活动，包括市场调研、选择目标市场、产品开发、产品定价、渠道选择、产品促销、产品储存和运输等。

第四章　市场营销专业学生毕业与就业

第一节　毕业要求

根据教育部颁发的相关文件中对于本科市场营销专业学生的要求,遵照最新版本的《徐州工程学院管理学院市场营销专业人才培养方案》中的具体培养计划和目标,市场营销专业毕业生必须达到以下标准,才允许获得教育部认可的相关学历学位证书。具体要求如下:

一、道德修养等方面的毕业要求

(一)思想道德素质

学生需要充分掌握毛泽东思想、邓小平理论、"三个代表"重要思想、科学发展观和习近平新时代中国特色社会主义思想的科学体系和精神实质;树立正确的世界观、人生观和价值观;培养高尚的思想道德和理想情操;了解法律基础知识,增强法治观念;树立科学的职业观,养成诚信品格,具有良好的职业道德和敬业精神;做到严格自身行为规范,遵守校纪校规,具备良好的社会道德风范和积极向上的进取精神。

(二)科学与人文素质

参加本科生新生军训,并通过国防教育。积极参加体育锻炼,要求必须通过各学期体育课程的考核,以及国家规定的本科毕业生所必须达到的体育测试标准。

在坚持专业教育的基础上,为强化学生的个性教育和素质拓展,提升学生的审美和人文素养、生活素养、科学素养、体育精神以及社会责任感,徐州工程学院积极倡导"幸福生活观",引导学生实践"读讲一本书、熟识乐理知识或掌握一种乐器、爱上一项体育运动、参加一个科技创新团队、参与一次社会实践活动"等大学生素养提升"五个一"工程,提高学生社会适应能力、职业竞争能力和幸福生活能力,拥有一定的审美、鉴赏能力,通过人文和科学精神的培养,塑造完美人格。学生在音乐素养和素质拓展方面要修满4个学分。

二、专业知识与专业技能方面的毕业要求

在专业课程的学习过程中,按照2019年制定的市场营销专业人才培养方案,学生需要完成三大课程模块的学习,通过考试或考查,毕业总学分为160学分,最长修读年限为6年。通过专业系统的学习,要求市场营销专业的学生达到培养目标,并具备以下知识及能力。

毕业要求1:具有良好的政治素质、文化修养,扎实的人文社会科学知识,健康的体魄和心理。

毕业要求2:掌握英语基本知识,具有较强的阅读、翻译能力和一定的口头交流能力;具有较强的计算机应用能力,能熟练地运用常用办公软件和图像处理、企业资源计划、客户关系管理等专业软件,能通过网络开展本专业的相关业务。

毕业要求3：掌握管理学、经济学和现代市场营销学的基本理论、基本知识。

毕业要求4：熟悉我国有关市场营销的方针、政策和法规，了解国际市场营销的惯例和规则，了解本学科的理论前沿及发展动态。

毕业要求5：熟练掌握市场营销的定性、定量分析方法，具有分析和解决企业营销实际问题的基本能力。

毕业要求6：具有较强的语言与文字表达能力、沟通交流能力，具有良好的团结协作精神和社会活动等基本能力。

毕业要求7：熟练掌握营销策划、销售管理、电子商务、市场调研等技术，具有为企业推出新产品(或新品牌)、开拓新区域(行业)市场的营销方案进行策划、营销方案执行、营销管理的能力。

毕业要求8：在渠道管理、零售管理、广告策划、网络营销某一方面具备较强的应用能力。

毕业要求9：具有较好的社会责任感，能够在营销实践中了解并遵守营销职业道德和规范。

毕业要求10：具有较强的创新、创业意识和一定的自主创业能力，具有一定的创新性思维能力。

毕业要求11：掌握文献检索、资料查询的基本方法，具有收集处理信息、获取新知识的能力，具有一定的批判性思维能力。

毕业要求12：具有自主学习和终身学习的意识，有不断学习和创新发展的能力。

根据我国教育部制定的相关标准，市场营销专业学生在规定的修业年限内学完教育教学计划规定课程，成绩合格或者修满相应的学分，达到学校毕业要求的，准予毕业；全国大学英语四级考试成绩和计算机等级考试成绩达到要求的，通过学位论文答辩，平均学分绩点≥2.0的可以申请授予管理学学士学位。

第二节　就业前景

市场营销专业旨在培养能在各类工商企业和相关管理部门从事市场营销与策划，能在政府、企业、事业单位从事市场营销和企业运营管理的应用型人才。市场营销专业经过几十年的发展，现在已经成为一个较成熟的学科，总体说来，现在的就业状况仍是良好的，市场上对此类专业人才的需求大于高校的培养计划，在与国际接轨的过程中，营销人才成为除管理人才之外的第二大人才缺口。基于这种大的社会环境背景，市场营销专业的毕业生目前就业状况良好，而且一段时期以内此类人才会更为走俏。

一、市场营销专业发展具有潜力

惠普前总裁孙振耀曾在"退休感言"中说道："有个有趣的现象就是，世界500强的CEO当中最多的是销售出身，第二多的人是财务出身，这两者加起来大概超过95%。"为何有这样的"规律"？就在于"销售"有助于了解整个公司的运营，与人打交道的经验积累也有助于人力管理。在此状况下，雇主对经历过"市场营销"专业训练的人才需求量较大。从大多数求职人员最关心的薪酬问题上看，营销专业人才的薪资毫无疑问会高于其他行业，营销行业的薪资的终极体现是"多劳多得",也就是说和自己的付出是成正比的。

在美国,每年的职业排名前五的都会有销售。而且市场营销人才每年都是紧缺人才。可以说销售人员对社会进步的贡献是不容忽视的。目前中国的市场经济正逐步完善,各种企业各种行业对销售都日益重视,因为竞争会更激烈,新的商业模式也促使销售工作更加重要,直销,分销,网络,广告……可以说,营销无处不在,市场营销专业就业前景很好。

经济全球化的不断加速以及我国经济的高速发展,给企业创造了更广阔的市场竞争环境。企业要在新的经济环境下,参与市场竞争,取得持续健康的发展,就必须树立现代市场营销观念,制定市场营销战略,搞好内部和外部市场营销活动。这就需要大量高素质的市场营销人才,为市场营销专业提供广阔的市场前景。同时,大量的数据和事实表明,社会对市场营销人员的需求量一年比一年大,越来越多的用人单位主动上门争抢市场营销专业的毕业生。很多毕业生走上工作岗位以后很快独当一面,甚至出现市场营销专业毕业生垄断某些单位营销部门的局面。

二、市场营销专业学生的就业方向

据市场营销专业的人才培养目标,市场营销专业主要向企事业单位、政府等输送一些能够解决市场营销以及管理中的问题的应用型人才。主要就业岗位有:销售经理、销售代表、市场专员、销售主管、区域销售经理、销售顾问、销售总监、客户经理、区域经理、营销总监、市场推广员、市场经理等。由于市场营销专业培养人才的综合性,所以该专业培养出的人才还可以同时承担一些管理类的工作,比如一些市场营销专员在具备了一定的知识和经验之后,升职成为销售部经理;在该岗位上任职一段时间之后,具备了相应的管理技能,结合在专业中所学到的知识,可以对企业的管理以及前景发展有较好的把握,从而进一步升任到副总经理、总经理等职务。

第三节　职业发展

精明的营销人员会根据市场调研和经验研究消费者的购买行为,制定成功的营销策略,让企业从众多竞争企业中脱颖而出,增加企业销售额和利润。市场营销的功能在这里很好地凸显出来了。目前市场营销行业所面临的挑战是企业利润的增长,行业合并,新技术的诞生,经济的总体状态让市场营销人员变得更加有价值。市场营销专业学生的职业发展主要有以下路径。

一、营销策划

营销策划,是在营销理念基础上的策划。营销策划是根据企业的营销目标,以满足消费者需求和欲望为核心,设计和规划企业产品、服务和创意、价格、渠道、促销,从而实现个人和组织的交换过程。营销策划适合任何一个产品,包括无形的服务,它要求企业根据市场环境变化和自身资源状况做出相适应的规划,从而提高产品销售,获取利润。营销策划的内容包含市场细分、产品创新、营销战略设计、营销组合 4P 战术等四个方面的内容。

营销策划职业发展路径:营销经理—营销项目经理—区域营销经理。

二、市场研究

在市场调研部门,新产品的概念、名字、市场定位都会被测试。市场调研经常包含对消费者行为的全面理解以及了解消费者购买产品的缘由和用途。诀窍就是找到和利用这些信息卖出更多产品。

(1)可就业的职位。

管理分析人员:管理分析人员就职于不同的行业,包括管理类、科研类以及技术类的咨询公司,电脑系统设计以及相关服务行业,省、市以及地方政府机构等。

市场调研研究员:市场调研研究员就职于不同的行业,包括管理类、科研类以及技术类的咨询公司,保险公司,电脑系统设计以及相关服务行业,其他需要市场调研和民意调查的专业性、科研类或技术类服务性行业等。

(2)市场研究职业发展路径。

分析师—高级分析师—市场研究经理—高级市场研究经理—市场研究副总监—市场研究总监—副总裁—董事总经理。

三、营销咨询

尽管许多知名的咨询公司都有咨询专家,但许多咨询公司仍然聘请许多在市场营销领域问题方面有建树的人才。这些公司需要那些在品牌、市场研究、持续的关系营销、价格策略以及 B2B(企业对企业)营销方面的人才。这些咨询公司倾向于招收那些有市场营销经验的人才。

营销咨询职业发展路径:客户经理—高级客户经理—分析师—市场研究助理—咨询顾问—高级咨询顾问—咨询总监。

四、广告

大多数人所熟悉的广告包括电视广告、杂志广告,这些都是由广告公司制作的,这些广告公司有自己的创意团队和业务经理负责相应的品牌。但是广告公司不是营销策略唯一的来源。业务经理根据公司大小的不同通常会负责一至多项业务,在大的广告公司里边,业务经理可能不单单是负责业务的业务经理,有时可能是一个大的业务团队里边的业务总监或业务主管。业务经理的角色是介于你的品牌管理的客户和你所在广告公司部门之间的协调者的角色。业务经理负责的是创造性的生产过程,包括从研究产品的优势到为产品写一个特别的商业策划。业务经理需要处理的事务很多,例如精简创意部门在执行广告策略,与媒体合作购买广告时间和广告位,决定怎样为广告做营销预算。

广告职业发展路径:助理客户经理—客户经理—高级客户经理—客户副总监—客户总监—副总裁—合伙人。

五、品牌管理

品牌工作的核心就是品牌策略,品牌经理要解决的是如何增加市场份额,如何确定目标市场和目标人群,以及运用哪一类型的广告和特殊的促销手段。品牌策略的核心是如何定位产品的品牌特质。

品牌管理职业发展路径:营销主管—助理品牌经理—品牌经理—经理—高级经理。

六、快消行业职业发展

快消即快速消费品,多指生活用品,比如个人清洁品、化妆品、烟酒及食品饮料等,由于其具备消耗的频率高、重复使用率高等特点,所以快消行业多是以市场投放的规模来获得利润和价值的。

七、新媒体营销

新媒体营销是基于特定产品的概念诉求与问题分析,对消费者进行针对性心理引导的一种营销模式。从本质上来说,它是企业软性渗透的商业策略在新媒体形式上的实现,通常借助媒体表达与舆论传播使消费者认同某种概念、观点和分析思路,从而达到企业品牌宣传、产品销售的目的。新媒体营销的渠道,或称新媒体营销的平台,主要包括但不限于:门户、搜索引擎、微博、SNS(社交网络服务)、博客、播客、BBS(电子公告板)、RSS(简易信息聚合)、手机、移动设备、App(应用程序)等。

八、市场营销及品牌公关职位

品牌公关是指企业在处理企业与社会、公众、媒体关系时,充分利用公共关系的职能为企业塑造良好的品牌形象,提高企业的品牌价值。品牌公关强调了运用公关策略的目的性,即通过公关活动来提升企业品牌形象。

第四篇

信息管理与信息系统专业导论

第一章　信息管理与信息系统专业教育发展概况

美国是信息管理与信息系统专业的发源地,自 1968 年就开始进行信息管理方向的相关研究,也陆续发表了一些有关信息管理专业的文章。虽然在 1970 年人们就首次提出了"管理信息系统(MIS)"这一门类,却只被当作一个研究方向,并没有对其进行明确的解释。直到 1985 年明尼苏达大学卡尔森管理学院会计系的戴维斯教授才给出管理信息系统较为明确的定义:MIS 是利用计算机进行信息处理、管理和决策的一门学科。这意味着管理信息系统专业的正式建立。戴维斯教授也因此成为管理信息系统专业的创始人。

20 世纪 70 年代初有了第一批 MIS 博士。20 世纪 80 年代,我国清华大学试办 MIS 专业,1990 年复旦大学首次设立 MIS 专业硕士点。由于各个院校的具体情况不同,MIS 专业被命名为经济信息管理、信息管理、图书情报管理、林业信息管理等等,分别从属于管理学院、商学院、计算机学院或信息学院,有的偏理工,有的偏管理,没有统一的培养目标和课程体系。

20 世纪 80 年代末,管理信息系统作为计算机应用专业得以迅速扩展,各国大学中均设有该学科的本科点和硕士点。虽然管理信息系统专业是培养管理人才的主力军,并且高校普及率很高,但该专业也存在发展局限性。如何在越来越多的计算机应用专业中保持该专业的独特性以及生命活力,成为其发展的核心方向。

第一节　信息管理与信息系统专业教育发展历程

随着信息社会的发展及各行业领域信息化进程的深入,社会越来越需要信息化人才,信息管理与信息系统专业(简称"信管专业")的开办正是适应了经济社会发展的需要。

20 世纪 70 年代,管理信息系统被引入国内。1978 年中国人民大学率先建立了经济信息管理专业,同年,武汉大学将科技情报专业演变为科技信息专业并率先在全国招生,其后各财经院校以及具有经济管理优势的综合性大学都陆续设立了经济信息管理专业。1980年,清华大学在经济管理学院首办管理信息系统专业,由侯炳辉教授负责设计了该专业的培养目标和课程体系结构,同年,哈尔滨工业大学也开始招收该专业的研究生。此后国内各综合大学、理工科院校纷纷申办了相关专业,如科技信息学、管理信息系统、信息学和林业信息管理等。1986 年,北京林业大学开始招收林业信息管理专业本科生,农林类院校也陆续开办了这一专业。1992 年,本科专业目录调整时将情报学专业、社科情报专业、医学图书情报专业、农业图书情报专业等合并为信息学专业。

1998 年国家教育部颁布了《普通高等学校本科专业目录》,将经济信息管理、科技信息、管理信息系统、信息学和林业信息管理 5 个专业整合成信息管理与信息系统专业,给出了宏观的培养目标和课程指导,至此,信息管理与信息系统专业的发展进入了一个崭新的历史时期,见图 4-1-1。

当前信管专业在国内已经经历了快速扩展时期,正在稳定发展的状态中。信管专业涉

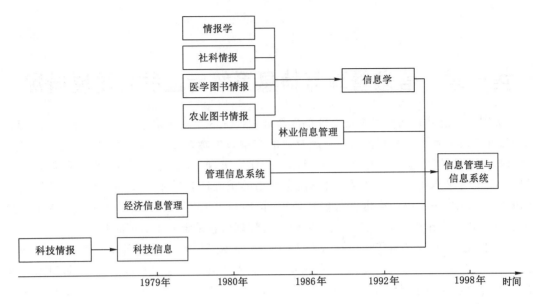

图 4-1-1 我国信息管理与信息系统专业发展历程

及的多学科中文理兼有,不同的高校有各自的特色,如财经类高校、医学特色类高校、技术为重的工科类高校等,因此各高校的专业侧重也各有不同。

不同院校信管专业的课程设置差别很大,主要分为两类:一类是由图书馆学、情报学或相关专业发展而来的,如南京大学、武汉大学等;另一类是由原"管理信息系统"专业发展而来的,或者是在教育部 1998 年公布《普通高等学校本科专业目录》后新成立的,侧重管理工程,具体课程设置又因各高校具体情况而定,一般在计算机课程基础上附加管理学课程及会计、经济类课程。信管专业事实上存在的两类不同体系,带来了信管专业定位的困难。2001年,全国部分设有信管专业的高校以民间方式成立了"全国部分高校信息管理与信息系统专业协作会议",并于 2001 年 11 月和 2004 年 3 月相继召开第一次、第二次会议。在 2004 年 3 月召开的第二次协作会议上,共有武汉大学、华中科技大学、华中师范大学、武汉理工大学、中南财经政法大学、南京大学、南京理工大学、南京农业大学、中山大学、华南师范大学、广东工业大学、山西大学、西南师范大学、兰州大学、安徽财贸学院、安徽农业大学、解放军炮兵学院、安徽大学共 18 所高校参加。加上已参加了协作会议但因故未能出席 2004 年这次会议的北京大学、黑龙江大学、南开大学、北京师范大学、广东商学院等高校,协作会议共有近 30 所高校参加。这 18 所高校,本身也分成两类,即由原情报学或相关专业发展来的和由原管理信息系统专业发展而来的或新成立的。会上,经过了两天的讨论,代表之间交流了各校的办学情况,却无法就信管专业给出一个统一的定位。最后,只能就保持各自特色、以协作会议形式加强交流、协作会议各项活动应容纳各种专业背景的学校的代表达成一致。

信管人才的培养经历了技术型、工程型和复合型三种类型人才培养的发展之路。最初,技术型人才的培养主要源于计算机应用等专业,课程主要以计算机类课程为主,强调的是程序设计的能力。这些学生在实际工作中,虽然程序设计能力较强,但是却难以很快成为系统分析员。当前,管理信息系统的实践越来越显示出其管理的特征,经济管理类知识在系统开发中越来越起到关键作用,于是信管人才的培养由技术型转向工程型,课程设置也发生了变化,主要以经济管理、工程数学、计算机、系统工程四类课程为核心,以计算机能力培养为重点。在过去这类人才也称为复合型人才,但是强调的是以经济、管理、工程数学为基础的系统开发为主,其实是一种工程型人才。他们掌握了计算机的知识,还掌握了经济管理类知识以及信息系统开发的知识,很容易成为信息系统开发项目中的骨干。随着信息技术的深入应用,信息成为企业重要的战略资源,信息系统成为企业组织的一部分,因此企业需要的是真正的复合型人才。专业改名为"信息管理与信息系统"既反映出对专业认识的变化,更强调本专业应该以培养具有从事信息管理和信息系统开发知识的"复合型"人才为目标。与前两类人才相比,复合型人才更具有竞争力,因为他们具有信息分析能力与企业管理创新的知识,是具有驾驭信息资源知识与能力的新型管理人才。表 4-1-1 简要对比了这三种类型的人才。

表 4-1-1　三种类型人才的比较

人才类型	技术型	工程型	复合型
人才定位	计算机应用型人才	系统分析员	企业信息主管(CIO)
考核重点	软件设计能力	信息系统的开发能力	基于信息技术的信息资源管理能力
课程种类	计算机类课程	信息技术类、管理类课程	信息技术类、管理类、决策分析类课程

第二节　高等院校信息管理与信息系统专业设置状况

为满足信息化建设对信息管理人才的需求,1998 年教育部颁布《普通高等学校本科专业目录》,将原有的经济信息管理、科技信息、管理信息系统、信息学与林业信息管理 5 个分别来自工学、管理学等不同门类的学科进行资源整合形成信息管理与信息系统专业,与图书馆学专业、档案学专业一起隶属管理学大门类管理科学与工程类下,明确了专业归属和专业培养目标,列出了指导性的专业主干课程。

自 1999 年开始正式招生以来,部分高校的信管专业以培养计算机技术应用型专业人才为培养目标,以管理学理论、信息技术及系统科学三部分构成课程体系,涉及文理综合、医药、经济、农林、工科等方向,为我国信息化建设源源不断地输送了大批优秀的专业人才。由于信管专业由 5 个专业整合而来,信管专业在不同的院校所隶属的院系不尽相同,有的隶属经济管理学院,有的隶属信息技术与计算机技术学院,有的隶属信息管理学院。由于隶属的院系不同,所以在专业培养上就有一定差异,有的学校偏重文科方向,有的偏重理科方向。

武汉大学信息管理学院的信息管理与信息系统专业源自 1978 年创建的科技情报学专业(1993 年教育部改为科技信息专业),在长期的办学实践中形成了自身的优势和特色。武汉大学的信管专业历史悠久、规模庞大,是实力强大的信息管理学科教学与研究基地,致力于培养复合型信息管理高级人才,偏重于文科,管理学与计算机学并重。北京大学的信管专业也侧重于文科。清华大学则称之为管理科学与工程,实为工科。正是由于设立在不同的学院,而不同学院的整体培养特征有所差异,才形成了当今各学校信息管理与信息系统专业不同的人才培养模式。

在 2000 年,经教育部备案或批准设置的高等学校本科专业名单中,有 21 所高校新增了信管专业。2001 年年底,全国已有 228 所高校开设有信管专业。信管专业发展迅速,到 2006 年,全国设有信管专业的高校已经接近 400 所(不含各高校独立学院)。

今天,全国有信息管理与信息系统专业的高校多达 500 余所,已形成具有博士后流动站、博士、硕士、学士等多层次的人才培养结构。该专业是一个文理兼有的综合性专业,主要培养掌握现代信息技术及经济管理知识的复合型人才,要求学生具备全面的素质和完善的知识结构,掌握扎实的计算机科学技术、现代信息技术,熟悉现代经济学、管理学知识。

经过多年的发展和历练,目前国内在信管专业建设和研究上形成"三足鼎立"之势:第一类是以清华大学、同济大学为代表的理工科院校,专业侧重于计算机科学技术;第二类是以武汉大学、北京大学为代表的综合性大学,强调情报学、信息学等知识;第三类则是以中国人民大学、东北财经大学为代表的财经类院校,侧重于经济管理方面的教育。各派纷呈,百花齐放,没有统一的专业人才价值认同,没有统一的教学模式和人才培养模式。其实,教育部进行该专业整合的初衷就是为了摒弃以前专业划得过细的做法,把培养目标转向具有高新知识和掌握高新技术的复合型人才上来。

第三节　信息管理与信息系统专业高等教育的特点

目前,在国内综合性大学的信息管理与信息系统专业本科教学中,存在着两种不同的教学重点:一种侧重"通才"教育,强调基础教育,所培养的学生知识面较宽,各种背景知识扎实;另一种则侧重"专才"教育,在课程设置上偏重于专业教学,非常重视专业知识与技能的培养。信息管理与信息系统专业是社会信息化的产物,主要源自两个方面:一是各大学经济管理学院经济管理、管理信息系统等专业的合并和派生,二是一些院校图书馆、情报学和档案学等专业的发展。尽管该专业在不同的高校有不同的背景,但目前主要有四种模式。

一、工商管理模式

这一模式以清华大学为代表,专业设在经济管理学院,其人才培养的目标是培养工商企业管理型人才。专业以信息系统(包括电子商务)的应用、管理为主要研究对象,以企业如何利用信息技术、信息系统提高竞争能力和管理水平为目标;主要开展基础理论、企业管理模式、信息系统战略规划、信息系统及其管理、信息系统开发方法、信息技术应用等方面的教学和科研。这种模式将 IT 和经济管理相结合,是当前信息管理与信息系统专业的主要模式。该模式的最终目标是实现技术与经济管理的完美结合。随着企业资源规划、供应链管理、客户关系管理以及电子商务的流行,该模式显示出崭新的魅力。

二、信息资源管理模式

这种模式以武汉大学为代表,专业设在信息管理学院,其前身是图书馆、情报学、档案学等专业。这类专业的人才培养目标是培养具有现代管理学理论基础、计算机科学技术知识及其应用能力,掌握系统思想和信息系统分析与设计方法以及信息管理等方面的知识与能力,能在国家各级管理部门、工商企业、金融机构、科研单位等从事信息管理、信息系统分析和设计以及实施管理和评价等工作的高级专门人才。其专业特色是:研究信息的构成、分布与特征,以及信息系统开发与设计的理论、原则和方法,解决信息的获取、加工、检索、控制和利用等一系列重要问题,从而为科学研究和管理决策提供高质量的信息服务。其专业核心是信息管理。

三、技术导向模式

这种模式以中国人民大学和中山大学为代表,专业设在信息学院,具有技术上的优势。其培养目标是培养掌握现代信息技术和经济管理知识的复合型人才,要求学生具备全面的素质和完善的知识结构,掌握扎实的计算机科学技术和应用技能以及现代信息技术,熟悉现代经济学、管理学知识。所培养的人才主要满足企业和政府部门对信息系统开发、管理的迫切需要。

四、分支培养模式

这种模式以山东大学为代表。大学本科教育历经跨学科的公共基础课教育、学科导向的专业课教育、功能和应用为主导的实践技能课教育,然后再回到全局视野和竞争应变类课程的跨学科教育,此可称为"四阶段论"。分支培养模式指上述"四阶段论"中第三阶段的课程设置及人才培养方面,在"专业"中划"专业":或按技术标准划分为系统分析设计、数据库技术及应用、网络及通信技术、信息资源管理等分支;或按功能职能标准划分为财务信息系统类、人事信息系统类、生产制造信息系统类、客户关系管理系统类、电子政务类、小型信息技术应用类等分支;或按项目进度层次标准划分为系统规划、系统分析、系统设计、系统维护和管理、信息资源管理利用等分支;或按其他标准进行划分,在资深教授专家的规划引导下,由学生依个人兴趣选定自己的主攻方向,深入学习实践,最后形成专业内分组培养的模式,故称"分支培养模式"。

除了上述四种主要模式之外,某些工科(包括农、医类)院校根据自身院校的特点和学科的性质,把信息管理与信息系统专业的人才培养目标定位为以培养行业技术型管理人才为主。无论哪一种人才培养模式,都是以社会实际需求为导向,充分结合学校的专业背景和培养实际来设定。国内综合性大学通过信息管理与信息系统专业人才培养模式的实践,为我国的信息化建设培养了大量的人才。

五、地方商科院校信息管理与信息系统专业人才培养的二元模式

当前国内地方商科院校信息管理与信息系统专业人才培养模式,普遍是结合自身经济管理的优势和信息管理与信息系统专业并举的做法,即"信息管理＋经济管理"的二元模式。从部分商科类院校的培养目标可以看出这种趋势。地方商科类院校信息管理与信息系统专业的"二元化",主要表现出以下特征:① 重专业轻人文。专业课占的比重大,人文素质课占的比重小,存在明显的重专业教育、轻人文素质教育的现象。这在很大程度上限制了学生综合素质的发展和提高。② 重理论轻实践。纯理论的课程占的比重大,实践课程占的比重小,实践教学明显不足,学生动手能力不强,分析问题和解决问题能力差。③ 重计算机轻经济管理。计算机科学与技术方面的课程占的比重大,经济学和管理学课程比重小,几乎计算机科学与技术方面的所有课程都开设了,以至于不少学生误认为信息管理与信息系统专业就是计算机应用专业。片面追求计算机课程,而忽视经济学和管理学课程,使得不少学生对

该专业的学习和就业感到困惑和迷茫。④ 重必修轻选修。必修课程比重大,选修课程比重小,学生无法根据自己的个性和爱好选择课程,限制了学生的个性发展,不利于对学生创新素质的培养。⑤ 重单科轻整合。只注重单科课程设置,忽视课程之间的整合,不少课程内容重复,浪费教学时间和教学资源。

在信息管理与信息系统专业成立之初,由于当时的信息技术在社会中的应用程度还不是很高,加上大多数学校在信息管理与信息系统专业人才培养模式上还处于摸索阶段,这种"二元并举"简单糅合的人才培养模式取得了一定的效果。但随着信息技术应用程度的提高和信息管理与信息系统专业的长足发展,如果仍以此种简单糅合方式进行信息管理与信息系统专业人才的培养,只会导致培养的人才与社会的实际需求的差距越来越大,人才培养模式的绩效水平越来越低。

未来社会人才竞争的关键在人才的全面素质,商科人才因其直接对接企业与市场,对此要求更具适应性、独特性。当前这种"二元并举"简陋的人才培养模式已无法适应未来社会信息化的需求,给用人单位造成的印象是:信息技术专业知识不过硬,经济管理知识不如经济学、会计学等专业。破解这种二元模式困境的出路应该是,以深厚的信息技术专业知识为基础,直面经济管理专业当中的数据处理、信息分析,以信息管理的优势来帮助解决经济管理中的复杂问题。在激烈的就业竞争面前,地方商科类院校的信息管理与信息系统专业若要获得长期可持续发展,就必须借助学校背景,基于总体培养目标,形成自己的专业特色,打造毕业生的核心竞争力,才能创造有利的发展环境。

第四节　信息管理与信息系统专业的学科体系

大家经常把学科与专业混为一谈,实际上,学科与专业是两个不同的概念。首先,学科是一种知识的分类体系,强调知识体系的传承与创新。而专业则是一种职业的分类体系,强调根据社会分工需要,分类培养人才。其次,学科的核心是知识的发现和创新,学科的基本特征是学术性,学科以本学科研究的成果为目标。而专业则以为社会培养各级各类专门人才为己任,适应社会对不同层次人才的需求。

我国的信息管理与信息系统专业产生于1998年,是一门新兴的、交叉复合型专业,由经济信息管理、科技信息、管理信息系统、信息学、林业信息管理五个专业合并而成,归属管理学下的管理科学与工程学科。教育部颁布的《普通高等学校本科专业目录和专业介绍》对信息管理与信息系统专业的培养目标做了如下规定:"本专业培养具备现代管理学理论基础、计算机科学技术知识及应用能力、掌握系统思想和信息系统分析与设计方法以及信息管理等方面的知识和能力,能在国家各级管理部门、工商企业、金融机构、科研单位等部门从事信息管理以及信息系统分析、设计、实施、管理和评价等方面的高级专门人才"。这一培养目标明确了学生应具备的知识和能力、能够适应的行业领域,以及所能胜任的专业工作,是一种宽口径、厚基础、重素质的培养目标,反映了专业的学科价值和社会作用,适应了信息化社会对信息管理人才的总体要求。

从专业培养目标以及专业的历史演变过程可以看出,信息管理与信息系统专业具有显著的跨学科性。相比其他专业而言,信息管理与信息系统专业的跨学科性质更加明显,该专业与多门学科存在密切联系,比如,经济学、管理学、信息管理学、系统论、信息论、控制论、计算机及通信科学等多学科领域,同时,相关学科还随着研究的深入不断发生变化。信息管理与信息系统专业作为一个应用性很强的具有时代特色的交叉性学科性质的专业,其培养目标与学科性质决定了该专业必然会涉及相关学科的交叉融合问题。

　　当前的社会需求,要求信息管理与信息系统专业教育所培养的信息专业人才,既具有共同的专业基础,又具有某方面的专业技能,以尽快适应具有不同社会分工的工作。这种既"通"又"专"的要求反映在专业教育的组织上,便是人才培养的多元化、多层次教育模式。从教育实践上来看,信息管理与信息系统专业主要从两个方面增强人才培养的适应性。一是向某一学科领域深入推进,形成在专业方向上的优势或特色,如信息资源管理、信息技术应用、软科学等方向上拓展;二是围绕现实问题的解决,强调多学科知识的交叉融合和综合运用。以徐州工程学院为例,围绕信息管理与信息系统专业跨学科融合这一显著特征,强调跨学科知识与技术的综合运用,重点培养学生运用信息技术解决管理与决策问题的能力。学校将课程体系和课程内容建设作为专业建设的逻辑起点,借鉴 OBE(成果导向教育)理念,围绕区域经济社会发展需要,优化课程体系、课程内容和教学环节,围绕解决现实中的信息管理决策问题,在学科交叉领域不断开拓,逐渐形成了"项目驱动式跨学科融合培养模式",在培养满足区域经济社会发展需求的应用型人才方面取得了较好的成效。在这种人才培养模式中,学生的自主学习能力被提到了很高的高度。现实中的信息管理问题,往往涉及大量的跨学科知识的综合运用,而这些跨学科知识的获得,依靠传统的课堂教学,是很难面面俱到地传授给学生,因此,学生针对解决现实问题需要的跨学科知识开展有效的自主学习,就显得异常重要。实际上,在未来终身学习社会,每个人的岗位都会发生变化,每个人都要面临新的学科知识的学习问题,跨学科知识的学习往往是我们每个人在未来社会所面临的一项重要任务。

图 4-1-2　信息管理与信息系统专业项目驱动式跨学科融合培养模式

第二章　信息管理与信息系统专业的教学安排

第一节　信息管理与信息系统专业本科人才培养方案

徐州工程学院信息管理与信息系统专业自 2007 年开始招生,根据经济社会发展对人才的需求,不断对专业人才培养方案进行修订,优化教学计划。徐州工程学院 2019 版信息管理与信息系统专业本科人才培养方案如下文所述。

一、专业介绍

专业沿革:2007 年经教育部批准,徐州工程学院设立信息管理与信息系统专业,并于当年开始招收第一届本科生,至 2019 年 7 月,共毕业本科毕业生 9 届近千人。每年招收学生约 100 名。

专业优势与特色:信管专业属于"宽口径"的专业,专业培养采取差异化战略。重点培养学生的信息技术应用能力、数据分析能力和管理决策能力。经过多年教学改革与探索,形成了社会需求带动专业建设的特色:① 紧跟行业需求,创新人才培养模式。② 引入新工科培养理念,创新教学方式。③ 构建"学术论文＋项目助研"科研团队训练模式,将创新训练融入实践教学。

就业与服务面向:立足淮海经济区,紧跟信息社会人才需求,以中小企业信息化为中心,本专业培养既懂经济管理知识,具有管理计算思维,又掌握信息系统规划、分析、设计、实施与管理等方面的方法和技术,具有一定的信息资源和信息系统开发利用实践能力、数据分析与应用能力,面向行业和区域经济社会需要的应用型 IT 人才。毕业后可从事企业 ERP 实施工作,也可从事有关数据分析工作,也可在各公司 IT 部门、金融保险部门以及工商企业等从事信息管理及信息系统建设等信息化方面的工作。

二、培养目标

信息管理与信息系统专业培养德、智、体、美、劳全面发展的应用型人才。本专业以地方经济社会建设、科技进步和行业发展需求为引导,培养具备良好的科学素质和自主学习能力,具有宽厚的专业基础和人文素养,具有一定的创新能力和领导潜质的 IT 专门人才;培养学生掌握现代信息技术、管理理论和经济学的基本知识;突出系统能力和大数据特色,使学生具备信息系统的规划、分析、设计、开发、实施与管理能力,以及进行大数据处理分析的能力;能够在各级政府机构、工商企业、金融机构、管理咨询机构、科研单位等运用计算机技术和信息化手段分析和解决相关领域的管理问题,成为从事信息系统应用、开发以及数据分析工作的复合型应用人才;为学生成长为信息系统项目管理师、信息系统分析师、信息系统架构师、数据分析师、数据工程师、首席信息官等类型的高级 IT 人才奠定基础。

培养目标 1,道德修养:培养具有高度的社会责任感、良好的职业道德及团队合作精神和社会适应能力的人才。

培养目标2,学科基础:具备良好的数理基础、管理学和经济学理论与知识、信息技术知识与技术的应用能力;了解管理领域的最新发展动态,了解企业运营中的市场营销、生产管理、人力资源管理等管理业务流程。具有数据分析、建模能力,有效支持管理决策;具有管理组织、沟通与协作能力。

培养目标3,专业知识:掌握信息管理与信息系统专业领域的基础理论和专业知识,掌握企业信息化建设的知识和技术方法。具有信息资源管理与开发利用能力、信息系统分析与开发及运行维护能力;具有财务金融建模能力。

培养目标4,综合素质:具有健全的体魄、健康的心理和乐观的态度,具有基本的职业素质,具有良好的科学素质和终身学习能力。

培养目标5,职业能力:具有较强的实践职业能力。能够在企事业单位及各行业从事信息分析、信息管理和咨询服务、信息系统建设等方面工作的复合型高级专门人才,可成长为信息系统项目管理师、信息系统分析师、信息系统架构师、数据分析师、数据工程师、CIO等类型的高级 IT 人才。

三、毕业要求

本专业将培养素养全面、有持续发展潜力、具有创新精神和实践能力的信息管理专门人才。要求学生能全面掌握计算机科学与技术、管理学、经济学、信息资源管理以及信息系统开发方面的基本知识和方法,初步建立以信息管理与信息系统专业知识为核心、现代经济学类和公共管理类相关知识为辅助的较完善的知识体系;掌握信息分析、信息管理和咨询服务、信息系统建设等方面的知识、方法、技术;具有智能化数据分析处理及决策支持能力。具备有效的沟通与交流能力和良好的职业道德,具备对职业、社会、环境的责任感。

(1)工程知识:具有良好的数理基础,掌握管理学和经济学理论知识,具有扎实的信息技术理论基础和专业知识,能够将数学、计算机科学与技术、管理学和经济学的基本思想、理论和知识用于解决复杂管理工程问题。

(2)问题分析:能够综合应用数学、管理与经济、计算机科学与技术等方面的基本理论和基本知识识别、表达并通过文献研究分析复杂信息管理与信息系统方面问题,以获得有效结论。

(3)设计/开发解决方案:掌握信息系统的规划、分析、设计、实施和管理等方面的方法、技术与工具,具有一定的信息系统建设和大数据技术应用及数据分析的实践能力和专业技能,能够设计针对复杂信息系统建设和数据分析问题的解决方案,满足特定系统需求的流程,并能够在设计环节中体现创新意识。

(4)研究:具有初步的科学研究和实际工作能力,具有一定的创新和批判性思维能力,能够基于科学原理并采用科学方法对复杂信息系统和数据分析问题进行研究,包括设计实验、分析与解释数据,并通过信息综合得到合理有效的结论。

(5)使用现代工具:能够针对复杂信息系统和数据分析问题,选择与使用具有一定前瞻性的实用技术资源和工具。

(6)工程与社会:熟悉经济管理和信息技术等领域的相关政策、法律、法规和标准方面的知识,能够基于信息系统和数据分析等相关工作背景知识进行合理分析,评价信息系统和数据分析工程实践问题解决方案对社会、管理、安全以及文化的影响,并理解应承担的责任。

(7)环境和可持续发展:了解本专业的理论与应用前沿以及信息化发展的现状与趋势,能够理解和评价针对复杂信息系统和数据分析问题的工程实践对环境、社会可持续发展的影响。

(8)职业规范:具有人文社会科学素养、社会责任感,能够在工程实践中理解并遵守工程职业道德和规范,履行责任。

(9)个人和团队:能够在跨专业、多学科背景下的团队中承担个体、团队成员以及负责人的角色。

(10)沟通:能够就复杂信息系统和数据分析工程问题与业界同行及社会公众进行有效沟通和交流,包括撰写报告和设计文稿、陈述发言等,并具备一定的国际视野,能够在跨文化背景下进行沟通与交流。

(11)项目管理:理解并掌握信息系统项目管理方法,并能在多学科环境中应用。

(12)终身学习:具有自主学习和终身学习的意识,有不断学习和适应发展的能力。

毕业要求对培养目标的支撑情况见表 4-2-1。

表 4-2-1　毕业要求对培养目标的支撑情况表

毕业要求	培养目标				
	培养目标 1	培养目标 2	培养目标 3	培养目标 4	培养目标 5
1. 工程知识		√	√	√	√
2. 问题分析	√	√	√	√	√
3. 设计/开发解决问题		√	√	√	√
4. 研究		√	√	√	√
5. 使用现代工具			√	√	√
6. 工程与社会	√	√	√	√	√
7. 环境和可持续发展	√	√	√	√	
8. 职业规范	√		√		√
9. 个人和团队	√	√	√	√	
10. 沟通	√	√	√	√	
11. 项目管理					√
12. 终身学习	√	√	√	√	√

四、学制与毕业条件

学制:标准学制 4 年,最长学习年限 6 年。

毕业条件:修完本专业人才培养方案规定内容,成绩合格,达到最低毕业要求的 160 学分;取得至少 4 个创新创业实践学分;体质健康测试合格;且符合学校规定的其他条件与要求,准予毕业。

五、学位及授予条件

符合《徐州工程学院学士学位授予工作实施细则》的相关规定,授予管理学学士学位。

六、课程设置一览表(表 4-2-2、表 4-2-3)

表 4-2-2　信息管理与信息系统专业课程的设置总表

课程类别		课程编号	课程名称	学分	学分分配		考核形式	课内周学时数	修读学期
					理论	实践			
通识教育平台	通识必修课	1901G0001	军事理论	2	2		考查	2	1
		1901G0004	大学生心理健康教育	2	2		考查	2	1
		1902G0001	大学体育(Ⅰ)	0.5		0.5	考查	2	1
		1903G0001	大学英语 A(Ⅰ)	3	2.5	0.5	考试	4	1
		1918G0002	思想道德修养与法律基础	3	2.5	0.5	考查	3	1
		1901G0003	大学生职业规划教育	0.5	0.5		考查	1	2
		1902G0002	大学体育(Ⅱ)	1		1	考查	2	2
		1903G0002	大学英语 A(Ⅱ)	3	2.5	0.5	考试	4	2
		1905G0001	信息技术及 C 程序设计	3.5	2	1.5	考试	8	2
		1910G0002	应用写作	2	2		考查	2	2
		1918G0001	马克思主义基本原理概论	3	2.5	0.5	考查	3	2
		1902G0003	大学体育(Ⅲ)	1		1	考查	2	3
		1903G0003	大学英语 A(Ⅲ)	2	2		考试	2	3
		1911G0001	音乐素养	2	2		考查	2	3
		1918G0004	毛泽东思想和中国特色社会主义理论体系概论	5	4.5	0.5	考查	5	3
		1901G0002	大学生创新创业素质教育	2	2		考查	2	4
		1902G0004	大学体育(Ⅳ)	1		1	考查	2	4
		1903G0004	大学英语 A(Ⅳ)	2	2		考试	2	4
		1918G0003	中国近现代史纲要	3	2.5	0.5	考查	3	4
		1901G0005	大学生就业指导教育	0.5	0.5		考查	1	5
		1918G0005	形势与政策	2	2		考查		1—8
		1902G0005	大学体育(Ⅴ)	0.5		0.5	考查	1	5、6
	通识必修课小计			44.5	36	8.5			
	通识选修课		通识选修课程	8	8		考查		2—7
	通识选修课小计			8	8		此模块至少选修 8 学分		
通识课程平台合计				52.5	44	8.5			

表 4-2-2（续）

课程类别		课程编号	课程名称	学分	学分分配		考核形式	课内周学时数	修读学期
					理论	实践			
专业教育平台	学科基础课	1904B0003	高等数学 B（Ⅰ）	4	4		考试	4	1
		1915B0001	管理学原理	3	3		考试	3	1
		1904B0004	高等数学 B（Ⅱ）	4	4		考试	3	2
		1915B0002	经济学原理	4	4		考试	4	2
		1904B0011	线性代数与概率统计	3	3		考查	3	3
		1915B0003	应用统计	3	2.5	0.5	考查	4	4
		1915B0004	管理信息系统	3	2.5	0.5	考试	4	4
	学科基础课小计			24	23	1			
	专业必修课	1915P0002	专业导论	1	1		考查	2	1
		1915P0075	信息资源管理◆	2	2		考试	2	1
		1915P0076	数据结构◆	3	2	1	考试	4	3
		1915P0077	运筹学	3	3		考试	3	4
		1915P0078	面向对象程序设计◆	3	2.5	0.5	考试	4	4
		1915P0079	信息组织和检索◆	3	2.5	0.5	考试	4	5
		1915P0080	计算机网络与应用◆	3	2.5	0.5	考试	4	5
		1915P0081	数据库原理及应用◆	3	2	1	考试	4	5
		1915P0082	企业资源规划系统与应用◆	3	2.5	0.5	考试	4	6
		1915P0083	信息系统设计与实现◆	2	1.5	0.5	考试	3	6
		1915P0084	商务智能与数据挖掘	2	1.5	0.5	考查	4	6
		1915P0085	企业信息化建设	2	2		考查	2	6
	专业必修课小计			30	25	5			
	专业选修课	跨方向课程							
		1901P1001	实验室安全	1	1		考查	2	1
		1915P1108	会计学	2	1.5	0.5	考查	3	3
		1915P1109	Python 程序设计	2.5	2	0.5	考查	3	3
		1915P1110	网络营销	2	2		考查	2	5
		1915P1111	计量经济学	2	1.5	0.5	考查	3	5
		1915P1112	操作系统	2	1.5	0.5	考查	3	5
		1915P1113	社会网络分析	2	1.5	0.5	考查	3	5
		1915P1114	移动商务	2	2		考查	2	6
		1915P1115	应急管理	2	2		考查	2	6
		1915P1116	物流与供应链管理	2	2		考查	2	6
		1915P1117	专业英语	2	2		考查	2	6
		1915P1002	学科前沿	1	1		考查	2	7
		1915P1118	数字媒体技术	2	1.5	0.5	考查	3	7

表 4-2-2(续)

课程类别		课程编号	课程名称	学分	学分分配		考核形式	课内周学时数	修读学期
					理论	实践			
专业教育平台	专业选修课	1915P1119	金融学	2	2		考查	2	7
		1915P1120	战略管理	2	2		考查	2	7
		大数据分析方向课程群							
		1915P1121	大数据分析与应用	2	1.5	0.5	考查	3	5
		1915P1122	IT 项目管理	2	2		考查	2	6
		1915P1123	数据可视化	2	1.5	0.5	考查	3	6
		1915P1124	预测与决策分析	2	2		考查	2	7
		信息系统方向课程群							
		1915P1125	Web 程序设计	2	1.5	0.5	考查	3	5
		1915P1126	软件工程	2	2		考查	2	6
		1915P1127	移动应用软件开发	2	1.5	0.5	考查	3	6
		1915P1128	信息安全	2	2		考查	2	7
		专业选修课小计		23.5	19	4.5	此模块至少选修 23.5 学分		
		专业课程平台合计		77.5	67	11			
实践教育平台		1901T0001	军事技能	2		2	考查		1
		1915T0044	专业认知学年论文	2		2	考查		2
		1915T0045	程序设计实训	2		2	考查		4
		1915T0046	数据分析软件应用	2		2	考查		4
		1915T0047	社会信息化调研报告	2		2	考查		6
		1915T0048	专业文献阅读与综述	2		2	考查		7
		1915T0049	科研项目训练	2		2	考查		7
		1915T0011	大学生创新创业实践	1		1	考查		7
		1915T0001	毕业实习	3		3	考查		8
		1915T0002	毕业设计(论文)	12		12	考查		8
		实践教育平台合计		30	0	30			
		学分共计		160	111	49			

注:◆课程表示专业核心课程。

表 4-2-3　信息管理与信息系统专业课程构成及学分分配汇总表

课程分类		学分	比例(%)	实践环节学分	实践环节学分比例(%)
通识教育平台	通识必修课	44.5	27.8	8.5	5.3
	通识选修课	8	5.0	0	0
专业教育平台	学科基础课	24	15.0	1	0.6
	专业必修课	30	18.8	5	3.1
	专业选修课	23.5	14.7	4.5	2.8
实践教育平台		30	18.8	30	18.8
合　计		160	100.0	49	30.6

第二节　信息管理与信息系统专业的课程设置

　　信息产业是一个发展迅速的新兴领域,信管专业课程体系要适应技术的发展和社会职业需求,在不同国家和地区、不同历史阶段应有不同的课程设置,保持一定的稳定性,同时又要因社会因素、学科因素、技术因素及学生因素的变化进行动态更新。

　　目前针对信息管理与信息系统专业的课程方案主要有:

　　(1) 1998 年教育部颁布的《普通高等学校本科专业目录和专业介绍》中指定了信息管理与信息系统专业的 8 门核心课程。

　　(2) 2004 年教育部高等学校管理科学与工程类学科教学指导委员会在管理科学与工程类学科核心课程的基础上,确定了信息管理与信息系统专业的 4 门专业主干课程。

　　(3) 清华大学经济管理学院和中国人民大学信息资源管理学院共同组织力量成立的"中国高等院校信息系统学科课程体系 2005"课题组,参照由国际计算机学会(ACM)、信息系统学会(AIS)和信息技术专业协会(AITP)共同提出的信息系统学科的教学参考计划和课程设置模式(IS2002),制定了符合我国国情的信息管理与信息系统学科的教育体系框架《中国高等院校信息系统学科课程体系 2005》,设计了包含 11 门核心课程在内的信息系统本科教育课程体系。

　　(4) 教育部高等学校管理科学与工程类学科专业教学指导委员会和国际信息系统协会中国分会(CNAIS)成立的"中国高等院校信息系统学科课程体系 2011"课题组在《中国高等院校信息系统学科课程体系 2005》的基础上,结合国际最新信息系统教育研究成果和我国专业教育及课程设置特点,研究和设计了《中国高等院校信息系统学科课程体系 2011》,设计了 12 门课程,包括 6 门核心课程和 6 门推荐课程。

　　(5) 教育部高等学校教学指导委员会根据《普通高等学校本科专业目录(2012 年)》研究制定并于 2018 年发布的《普通高等学校本科专业类教学质量国家标准》中设定的"信息管理与信息系统专业"专业基础课程和 12 门专业主干课程,具体见表 4-2-4。

表 4-2-4　信息管理与信息系统专业课程方案表

时间	方案名称	课程设置
1998	教育部高等教育司《普通高等学校本科专业目录和专业介绍》	核心课程(8 门): 经济学、管理学原理、数据结构与数据库、计算机网络、信息管理学、信息组织、信息存储与检索、管理信息系统
2004	教育部高等学校管理科学与工程类学科教学指导委员会《全国普通高等学校管理科学与工程类学科核心课程及专业主干课程教学基本要求》	① 管理科学与工程类学科核心课程(5 门): 管理学、经济学、运筹学、管理信息系统、统计学; ② 专业主干课程(4 门): 信息资源管理、数据结构与数据库、计算机网络基础、信息系统分析与设计

表 4-2-4(续)

时间	方案名称	课程设置
2005	"中国高等院校信息系统学科课程体系2005"课题组	① 公共基础课(2门)： 计算机文化基础、管理信息系统概论； ② 专业必修课(6门)： 计算机硬件与系统软件、程序设计基础与数据结构、数据库设计与管理、网络技术及应用、信息系统项目管理与实践、系统分析设计与开发方法； ③ 专业选修课(3门)： 信息资源管理、企业资源计划初步、电子商务战略结构及设计
2011	"中国高等院校信息系统学科课程体系2011"课题组	① 核心课程(6门)： 信息资源管理、数据结构、管理信息系统、计算机网络及应用、数据库系统原理、信息系统分析与设计； ② 推荐课程(6门)： 电子商务概论、信息组织、商务智能方法及应用、信息系统项目管理、信息检索、企业信息系统及应用
2018	教育部高等学校教学指导委员会《普通高等学校本科专业类教学质量国家标准》	① 专业基础课程(8门)： 高等数学、线性代数、概率论、经济学、管理学、统计学、运筹学、管理信息系统； ② 专业主干课程(12门)： 信息资源管理、数据库与数据结构、计算机网络与应用、电子商务与网络营销、商务分析方法与工具、信息系统分析与设计、信息系统开发方法与工具、企业资源规划系统与应用、信息组织与信息检索、商务智能与决策支持系统、信息技术(IT)项目管理、信息与网络安全管理

上述方案体现了 1998 年 5 个专业合并为信息管理与信息系统后的基本课程体系，也是对源自不同背景专业的共同要求，但并没有体现原来不同背景专业已经形成的优势和特色。

本专业课程分为通识课程、专业课程和集中实践课程三类。按照课程的性质，又可将其分为必修课和选修课两类。

一、课程类别

(一)通识课程平台

通识课程是每所高校按照规定统一设置的、所有专业学生必须学习的课程。通识课程虽然不一定同所学专业有直接联系，但它能促进学生德智体全面发展，并为学生进一步学习奠定基础。通识课程一般包括中国近现代史纲要、思想道德修养与法律基础、马克思主义基本原理概论、毛泽东思想和中国特色社会主义理论体系概论、大学生职业发展与就业指导、大学生创新创业素质教育、体育、大学英语、计算机应用基础、大学生心理健康教育等。这些课程通常安排在大学一、二年级学习。通识课程一般占总学分的 30% 左右。

(二)专业课程平台

专业课程平台包括学科基础课和专业课。

1. 学科基础课

学科基础课是高等学校中设置的一种为专业课学习奠定必要基础的课程,它是学生掌握专业知识技能必修的重要课程。设置学科基础课的目的在于,转变以往过窄的以专业为中心的培养模式,按照学科门类培养学生,实施宽口径专业教育,使学生得到本学科的基本知识与基本技能的训练,以提高学生的专业与就业适应能力。

学科基础课有一定的应用背景,但不涉及具体的实际操作与应用,因而其覆盖面较宽,有一定的理论深度和知识广度。这类课程构成了高校学生学习专业课程、形成专业能力的重要基础,并与专业课程共同构成了大学专业教育的核心课程体系。徐州工程学院信息管理与信息系统专业学科基础课主要有管理学原理、经济学原理、高等数学、线性代数与概率统计、应用统计、管理信息系统等。学科基础课程一般占总学分 15% 左右,安排在大学一、二年级学习。

2. 专业课

专业课是指各专业根据培养目标所开设的讲授专业知识和专门技能的课程。其任务是使学生掌握必要的专业基本理论、专业知识和专业技能,了解本专业的前沿科学技术和发展趋势,培养学生分析解决本专业范围内一般实际问题的能力。

由于专业知识的发展比较迅速,且专业知识的范围比较广泛,专业课的设置及专业课的内容变化也较为迅速,但在一定时间内相对稳定。徐州工程学院信息管理与信息系统专业的专业课程分为两类:专业必修课和专业选修课。专业必修课主要有专业导论、信息资源管理、数据结构、运筹学、面向对象程序设计、信息组织与检索、计算机网络与应用、数据库原理及应用、企业资源规划系统与应用、信息系统设计与实现、商务智能与数据挖掘、企业信息化建设等。专业选修课主要有 Python 语言、网络营销、计量经济学、社会网络分析、应急管理、物流与供应链管理、专业英语、金融学、战略管理、学科前沿等。另外,徐州工程学院信息管理与信息系统专业结合社会需求和专业本身的发展,设置了"大数据分析"和"信息系统"两个专业方向,在此基础上,优化课程设置,增加了具有专业特色的课程。专业课程一般占总学分的比例为 30%~35%,主要安排在大学三、四年级学习。

(三)集中实践平台

集中实践教学环节主要通过教学、实践相结合的方式,培养学生对所学知识的应用能力、实践创新能力、社会实践能力。集中实践教学环节主要包括军事技能、程序设计实训、数据分析软件应用、社会信息化调研报告、专业文献阅读与综述、科研项目训练、大学生创新创业实践、毕业实习、毕业论文写作等。集中实践主要通过校内集中实训、校外集中实训等方式完成。集中实践环节一般占总学分的 15%~20%。

二、课程性质

(一)必修课

必修课是指根据专业培养目标和培养要求,学生必须修读的课程和实践性教育教学环节,一般占总学时的 70%~80%。

(二)选修课

选修课指学生可在一定范围内自由选择学习的课程。选修课主要是为了培养学生的综合能力和发挥学生的特长而开设的,一般占总学时的比例为 20％～25％,主要分为通识选修课和专业选修课两种。前者是面向全校学生而非局限在本专业内开设的跨学科课程,信息管理与信息系统专业要求学生通识选修课程必须修满 8 学分。专业选修课是指学生在专业领域内选择学习并要达到一定学分要求的课程,信息管理与信息系统专业要求学生专业选修课程必须修满 23.5 学分。

第三节　信息管理与信息系统专业的教学环节

信息管理与信息系统专业是当前高校中设置较为广泛的专业之一,该专业的实践性和创新性都很强,是在当今社会信息化和全球化愈演愈烈的大趋势下催生出来的一个顺应当代需求的专业,是信息社会最具前景和活力的专业。信管专业的教学可分为理论教学环节和实践教学环节两大部分。

一、理论教学环节

理论教学一般由课堂讲授、课堂讨论、辅导答疑、课程作业等环节构成。

（一）课堂讲授

课堂讲授是理论教学的重要环节,也是本科阶段常用的传统教学方法。教师通过课堂讲授,向学生描绘情境、叙述事实、解释概念、论证原理和阐明规律。教师通过叙述、描绘、解释、推理来传递信息、传授知识、阐明概念、论证定律和公式,引导学生分析和认识问题。讲授不是知识的简单传递和注入,而是由教师的理解转化为学生理解的过程。教师的讲授能使深奥、抽象的课本知识变成具体形象、浅显通俗的知识,从而排除学生对知识的神秘感和畏难情绪,使学习成为快乐的事情。讲授采取直接的形式向学生传递知识,避免了认识过程中的许多不必要的曲折和困难,这比学生自己去摸索知识可少走弯路。所以,通过课堂讲授传授知识具有无法取代的简捷和高效两大优点。

目前,多媒体技术已在大学课堂广泛应用,教师通过综合应用文字、图片、动画和视频等资料来进行课堂讲授,使得抽象难懂的知识变得直观易懂、生动形象,使课堂讲授在知识的传播上更为生动、方便和高效。学生们不仅能更好地接受知识,而且在单位时间内可接受的信息量更大,了解的信息更丰富。

（二）课堂讨论

课堂讨论是在教师的指导下,学生围绕某一中心问题发表意见而进行互相启发和学习。课堂讨论常见的方式有专题讨论、案例分析等。课堂讨论时,学生相互交流,可以自由发言、提问,也可以立即做出回答;教师也可参与讨论。教师主要起指导、组织和提供信息以及总结等作用。这种教学方法的优点是可以培养学生的批判性思维能力和口头表达能力,使学生发挥主观能动性,加深对所学知识的理解,在吸收和消化知识的过程中提高独立工作能力,并引导学生通过研讨获得新的知识和探索新知的能力。

（三）辅导答疑

辅导答疑是教学过程中的一个重要环节,是课堂教学的继续,是教师完成教学任务的必备手段。在学习过程中,教师除了在课上和课间与学生面对面交流外,还可以采用在线答疑、集中辅导答疑等多种形式进行辅导答疑,使学生在学习过程中遇到的问题可以及时得到解决。

（四）课程作业

课程作业是训练学生巩固所掌握知识,并运用所学知识解决问题,实现知识向能力转化的一个重要教学环节,也是教师训练并了解学生学习情况的一个重要手段。在完成作业的过程中,学生通过积极思考和分析论证,也会不断提高分析问题和解决问题的能力。

二、实践教学环节

信管专业的实践教学一般分为课程实验、实习实训和毕业论文等几个环节。

（一）课程实验

信管专业的课程实验教学,使专业教学中理论教学和实践教学相结合,让学生通过课程实验,充分掌握相关信息技术的原理与应用,从理论和实践的结合中,深入理解知识体系,培养学生分析和解决实际问题的能力。

（二）实习实训

实习实训是信管专业十分重要的实践教学环节。通过实习实训,学生能够增强动手能力和操作能力,为将来的工作打好基础。学生进行实习实训主要在徐州工程学院实习实训基地、校内实验室或者学生自行联系的各类型企事业单位进行,实习结束后学生需提交实习报告。

实习实训一般安排在每学期期末的第 18—19 周,是学生在完成基础理论、基本专业知识等课程的学习之后,进行实践学习,对即将从事的工作进行综合、全面认识的过程。

大学四年级安排学生毕业实习。毕业实习是学生毕业前的最后一个实践环节,能有效提高学生综合运用所学知识与技能解决实际问题的能力,同时为毕业论文收集素材,为完成毕业论文打好基础。

（三）毕业论文

毕业论文是高等教育不可缺少的实践教学环节,是本科人才培养计划的重要组成部分,也是大学生必须完成的一门重要的必修课。通过撰写毕业论文这一环节,能够全面检验学生综合运用多学科理论、知识、方法与技术的能力,进行科学研究和创新基本技能的集中训练。一般而言,学生要撰写一篇优秀的毕业论文,必须确定好选题,制定合理的研究方案,进行深入的调查,全面收集数据和资料,在运用相关理论和研究方法的基础上,深入分析、充分论证和研究,从而提出有一定创新性的观点。毕业论文写作是一个创造性的活动,属于学术研究的范畴。毕业论文写作安排在大学四年级的第二学期,学生在老师的指导下独立完成毕业论文并通过论文答辩,方能取得成绩。

第四节　信息管理与信息系统专业主要课程介绍

信息管理与信息系统专业设置信息资源管理、数据结构、面向对象程序设计、信息组织与检索、计算机网络与应用、数据库原理及应用、企业资源规划系统与应用、信息系统设计与实现 8 门核心课程;主要实践性教学环节有程序设计实训、数据分析软件应用、专业文献阅读与综述、大学生创新创业实践、毕业实习、毕业设计(论文)等。

一、专业核心课程

(一)信息资源管理(2 学分)

本课程既不同于信息系统管理或信息技术管理,也不同于文献管理或档案管理;它基于新的资源观和管理理念,对上述不同管理领域进行动态集成。本课程主要讲授信息资源管理的基本理论、原理、政策、法律、策略和方法以及它们在不同机构、不同环境中的应用,从商业和社会等不同的视角来解读信息的概念和问题。本课程主要培养学生信息资源管理与开发利用的初步能力。本课程是一门概论性课程,给学生提供综合性的入门知识,使学生了解本专业的基本知识框架,是专业基础课程。

(二)数据结构(3 学分)

本课程主要讲授各种常用的数据结构、算法及数据结构的应用技术。具体包括表、队列、堆栈、字符串、树、图等基本数据结构;递归、排序、查找、内存管理等算法;博弈问题、文件和数据的压缩算法、模拟问题、随机过程、优先队列、集合、文件处理等应用和高级数据结构。本课程培养学生正确选择数据存储结构、设计合理算法、编程等方面的能力,是专业基础课程。

(三)面向对象程序设计(3 学分)

通过本课程的学习,学生应掌握面向对象程序设计的基本原理、方法、技术,从而能够适应从事信息系统开发与应用工作的需求。本课程的主要任务是:向学生系统地介绍面向对象程序设计的基本原理和基本技术,使学生深刻理解面向对象技术所带来的观念改革,掌握一种面向对象程序设计语言(Java)和面向对象程序设计的思维方式、规则与基本方法,培养学生用 Java 语言进行面向对象程序设计的能力,使学生了解面向对象程序设计技术的发展趋势。

(四)信息组织与检索(3 学分)

通过本课程的学习,学生应掌握信息组织、信息存储与信息检索的基本原理及相关知识,培养使用现代化手段高效存取与查找信息的技能;具有较好的信息管理能力;具有针对未来环境中所面临的挑战,提出基于信息技术/信息系统的组织与管理解决方案的能力。

(五)计算机网络与应用(3 学分)

本课程主要讲授计算机网络的原理、组成、分类、体系结构、协议,以及网络设备、网络操作系统、局域网、广域网、网络互联、Internet 及其应用、网络安全及网络应用,培养学生分析、设计、维护计算机网络系统的初步能力,各类小型局域网的组建能力,网络系统的集成能力。

(六)数据库原理及应用(3 学分)

本课程主要讲授数据库的基本概念、基本理论和基本原理,主要内容有数据库管理技术、关系数据库、SQL 语言、关系数据理论、数据库设计、数据库安全性及完整性、并发控制和数据库恢复技术、数据库技术新进展等,培养学生熟练使用 SQL 语言、关系数据库设计、数据库模式设计以及开发数据库应用系统的基本能力。

（七）企业资源规划系统与应用（3学分）

本课程可培养和提升学生的信息管理能力、信息系统分析设计能力及实践能力。本课程所涵盖的概念多，涉及面广，实践性强，除了介绍企业信息化建设的相关概念和基本理论，还注重培养学生利用ERP系统解决企业实际问题的能力，知识与能力培养并重，使学生能够综合运用信息技术、管理技术并与现代化的管理思想、方法和手段相结合，辅助管理和决策，从而为社会培养高素质的现代化信息管理人才。

（八）信息系统设计与实现（2学分）

本课程是以信息系统为主要研究对象，以系统开发为主要教学内容，以理论指导实践为主要教学目标。本课程涵盖了信息系统工程的概述，信息系统的规划，信息系统的开发方法，信息系统的分析与设计，面向对象的分析与设计方法，信息系统的实施、运行与管理，信息系统的最新发展等。本课程培养学生信息系统规划、分析、设计、开发、实施和维护管理等基本能力，独立分析与设计中小规模信息系统的能力，利用编程工具及数据库技术开发实现信息系统的能力，进行信息系统评价的基本能力。

二、主要实践性教学环节

（一）程序设计实训（2学分）

程序设计实训，在学生学习过相关程序设计课程的基础上，进一步培养学生掌握程序设计的基本原理、方法、技术，通过一个完整信息系统项目的设计与开发，为学生从事信息系统开发与应用工作奠定良好的基础。通过该实训环节，学生应熟练掌握多种程序设计语言和面向对象程序设计的思维方式、规则与方法，培养运用程序设计语言进行信息系统设计与开发的能力。

（二）数据分析软件应用（2学分）

通过本实训环节，学生应掌握利用专业软件进行数据统计分析的方法和步骤，培养应用计算机进行大数据分析的能力，为解决实际问题打下良好的基础。在本课程中，学生从大数据分析应用实践需求出发，从案例入手，系统地学习数据分析软件在科学研究、社会及管理等领域的应用。

（三）专业文献阅读与综述（2学分）

该实训环节是学生从专业基础学习向综合知识运用的毕业论文（设计）和课题研究的过渡环节。专业文献的阅读和文献综述的写作在毕业论文（设计）的选题和写作中，都是必不可少的基础环节。本课程的目的和任务是使学生通过对专业领域内某一方面相关文献的检索、阅读、消化、分析、综合和思考，掌握该领域的国内外研究动态、研究思路及倾向，已达到的研究水平和存在的问题，并对未来预期的研究课题和领域形成自己的见解，为毕业论文（设计）选题和撰写奠定良好的基础。

（四）大学生创新创业实践（1学分）

本课程是管理类各专业的集中实践课，是一门政策性、科学性和实践性都很强的课程。本课程通过相关理论讲授、案例分析、分组讨论、角色体验、创业实践、实践指导等教学手段，帮助学生树立正确的职业观念，培养大学生创新创业的意识，提高所需的基本素质与能力，引导学生积极参加创新创业活动,增强学生的实践技能和创业技能。本课程遵循教育教学规律,坚持把知识传授和实践体验有机统一,采用"以学生为中心""以实践促学习"的教学方法和实训模式,通过创造性地组织实施教学环节,将体验教学、影视教学、案例教学、研讨教学、模拟教学等多种方法运用到教学实践中去,力求提高学生的学习能力、实践能力、适应能力以及创新创业能力。

（五）毕业实习（3 学分）

毕业实习是实践性的教学环节,是培养学生综合运用所学知识解决实际问题能力的训练,是顺利完成毕业环节教学的基础和前提。通过毕业实习,学生可以检查自己对所学知识的理解程度、掌握程度和应用能力。通过毕业实习,学生应从行为和技术两个维度上了解信息系统。行为维度关注"用",即了解信息技术和信息系统的使用特征,企业和个人在采纳过程中的感知和态度,以及对于企业和个人要素的作用和影响;技术维度关注"造",即了解信息系统中的信息是如何表达和处理的,知识是如何发现的,系统是如何构造的。通过该实践环节,学生应了解信息系统开发与建设的过程,掌握数据分析的方法与技术,培养观察问题、分析问题和解决问题的能力,提高理论联系实际的能力,同时树立良好的职业道德和组织纪律观念。本实践环节要求学生在本专业已修课程的基础上进行。

（六）毕业设计（论文）（12 学分）

本课程是信息管理与信息系统专业集中实践环节之一。毕业设计（论文）是高等学校专业人才培养方案中的一个重要教学环节,通过完成毕业设计（论文）,培养学生查阅和利用文献的能力;培养学生理论联系实际并将所学专业知识综合运用,独立分析和解决问题的能力;培养学生的实验技能和实践能力、科学研究的初步能力,充分发掘学生的创新能力,培养学生的职业能力,为走向工作岗位奠定知识和技能基础。

第三章 信息管理与信息系统专业
基础知识与学习方法

第一节 基 本 概 念

一、信息

关于"信息"(information)这个概念,不同的学科有不同的解释,存在许多不同的定义。

哈特莱(1928)认为"信息"是符号。发信者发出信息,就是选择符号的具体方式。不管符号所代表的意义是什么,只要选择的符号数目一定,发信者发出的信息的数量也就确定了。

信息论奠基人香农认为信息是通信的内容,是"用来消除未来的某种不确定性的东西",信息的多少反映了消除了的不确定性的大小。

控制论创始人维纳认为信息就是我们在适应外部世界,并把这种适应反作用于外部世界的过程中,同外部世界进行交换的内容的名称。

我国著名的信息学专家钟义信教授认为"信息是事物存在方式或运动状态以及这些方式或状态直接或间接的表述"。信息必须通过主体的主观认知才能被反映和揭示。

美国信息管理专家霍顿给信息下的定义是:信息是按照用户决策的需要经过加工处理的数据。

我国国家标准《信息与文献:术语》(GB/T 4894—2009)对信息的定义是:① 被交流的知识(涉及事实、概念、对象、事件、观念、过程等);② 在通信过程中为了增加知识用以代表信息的一般消息。

二、信息资源

(一)狭义的信息资源

狭义的信息资源指的是信息本身或信息内容,即经过加工处理、对决策有用的数据。开发利用信息资源的目的,就是充分发挥信息的效用,实现信息的价值。

狭义的观点突出了信息是信息资源的核心要素,但忽视了"系统"。事实上,如果只有核心要素,而没有"支持"部分(技术、设备、人等),就不能进行有机的配置,不能发挥信息资源的最大效用。

(二)广义的信息资源

广义的信息资源指的是人类社会信息活动中积累起来的各种要素的总称。广义的信息资源的构成要素包括信息生产者、信息和信息技术。

信息生产者是为某种目的生产信息的劳动者,包括原始信息生产者、信息加工者或信息再生产者。

信息既是信息生产的原料,也是信息生产的产品,是信息生产者的劳动成果,对社会各种活动直接产生效用,是信息资源的目标要素。

信息技术是能够延长或扩展人的信息能力的各种技术的总称,是对声音、图像、文字等数据和各种传感信号的信息进行收集、加工、存储、传递和利用的技术。信息技术作为生产工具,对信息收集、加工、存储与传递提供支持与保障。

在信息资源中,信息生产者是最关键的因素,因为信息和信息技术都离不开人的作用,信息是由人生产和消费的,信息技术也是由人创造和使用的。

三、信息资源管理

信息资源管理既是一种管理思想,又是一种管理模式。

就其管理对象而言,信息资源管理是对信息资源及其信息活动中各种要素的管理;

就其根本内容而言,信息资源管理是对信息资源生命周期全过程的管理;

就其目的而言,信息资源管理是为了有效满足社会各方面的各种信息需求;

就其管理手段而言,信息资源管理是借助信息技术实现信息资源的最佳配置。

(一)狭义的信息资源管理

狭义的信息资源管理就是对信息本身或信息内容所构成的信息有序化集合进行收集、加工、存储、传递、利用和归档的过程进行管理,从而使得信息能够充分发挥效用,以实现信息的价值和信息资源的优化配置。

(二)广义的信息资源管理

广义的信息资源管理就是着眼于人类信息过程的综合性、全方位控制和协调。广义的信息资源管理是对信息生产者、信息和信息技术这三大要素所包含的信息、信息技术以及相应的设备、资金和人等进行管理。

四、信息组织

信息组织即信息的有序化与优质化,也就是利用一定的科学规则和方法,通过对信息的外部特征和内容特征进行表征和排序,实现无序信息向有序信息流的转换,从而使信息集合达到科学组合并实现有效流通,促进用户对信息的有效获取和利用。

广义的信息组织基本内容包括:信息选择、信息描述与揭示、信息加工、信息序化、信息存储。

(一)信息选择

未经组织的信息往往处于自然无序状态,难以被有效利用。信息选择就是要从采集到的处于无序状态的信息中识别出有用的信息,剔除无用的数据。

(二)信息描述与揭示

信息描述与揭示是对信息的主题内容、形式特征、物理形态等进行分析、选择和记录的活动。

(三)信息加工

信息加工是根据信息用户的需求,通过对信息源的选择、分析、揭示、整理、综合,在原始信息的基础上再生新信息的活动。

（四）信息序化——狭义的信息组织

信息序化是按照一定的规则和方法将经过描述揭示和加工产生的相关性较差的信息加以整理，形成序化的信息资源。

（五）信息存储

信息存储是将经过选择、描述、加工和序化后的信息按照一定的格式与顺序存储在特定的载体中的一种信息活动。

五、信息检索

信息检索又称情报检索，萌芽于图书馆的参考咨询工作，20世纪50年代才固定成为专用术语。随着信息爆炸和计算机技术为核心的信息技术的发展，信息检索的概念与类型都在发生新的变化。

（一）信息检索过程说

《图书馆学百科全书》认为，信息检索是"指知识的有序化识别和查找的过程。广义的情报检索包括情报的储存与检索，而狭义的情报检索仅指后者"。武汉大学出版社出版的《信息检索》教材认为"信息检索是从任何信息集合中识别和获取信息的过程及其所采取的一系列方法和策略"。

（二）全息检索说

上海交通大学信息检索专家王永成教授认为，全息检索就是"可以从任意角度，从储存的多种形式的信息中高速准确地查找，并能以任意要求的信息形式和组织方式输出，也可仅输出所需要的一切相关信息的电脑活动"。

（三）概念信息检索说

Chank等专家认为，概念信息检索是基于自然语言处理中对信息在语义层次上的析取，并由此形成知识库，再根据对用户提问的理解来检索其中的相关信息。

总之，信息检索是从大量相关信息中利用人－机系统等各种方法加以有序识别与组织以便及时找出用户所需信息的过程。

六、信息技术

信息技术（IT）是关于信息的产生、发送、传输、接收、变换、识别、控制等应用技术的总称，包括信息基础技术、信息处理技术、信息应用技术和信息安全技术等。其支柱为通信技术、计算机技术和控制技术。

（一）信息基础技术

微电子技术：在半导体材料芯片上采用微米级加工工艺制造微小型化电子元器件和微型化电路的技术。

光子技术和光电技术：光子具有运动速度快、不具有荷电性、最容易体现出波粒二象性、静止质量为零等特征。光电技术是研究光子和电子相互作用和能量转换的技术。

分子电子技术：当光照射蛋白质分子时，其分子结构发生周期性变化，其中两种稳定的结构状态可起导通和关闭的开关作用,能用来表示信息。

（二）信息处理技术

信息处理技术包括信息获取技术、信息收集与录入技术、信息组织与存储技术、信息传输技术、信息加工技术、信息检索技术、信息控制技术。

（三）信息应用技术

信息应用技术包括业务信息系统（OIS,operating information system）、管理信息系统（MIS,management information system）、决策支持系统（DSS,decision support system）、人工智能（AI,artificial intelligence）、专家系统（ES,expert system）等。

（四）信息安全技术

信息安全技术包括密码、加密技术、防火墙、入侵检测技术、防病毒技术等。

七、信息系统

信息系统由人、硬件、软件和数据资源组成,能收集、加工、存储、传递和有效利用信息资源,实现组织中各项活动的管理、调节和控制,以提高生产效率。

信息系统经历了简单的数据处理信息系统、孤立的业务管理信息系统、集成的智能信息系统三个发展阶段。

第二节　主要理论

信息科学是研究信息运动规律和应用方法的科学,是由信息论、控制论、计算机、人工智能和系统论相互渗透相互结合而形成的一门新兴综合性学科。

一、信息论

信息论是信息科学的前导,是一门用数理统计方法研究信息的度量、传递和交换规律的科学,主要研究通信和控制系统中普遍存在着的信息传递的共同规律以及研究最佳地解决信息的获取、度量、变换、存储、传递等问题的基础理论。

信息论的发展经历了狭义信息论、一般信息论和广义信息论三个阶段。

（1）狭义信息论阶段：1948年美国贝尔电话研究所的数学家香农发表的《通讯的数学理论》一文,成为信息论诞生的标志。狭义信息论的特点是以通信系统模型为对象,概率论与数理统计为工具,主要研究通信过程中的信源、信道、信宿、编码、译码,以及信道容量、信息量等问题。因其主要从量的方面描述信息的传输和提取,所以也称这种信息论为统计信息论。

（2）一般信息论阶段：一般信息论在香农的研究基础上,新增加了噪声理论,研究信号的滤波、检测、调制解调、信息处理等问题,在研究的范围上有了很大拓展。一般信息论重视信号的解调问题,其目的是使信宿接收到的信息具有确定性。为此,需要将在信道中传播的经过编码和调制的信号进行解调和译码。一般信息论还极为关注信号的干扰问题。

（3）广义信息论阶段：广义信息论阶段是信息论发展的最高阶段。广义信息论纵向上突破了申农信息论的局限性,进行语义信息和语用信息的探索；横向上将有关信息论的研究成果广泛应用于其他自然科学和社会科学的研究中,从而使信息论研究得到深化和拓展。

二、系统论

系统论的创始人美籍奥地利生物学家贝塔朗菲于 1945 年发表了《关于一般系统论》的论文,宣告了这门学科的诞生。系统论是研究系统的一般模式、结构和规律的学问,它研究各种系统的共同特征,用数学方法定量地描述其功能,寻求并确立适用于一切系统的原理、原则和数学模型,是具有逻辑和数学性质的一门学科。

系统论认为,开放性、自组织性、复杂性、整体性、关联性、等级结构性、动态平衡性、时序性等,是所有系统的共同的基本特征。这些,既是系统所具有的基本思想观点,而且它也是系统方法的基本原则,表现了系统论不仅是反映客观规律的科学理论,而且具有科学方法论的含义,这正是系统论这门学科的特点。

系统论的基本思想方法,就是把所研究和处理的对象当作一个系统,分析系统的结构和功能,研究系统、要素、环境三者的相互关系和变动的规律性,并以优化系统的观点来看问题。世界上任何事物都可以看成是一个系统,系统是普遍存在的。大至浩瀚的宇宙,小至微观的原子,一粒种子、一群蜜蜂、一台机器、一个工厂、一个学会团体……都是系统,整个世界就是系统的集合。

三、控制论

控制论的创始人是美国数学家维纳。

控制论是研究动物(包括人类)和机器内部的控制与通信的一般规律的学科,着重于研究过程中的数学关系。它综合研究各类系统的控制、信息交换、反馈调节,是涉及人类工程学、控制工程学、通信工程学、计算机工程学、一般生理学、神经生理学、心理学、数学、逻辑学、社会学等众多学科的交叉学科。

控制论认为控制是指事物之间的一种不对称的相互作用,系统事物之间构成控制关系,其间必然存在一个或几个主动施加作用的事物,称为主控事物或控制者;同时也存在一个或多个被作用的事物,称为被控事物或控制对象。

四、管理科学理论

管理科学理论是管理领域中的一个学派,也称数理学派,是美国的工程师泰勒的"科学管理"理论的继续和发展。它以运筹学、系统工程、电子技术等科学技术手段,从操作方法、作业水平的研究向科学组织的研究发展,同时吸取了现代自然科学和技术科学的新成果,形成的一种现代组织管理学。其特点是利用有关的科学工具,为管理决策寻得了一个有效的数量解,着重于定量研究。

管理科学是自然科学、社会科学与经济学相互渗透并在它们的边缘上发展起来的新学科,因此它既有自然科学的属性,也有社会科学的属性。例如,在定量分析时采用数学方法,但在定性分析时却采用逻辑推理和辩证分析的方法,有时是两者的结合。

现代管理理论以系统理论、决策理论、管理科学理论等学派为代表,其特点是以系统论、信息论、控制论为其理论基础,应用数学模型和电子计算机手段来研究解决各种管理问题。管理科学的初创阶段,始于 19 世纪末至 20 世纪初。首先,由美国工程师费雷德里克·泰勒创造出"标准劳动方法"和劳动定额,被称为"泰勒制",并于 1911 年发表了他的代表作《科学管理原理》，泰勒被誉为"科学管理之父"。与科学管理理论同期问世的还有法约尔的管理过程理论和韦伯的行政组织理论。这三种理论统称为古典管理理论。管理科学的第二个里程碑是行为科学理论。它产生于20世纪20年代，创始人是美国哈佛大学教授乔治·奥尔顿·梅奥和费里茨·罗特利斯伯格等。后来，行为科学在其发展过程中，又形成一些新的理论分支。

20世纪60年代后，管理科学又运用行为科学的原理扩大到人事的组织和决策，管理科学在广泛应用过程中，同许多社会科学学科和自然科学学科交叉、渗透，产生了种种管理学分支。例如，管理社会学、行政管理学、军事管理学、教育管理学、卫生管理学、技术管理学、城市管理学、国民经济管理学等。20世纪80年代管理科学已涉及战略规划和战略决策，以进一步优化组织和管理，提高效益。管理科学学派借助于数学模型和计算机技术研究管理问题，重点研究的是操作方法和作业方面的管理问题。现在管理科学也有向组织更高层次发展的趋势，但现完全采用管理科学的定量方法来解决复杂环境下的组织问题还面临着许多实际困难。管理科学学派一般只研究生产的物质过程，注意管理中应用的先进工具和科学方法，不够注意管理中人的作用，这是它的不足之处。

管理科学已经扩展到各个领域，形成了内容广泛、门类齐全的独立学科体系，管理科学已经成为同社会科学、自然科学并列的第三类科学。管理现代化是应用现代科学的理论和要求、方法，提高计划、组织和控制的能力，以适应生产力的发展的需要，使管理水平达到当代国际上先进水平的过程，也是由经验型的传统管理转变为科学型的现代管理的过程。

五、信息系统生命周期理论

任何人工系统都会经历一个由发生、发展到消亡的过程，称为系统的生命周期。管理信息系统的开发应用，也符合系统生命周期的规律。随着企业和组织工作的需要、外部环境的变化，对信息的需求也相应地增加了，要求设计和建立更新的信息系统。当系统投入使用后，可以在很大程度上满足企业管理者对信息的需求。但是随着时间的流逝，企业规模或信息应用范围的扩大或设备老化等原因，信息系统又逐渐不能满足需求了。这时对信息系统会提出更高的要求，周而复始，循环不息。

信息系统生命周期由系统规划、系统分析、系统设计、系统实施以及系统运行与维护几个阶段组成。

（一）系统规划

系统规划阶段的任务包括确定信息系统必须完成的总目标，确定工程的可行性，导出实现工程目标应该采取的策略及系统必须完成的功能，估计完成该项工程需要的资源和成本，并且制定工程进度表。

（二）系统分析

系统分析，也叫系统的调查与分析。系统分析阶段首先要进行详细调查，了解每个业务过程和业务活动的工作流程及信息处理流程，理解用户对信息系统的需求，包括对系统功能、性能方面的需求，对硬件配置、开发周期、开发方式等方面的意向及打算，最终以需求说明书的形式将系统需求定义下来。这部分工作是系统分析的核心。

在详细调查的基础上，可以运用各类系统开发的理论、开发方法和开发技术，确定系统应具有的逻辑功能,再用一系列图表和文字表示出来,形成系统的逻辑模型,为下一步系统设计提供依据。

(三)系统设计

系统设计是信息系统生命周期中又一个重要阶段。系统设计的主要目的就是为下一阶段的系统实施制定蓝图。系统设计包括两个方面的内容:首先是系统总体设计,总体设计的任务是提供信息系统的概括的解决方案,主要内容包括信息系统的功能模块的划分,功能模块之间的层次结构和关系。其次是系统详细设计,详细设计的任务是把系统总体设计的结果具体化。这个阶段的任务不是编写程序,而是设计出各个功能模块的详细规格说明,如信息系统各个模块的处理流程,系统的数据流程和数据库逻辑结构的设计。

(四)系统实施

系统实施是新系统开发工作的最后一个阶段。所谓实施指的是将上述系统设计阶段的结果在计算机上实现,将原来纸面上的、类似于设计图式的新系统的设计方案转换成可执行的应用系统。系统实施阶段的主要任务是:按总体设计方案购置和安装计算机网络系统;建立数据库系统;程序设计与调试;整理基础数据;培训操作人员和试运行。

(五)系统运行与维护

系统运行与维护是系统投入正常运行之后一件长期而又艰巨的工作。维护时期的主要任务是使系统持久地满足用户的需要。具体地说,系统维护的任务包括当系统在使用过程中发生错误时应该加以改正;当环境改变时应该修改系统以适应新的环境;当企业有新的需求时应该及时改进信息系统以满足企业的需求。每一次维护活动本质上都是一次压缩和简化了的系统定义和开发过程。

信息系统的生命周期是周而复始进行的,一个系统开发完成以后就不断地评价和积累问题,积累到一定程度就要重新进行系统分析,开始一个新的生命周期。一般来说,不管系统运行得好坏,每隔一定的时期都要进行新一轮的开发。

第三节　学　习　方　法

一、大学的一般学习方法

学习方法是提高学习效率、达到学习目的的手段。钱伟长教授曾对大学生说过:一个青年人不但要用功学习,而且要有好的科学的学习方法。要勤于思考,多想问题,不要靠死记硬背。学习方法对头,往往能收到事半功倍的成效。

(一)大学学习的重要阶段

在大学学习中要注意把握几个重要阶段:课前自主学习、课中探究学习和课后反思学习。这些阶段把握好了,就能为进一步获取知识打下良好的基础。

1. 课前自主学习阶段

在课前自主学习阶段,教师根据课程教学目标、教学需要及学生特点,设计开发教学视频、课件、习题库、网络优秀视频以及其他课程素材,上传到网络教学平台,为学生提供足够的各类课程资源,并在课前给学生布置学习任务,包括学习目标、知识点、习题等。学生首先要充分发挥自主学习能力,进入网络教学平台观看教学视频。在此过程中学生可以根据自己的知识接受能力合理安排时间和学习进度,有效解决传统课堂上部分知识接受能力较差学生跟不上教师节奏的问题。其次,在观看教学视频过程中如遇到疑惑问题,可以充分借助网络教学平台和多样化的辅助教学工具(如 QQ、微信、微博等),与同学或教师进行互动交流,解决部分问题。在课前讨论交流中仍然解决不了的疑难问题,可以通过网络教学平台及其他交流工具上传给教师,再由教师在课堂教学中组织专题讨论或释疑解惑。通过交流,教师也可以了解掌握学生自主学习的实际接受程度,便于下一阶段教学内容的组织和安排,使课堂教学更为充实有效。最后,学生看完教学视频后需要在习题库中完成教师上传的课前练习,这有利于学生对学习内容的巩固和深化。这一阶段的学习目的主要是学生初步完成对各知识点的理解和接受,找出存在的问题。

2. 课中探究学习阶段

在课中探究学习阶段,课堂活动主要包括:提出问题、独立探索、协作学习、成果交流、总结反馈五个环节,主要任务是帮助学生完成知识的内化。学生通过观看视频、互动交流、课前作业练习等过程的学习提出了存在的问题,但由于不同学生对知识的理解和思维的不同,会存在不同的问题,主要由教师对这些问题进行总结和提炼,来决定课堂上需要探究的主要问题。独立探索和协作学习是课堂活动和探究学习的重要环节,教师可以选择一些难度适中的问题让学生独立探索,教师提供启发辅导和一对一交流;对于一些难度较大的问题,可以组成学习小组,成员间分工协作,教师加强监控和辅导,充分调动小组成员的积极性,共同解决问题。学生的学习成果可以用微视频、课件的方式在课堂上进行汇报,与其他同学进行分享交流,达到共同提高的学习效果。最后,教师和学生一起对课堂教学活动进行总结反馈。在这个过程中,教师的作用主要是引导,引导学生关注教学任务中的重点内容和关键知识点,防止学生偏离学习内容;引导学生进行独立探索与小组讨论、协作学习相结合,启发学生对疑难问题的解决思路。这一阶段的学习目的主要是通过有效引导和课堂探究学习,成果展示、总结与反馈,深化学生对知识的理解,锻炼学生独立思考能力、团队协作能力、人际交往能力和实际解决问题能力,培养和提高学生的综合能力。

3. 课后反思学习阶段

课后反思学习阶段是对所学知识应用提升的过程,也是对所学知识拓展延伸的过程。学生在经过自主、协作、探究学习以后,对该部分知识点已基本理解和掌握,接下来就是深入地反思学习。学生不仅需要理解和掌握基本知识点,更重要的是学会应用;能够把众多知识点联结起来,融会贯通;学会知识的迁移,在教师设置的一些新的问题情境中,应用已学的知识解决实际问题,在实践操作中得以锻炼。这一过程通过学生深层次地学习、反思、巩固强化,能够促进学生知识技能的进一步内化、拓展和提升。教师在课后学习阶段主要任务是进行评价总结。为全面反映学生的学习情况,评价应采用过程评价和结果评价相结合的方式。过程评价主要考查学生参与课堂活动、团队协作、语言表达、成果交流汇报等方面的表现;结果评价主要考查学生对基本知识的理解和掌握情况、对情境问题的解决程度和作业完成情况等。通过教师的评价和学生的反思,一方面可以提高学生知识水平和应用能力,另一方面也可以优化教学设计,改进教学方法,提高教学效果。

学生在学习中要抓住上述这几个基本环节,在理解的基础上进行记忆,注意及时消化和吸收。经过不断思考,不断消化,不断加深理解,这样得到的知识和能力才是扎实的。

（二）大学一般学习应该注意的问题

大学学习除了把握好以上主要环节之外，还要注意以下问题。

1. 要制订科学的学习计划，做驾驭时间的主人

大学的学习单凭勤奋和刻苦是远远不够的，只有掌握了学习规律，制订相应的学习规划和计划，才能有计划地逐步完成预定的学习目标。

2. 要讲究读书的艺术，同时要勇于怀疑、批判

大学学习不光是完成课堂教学的任务，更重要的是发挥自学能力，在有限的时间里去充实自己，选择与学业及自己的兴趣有关的书籍来读是最好的办法。读书时还要做到如下两点：一是读思结合，读书要深入思考，不能浮光掠影，不求甚解；二是读书不唯书，不读死书，这样才能学到真知。

3. 要善于综合和分析

所谓综合，即对研究对象的各要素、方面、环节、过程的概括、抽象；所谓分析，即对研究对象各要素、方面、环节、过程等做出解析性、还原性说明。这两方面能力的培养，一要通过哲学方法论的专门训练，二要在学习中不断积累。

4. 要察微知著，并要学会辩证思维

宇宙间的一切事物、现象之间，事物的要素与整体之间，都存在着这样或那样的联系，存在着或多或少的可类比的性质。就像我们日常生活中，从一个人的一句话、一个动作、一个眼神，甚至音调、语气上能"看"到他的内心世界一样，科学研究中也存在这种"一叶知秋""察微知著"的道理。要培养自己的这种全面辨察能力，首先要培养自己对专业浓厚的兴趣，其次要培养细心的习惯，再次还要培养自己丰富的联想和想象能力。同时，要学会从正面、反面、不同侧面及动态变化中认识事物、分析问题。

二、信息管理与信息系统专业学习方法

（一）专业学习方法建议

信息管理与信息系统专业的特点是综合性、实践性和先进性。因此信管专业的学习方法要注重多学科知识融合，培养综合能力，理论联系实际，与时俱进。

1. 建构主义学习方法

建构主义是一种关于知识和学习的理论，强调学习者的主动性，认为学习是学习者基于原有的知识经验生成意义、建构理解的过程，而这一过程常常是在社会文化互动中完成的。建构主义的提出有着深刻的思想渊源，它具有迥异于传统学习理论和教学思想的内涵，对教学设计具有重要指导价值。

建构主义提倡在教师指导下的、以学习者为中心的学习，也就是说，既强调学习者的认知主体作用，也不能忽视教师的指导作用。教师是意义建构的帮助者、促进者，而不是知识的传授者与灌输者。学生是信息加工的主体、是意义的主动建构者，而不是外部刺激的被动接受者和被灌输的对象。

2. 问题学习法

问题学习法是指以问题为起点，教师通过设置复杂的、有意义的问题情境，引导学生将学习与问题挂钩，通过小组协作和自主探究，解决真实性问题，并学习隐含于问题背后的科

学知识,形成解决问题的技能和自主学习的能力。问题学习法是以实际问题为基础来组织学习的。首先教师设置问题情境,问题来源于实际生活,与教学要求的基本概念、基本结论和基本方法联系在一起;其次,问题情境的设置需要学生积极主动地参与探索,对知识进行搜集、分析、筛选、综合和概括等,使学生参与到教与学的过程中,最大限度地发挥学生的能动性和创造性,真正理解和掌握知识及培养多方面能力。其中,小组合作学习、合作解决问题是问题学习法的一个重要特征。

3. 情境学习法

情境学习理论认为:知识是具有情境性的,知识是活动、背景和文化产品的一部分,知识在活动中、在丰富的情境中、在文化中不断被运用和发展的。知识的教授对于学习而言不是最核心的,情境是整个学习过程中重要而有意义的组成部分。当学习者处于真实情境中时,他所获取的知识往往是一种默会的知识,真实的情境有助于学习者对知识形成真实的认知,然后经过参与实践,又将这些知识自然地运用到真实的情境中,学习者的认知与经验会得到不断的生长和发展。因此,在专业学习中,学习者应该转变传统学习观念,在真实情境中使用知识、使用工具,主动高效地接受新知识,提高自身的实践技能与经验。

4. 行动学习法

行动学习法产生于欧洲,英国的雷格·瑞文斯教授是其重要创始人。行动学习法又称"干中学",就是通过行动来学习,即通过让受训者参与一些实际工作项目,或解决一些实际问题,如领导企业扭亏为盈、参加业务拓展团队、参与项目攻关小组等来发展他们的领导能力,从而协助组织对变化做出更有效的反应。行动学习建立在反思与行动相互联系的基础之上,是一个计划、实施、总结、反思进而制订下一步行动计划的循环学习过程。

行动学习法的本质是通过努力观察人们的实际行动,找出行动的动机和其行动可能产生的结果,从而达到认识自我的目的。

(二)专业学习应该注意的问题

信息管理与信息系统专业具有理论与实务紧密相连、综合性和应用性很强的特点,要顺利完成学习任务,学生在专业学习中,应注意如下问题。

1. 完善知识结构

建立合理的知识结构是一个复杂长期的过程,必须注意如下原则:① 整体性原则,即专博相济,一专多通,广采百家为我所用。② 层次性原则,即合理知识结构的建立,必须从低到高。③ 比例性原则,即各种知识在顾全大局时,数量和质量之间合理配比。比例性原则应根据培养目标来定,成才方向不同知识结构的组成就不一样。④ 动态性原则,即所追求的知识结构要不断进行调节。

2. 通过实践培养创新能力

社会实践内容丰富,模式多样,场所、对象各异,大学生在参加过程中脱离课堂和校园的束缚,更容易激发兴趣,活跃思维,实践所学的知识,这样更有利于培养大学生的创新能力,为专业学习及今后的就业、深造打下良好的基础。

3. 培养专业实务技能

信息管理与信息系统专业的应用性非常强,因此学生掌握必要的信息系统规划、分析、设计、实施和管理等方面的方法与技术,具有一定的信息资源和信息系统开发利用实践能力对今后顺利就业非常重要。

第四章　信息管理与信息系统专业学生毕业与就业

第一节　毕　业　要　求

根据教育部颁发的相关文件中对于本科信息管理与信息系统专业学生的要求,遵照《2019 徐州工程学院管理学院信息系统与信息管理专业人才培养方案》中的具体培养计划和目标,信息管理与信息系统专业毕业生必须达到以下标准,才允许获得教育部认可的相关学历学位证书。具体要求如下:

拥护中国共产党的领导,拥护社会主义制度,热爱祖国,遵纪守法,品行端正。

按照信息管理与信息系统专业人才培养方案,学生需要完成三大课程平台的学习,通过考试或考查,达到最低毕业要求的 160 学分,最长修读年限为 6 年。通过专业系统的学习,要求信息管理与信息系统专业的学生能全面掌握计算机科学与技术、管理学、经济学、信息资源管理以及信息系统开发方面的基本知识和方法,初步建立以信息管理与信息系统专业知识为核心、现代经济学类和公共管理类相关知识为辅助的较完善的知识体系。掌握信息分析、信息管理和咨询服务、信息系统建设等方面的知识、方法、技术;具有智能化数据分析处理及决策支持能力;具备有效的沟通与交流能力和良好的职业道德,具备对职业、社会、环境的责任感。

根据我国教育部制定的相关标准,信息管理与信息系统专业学生达到专业人才培养方案的各项要求,经审核具备毕业资格;全国大学英语四级考试成绩和计算机等级考试成绩达到要求的,通过学位论文答辩,平均学分绩点≥2.0 的可以申请授予管理学学士学位。

第二节　就　业　前　景

21 世纪是信息科学技术飞跃发展的时代,信息技术在经济管理领域应用广泛,随着全球经济一体化形势的发展,信息管理与信息系统专业培养的人才将持续受到人才市场的青睐。经济全球化和我国加入世界贸易组织,IT 企业迎来前所未有的发展机遇和压力,这些企业不仅需要计算机软、硬件工程师,网络工程师,通信工程师等,更需要信息化建设的复合型开发和管理人才,以便进行应用系统的开发、维护以及信息资源的开发利用。信息管理与信息系统是集信息技术与管理科学于一体、实践性和创新性都很强的交叉学科,这门专业的教育得到了各国政府,尤其是发达国家政府的大力支持。

一、信息管理与信息系统专业人才需求持续旺盛

随着科学技术的进步,信息管理与信息系统专业涉及的行业面临着巨大的发展机遇。它所研究的内容将在各行各业得到广泛的应用。在各行业中,它能提高管理决策的科学性与正确性,减少经营活动的盲目性。国外先进的信息管理和信息系统应用技术和手段起到

进一步的示范效应。这门专业所涉及的行业在我国的发展趋势不再局限于企业决策、经营分析等内容。它成为一条纽带,联结家庭与社会、个人与组织,成为商贸金融、娱乐、教育、科研等领域中必不可少的重要组成部分。

麦可思《2018年中国大学生就业报告》的数据显示,信息业毕业生需求旺盛,媒体、信息及通信产业(就业比例为10.3%)是2017届本科毕业生半年后就业第二多的行业类,且毕业生在这类行业就业的比例从2013届的8.7%上升到了2017届的10.3%,就业需求持续释放。同时,在2017届本科毕业生社会需求量较大的职业(前50位)中,与信息管理与信息系统毕业生就业方向比较吻合的包括了计算机程序员(排名第6位)、互联网开发师(排名第7位)、电子商务专员(排名第8位),以及计算机系统软件工程师等。此外,伴随着产业结构升级,制造业中信息技术相关岗位占比也明显的增加,其中本科就业比例增加了4.3个百分点。

从本科毕业生就业后薪资来看,2017届本科毕业生半年后月收入最高的职业类是互联网开发及应用(6 082元),其次是计算机与数据处理(6 042元),而2017届本科毕业生半年后月收入最高的行业类为媒体、信息及通信产业(5 634元)。

二、信息管理与信息系统专业学生就业方向

信息管理与信息系统专业毕业生一方面可报考信息管理与信息系统专业及相关专业的研究生;另一方面,随着信息技术的迅猛发展,国家和省市各级信息产业、财政和金融部门信息技术与管理的关系日渐紧密,也日趋融合,信息和信息技术已经并将进一步对经济社会发展产生巨大影响。以管理信息系统规划、开发与管理,以及信息产业管理、系统仿真与知识管理等内容为主的研究方向一直是重点研究领域,而且随着我国国民经济和社会信息化进程的加快,研究方向除了在原有领域外,还加强了对电子商务和企业管理信息化的研究,比如大数据技术在其中的应用等。毕业生适应的工作领域主要到国家各级管理部门、工商企业、金融机构、科研单位等部门从事信息系统分析、设计、实施以及管理和评价等方面的工作。比如,毕业生可在银行业、服务业、证券业、图书馆、学校、机关等担任计算机工程助理师,主要从事信息系统的开发与维护,负责管理信息领域和计算机信息系统的开发、维护、使用和管理工作;担任大型数据库数据管理员,在信息管理领域内负责大型数据库的系统管理、安全管理和性能管理工作;进入网站,在工程师的指导下,负责网站的日常维护工作;成为计算机高级文员;等等。

第三节　职　业　发　展

信息管理与信息系统专业学生主要学习经济、管理、数量分析方法、信息资源管理、计算机及信息系统方面的基本理论和基本知识,受到系统和设计方法以及信息管理方法的基本训练,具备综合运用所学知识分析和解决问题的基本能力。毕业生具备信息资源收集、分析、检索、利用的综合能力,能在政府、金融机构及企业信息化领域从事实施、维护、分析、智能决策等"IT+管理"类深具发展潜力的工作,主要到国家各级管理部门、工商企业、金融机构、科研单位等部门从事信息系统分析、设计、实施以及管理和评价等方面的工作。

一、ERP 方向

一般来说,ERP 人才有两个发展方向:一是 ERP 实施工程师,主要从事公司 ERP 类产品的需求分析、软件测试、项目实施、客户培训等工作;二是 ERP 实施顾问,主要为企业建设 ERP 系统提供培训、调研、设计解决方案、实施优化管理流程等服务。

二、软件开发与测试方向

工程师在入职初期主要从事项目开发工作,接受资深工程师和管理者的指挥和指导。之后,有机会选择以后的职业道路,如技术型或管理型。信息管理与信息系统专业学生更多的转型至管理软件开发工程师。对于信息管理与信息系统专业人才而言,主要应发挥其在财务、市场、信息等管理统筹方面的专业优势。在团队合作中,他们更具有团队合作意识和成本收益意识。

软件测试工程师主要是理解产品的功能要求,并对其进行测试,检查软件有没有错误,决定软件是否具有稳定性,写出相应的测试规范和测试用例的专门工作人员。由于工作的特殊性,测试人员不但需要对软件的质量进行检测,而且对于软件项目的立项、管理、售前、售后的等领域都要涉及。在这个过程中,测试人员不仅提升了专业的软件测试技能,还能接触到各行各业,项目管理、沟通协调、市场需求分析等能力都能得到很好的锻炼,从而为自己的多元化发展奠定了基础。软件测试岗位的人才往往是行业中的多面手,比其他 IT 人才具有更强的可塑性,在技术、管理、市场甚至其他非 IT 领域都能得到良好的发展。

三、信息系统管理与维护方向

就业岗位主要包括了系统管理员,中、小型系统网络管理员,系统集成工程师,售前、售后支持工程师等。

四、信息系统工程项目方向

信息系统管理工程师是计算机与管理相互结合的实用型专业,主要培养既懂经济管理,又懂通信技术,掌握现代信息技术理论与方法,具有较强的计算机应用能力和管理信息系统分析与设计能力的高级技术人才。

信息系统监理师主要负责监理信息化工程,监理行业跟软件开发不同,在监理行业经验是非常重要的,所以信息系统监理师发展后劲十足。

五、数据情报分析方向

数据分析师是不同行业中专门从事行业数据搜集、整理、分析,并依据数据做出行业研究、评估和预测的专业人员。互联网本身具有数字化和互动性的特征,这种属性特征给数据搜集、整理、研究带来了革命性的突破。以往"原子世界"中数据分析师要花较高的成本(资金、资源和时间)获取支撑研究、分析的数据,数据的丰富性、全面性、连续性和及时性都比互联网时代差很多。与传统的数据分析师相比,互联网时代的数据分析师面临的不是数据匮乏,而是数据过剩。因此,互联网时代的数据分析师必须学会借助技术手段进行高效的数据处理。更为重要的是,互联网时代的数据分析师要不断在数据研究的方法论方面进行创新和突破。具体职业包括数据建模师、数据算法师、业务数据分析师、大数据分析师等。

在如今信息爆炸的时代,从海量的数据中分析出有用的数据信息是十分重要的,大数据需求非常大,很有发展前景。大数据工程师需要有计算机编码能力,在面对海量的非结构化数据时能有效挖掘出有价值的东西,需要设计算法与编写程序去实现。大数据工程师需要统计学与应用数学相关的能力背景,数据挖掘与分析是需要设计数据模型和算法的,提高算法设计能力是程序员转型为大数据工程师的关键因素。大数据工程师需要具备行业的业务知识。可见,大数据工程师对信息管理和信息系统专业而言比较吻合。

六、管理类及其他方向

由于具备系统的管理学科知识和能力,所以不同行业单位的管理类相关岗位也是信息管理与信息系统学生就业和未来发展的合理选择。在管理相关岗位中,财务/数据分析方向是常见的,因为这类岗位的实际需求是要具有系统分析能力和 IT 背景。

银行、证券、保险等金融业对既有 IT 背景又有管理背景的人才需求量始终不减,但竞争激烈。交通运输、水利、能源、建筑、医疗、新闻、出版、广告、旅游等广泛运用计算机和通信技术的行业,人才需求平稳,但需求层次逐步提高。机械、化工、冶金、石油、电力、造船、轻工、纺织、汽车、制药、物流等行业信息化步伐加快,对相关人才需求也逐步增加。

第五篇

物流工程专业导论

第一章　物流工程专业教育发展概况

第一节　物流工程专业教育发展历程

物流是通过运输、储存、包装、装卸搬运、流通加工、配送和信息处理等手段,有效保障企业生产经营和其他人类社会活动所需物品及相关信息按需流转的服务性活动。物流研究的对象是经济活动中"物"的流动规律。现代物流学是自然科学、社会科学和技术科学相互渗透形成的应用性新兴学科,是一门汇集了经济科学、管理科学、计算机科学、信息科学、工程技术科学等多门学科精华的交叉学科。在教育部《普通高等学校本科专业目录(2012 年)》出台前,物流类专业属于目录外招生,各高校根据具体情况,将物流类专业归置到管理科学与工程、工商管理、交通运输工程、应用经济学等一级学科下发展。2012 年的本科专业目录在管理学门类下新增物流管理与工程专业类(代号 1206),下设物流管理、物流工程和采购管理等 3 个专业。

现代物流作为一种先进的组织方式和管理技术,在 20 世纪 90 年代被广泛认为是企业在降低物资消耗、提高劳动生产率以外的"第三利润源泉"。1993 年,北京商学院率先开办了物流管理专业,由于当时物流运作管理还是按照仓储、运输、装卸、包装等环节分散在各部门和领域的经验管理状态,社会对物流产业特征和对物流的知识理念缺乏了解,难以形成对物流人才的正确认识,于是 1998 年教育部在调整学科目录时又取消了这一专业。

经济一体化和计算机通信技术的不断发展促进了物流业的发展,使物流业迅速成为在全球具有巨大潜力和发展空间的新兴服务产业,并成为衡量一个国家或地区经济发展水平、产业发展环境、企业竞争力的重要标志之一。现代物流学作为一门新兴的综合性边缘科学,在发达国家已有较早、较全面的研究,并形成了一系列的理论和方法,在指导物流产业的发展中发挥了重要作用。我国现代物流业尚处在发展阶段,与发达国家相比有较大差距。除了市场环境、体制与机制等方面的原因之外,包括物流工程硕士在内的中高级物流人才紧缺是制约物流业发展的主要"瓶颈"之一,因此培养满足企业与社会各方面所需的物流工程专业中高级人才迫在眉睫。

进入 21 世纪,我国将现代物流业作为重要产业和新的经济增长点大力发展,成为国民经济和社会发展的重要战略举措。为适应巨大的物流人才需求,我国物流高等教育如雨后春笋般地蓬勃发展。2001 年教育部批准北京物资学院在教育部学科目录外开设物流管理专业,2002 年又批准武汉理工大学和大连海事大学开设物流工程专业。2003 年全国开设物流工程专业的本科院校达到 10 余所,2004 年达到 24 所,2005 年达到 34 所,2006 年达到 40 所,2007 年达到 46 所,2008 年达到 54 所,2009 年达到 58 所。徐州工程学院 2010 年开设物流工程专业,是全国第 8 批、第 59 个,江苏省第 3 批、第 3 个开设物流工程专业的本科院校。到 2018 年底全国共有 655 个物流本科专业布点,其中物流管理专业 512 个,物流工程专业 134 个,采购管理专业 8 个,供应链管理专业 1 个。134 所开设物流工程专业的在校生本科生超过 10 万人。高职高专的高校近 1000 所学校开设了物流工程专业,目前我国逐步形成了"专科—本科—硕士—博士"的完善的物流高等教育体系。

第二节　高等院校物流工程专业设置状况

物流工程专业是管理与技术的交叉学科,以物流系统为研究对象,研究物流系统的规划设计与资源优化配置、物流运作过程的计划与控制、设施规划与设计、运输与配送管理、供应链管理以及物流企业经营管理。随着经济一体化和计算机通信技术的不断发展,极大地促进了物流业发展,使物流业迅速成为在全球具有巨大潜力和发展空间的新兴服务产业,并成为衡量一个国家或地区经济发展水平、产业发展环境、企业竞争力的重要标志之一。

高等院校物流工程专业设置依据高等教育工作基本指导性文件之一——《普通高等学校本科专业目录(2012 年)》的规定。该目录规定了专业划分、名称及所属门类,是设置和调整专业、实施人才培养、安排招生、授予学位、指导就业、进行教育统计和人才需求预测等工作的重要依据。

在《普通高等学校本科专业目录(2012 年)》中,物流管理、物流工程、采购管理(特设)设在管理学学科门类(9 个一级学科)下的物流管理与工程类名录中。根据《普通高等学校本科专业目录(2012 年)》,物流工程属于管理学学科门类中的物流管理与工程类。物流工程专业的专业代码:120602,授予学位:管理学或工学学士。

第三节　物流工程专业高等教育的特点

高等教育物流人才培养工作是要主动提高学生服务国家战略、服务国家供应链战略、服务国民经济、服务区域经济的能力。同时,物流学科又具有综合性、交叉性的特点。因此,物流工程专业高等教育的特点如下:

(1)操作性较强。物流工程属物流运营的范畴,其操作流程灵活性大。因此,对物流人来说,了解并熟悉这些操作流程是十分重要的。只有熟悉这些操作流程,才能进行有效的物流运作,才能通过管理进行改进,提高效率。因此,大学物流工程专业毕业的学生,在从事物流运营的具体工作时,还有一个比较长的再学习过程。

(2)具备系统性思维。大多数物流业务涉及诸多环节,例如库存管理,涉及货物的验收、入库、库位管理、出库、配货等,如果包括采购和配送,环节就更多了,在这么多的环节中,只要有一个环节没做好,整个物流业务都会受到影响,成本效率都没有保障,因此,系统地考虑各环节,平衡各环节的工作方式十分重要。

(3)具备资源整合观念。降低物流成本的一个非常重要的手段是资源整合,这方面的一个非常明显的例证就是通过整合减低车辆的空驶率。资源整合观念也可以说是系统思维的延伸。

(4)具备网络概念。现代物流业的发展,很重要的一个特征是建设物流网络,物流网络的形成,对改善物流效率、整合物流资源具有实质性的作用,也是物流企业的竞争法宝。

(5)充分应用现代信息技术。实际上,现代物流业的发展离不开信息技术,没有现代信息技术的飞速发展和商业化的应用,就不可能有现代物流业。

第四节　物流工程专业学科体系

物流工程是管理与技术的交叉学科,它与交通运输工程、管理科学与工程、工业工程、计算机技术、机械工程、环境工程、建筑与土木工程等领域密切相关。

一、物流工程专业的理论体系

(一)从领域到学科

物流是一门研究经济和社会活动中物品从供应地向接收地实体流动规律的学问,物流学科主要研究物品运输、储存、装卸搬运、包装、流通加工、信息处理、增值服务等功能及相关科学技术手段、运营组织、管理方法和环境条件。物流学科基于物流领域的科学研究成果和实践应用案例,通过交叉融合管理学、经济学、工学等多学科知识体系,形成了物流管理、物流工程、采购管理等专业知识体系,并由此构成独立的物流管理与工程学科门类。

物流工程研究对象是多目标决策的、复杂的动态物流系统,物流工程主要从工程角度研究上述系统的设计和实现,是运用工学的理论、方法、技术和工具,根据物流系统的基本要求,对复杂物流系统进行分析、设计和实施,以提高物流技术水平,更好地服务于人类社会。同时,物流工程是支撑物流活动的总体工程系统,采用系统模型、仿真分析、定量计算与定性分析相结合等综合研究方法,提供综合的物流系统技术经济综合解决方案。

(二)学科理论体系内容

物流活动涉及众多部门、行业、环节,物流学以这些不同部门、行业、环节管理活动的内在规律作为研究对象,形成物流学科群。对于物流学科理论体系,各国学者对此还有不同的见解。目前较为统一的看法认为,物流学科理论体系应包括物流基础学科、物流应用学科、物流专题学科三部分组成。

1. 物流基础学科

物流基础学科研究物流的基本理论和方法,以物流活动全过程的普遍性规律作为自己的研究对象,包括物流的本质与职能、物流的内容与目标、物流管理的原则与方法等基础内容。物流基础学科具体包括:物流学原理(或物流系统论)、商品学、物流史学、运筹学、经济学、管理学、物流地理等。

2. 物流应用学科

物流应用学科研究物流运作理论和方式,它应该以物流的功能要素作为贯穿主线,并进而展开和融合。物流应用学科又可以包括功能性和支撑性两大类。具体包括:第一,功能性物流应用学科:物流采购、物流运输、物流仓储、物流配送、物流营销、物流客户服务、供应链管理、物流系统规划。第二,支撑性物流应用学科:物流设施设备、物流技术和方法、物流信息、物流成本、货运代理、物流法规、物流外语等。

3. 物流专题学科

物流专题学科是为了适应当前社会物流活动不断拓展和深化的需要,运用物流基本理论对特殊物流活动和特殊行业物流活动进行专门研究,具体如奥运会物流、世博物流、危险品物流、新鲜食品物流等。笔者认为,物流学科的发展必然是走综合而又分工合作的发展道路,作为一个合格的物流人才应该既掌握丰富的物流专业知识又具有相关的行业知识。进行具体的物流运作时,更需要运用物流的基本知识结合各行业的特点进行物流运作。

当然,物流学科体系的任务是将所有现有的物流活动加以分析、抽象后纳入一个逻辑清楚没有矛盾的整体,从而总结经验,推进新知。但体系只是一个暂时的总结,没有一个体系能够通过演绎来解决所有问题,而物流的理论和实践经验不断发展,相关的学科也不断发展,因此,在物流学科体系的设计上应把握物流学科体系的逻辑主线,跨接相关学科领域,以形成一个有核心的开放性物流学科知识体系。

二、物流工程专业的课程体系

(一)总体框架

物流工程专业课程包括理论教学课程、实践教学课程和创新创业教育专门课程。

理论教学课程包括通识教育课程、基础知识教学课程、专业理论教学课程。实践教学课程包括理论课程实验、独立设置的实验或实训课程。比如:课程设计、专业实习、毕业实习、社会实践、毕业论文(设计)以及其他各类学生实践与社团活动。创新创业教育专门课程包括创造学、创业基础、创新创业实践案例、国内外物流行业发展现状与趋势,以及物流行业就业创业指导等。

为提高学生创新创业能力而专门设置或与专业其他课程融合设置的课程群,各专业培养方案中选修课程学分占总学分的比例不低于15%,实践教学学分占总学分的比例不低于20%,授工学学位的物流工程专业的实践教学学分占总学分的比例应不低于25%。

(二)课程设置

1. 通识教育课程

通识教育课程包括思想政治理论课程、外语、计算机与信息技术等。除国家规定的教学内容外,各高校可根据办学定位和人才培养目标自行确定。

2. 基础知识教学课程

基础知识教学课程包括高等数学、线性代数、概率论与数理统计等课程及按照人文社会科学、自然科学等模块设置的基础课程。

3. 专业理论教学课程

各高校根据自身办学目标、定位与特色,可自主设置专业基础课程以及各专业必修、选修课程,并确定学分修读要求。各专业至少应开设两门专业核心课程,如供应链管理、物流运作优化、物流系统仿真、物流信息系统、仓储管理、运输管理等。

4. 实践教学课程

各高校应根据专业教学需要在理论课程中设置实践教学环节,改革教学方法,增加理论教学中模拟实验训练环节以及综合训练环节。各高校应根据自身特色,开设独立的专业实践课程,包括毕业论文(设计)。实践教学课程应制定教学大纲,明确教学目的与基本要求,明确主要内容以及学时分配。鼓励各学校组织学生参加全国大学生物流设计大赛等全国性或区域性实践竞赛活动。

5. 创新创业教育专门课程

各高校应根据人才培养定位和创新创业教育目标要求,调整专业课程设置,增加创新创业教育教学环节,开设创造学、创业基础、创新创业实践案例、国内外物流行业发展现状与趋势,以及物流行业就业创业指导等方面的必修和选修课程,纳入学分管理。同时,鼓励各高校共享在线开放创新创业课程或采用第三方机构开发提供的创新创业类教学资源,建立在线开放课程学习认证与学分认证制度,形成协同教育机制。

另外,各高校应设置合理的创新创业学分,建立创新创业学分积累与转换制度,探索将学生开展创新实验、发表论文、获得专利和自主创业等的成果折算为学分,将学生参与专业课题研究、项目实验等活动认定为课堂学习并相应折算学分。

最后,鼓励各高校组织学生参加全国大学生创新创业大赛和其他专业技能大赛等。

三、物流工程专业相关的学科

物流工程是管理与技术的交叉学科,它与交通运输工程、管理科学与工程、工业工程、信息技术、电子商务、国际商务等领域密切相关。

（一）交通运输工程

"发展经济,交通设施先行"已逐渐成为全民的共识。交通运输是现代社会的血脉,是现代社会经济发展的基础,因此,为适应这种现代社会发展要求而产生的交通运输工程学科就始终被列为国家重点建设的朝阳学科。

交通运输工程是研究铁路、公路、水路及航空运输基础设施的布局及修建、载运工具运用工程、交通信息工程及控制、交通运输经营和管理的工程领域。其工程硕士学位授权单位培养从事铁路、公路、港口、海洋、航道、机场工程勘查、设计、施工与养护,机车、汽车、航舶及航空器运用工程,铁道、公路、水路、航空信息工程及控制,铁路、公路、水路及航空运输规划、经营和管理的高级工程技术人才。

（二）管理科学与工程

管理科学与工程是综合运用系统科学、管理科学、数学、经济和行为科学及工程方法,结合信息技术研究解决社会、经济、工程等方面的管理问题的一门学科。这一学科是我国管理学门类中唯一按一级学科招生的学科,覆盖面广,包含了资源优化管理、公共工程组织与管理、不确定性决策研究和项目管理等众多研究领域,是国内外研究的热点。

管理科学与工程学科下设管理信息系统、工程管理、项目管理、管理科学、工业工程、物流供应链管理、物流工程等专业方向,是管理理论与管理实践紧密结合的学科,侧重于研究同现代生产、经营、科技、经济、社会等发展相适应的管理理论、方法和工具。该学科培养学生具有扎实系统的管理理论基础,合理的知识结构,正确地应用系统分析方法及相应的工程技术方法解决管理方面的有关理论与实际问题。学生在完成两年的基础课和管理类必修课学习后,根据社会需求和个人志愿可在信息管理与信息系统、工程管理等专业方向选择专业,进行专业知识学习。

（三）工业工程

工业工程是在科学管理的基础上发展起来的一门应用性工程专业技术。工业工程又分传统工业工程和现代工业工程。传统工业工程是通过时间研究与动作研究、工厂布置、物料搬运、生产计划和日程安排等,提高劳动生产率。现代工业工程以运筹学和系统工程作为理论基础,以计算机作为先进手段,兼容并蕴含了诸多新学科和高新技术。

工业工程以机械工程、电子工程等技术为基础,以工业工程的理论、方法为纽带,以运筹学、人因工程、设施规划、计算机技术及现代集成制造技术等为工具,培养能够对企业生产系统等进行规划、设计、评价和创新的技术与管理相结合的现代制造业高级管理人才和物流专门人才。

（四）信息技术

众所周知,信息化、自动化、网络化、智能化、柔性化是现代物流的特征。物流技术最主要的发展趋势是向信息化发展,主要包括网络通信技术、自动识别技术、自动监控技术、自动导引技术、模拟仿真和机器人技术等方面。从数据采集的条码系统,到对物流全过程进行跟踪、识别、认证、控制和反馈,这些都是现代信息技术在物流各个环节的广泛应用。因此在物流专业课程设置时,要特别重视此类学科的开设。例如:中国物品编码中心、中国自动识别技术协会在全国高等院校推广普及的"条码技术与应用"以及"自动识别技术"等课程。

（五）电子商务

电子商务是指利用计算机网络,通过电子化的手段进行以商品交换为中心的各种商业贸易活动。电子商务的产生是为了简化烦琐的订单处理的过程,提高物资的利用率和资金周转率,解决信息流、资金流处理滞后的问题。为了保证电子商务的有效运行,要求提高物流管理信息化、自动化、网络化、柔性化等物流现代化的水平,确保商流、物流从供方向需方的快速转移,从而保证电子商务从虚拟到现实的最终完成。

（六）国际商务

随着中国加入世界贸易组织,国际采购、国际配送、国际快递、国际运输、国际中转等国际间的贸易、服务也越来越频繁。国际物流业务是伴随着国际商务活动的发展而产生和发展起来。国际物流是为了克服供需时间和空间上的矛盾而发生的商品物流跨越国境的流动。

第二章　物流工程专业的教学安排

第一节　物流工程专业的培养目标

围绕学校"按照立德树人要求,大力培养具有社会责任感、创新精神、专业知识和实践能力,适应经济社会发展需要的高素质应用型专门人才"的人才培养总体目标,本专业培养具备现代物流专业知识,系统掌握物流领域基础理论和物流系统分析优化、物流信息技术应用开发及物流设施设备集成等关键工程技术方法,具有良好的思想道德和文化修养,具备较强的创新精神和实践能力,能够适应我国经济建设与社会发展需要,在物流系统规划实施、物流项目管理、物流信息技术开发应用等领域从事工作的特色型物流专业人才。

学生能从基层业务做起,毕业两到三年可以进行基层管理,并具有较强自我学习能力和后续发展潜力,最终发展为公司的中、高层层管理人才,毕业五年后预期达到企业物流部门生产与经营管理负责人岗位。

培养目标1:培养德、智、体、美全面发展,具有较高的政治素养、良好的道德修养和理想情操,具有正确的世界观、人生观和价值观的人才。

培养目标2:培养具有必要的科学知识,掌握基本的科学方法,崇尚科学精神,具备基本科学素养的人才。

培养目标3:培养掌握物流工程的专业知识,能够适应经济社会发展需要,具有从事物流实践活动的基本能力和素质的应用型物流人才。

培养目标4:培养具有较强的自主学习能力,能够不断学习和适应发展,具有较好的发展潜力,能够不断拓展物流知识领域和提高物流业务水平,能进行物流工程指挥、决策的应用型高级工程技术与管理人才。

培养目标5:培养具有开拓创新精神,具有较强的创新创业意识,掌握创业理论知识和技能,能够运用企业管理和物流知识进行自主创业的应用型创新创业人才。

第二节　物流工程专业的课程设置

物流工程是管理与技术的交叉学科,它与交通运输工程、管理科学与工程、工业工程、计算机技术、机械工程、环境工程、建筑与土木工程等领域密切相关。

通识必修课:思想道德修养与法律基础、大学英语A(Ⅰ)、大学体育(Ⅰ)、大学生心理健康教育、大学计算机、大学英语A(Ⅱ)、应用文写作、马克思主义基本原理概论、大学体育(Ⅱ)、毛泽东思想和中国特色社会主义理论体系概论、大学英语A(Ⅲ)、大学体育(Ⅲ)、中国近现代史纲要、军事理论、大学英语A(Ⅳ)、形势与政策、大学体育(Ⅳ)、大学体育(Ⅴ)、大学生职业发展与就业指导。

通识选修课:音乐素养、大学生创新创业素质教育、素质拓展、通识选修等相关课程。

专业课程:高等数学 B(Ⅰ)、管理学原理、高等数学 B(Ⅱ)、经济学原理、线性代数与概率统计、应用统计、专业导论课、工程制图及 CAD、机械基础、电路与电子基础、运筹学、物流工程、配送中心规划与设计、供应链管理、物流系统仿真、物流系统规划与设计、国际物流(双语)。

专业选修课:物流学概论、采购管理、市场调查与预测、计量经济学、仓储管理与库存控制、工程经济学、生产运作与管理、物流运输管理、流通经济学、现代物流装备、学科前沿、创业学。

物流信息方向课程:ERP 原理与应用、物流信息技术与信息系统、网站设计与开发。

物流营销方向课程:市场营销学、商务谈判与推销技巧、网络营销。

集中实践:军事技能、认识实习、职业素质拓展训练、仓储管理实训、配送中心规划与设计课程设计、物流企业业务实习、物流系统规划与设计课程设计、大学生创新创业实践、物流系统综合设计实训(综合训练项目 1)、岗位实训(综合训练项目 2)、毕业实习、毕业设计(论文)。

物流工程专业核心课程有:运筹学、物流工程、配送中心规划与设计、物流系统规划与设计、供应链管理、物流系统仿真。

第三节 物流工程专业的教学环节

一、教学环节的内容

(一)备课

备课是教学五环节的首要环节,也是影响教学有效性的关键因素。备课要求教师对素质教育有正确的认识,对教材和课标有正确的理解,对整册教材和整个学段有整体的认识,对学生原有的知识基础有充分的把握,甚至对学生的秉性、特长和不足有很好的了解,更高一点的要求的话教师对相关的知识要有更深层次的了解。备课也是教师对教育认识、态度、水平等综合素质的一次检测。良好的开端是成功的一半,备课质量的优劣将会影响整个教学过程和教学的有效性。

(二)上课

上课是教学五环节的核心,是教学有效性的实施和体现的过程。如果说备课是战略,那上课就是战术的具体实施了,上课 45 分钟必须紧紧围绕备课设定的目标,课堂内容有序推进。上课绝不是背教案,好多环节和内容是生成性的,需要老师的智慧来对学生进行及时的引导和培养,所以上课也是一门艺术。根据双向互动信息的交流,科学预留作业巩固已学的知识。

(三)作业

作业是教学五环节中的一个重要环节,具有承上启下的作用,既是对备课、上课有效性的检验,也是辅导和检测的依据。作业的设置是对教师对教材和学生把握以及教师专业化水平的考量,作业的有效性又是对备课和上课有效性的检测。因此作业不仅仅是检查学生的认知水平的重要环节,也是检测教师教学能力和水平的一个重要环节。作为老师要重视作业的精选,布置适量、适合的作业可以提高学生的学习兴趣。作业绝不是学生的事情,作业是师生共同的作业。作业批改是作业的一部分,教师要做到有布置必收、有收必批、有错必纠,让学生纠后全会。通过认真及时批改作业可以知道上课中留下的遗憾,学生在哪些知识点或能力方面还比较薄弱,为后期的复习或个别辅导提供了信息。

（四）个别辅导或全体辅导

个别辅导或全体辅导是对前几个环节的拾遗补阙,是整个教学有效性的完善。个别辅导是以人为本和分层教学的实际运用,是一种很好的办法。辅导要及时,注意时效性。辅导要分层,对共性问题集中辅导,个性问题个别辅导,特殊学生特别辅导。对新进入大学的大一学生更应特别辅导。

（五）检测

检测是前四个环节有效性测评的一种手段,具有很强的科学性和标杆性。试卷是考核学生掌握程度的依据,切忌随意照搬照抄试卷,也切忌随心所欲地出卷,否定自己上课时对教材的把握,误导学生复习的方向。

二、教学环节实施方法

鼓励专业教师根据物流专业课程的教学特点,探索理论教学、实践教学等多种教学方法的改革与创新。鼓励开展启发式、体验式、讨论式、参与式、研究式教学,鼓励教师开发和采用慕课、微课、翻转课堂等教学资源,大力促进互联网和移动互联、云计算、大数据及信息与网络技术在物流教学与研究中的应用,扩大小班教学覆盖面,鼓励运用大数据技术,掌握不同学生学习需求和规律,为学生自主学习提供更加丰富多样的教育资源。改革考试考核内容和方式,注重考查学生运用知识分析、解决物流专业问题的能力,探索非标准答案考试,破除"高分低能"积弊。

三、教学环节监控

教学环节监控,其中监是过程,控是目标,制度是管理的章法,一经颁布,必须严格执行。制度一旦建立、一经颁布就必须严格执行。教学情况检查也是教学质量监控体系中最基本最常用的监督手段之一。教学情况的检查应始终贯穿于教学过程中,其间穿插举办教师、学生座谈会等来了解情况。出现问题要及时反馈及时督控、及时归纳和总结,以便更好地指导和改进教学与教学管理工作。为此,我们采取全面检查＋专项检查＋日常检查相结合的方式。

（一）着力健全"学校监控＋分院监控＋学生信息员监控"三级督导制度

应用型本科高校依然要创建"专兼结合",即"学校监控＋分院监控＋学生信息员监控"的三级督导管理机制。校督导室全面负责,统一和协调管理。一般督导室的负责人由教务处处长兼任为宜。

1. 由教学主管校长、教务处和校教学督导组参与的校级教学质量监控环节

学校监控主要负责在校级层面为教学质量监控提供政策保证、制度保障及过程规范,以督促、指导教学过程、教学管理与教学改革的实施。教学质量监控措施包括定期检查和随机抽查两种形式。

2. 由各分院院长、教学副院长、分院教学督导小组、教研室主任、课程负责人等参与的分院教学质量监控环节

分院监控主要负责在分院层面上指导教学过程、教学管理和教学改革方案的实施和落实；指导专业培养方案制订、课程教学大纲制订、课程建设、青年教师的培养等专业建设工作的实施；督促日常教学任务的完成与规范化建设；搜集、分析教师和学生对教学管理工作的意见和建议。

3. 由学生信息员参与专业教学质量监控环节

学生信息员主要由来自本专业的不同年级、不同班级的学生组成，主要负责从学生"学"的角度收集和传递教学信息，反映学生对教和学的意见和建议，及时监控和掌握教师的教学、实验、实习课程设计等教学环节的质量与效果，传递学校与教学相关的政策和精神，宣传校纪校规，并收集其他同学的意见。

（二）实施"动态"全过程、全方位监控

1. 课堂教学监控

一是学期初监控，即每学期初，分院组织进行教学任务安排和课程表、教案和教材、教学进度安排、实践大纲和教学大纲等准备情况的检查。二是期中监控，即在学期中学校和分院重点监控教学内容、教学秩序、教风和学风、实验教学等情况，并组织学生座谈会、教师座谈会及教学情况调查。三是期末监控，在期末学校和学院督导组通过随机抽查的方式，对考试、课程论文、实训、实习、毕业论文等情况进行监控，并组织学生参加学校网上评教。

2. 实践教学监控

（1）规范完善实践教学管理制度。对实践教学规范管理，建立本科实践教学管理规定。首先由各学院制定既符合国家对相应学科、人才培养的要求，又符合本专业发展需求的实践教学计划，包括实践教学的时间、地点、指导教师、经费配比等情况，报教务处实践教学管理科审核。其次，制定一系列实践教学规章制度，包括实践教学文件的设计与制定，实践教学政策制定，实践教学过程监控及质量反馈管理，实践教学经费管理，保障实践教学工作的开展。

（2）建立实践教学基地，实现校企合作共赢。实践教学与理论教学很大的一个差别在于实践教学常常需要与外单位合作，让学生真实感受专业理论如何转化为实践应用，并在此训练中获得社会常识的教育、企业文化的熏陶等。寻找合适的实践教学合作单位，建设稳定的实践教学基地是目前高校实践教学的重点，也是难点。如何找到实践教学单位的需求，实现校企合作共赢仍需多方探索。实践教学基地的建设管理主要包括立项管理、运行管理、质量管理。

（3）建立实践教学质量反馈机制。构建实践教学环节监控体系并非为了监控而监控，而是通过监控体系的建立，发现实践教学中的不足之处，分析问题，解决问题，以期提高和改善教学效果，故需建立实践教学质量反馈机制。学校应当通过各级管理机构，充分收集管理人员、一线教职工、企业、学生的意见和建议，必要时组织专人调研。另外为了保证信息反馈的及时和全面，可以借用新型媒体和通信手段，广开言路。

3. 考试环节监控

考试是检验学习效果的重要环节。为提高教学质量，在每学期初，学校和分院分别对上学期的试卷进行抽查，同时对发现的问题及时反馈，并提出整改意见，对考试的命题、考试的

过程以及成绩的评定进行监督。

重点一：对考试命题监控。考试命题要求能够覆盖课程大纲的所有主要内容，并能区别不同水平的学生。命题教师完成难度、题量相当的两份试卷，由教研室主任审阅后交教务处考务科，考务科任意抽取一份试卷作为考试卷。两份试卷不允许重复，要求试卷的重复率不得超过 20%。对于公共基础课、学科基础课实行统一命题，统一评分标准，统一阅卷，以教考分离的形式考核。

重点二：对考试过程监控。考试前，学院组织教师和学生学习考试管理相关规定，各班召开考前动员会，开展诚信教育，各班签订考试承诺书。明确教师监控职责和学生考场要求。教务处负责公共基础课、学科基础课和专业课等考试课程的考试时间和地点的安排，分院负责考查课的考试时间和地点的安排。考试中，由学校领导、教务处和督导室、各分院分管教学和学生工作的院领导等组成的巡考小组对考试过程进行全面巡查。

第四节　物流工程专业主要课程介绍

根据《物流管理与工程类专业教学质量国家标准》的指导思想，结合物流工程是以物流系统为研究对象，研究物流系统的规划设计与资源优化配置、物流运作过程的计划与控制以及经营管理的工程领域的要求，确定物流工程专业主要课程如下。

一、物流工程

物流工程是物流工程专业的一门专业必修课，是培养学生解决物流系统的设计与实施问题能力的重要的课程。本课程综合了国内外物流学、物流工程、设施规划与设计、物料搬运、生产运作管理等基本理论，系统深入地阐述了物流工程概述、设施选址、设施规划与设计、物料搬运系统设计、仓储管理与库存控制、物流配送规划设计、物流信息系统、物流中心以及物流工程理论的应用等主要内容。

本课程作为物流工程专业核心课程之一，重点突出了对学生物流系统规划与设计能力的训练。因此在教学过程中对物流工程相关理论知识讲授的同时，要辅助相关的案例、模拟、演示教学，培养学生成为既掌握物流工程的基本理论与方法，又具备实践技能的物流专业人才，以适应我国物流管理科学化与现代化的需要。

二、配送中心规划与设计

配送中心规划与设计是物流工程专业本科生的专业必修课，是一门用以培养学生配送中心规划与设计能力的专业课程。本课程主要讲解物流配送中心的概述、配送中心规划与设计的资料收集、物流配送中心的建设程序、配送中心的系统规划、配送中心的设施设备规划、配送中心的区域设计、配送中心的基本作业管理、配送中心的库存管理、配送中心的信息系统规划等主要内容。

本课程作为物流工程专业的专业核心课程之一，重点突出了对学生配送中心规划、设计能力的学习与训练。因此，在教学过程中对配送中心规划与设计相关理论知识讲授的同时，要辅助相关的模拟、案例、演示教学、习题训练，以巩固培养学生对配送中心规划与设计的基本理论与设计方法的掌握与理解，同时又强化学生对物流配送中心规划设计的实践能力培养,以适应物流行业科学化与现代化对专业人才的需求。

三、供应链管理

供应链管理是企业管理理论的一个重要组成部分,是工商管理、市场营销、物流管理、物流工程等专业的专业必修课程。本课程的主要研究对象是供应链的集成,主要解决供应链交易伙伴存在的多种冲突。

本课程的目的和任务就是使学生掌握供应链战略管理、供应链的设计构建、供应链管理中的现代物流方法;掌握供应链管理中的采购与库存管理、供应链管理的方法;掌握供应链管理中的信息技术、供应链绩效评价与激励方法等,从企业高级管理者和决策者角度去考虑企业发展的重点问题。

四、物流系统规划与设计

物流系统规划与设计是物流工程专业的一门专业必修课,通过对本课程的学习,学生可以提高对物流系统规划与设计重要性的认识,了解物流系统规划与设计的内涵,较好地熟悉物流系统规划与设计的内容、步骤和方法,掌握物流系统规划与设计思想、理论、方法和技术发展的动态,学会用系统观的眼光去认识企业物流活动中的诸多问题,为参与物流工程与管理的实践奠定基础。

五、物流信息技术与信息系统

物流信息技术与信息系统课程是物流工程专业的专业必修课。现代物流管理具有信息化、自动化、网络化、智能化等特点,所以物流管理信息系统是现代物流运作和发展的基础和平台。本课程以物流信息技术为主要研究对象,以物流信息系统开发为主要教学内容,以理论指导实践为主要教学目标。

本课程涵盖了物流条码技术,EDI(电子数据交换)技术,GIS(地理信息系统)、GPS(全球定位系统)技术,物流信息系统的开发方法,物流信息系统的分析与设计,物流信息系统的实施、运行与管理,物流信息系统的最新发展等。本课程的教学,可以培养学生掌握物流信息相关技术、物流信息系统分析与设计的能力,为现代物流管理信息化的应用和发展打下基础。

六、运筹学

运筹学课程是一门广泛应用现有的科学技术知识和数学工具,以定性与定量相结合的方法研究和解决管理、经济和工程技术中提出的实际问题,为决策者选择最优决策提供定量依据的一门决策科学。运筹学的理论内容丰富,它的实践背景和应用范围涉及工业、农业、军事、经济管理科学、计算机科学等领域,它具有鲜明的实践性和经济性,许多问题的解决丰富了数学理论和方法的发现,甚至产生了应用数学的多个新的分支。

本课程是让学生熟悉一些运筹学的基本模型及其求解原理、方法技巧,掌握运筹学整体优化的思想和若干定量分析的优化技术,同时能够运用常用软件(如 Lindo,Lingo,Matlab等)求解运筹学问题,从而使学生正确应用各类模型分析、解决不太复杂的实际问题。

第三章　物流工程专业基础知识与学习方法

第一节　基　本　概　念

一、物流

物流是物品从供应地向接收地的实体流动过程,并根据实际需要,将运输、储存、装卸、包装、流通加工、配送、信息处理等基本功能实施有机结合。

物流不仅包括实物流动过程,还包括伴随这一过程的信息流动。因此,我们认为,现代物流泛指原材料、产成品及相关信息从起点至终点有效流动的过程,它将运输、仓储、装卸、加工、整理、配送、信息等方面有机结合,形成完整的供应链,为用户提供多功能、一体化的综合服务。

二、物流系统

物流系统是物流设施、物料、物流设备、物料装载器具及物流信息等所组成的具有特定功能的有机整体。目的是实现物资的空间效益和时间效益,在保证社会再生产进行的前提下,实现各物流环节的合理衔接,并取得最佳的经济效益。

运输和仓储是物流系统的主要组成部分,物流信息系统是物流系统的基础,物流通过产品的仓储和运输,尽量消除时间和空间上的差异,满足商业活动和企业经营的要求。

三、物流工程与物流管理

物流工程:运用工程分析与设计的手段来实现所要求的物流系统(规划、设计、设备、工具等),物流工程是静态的概念。

物流管理:对给定的物流系统,通过组织、计划、财务、控制等手段来实现物流系统的高效、低成本和高质量的运行,物流管理是动态的过程。

四、设施规划与设计

设施规划与设计是根据系统(如工厂、学校、医院、办公楼、商店等)应完成的功能(提供产品和服务),对系统各项设施(如设备、土地、建筑物、公用工程)、人员、投资等进行系统的规划和设计。

它是在原材料接收至成品装运全过程中,对人员、物料及任何一单位的操作所需的机器设备等做最有效的组合与安排,且与工厂内的设备协调,以期获得安全且最大效率与最经济的操作。

五、物料搬运

物料搬运是物流各项活动中出现频率较高的一项作业活动。它是把物流各环节以及每一环节各活动连接起来的桥梁和纽带。它的效率的高低，直接影响着物流的整体效率。习惯上，"装卸"是指以垂直位移为主的实物运动形式；而"搬运"是指物料在区域范围内所发生的以水平方向为主的短距离的位移运动形式。

物料搬运系统的意义为在适当的成本下，采用正确的方法、顺序、方向、时机在正确的位置提供正确数量、正确条件的正确物料。

六、仓储

仓储就是利用仓库存放、储存未及时使用或即将使用的物品的行为，或指在特定的场所储存物品的行为。

七、库存

根据美国生产与库存管理协会（APICS）对库存的定义，库存是以支持生产、维护、操作和客户服务为目的而存储的各种物料，包括原材料和在制品、维修品和生产消耗品、成品和备件等。换句话说，库存就是在生产及流通领域中供应商、制造商、零售商及运输等各个环节所持有的原材料、零部件、成品。

八、库存管理

库存管理是企业生产过程的重要组成部分，是指企业为了生产、销售等经营管理需要而对计划存储、流通的有关物料进行相应的管理，如对存储的物料进行接收、发放、存储保管等一系列的管理活动。

九、库存控制

库存控制，是对制造业或服务业生产、经营全过程的各种物品，产成品以及其他资源进行管理和控制，使其储备保持在经济合理的水平上。库存控制是使用控制库存的方法，得到更高的盈利的商业手段。

十、物流信息

物流中的信息流是指信息供给方与需求方进行信息交换和交流而产生的信息流动，它表示了品种、数量、时间、空间等各种需求信息在同一个物流系统内、在不同的物流环节中所处的具体位置。物流活动进行中必需的信息为物流信息。物流信息和运输、仓储等环节都有密切关系，在物流活动中起着神经系统的作用。

十一、物流信息系统

物流信息系统是计算机管理信息系统在物流领域的应用。广义上来说，物流信息系统应包括物流过程的各个领域（包括运输、仓储、配送、其他物流活动等）的信息系统，是一个由计算机、应用软件及其他高科技的设备通过网络连接起来的动态互动的系统。而狭义上说，物流信息系统只是管理信息系统在某一涉及物流的企业中的应用,即某一企业(物流企业或非物流企业)用于管理物流的系统。

十二、物流成本

物流成本或物流费用是指物流活动中所消耗的物化劳动和活劳动的货币表现。

十三、供应链

供应链是围绕核心企业,通过对信息流、物流、资金流的控制,从采购原材料开始,制成中间产品以及最终产品,最后由销售网络把产品送到消费者手中的将供应商、制造商、分销商、零售商,直到最终用户连成一个整体的功能网链结构模式。它不仅是一条连接供应商到用户的物料链、信息链、资金链,而且是一条增值链,物料在供应链上因加工、包装、运输等过程而增加其价值,给相关企业都带来收益。从物流的观点看,供应链就是广义的物流。

十四、供应链管理

供应链管理是一种集成的管理思想和方法,它执行供应链中从供应商到最终用户的物流的计划和控制等职能。例如,伊文斯(Evens)认为:"供应链管理是通过前馈的信息流和反馈的物料流及信息流,将供应商、制造商、分销商、零售商,直到最终用户连成一个整体的管理模式。"

十五、第三方物流

第三方物流是物流专业化的一种重要形式,是由商品的供方和需方之外的第三方提供物流服务,第三方不参与商品供需双方之间的直接买卖交易,而只是承担从生产到销售过程中的物流业务,包括商品的包装、储存、运输、配送等一系列服务活动。

十六、第四方物流

第四方物流的一种定义是"指集成商们利用分包商来控制与管理客户公司的点到点式供应链运作";另一种是"一个集中管理自身资源、能力和技术并提供互补服务的供应链综合解决办法的供应者"。而安盛公司提出的第四方物流的概念是"第四方物流是一个供应链集成商,它调集和管理组织自己的以及具有互补性的服务提供商的资源、能力和技术,以提供一个综合的供应链解决方案"。

十七、精益物流

精益物流是指面向客户、以精益思想为主导,实现物流系统的持续改善与创新的技术方法体系。

十八、绿色物流

我国 2001 年出版的《物流术语》对绿色物流的定义是:在物流过程中抑制物流对环境造成危害的同时,实现对物流环境的净化,使物流资源得到最充分的利用。

第二节 主要理论

物流学科的建立,本身依赖于其他已经成熟的学科作为自己的理论基础,物流理论就是在这些理论的基础上发展起来的,这也是物流与其他相关学科联系的具体反映。与物流学科构成最紧密联系的理论主要有四类:系统论、运筹学、经济学与管理学。

一、物流学说

(一)商物分离(商物分流)

所谓商物分离,是指流通中的商业流通和实物流通各自按照自己的规律和渠道独立运动。"商",指"商流"即商业性交易,实际是商品价值运动,是商品所有权的转让;"物"即"物流",是商品实体的流通。从来,商流、物流是紧密地结合在一起的。商品交易一次,商品实体便发生一次运动,两者共同在流通过程中运动,但是运动形式不同。甚至今日,这种情况仍不少见。

商物分离是物流科学赖以存在的先决条件。第二次世界大战后,商业流通和实物流通出现了明显的分离,从不同形式逐渐变成了两个有一定独立运动能力的不同运动过程,这就是所称的"商物分离"。

(二)黑大陆和物流冰山说

著名管理学权威德鲁克曾经讲过:"流通是经济领域里的黑暗大陆"。德鲁克泛指的是流通,由于流通领域中物流活动的模糊性尤其突出,是流通领域中人们更认识不清的领域,所以"黑大陆"说法现主要针对物流而言。

物流冰山说是日本早稻田大学西泽修教授提出来的。他研究物流成本时发现,现行的财务会计制度和会计核算方法都不可能掌握物流费用的实际情况,因而人们对物流费用的了解是一片空白,甚至有很大的虚假性。他把这种情况比作"物流冰山"。冰山的特点,是大部分沉在水面之下,而露出水面的仅是冰山的一角。

(三)第三利润源泉说

生产领域创造利润的"第一源泉"(物质资源的节约)和"第二源泉"(劳动消耗的降低)已几乎开发殆尽,渐趋枯竭。

人们转向流通领域。商品流通由物流、商流和信息流组成,而商流和信息流一般不会创造新的价值,所以物流成了众人瞩目的焦点,成为企业的"第三利润源泉"。物流被看作"降低成本的最后边界"。

(四)效益背反说

效益背反指的是物流的若干功能要素之间存在着损益的矛盾,也即,某一个功能要素的优化和利益发生的同时,必然会存在另一个或另几个功能要素的利益损失,反之也如此。这是一种此涨彼消、此盈彼亏的现象。虽然在许多领域中这种现象都是存在着的,但物流领域中,这个问题似乎尤其严重。

二、系统布置设计(SLP)理论

系统布置设计(SLP)是一种条理性很强,将物流分析与各作业单位之间的关系分析相结合,以求得合理布置的技术。SLP法将研究设施布置问题的依据和切入点归纳为 P ——产品、Q ——产量、R ——工艺过程、S ——辅助部门、T ——时间,共 5 个基本要素。

首先,采用 SLP 法进行企业总平面布置的首要工作是对各作业单位之间的相互关系做出分析,包括物流和非物流的相互关系,经过综合得到作业单位相互关系表。

其次,根据相互关系表中作业单位之间相互关系的密切程度,决定各作业单位之间距离的远近,安排各作业单位的位置,绘制作业单位位置相关图。将各作业单位实际占地面积与作业单位位置相关图结合起来,形成作业单位面积相关图。

最后,通过作业单位面积相关图的修正和调整,得到数个可行的布置方案,再采用加权因素对各方案进行评价择优,并对每个因素进行量化,以得分最多的布置方案作为最佳布置方案。

三、物料搬运系统分析(SHA)的物流分析理论

物料搬运包括物料、产品、元件或物品的移动、运输或重新安放,通常需要设备、容器和一个包括人员组成的搬运系统。所以物料搬运的基本要素是物料、移动及方法。SHA 是一个系统化、条理化、合乎逻辑顺序、对任何物料搬运项目都适用的方法。

四、供应商管理库存(VMI)

供应商等上游企业基于其下游客户的生产经营和库存信息,对下游客户的库存进行管理与控制。供应商管理库存的主要思想是供应商在用户的允许下设立库存,确定库存水平和补给策略和拥有库存控制权。这种思想打破了传统的各自为政的库存控制模式,体现了供应链的集成思想。

五、联合库存管理(CIM)

CIM 是指供需双方同时参与、共同制订库存计划,使供应链管理过程中的每个库存控制者(供应商、制造商、分销商)都能从相互间的协调性来考虑问题,保证供应链相邻的节点企业之间的库存管理者对需求的预测保持一致,并且所有企业利益共享、风险分担的一种供应链库存管理策略。

六、精益生产理论

精益生产是一种涉及观念、组织、流程、环境与经营方式、管理目标的高效企业经营管理模式,其基本内涵源于日本的丰田生产方式。

精益生产方式的根本所在:有条不紊、行云流水般的汽车组装线,精益求精的产品制造、创造与研究——为社会做贡献的精神和追求卓越、不断改进的热忱之心永续相传;通过彻底消灭多余的损耗和浪费、及时地为顾客提供魅力十足的产品和服务。

七、物料需求计划(MRP)

MRP 按照基于产品结构的物料需求组织生产,根据产品完工日期和产品结构规定生产计划,即根据产品结构的层次从属关系,以产品零件为计划对象,以完工日期为计划基准倒排计划,按各种零部件的生产周期反推出它们的生产与投入的时间数量,按提前期长短区别各个物料下达订单的优先级,从而保证在生产需要时所有物料都能配套齐备,不到需要的时候不要过早积压,以达到减少库存量和减少占用资金的目的。

八、MRP Ⅱ

MRP Ⅱ 的基本思想是把 MRP 同其他所有与生产经营活动直接相关的工作和资源,以及财务计划连成一个整体,实现企业管理的系统化。从系统来看,MRP Ⅱ 是一个闭环系统,一方面,它不单纯考虑 MRP,还将与之有关的能力需求计划、车间生产作业计划和采购计划等方面一起考虑,使整个问题形成"闭环";另外一方面,从控制论的观点,计划制订与实施后,需要不断根据企业内外环境变化提供的信息反馈,适时做出调整,从而使整个系统处于动态的优化之中。

所以,它实质上是一个面向企业内部信息集成及计算机化的信息系统,即将企业的经营计划、销售计划、生产计划、物料需求计划、现金流动计划以及物料需求和生产能力需求计划的实施执行等通过计算机有机地结合起来,形成一个由企业各功能子系统有机结合的一体化信息系统,使各子系统在统一的数据环境中运行。

九、ERP

ERP 是美国加特纳公司在 20 世纪 90 年代首先提出来的,其核心思想是供应链管理,把客户需求和企业内部的生产活动以及供应商的制造资源整合在一起,体现完全按用户需求制造的一种供应链管理思想的功能网络结构模式。它强调通过企业间的合作,强调对市场需求快速反应、高度柔性的战略管理以及降低风险成本、实现高收益目标等优势,从集成化的角度管理供应链问题。

第三节 学习方法

一、基本方法

对于对每个进入大学殿堂的学生来说,大学校园也意味着无限可能。而现在的大学生面临着更大的压力与挑战。大学生必须掌握各种知识和能力,学习方法至关重要。两千多年前孔子说过:"知之者不如好之者,好之者不如乐之者。"兴趣是最好的老师,有兴趣才能产生爱好,爱好它就要去实践它,达到乐在其中,所以说:兴趣是学习的不竭的动力源泉。

要想取得好的学习成绩,必须要有良好的学习习惯。在学习过程中,要把教师所传授的知识翻译成为自己的特殊语言,保证每天有一定的自学时间,以便加宽知识面和培养自己的再学习能力。

（一）课前预习

课前预习是提高听课效果的一个重要策略。课前预习就是每节课前把本次课将要讲授的内容进行预习,初步熟悉课程内容,找到听课和理解的重点、难点、疑点,记下自己的困惑之处、薄弱环节,带着问题进课堂,以期在课堂学习中得以解决。

（二）课堂学习

在课堂上要尽最大可能地跟着老师的思路走,尽可能使自己保持积极的听课状态,对于老师所讲的重点、难点、疑点要认真思考,通过听讲来解决预习时提出的问题,深化对问题的理解,通过听课检查和锻炼自己的思维。并且不要满足于老师的思路,应多思考一下有没有其他的方法或可能。课堂的学习是一个双向交流的过程:一方面老师讲你听,另一方面通过把你的反应反馈给老师,使老师知道自己所讲的内容是否被你理解。因此你要积极地思考,认真地回答老师提出的问题,勇于发表自己的观点和看法,使老师了解你现有的思维水平。要认真做好听课笔记,记下课文的要点、重点、难点,老师的解释、提示和见解,自己的疑问和理解。俗话说"好记性不如烂笔头",再灵敏的脑袋也无法抗拒时间的消磨。做笔记是一种很好的辅助学习法,它可以帮助人们克服大脑记忆的限制、回忆课堂教学内容。但是做笔记不能成为对教学内容的机械复制,它同时是一个思考的过程。做笔记一定要取舍得当,详略适中,重点是老师提示的重点和自己不会的难点。记笔记的过程必须科学分配自己的注意力,针对科目的难易有所侧重:对于较难的科目,可以 50% 的时间听讲,50% 的时间记笔记;对更注重灵活性和创造性的科目,90% 的时间听讲,10% 的时间记下提纲就足够了。笔记必须要做到层次分明,一目了然,才更有价值。

（三）课后复习

要及时对听课内容进行复习,进行积极的回忆和必要的重新学习,以加深对学习内容的总体理解,减少遗忘。而且,遗忘的进程是不均衡的,刚开始遗忘得较多、较快,以后遗忘得较少。根据遗忘发生的规律,可以采取适当的复习策略来克服遗忘,即在遗忘尚未产生之前,通过复习来避免遗忘,所以,在复习时要注意复习的时间安排。

二、专业学习法

（一）基于互联网技术的自主探究学习法

自主探究学习法就是学生主动进行知识建构的学习方法。教育信息化环境下,自主探究学习已经成为大学生专业学习的最核心的环节。这种学习方法不是由教师直接告诉学生应当如何去解决面临的问题,而是由教师向学生提供解决该问题的有关线索(例如,需要搜集哪一类资料、从何处获取有关的信息资源以及现实中专家解决类似问题的探索过程等),学生自己自主发现问题、探究问题、获得结论的学习方法。

1. 积极参与课堂,实现教师引导下的自主学习

自主探究学习法在现代物流的课堂教学中的实施不是教师一个人或者是某些优秀学生就可以完成的。这个过程需要教师依据教学内容将学生进行分组,然后组内队员之间进行研究讨论,这样以小组为单位有利于同学间善意的竞争,激发学生的兴趣,提高学生的积极性;接着小组与小组之间进行沟通交流,分享各自已取得的信息和研究成果,从而促进学生发现问题和解决问题的创造性思维和发散性思维能力的提升。在教与学的过程中,教师与

学生、学生与学生就教学内容进行平等的交流、真诚的沟通，在合作的氛围中各自构建自己的知识与认识，教师在课堂中扮演一个引导者的角色。学生通过参与课堂，进一步激发学习兴趣，形成自主思考、主动学习的习惯。

2.分角色小组合作学习法

分角色小组合作学习法主要是利用已经学到的理论知识，共同完成某项方案的设计，如对某项产品进行供应链设计、配送中心的选址规划、配送系统规划、配送中心内部布局规划设计等。这种学习法一般首先是教师给出设计方案方向以及设计角色，然后学生自行分组，每组要完成相应的任务，最后共同完成物流运作中相应的设计方案。在这种分角色小组合作学习过程中学生利用实际调研和上网、图书馆收集资料，综合知识分析，最后得到设计方案，在该过程中使学生的团结合作、协调、沟通等能力得到锻炼提升。

3.充分利用微课、大学公开课等自主学习模式

第一，大学生利用学校的网络空间课程进行自主学习。徐州工程学院的学生可以利用学习通软件，登录课程微课，在实体课堂开始前，学生应可以利用微课进行有针对性的预习，课堂教学结束后可通过微课进行复习、观看教学视频、提问、参与课程有关知识的讨论以及完成网上作业等。学生使用学习通软件辅助学习，在观看微课视频和参与实体课堂学习的过程中，可以通过学习通与教师进行交流，回答教师的课堂问题，查看教师发布的与物流相关的知识点等。利用网上微课辅助学习，学生可以自主利用碎片化时间进行随时实地的学习，培养良好的学习习惯。

第二，利用中国大学生网上公开课进行自主拓展性学习。在大学期间，学生可以根据自己的兴趣或者是专业需求，通过登录中国大学生网上公开课进行拓展性学习，不断提升自身的学习能力和知识水平。

（二）研究性学习法

研究性学习以学生的自主性、探索性学习为基础，从学生生活和社会生活中选择和确定研究专题，主要以个人或小组合作的方式进行，通过亲身实践获取直接经验，养成科学精神和科学态度，掌握基本科学方法，提高综合运用所学知识解决实际问题的能力。

1.项目研究学习法

项目研究学习法是指参与任课教师现有的科研项目，在任课教师的科研课题中承担社会调研和资料的查找，数据整理、数据分析甚至是部分研究成果的撰写。学生通过项目的研究，有利于找到自己关心的主题，对以后撰写毕业论文和寻找就业方向都有一定的帮助。

（1）参与任课教师的课题。

物流工程专业大三、大四年级学生应积极参加相关导师的横向和纵向科研课题，学生参与导师的科研课题研究有利于提升学生科研素养和科研动手能力。鼓励学生参加教师研究课题，独立完成一部分工作，并提交报告。

（2）申报或参加大学生课题。

物流工程专业的学生可以申报或参加大学生创新创业课题、国家创新性实验计划、科技创新活动，独立完成部分创新课题或实验工作，提交相应成果、作品或论文报告。

（3）参加专业竞赛。

物流工程专业的学生可参加各种课外科技竞赛活动，例如：全国物流设计大赛、全国大学生交通科技大赛、全国大学生物流设计大赛、"挑战杯"全国大学生课外学术科技作品竞

赛、全国大学生数学建模竞赛、全国物流仿真设计大赛、全国大学生电子商务"创新、创意及创业"挑战赛和大型企业的开放式竞赛等。

2. 案例研究学习法

案例研究学习法是一种教师指导下学生开展案例调查研究,进行基于案例的讨论分析、解决问题的研究性学习方法。案例研究学习中的案例来源可以是教师给定的,也可以是学生通过实践调查研究完成的课题或项目。

基于案例或者项目所开展的研究性学习法中学生对教师给定的案例进行拓展性的研究性学习,可以最大限度地调动学生的参与性、积极性与创造性。由于案例或项目基本来源由于社会物流实践和企业经营实际,该方法是一种能让学生更深入、全过程参与的研究性学习,有利于提升学生的物流生产实际操作和实践活动能力。

3. 讨论学习法

讨论学习法是学生在教师指导下,相互研讨、切磋琢磨、相互学习的一种学习方法。讨论学习有很多长处,可以充分调动学生的学习积极性、主动性、自觉性,充分发挥大家的能力,集思广益。讨论学习的形式可以是两个人之间相互讨论问题,交换思想、意见和观点;也可以是集体讨论,如课堂全班性讨论、小组讨论学习法。讨论学习法关键如下:

首先,做好讨论的准备工作,讨论能否成功,能否取得好的效果,准备工作至关重要;其次,积极参与讨论过程,在讨论过程中要求学生积极、大胆发言,发言要言之有理、论之有据;最后,做好讨论的小结。

（三）实践学习法

实践学习法是学生亲自参加实践活动,通过实践获得知识、发展能力的学习方法。实践学习法可以使人获得新知,充分发挥人的主观能动性和创造性,活跃人的思想,锻炼人的思维能力,可以检验知识的真伪以及发展新的知识。

1. 实习作业活动

在教师的指导下,学生亲自进行实践操作活动,运用所学知识于实践之中,锻炼操作能力和运用所学知识解决问题的能力。

2. 课外与校外活动

学生通过企业参观、企业实践等实践项目,可以满足自己对专业知识的兴趣和爱好,扩大知识面,发展自己的个性。

3. 积极参加社会调研

鼓励大学生利用暑假或者寒假期间的空余时间,参加物流实践相关的社会调研。组织学生去大型物流企业、制造企业或电子商务企业等进行相应的调研。通过调研,让学生了解物流行业的现状及其存在问题,同时也激发学生的科研创新热情,积累科研创新第一手原材料,为未来科研创新奠定基础。

第四章 物流工程专业学生毕业与就业

第一节 毕业要求

一、毕业要求

本专业以工学学科为理论基础,经济、管理、理学等相互渗透,学生主要学习物流学、运筹学、运输学、管理学等基本知识,熟练掌握物流系统规划与分析,物流工程策划、预测、设计和实施,物流企业运作与管理等现代物流技术,同时具有继续深造的资质和能力。

毕业生应获得以下几方面的知识、能力和素质:

毕业要求 1:具有良好的政治素质、文化修养,扎实的人文社会科学知识,健康的体魄和心理。

毕业要求 2:掌握英语基本知识,具有较强的阅读、翻译能力和一定的口头交流能力。具有较强的计算机应用能力,能熟练地运用常用办公软件和图像处理、统计分析相关专业软件,能通过网络开展本专业的相关业务。

毕业要求 3:掌握管理学、经济学和物流工程的基本理论、基本知识。

毕业要求 4:熟悉我国有关物流管理和物流工程的方针、政策和法规,了解国际物流的相关法律和规则,了解本学科的理论前沿及发展动态。

毕业要求 5:能够应用数学、自然科学和工程科学的基本原理,识别、表达并通过文献研究分析具体物流工程问题,以获得有效结论。

毕业要求 6:具有较强的语言与文字表达能力、沟通交流能力,具有良好的团结协作精神和社会活动等基本能力,能够在多学科背景下的团队中承担个体、团队成员以及负责人的角色。

毕业要求 7:能够基于科学原理并采用科学方法对复杂物流工程问题进行研究,包括设计实验、分析与解释数据并通过信息综合得到合理有效的结论。

毕业要求 8:能够针对复杂物流工程问题,开发、选择与使用恰当的技术、资源、现代工程工具和信息技术工具,包括对复杂物流工程问题的预测与模拟,并能够理解其局限性。

毕业要求 9:具有人文社会科学素养、社会责任感,能够在工程实践中理解并遵守工程职业道德和规范,履行责任。

毕业要求 10:具有较强的创新、创业意识和一定的自主创业能力,具有一定的创新性思维能力。

毕业要求 11:掌握文献检索、资料查询的基本方法,具有收集处理信息、获取新知识的能力,具有一定的批判性思维能力。

毕业要求 12:具有自主学习和终身学习的意识,有不断学习和创新发展的能力。

二、学制与毕业条件

学制:标准学制 4 年,最长学习年限 6 年。

毕业条件:修完本专业人才培养方案规定内容,成绩合格,达到最低毕业要求的 162 学分;取得至少 4 个创新创业实践学分;体质健康测试合格;且符合学校规定的其他条件与要求,准予毕业。

三、学位及授予条件

符合《徐州工程学院学士学位授予工作实施细则》的相关规定,授予工学学士学位。

第二节 就 业 前 景

目前,物流行业在我国相当有前景,因为起步晚,所以总体发展空间巨大。从长远来看,在行业逐步成熟、人才素质越来越高的前提下,社会对物流行业的整体需求持续增长,业内核心岗位的薪酬会有大幅增长。但国内物流人才的短缺,并不是总量上的短缺,而是掌握现代物流管理技术的实用型人才的短缺,也就是懂得建立在信息系统平台上物流供应链管理的综合性人才的短缺。同时,随着国内经济发展对物流行业需求的增加,尤其是电子商务的风靡对于物流行业的显著推动,物流行业更加显示出巨大的潜力和广阔的发展前景。

物流工程领域具有重要的地位和影响,就业前景相当好,物流专业人才已被列为我国12 类紧缺人才之一,缺口较大;据统计,物流工程专业毕业生从事的热门职位有:物流主管、市场分析/调研人员、项目经理/主管、质量管理/测试工程师(QA/QC 工程师)、生产计划/物料管理(PMC)专员、生产主管/督导/领班/组长、物料主管/专员、储备干部和运输经理/主管。

物流工程专业就业方向:可在各类物流企业,工商企业的物流管理部门,各级物流行政管理部门,交通运输企事业单位,物流系统规划与设计部门,商业、流通业管理部门,物流设备研发、销售企业,科研院所、大专院校等工作,亦可报考物流工程、管理科学与工程、工业工程或其他经济管理类研究生继续深造。

第三节 职 业 发 展

物流工程专业的学生可以从物流行业的各个方面入手,如在物流企业、货代公司以及集散中心、港口等物流各个环节,承担仓储管理、运输配送管理等直接运作业务的岗位工作,需要结合自身就业意向、专业能力、兴趣和潜力选择适合自己的岗位,具体职业发展方向如下。

一、仓储、运输方向

(一)仓储

仓储类工作主要进行商品入库、在库及出库管理,具体工作是负责商品的收发和储位管理,将物料归位以便存取,另外进行商品的在库养护及盘点。为了保证商品的完好,仓储类工作要求工作人员细心谨慎,商品入库、出库时要严格按照程序进行检查,否则会造成巨大损失。工作人员也要熟悉库存商品的特点,清楚各类商品的放置和保管条件,涉及冷藏、国际仓储等特殊的商品,要清楚相应的管理流程。

职业发展:仓储物流专员、仓储理货员、仓储管理员—仓储物流主管—仓储经理。

（二）运输

运输类的工作大致包括监控日常运输,改善工作流程;控制运输成本,降低费用,定期提供运营情况及预算报告;调查、分析国内运输市场行情,拓展运输渠道;定期评估供应商的服务,维护客户关系;制定合理的运输方案,做好相关运输单据的整理汇总等。运输方向的基础岗位有运输协调员、运输操作员和运输司机等。

刚毕业的学生对于市场行情不太了解,也缺乏工作经验,但至少要有一定的理解、沟通能力和较强的组织管理能力。建议在求职之前做做功课,熟悉海关监管运输、国内运输操作流程、交通法规和交通事故的处理流程等,增加自己的求职优势。

职业发展:物流运输专员、物流管理员、物流操作员—物流主管—物流经理。

二、销售方向

销售类的基础岗位是物流销售员,主要负责开发与维护客户体系;制定销售政策、策略方案、规章制度和销售计划;进行物流成本分析,配合职能部门制定价格方案并及时调整;拟定业务销售合同文本;塑造与推广公司的品牌等。

众所周知,销售行业是真正的"一分耕耘,一分收获",做得好不好全在于自己。物流销售的入行门槛低,但对于从业者也有不少要求,例如良好的组织能力和谈判能力,乐观、自信、喜欢挑战的品质等。目前来看,国际进出口物流的竞争更加激烈,而内陆物流的市场容量相对较大,建议学生从内陆城市开始职业道路,有助于了解市场行情,提升工作能力。

职业发展:物流销售员—物流销售主管—物流销售经理。

三、开发设计方向

对物流系统开发感兴趣的学生可以考虑从事物流规划或者物流系统设计等工作,从物流规划专员做起。主要负责建立完善并落实公司的物流管理制度及工作流程;规划设计物流、供应链运作模式及物流配送网络;根据产品的开发进度,组织评审,制定产品开发各阶段物料需求计划并监控实施等。

相对于物流行业的其他岗位,物流规划设计类工作更偏向于技术,但又应用于物流行业,对于专业背景的要求更加严格,因此物流工程专业的学生首先具备了专业优势。在此基础上,学生必须熟练运用CAD、Photoshop等设计软件,有很好的沟通协调能力。

职业发展:物流规划专员、助理设计师—设计师—规划设计项目经理。

第六篇

旅游管理专业导论

第一章　我国旅游教育发展概况

第一节　我国旅游教育发展历程

国外旅游教育起源于酒店管理教育。1893年,洛桑酒店管理学院创立于日内瓦湖畔(法语称为莱蒙湖)的一家旅馆里,是世界上第一所专门培养旅馆业管理人员的学校,从此揭开了世界旅游教育的序幕。而旅游现象作为一种社会科学范围内的研究对象,国外学术研究于19世纪末在重要的旅游接待地意大利开始。1899年意大利政府统计局的鲍迪奥发表的《在意大利的外国人的移动及其消费的金钱》一文,是现今可见到的最早的从学术角度研究旅游现象的文献。此后,在意大利、德国、瑞士和奥地利等国家相继出现了一些从事旅游研究的学者。这些旅游研究为旅游教育的起步奠定了较为坚实的基础,推动了旅游教育的发展。

经过数十年的发展,我国旅游教育在学习西方和本土创新双重机制的推动下,取得了较大进步,为我国旅游产业的发展奠定了人才和知识基础。伴随着旅游业的兴起与发展,中国旅游高等教育得以崛起并得到了快速发展。1978年江苏省旅游学校正式成立,成为全国第一所旅游学校,我国的旅游职业教育从此开始。1984年该校更名为南京旅游学校,又于2007年经江苏省人民政府批准,成功转制为南京旅游职业学院。而我国旅游高等教育起步于1979年,以上海高等旅游专科学校成立为标志。20世纪80年代初期,国家旅游局与北京第二外国语学院、南开大学等高校合作,开办本科旅游专业,标志着我国旅游高等教育体系的形成。在20世纪90年代中期,我国已形成了一个规模和结构基本合理的旅游教育体系。当时旅游学科大多属于地理(旅游地理)、历史(旅游文化)、外语(旅游外语)、经济(旅游经济或旅游经济管理)、中文(旅游文化)等传统学科,在学科建设方面还存在许多问题。其后,随着旅游业的持续快速发展,社会对旅游人才的需求也不断扩大,开办旅游专业的高校数量呈爆发式增长。1999年教育部在关于本科教学计划的修订、调整工作中,将旅游管理确定为工商管理类的一个专业方向,是旅游高等教育方面的唯一专业,明确了其相对独立的学科地位。这使得众多院校对旅游及相关专业进行了调整与改革,至此我国旅游教育拉开了规范化发展的序幕。再加之1999年以来高校持续扩招,旅游专业的学生数量随之不断扩大。迄今为止,我国旅游高等教育已形成从职业教育、专科、本科到研究生(硕士、博士)四个培养层次的完整体系,为旅游行业和企业输送了各种层次、类型的旅游人才,在促进旅游业的快速、健康和稳定发展中发挥了重要作用。同时旅游高等教育承担起了旅游科学研究的主要责任,在旅游学领域研究中已经取得了较大的成就,这对推动我国旅游业科学规划、准确定位和良性发展,起了很大的促进作用。教育部发布的《普通高等学校本科专业目录(2012年版)》中,"旅游管理"升格为专业类(专业代码1209),成为一级学科门类,与"工商管理"类平级。

保继刚教授将我国旅游学科的发展分为三个阶段:1978—1989年的理想主义阶段、

1990—1998 年的现实主义阶段、1999 年后的理想主义的理性回归并与现实主义相结合的阶段。他认为在 1999 年之后一部分对 20 世纪 80 年代理想主义时期深有体会的学者,开始重新审视旅游学科的任务、性质和发展方向。展现的理性回归现象是知识分子自我审视后的一种觉醒,是对现实洞察后的冷静思考以及对理想追求的践行,是与现实主义相结合的理性回归。经过十多年的快速发展和经验积累,旅游教育与旅游学科将迎来一个新的富有活力的、知识积累加快并且将有旅游知识溢出的新阶段,成为旅游知识创造和学科建构的高峰期。而更具国际化视野的 70 后、80 后无疑将成为旅游知识创造的主力。

南开大学的陶汉军回顾了我国旅游教育的发展历程,将其分为初始阶段、发展阶段和规范标准化阶段,并对各个阶段进行了详细阐述。浙江丽水学院的邱云美从中国旅游教育的发展、旅游学科建设、旅游教育结构体系以及旅游高等教育的性质、课程设置等方面对中国旅游教育的研究进行了简略综述,提出了今后需要进一步研究的有关旅游教育的理论和实际问题。湖南理工学院的吴忠才等认为我国旅游高等教育制度变迁机理是在诱致性制度变迁与强制性制度变迁的共同作用下发展演进的,并呈现出高学历教育制度需求增加和院校培养制度供给合理化的趋势。

第二节　我国旅游高等教育发展状况

几十年来,旅游高等教育为我国旅游业的发展做出了有目共睹的贡献,旅游教育的发展呈现一种快速增长的势头,其院校数以及在校学生数都已经达到相当的规模。

一、本科层面

2015 年全国共有 542 所高校招收旅游管理类本科专业,全国共招生 55 611 人,比 2014 年多 2 225 人。2015 年旅游管理类本科专业在校 209 986 人,比 2014 年多 8 825 人,2015 年旅游管理类本科招生单位比 2014 年多了 27 所。

从地域分布看,旅游管理类本科专业的招生单位遍布全国 31 个省(市、自治区),其中东部最多,211 所,占 38.9%;其次是中部 178 所,占 32.8%;最后为西部,有 153 所。招生单位的数量差距在一定程度上也反映了我国东、中、西部地区经济社会发展水平不平衡的状况。但东、中部的差距在扩大,而中、西部的差距在缩小。此外,一些知名大学如西安交通大学、上海交通大学、浙江大学、复旦大学、厦门大学、吉林大学等已经不再招收旅游管理类本科专业学生。在创"双一流"大学战略中,这些学校的本科教学资源更多地开始向本校的优势学科集聚,这也为二线院校腾出了发展空间。

从院校隶属看,隶属教育部及其他中央部委的高校 27 所,占 4.98%。部属高校在数量上跟 2014 年持平,但所占比例下降了 0.26 个百分点;隶属地方的高校 515 所,占 95.02%,数量同比增加了 27 所。

从院校等级看,上述 542 所招生单位中,187 所为大学,227 所为学院,127 所为独立学院,分别比上一年增加 7 所、12 所和 8 所。

从院校类型看,这 542 所招生单位分属于综合、师范、工科、财经、农业、语言、民族、林业、医药、艺术和体育 11 种类别。其中,综合 180 所,师范 130 所,工科 93 所,财经 70 所,农业 25 所,语言 16 所,民族 14 所,林业 6 所,医药 4 所,艺术 2 所,体育 2 所。

二、研究生层面

2015 年我国共有 146 所高校(院所)具有旅游管理专业(或相关方向)硕士招生资格,其中"985"高校 14 所,"211"高校 50 所,115 所高校具有旅游管理专业(或相关方向)博士学位授予点。据国家旅游局人事司统计,2015 年全国旅游相关专业(方向)博士研究生招生 257 人,毕业 201 人,在校 947 人。旅游相关专业(方向)硕士研究生全国招生 1 619 人,毕业 1 298 人,在校 4 029 人。上述 146 个旅游研究生授予单位基本覆盖了全国绝大部分地区。截至 2015 年,旅游研究生授权点最多的 3 个省份(直辖市)依次是辽宁(11 个)、上海(10 个)、北京(9 个),这 3 个省份(直辖市)全部集中在东部地区。全国范围内还没有设立旅游研究生授予点的有宁夏、西藏 2 个省份(自治区),全部集中在西部地区。另外,东部地区共有旅游研究生授权点 76 个,东部每省平均 5.4 个;中部地区共有旅游研究生授权点 29 个,中部每省平均 4.8 个;西部地区共有旅游研究生授权点 41 个,西部每省平均 3.7 个。这种分布格局基本反映了我国当前旅游发展和旅游教育非均衡分布的状况。

自 2011 年起,旅游管理开始增设两年学制的专业硕士学位,2015 年全国共有 70 所院校具有招生资格,但有 10 余所院校没有招生。全国实际招生人数为 652 人。与学术学位不同的是,西部地区的专业硕士学位招生形势好于东部地区。2015 年广西师范大学录取了 94 名专业硕士研究生,是全国招生人数最多的院校。云南师范大学计划招生工作完成比例最高,达到了 150%(比计划扩招 5 个名额)。

三、高职高专层面

2015 年全国共有 1 068 所院校开设高职高专旅游大类专业,高职高专旅游管理类专业全国共招生 110 935 人。其中开设旅游管理专业的院校 826 所,全国共招生 48 043 人,占招生总量的 43.3%;开设酒店管理专业的院校 644 所,全国共招生 43 306 人,占 39.0%;开设会展策划与管理专业的院校 177 所,全国共招生 8 090 人,占 7.3%;开设导游专业的院校 102 所,全国共招生 3 889 人,占 3.5%;开设涉外旅游专业的院校 108 所,全国共招生 3 492 人,占 3.1%;开设休闲服务与管理专业的院校 38 所,全国共招生 1 190 人,占 1.1%;开设景区开发与管理专业的院校 45 所,全国共招生 996 人,占 0.9%;开设旅游服务与管理专业的院校 22 所,全国共招生 944 人,占 0.9%;开设旅行社经营管理专业的院校 29 所,全国共招生 808 人,占 0.7%。此外,招生规模较小的还有开设历史文化旅游专业的院校 5 所,全国共招生 83 人;开设邮轮服务与管理的院校 2 所,全国共招生 54 人;开设英语导游专业的院校 3 所,全国共招生 21 人;开设休闲旅游专业的院校 3 所,全国共招生 19 人。

从区域分布来看,华东地区是开设旅游类专业院校数量最多的地区,达 358 所,其次是华中地区,为 198 所,华北和华南分别为 170 所和 135 所,西南、西北和东北地区分别为 144 所、95 所、79 所。与上一年同比,华东地区和西南地区各增加了 20 所和 13 所,华北、华中、西北和东北地区的院校数量均有不同程度的减少。

综上可见,目前旅游教育的招生规模虽然不断扩大,但结构仍有待进一步优化,以不断满足旅游行业和社会需要。2015 年全国旅游专业研究生(含博硕士、专业硕士等)与本科生、高职高专、中等职业教育的招生人数比为 1∶24.49∶48.85∶40.95,呈底部(中职)收缩的金字塔结构。我们从 2015 年的招生情况已经可以看出旅游学科和专业结构的变化趋势,包括在区域、等级、层次、专业等方面的结构性调整,但对于一些旅游业中出现的新业态所急需的人才,旅游教育在学科专业和培养方向上都响应不够,当然这与跨学科复合型、双师型师资人才的短缺也不无关系。

第三节　我国高等院校旅游专业设置状况

我国旅游管理专业教育经历了 40 来年的发展历程,积累了大量的经验和教训,这些经验和教训对于旅游教育未来的发展建设是非常宝贵的财富。同时,旅游教育对中国旅游业的发展起到了重要的促进作用,为中国旅游业的发展输送了大量专业人才,同时也为本行业的发展提供了重要的理论指导。这一点,已经在旅游业的发展中得到了证明。

一、我国旅游专业教育的规模与结构

我国旅游专业教育起步于 1978 年,经过 40 来年的发展,已经形成了一个规模和结构基本合理的旅游专业教育体系。据相关资料统计,截至 2018 年年底,全国共有高、中等旅游院校(包括完全的旅游院校和只开设有旅游系或旅游专业的院校)2 614 所,其中高等院校 1 690 所,中等职业学校 924 所。2018 年旅游院校在校生总计为 672 434 人,其中旅游高等院校 440 405 人,旅游中等职业学校 232 029 人。

从地区分布看,现在全国共有 31 个省、自治区、直辖市开设了旅游专业的院校,旅游专业院校分布和地区旅游经济发展基本吻合,旅游发达地区数量多,旅游落后地区数量少。从 2018 年统计的数据看,北京、河北、辽宁、黑龙江、江苏、安徽、福建、山东、河南、湖南、广东、四川的旅游院校均超过 50 所,江苏最多,达到 238 所;旅游院校专业教师超过 1 000 人的有辽宁、山东、河南、广东和四川 5 个省。

从专业结构来看,目前旅游院校的专业设置比较复杂,全国共设有近 40 个相关专业,涉及旅游活动和旅游业的方方面面,但其中占据主要地位的是旅游管理和饭店管理两个专业,这与旅游发达国家旅游院校的专业设置是基本吻合的。欧美各国大学中就旅游学科专门设系始于 20 世纪 60 年代末至 70 年代。20 世纪 80 年代是世界各国旅游高等教育的大发展时期。到目前为止,仅美国综合性大学中设置旅游系的已有 200 余所。欧美大学的旅游系(学院)基本上可分为两类:其中最主要的一类是旅游管理系,如英国萨里大学旅游管理系、美国夏威夷大学旅游管理学院和乔治·华盛顿大学的国际旅游管理学院;另一类则为公园和娱乐资源系。这类名称多见于美国一些大学中,如密歇根州立大学和宾夕法尼亚州立大学。大多数院校的教学和研究重点放在旅游宏观和微观管理方面。以英国萨里大学为例,其旅游管理系的研究专业主要包括旅游学、旅游管理、旅游市场营销、旅游行政管理、旅游规划与开发、国际饭店管理等。旅游业的需要和世界范围内旅游高等教育的发展使旅游管理成为旅游教育中最具有代表性的和最为重要的专业。但各国对旅游管理专业的培养目标莫衷一是,课程体系、教学内容和教学方法也大相径庭,一般都是根据各自旅游发展的实际不断调整其培养目标和课程体系。

必须看到,虽然我国旅游教育的规模有了飞速的发展,旅游教育的层次也在不断完善,但其中存在的问题也是不容忽视的,特别是我国旅游教育规模近年来一直处于高速扩张状态,而许多旅游院校还处于转轨、熟悉和学习阶段,旅游专业教育的基础还比较薄弱。

二、旅游管理专业教育人员的质量

旅游管理专业作为一个新兴的学科,师资力量的形成主要由相关学科的专家转型而来。他们在学科教育初期,会表现出种种不适。经过多年的学习与融合,这批专家已基本完成了转型,不少已经成为知名旅游学科的专家和教育家。从现有基本情况看,全国各级各类旅游院校中从事旅游专业教学和科学研究工作的人员已经达到几千名。各级(本科和专科)大学教师的学历要求,实行以在职培训和脱产培训为形式的学历层次提升工程,对于新进教师的学历要求,已经基本达到旅游管理专业硕士以上,许多本科大学甚至要求旅游管理专业博士学历人才。

另外,也应该注意到:第一,在部分旅游院校中从事专业教育的人员自身的专业化程度还有待提高;第二,现有旅游教育界的专家,也面临适应旅游业发展趋势和旅游学科建设要求,实施二次创业的问题。

三、旅游管理专业培养规格与课程体系的确立

培养规格与课程体系是密切联系的两个方面。旅游管理专业本科教育的培养规格,基本上是分方向,按照旅游企业中层管理人员和旅游业的中高级技术人员的理论和技能要求设计的。理性的管理者在对人才需求进行考虑时,总是适度超前于现实。调查研究清楚地表明,大学本科旅游管理专业教育是培养旅游企业专业人才的。这个问题包含两个方面:第一,企业界已经认识到管理职位带有特殊性,必须经过专门的专业培养才能胜任,这个认识得来不易;第二,大学本科教育主要是培养管理人才,这既是教育部对大学本科学生培养规格的要求,也是旅游企业的期望。旅游高等教育的人才培养规格的确定应该在适应旅游企业管理者认识的基础上,适度地超前于旅游企业管理者的认识。

旅游高等教育必须认识到培养旅游业管理者这个任务的艰巨性,把教育思想从培养导游、中高级服务人员等技术性人才的思维定式中走出来。一方面,从大学毕业生的就业状况出发,让旅游管理专业的课程体系和教学内容体系适应旅游企业对大学毕业生的基本要求;另一方面,从旅游企业管理对现代管理人才的客观要求出发,研究合理的课程体系和教学内容体系,保证大学毕业生的知识和能力得到充分的培养。

同时还要注意到,不同类型的旅游企业需要各具特色的人才。从发展的观点来看,旅游企业涉及面宽广,旅游企业究竟包括多大的范畴,未来还将在哪些领域拓展,目前还没有一个定论。从现实情况看,中国旅游学界认定的旅行社、饭店、景区这些旅游企业之间还存在着巨大的差异性。旅游管理专业是培养旅游企业和事业单位的管理人才的阵地,面对旅游企业特殊性明显、需求差异大的特点,在大学高年级实行专业方向划分,显得十分重要。

课程体系的设计是按照培养规格的要求确定的,课程体系是一个以旅游活动为研究对象的由各相关课程组成的具有有机联系的整体。体系内课程给予学生的知识结构、知识的深度和广度应能使他们用来分析和解决旅游管理中的各种问题。课程体系按照四大模块组成,即公共课模块、工商管理基础模块、旅游管理基础模块和方向模块。真正体现培养规格要求的,主要是分方向设计的核心课程。必修课大多属于作为旅游管理人才必备的通用性基本理论和知识,选修课则根据学生的专业兴趣、专业方向提供不同的选择。

四、旅游管理专业培养的学生质量

虽然旅游管理专业培养的学生质量在逐年提高，但是与此同时企业对大专院校毕业生的要求也在不断提高，经常造成院校毕业生质量与旅游企业人才要求之间的矛盾。

根据对实业界用人单位的调查，旅游企业对于旅游管理专业毕业生的反映突出体现在这样几个方面：一是充分肯定了专业教育的作用，专业人才的综合素质比较高；二是学生实际动手能力普遍较差；三是学生所学理论与实际需求之间存在较大的差距；四是学生对实际情况了解太少，进入社会后心理调适时间较长。

第四节　我国旅游管理高等教育的特点

旅游管理高等教育是以培养适应旅游业未来发展的高层次管理人才为目标的高等教育。由于旅游管理专业的特点，我国旅游高等教育也表现出自己的特点。

一、旅游管理在课程设置和教学内容方面"缺乏统一"

由于旅游行业的多样性，而这些行业的业态又有如此大的差异，四年时间不可能包吃天下，也没有必要包吃天下，因此不同学校培养出来的学生，甚至同一学校不同方向培养出来的学生，也完全可以有不同知识结构和专业方向。旅游行业如此之大，每个学校可以专攻一个细分市场，设计自己的产品，即课程设置，来满足行业对人才的需求。

二、专业和学科之间存在较大差异

旅游管理专业对多种学科的综合性的要求非常高。作为学科，支撑旅游学科的其他学科非常多；而作为专业，要培养出行业适用人才、需要相当多的其他学科的课程来共同配置才行。例如"饭店管理"专业，从完善学生的知识结构来讲，除了旅游学原理这一纯属旅游学科的基础课程外，它还需要文化、心理、管理、营销、财会、信息系统、外语等课程，还有上述课程应用于饭店管理的应用课程，如饭店管理、餐饮管理、旅游心理学、旅游市场营销、饭店财务管理、饭店外语、饭店管理信息系统、饭店人力资源管理、饭店各部门运营专业技术课程（如前厅管理、客房管理、烹饪知识、酒水知识、饭店工程管理、宴会管理、安全管理）等。

第五节　旅游管理专业学科体系

旅游业由众多旅游服务行业所构成。尽管这些产业或行业的主要业务或产品有所不同，但在涉及旅游方面，它们都有一个共同之处，这就是便利旅游活动。它们通过提供各自的产品和服务满足同一旅游者的需要，从而使它们提供的不同产品在总体旅游产品的前提下统一了起来。

旅游业是综合性的行业，它具有综合性与多样性的特征，除旅行社外很难说哪种企业是专为旅游活动而单独存在的。但这些企业却又自然而然地联系组合起来，从而构成一个巨大而复杂的产业，这就是为旅游者提供服务的产业。

一、旅游管理学科的理论体系

旅游学科的理论体系由基础理论、专业理论和应用理论三个层次构成。这三个层次理论的研究对象都是体现旅游自身特征和固有规律的现象和关系,而不是其他学科的理论在旅游领域的简单应用或套用。例如,旅游心理学、旅游法学就不属于这个范畴。旅游专业理论是整个旅游学理论体系的统领和指导,它研究旅游活动和旅游现象的起源、结构与形态、发生和发展的基本规律。在旅游基础理论之下,有五个方面的分支性专业理论,即旅游经济学理论、旅游社会学理论、旅游人类学理论、旅游管理学理论、旅游环境与生态学理论。这五个方面专业理论所研究的对象都是旅游活动必然引起的现象、关系和问题,都体现了旅游的自身特征和固有规律。第三个层次的应用理论对旅游的各专业领域,例如旅行社管理、酒店管理、景区和景点的开发、旅游交通运输等业务的运作提供理论依据。

二、旅游管理专业的课程体系

21世纪知识的高速发展将会对旅游业提出更高的要求。旅游业的企业行为、市场行为、战略管理行为将在知识经济时代发生根本性的变化,培养企业核心能力和营造可持续竞争的优势成为现代旅游企业管理的精髓。现代管理理论和管理技术的发展趋势也给旅游高等管理教育人才培养带来了观念、体制上的冲击,这其中包括对课程体系的冲击。而且,随着旅游业发展越来越快,旅游教育中间暴露出来的很多问题也日益需要有一个规范化的体系来保障,这就要求旅游高等教育不仅要培养出适合现今旅游行业需要的高素质人才,更要为社会提供能够为旅游教育事业做出贡献的旅游专业教师人才。在这种情况下,旅游高等教育的课程设置就显得非常重要了。

《普通高等学校本科专业类教学质量国家标准》中关于旅游管理专业课程体系建议如下。

（一）总体框架

旅游管理类本科专业课程体系包括通识课程、基础课程、专业课程三大模块。通识课程模块包括公共必修课程、素质教育课程;基础课程模块包括数理类、经管类、信息技术类课程、教育类课程;专业课程模块包括必修课程、选修课程、实践课程。

（二）课程设置

1. 通识课程

公共必修课程,包括马克思主义基本原理概论、毛泽东思想和中国特色社会主义理论体系概论、中国近现代史纲要、思想道德修养与法律基础、形势与政策、计算机基础、大学语文、外语、体育等,由各高校根据国家和学校规定开设。

素质教育课程,包括人文社会科学类、自然科学类、艺术素养类、创新创业类等课程,由各高校根据自身优势和特点设计与开设。

2. 基础课程

基础课程,包括数理类、经管类、信息技术类、教育类课程,各高校可按专业培养所要求的基础知识体系设立。

数理类基础课程:涵盖高等数学、线性代数、概率论等知识领域。

经管类基础课程:涵盖管理学、经济学、市场营销、财务管理、统计学、会计学、投资管理等知识领域。

信息技术类基础课程:涵盖管理信息系统、电子商务等知识领域。

教育类课程:涵盖教育心理学、教育学等知识领域。

3.专业课程

必修课程:旅游管理类专业开设旅游学概论、旅游接待业、旅游目的地管理、旅游消费者行为4门核心课程。具体各专业核心课程由"4+X"构成。如旅游管理专业核心课程"4+3"(4+旅游经济学、旅游规划与开发、旅游法规),酒店管理专业核心课程"4+3"(4+酒店管理概论、酒店运营管理、酒店客户管理),会展经济与管理专业核心课程"4+3"(4+会展概论、会展营销、会展策划与管理);旅游管理与服务教育专业核心课程"4+3"(4+教育学、心理学、教学方法论)。

选修课程:各高校可根据行业特点、专业优势、学科重点、地方特色或实践需要开设,在专业课程中增加创新创业内容(如旅游创意策划、旅游电子商务等),设置适合学生特点的创新创业课程(如旅游项目策划、旅游形象推广等)。

实践课程:包括专业实习、毕业实习、毕业论文(设计)三个环节(特设专业还包括教育、教学实习)。专业实习指专业认识实习,形式如专业考察、社会调查、自主科研、模拟实训、学年论文等。毕业实习指专业应用实习,形式如岗位见习、实地调查、案例分析、策划设计等。毕业论文(设计)指专业学习总结,可采取科研论文、毕业设计、调研报告等形式。

(三)旅游管理专业相关的学科

旅游管理类本科专业的支撑学科主要有工商管理、应用经济学,此外,还涉及其他社会科学和自然科学学科。

工商管理是市场经济中最常见的一种管理专业,一般指工商企业管理。工商管理是研究工商企业经济管理基本理论和一般方法的学科,主要包括企业的经营战略制定和内部行为管理两个方面。工商管理专业的应用性很强,它的目标是依据管理学、经济学、会计学等学科的基本理论,通过运用现代管理的方法和手段来进行有效的企业管理和经营决策,保证企业的生存和发展。工商管理学是研究营利性组织经营活动规律以及企业管理的理论、方法与技术的学科。这个专业的范围比较广,所学课程也较多,涵盖了经济学、管理学的很多课程。因此,工商管理是一门基础宽的学科,个人可以就此根据自己的爱好选择专业方向,比如企业管理、市场营销、人力资源、财务管理、会计、企业投资等。

应用经济学是以经济学、金融学、数量经济学、统计学等学科的理论为基础的应用性社会科学学科。该专业着重面向各大金融机构、证券公司、金融监管部门及大型企业培养所急需的、兼备较强专业知识和先进技术应用能力、高素质、国际化的理论研究和实践操作型复合型高层次人才。经济学是研究人类社会在各个发展阶段上的各种经济活动和各种相应的经济关系,及其运行、发展规律的科学。应用经济学是经济学的其中一个学科分支,它主要运用理论经济学的基本原理,研究国民经济各个部门、各个专业领域的经济活动和经济关系的规律性,或对非经济活动领域进行经济效益、社会效益的分析。

第二章　旅游管理专业的教学安排

第一节　旅游管理专业的教学计划

一、培养目标

本专业培养适应旅游经济发展需要,系统掌握旅游管理理论、方法,熟悉旅游服务理念与基本操作技能,基础扎实、知识面宽,具有较高的职业素养、较强的实践能力、良好的管理能力,富有创新精神的服务基层管理的应用型专门人才。学生毕业后主要可以在酒店、旅游景区等单位从事相关工作,也可在旅游电子商务企业、旅游行政管理部门等单位从事相关工作。

二、培养标准与知识能力实现矩阵

(一)培养标准

(1)道德修养:具有较高的政治理论素养和社会责任感,具有良好的身体心理素质和文化修养,具有敬业爱岗、诚信、规范、创新和团结合作的职业精神。

(2)学科基础:掌握经济学、管理学等学科的基础知识和方法,具有解决管理问题的基本能力。

(3)专业知识:掌握旅游经济基本规律、旅游相关法律、旅游服务运作过程、旅行社和酒店管理知识,了解学科的理论前沿和发展动态。

(4)综合素质:掌握就业创业基本方法和技巧,树立科学的职业观,养成诚信品格,具有良好的职业道德和敬业精神。

(5)职业能力:掌握旅游企业业务操作能力、内部运作能力、规划开发能力,掌握创业的原理和方法,具有较强的创新意识和能力,具有较强的沟通能力和协作能力。

(二)知识能力实现矩阵

(1)道德修养:具有较高的政治理论素养和社会责任感,具有良好的身体心理素质和文化修养,具有敬业爱岗、诚信、规范、创新和团结合作的职业精神,见表6-2-1。

表 6-2-1　道德修养知识能力实现矩阵

培养标准	知识与能力要求	课程与教学环节
思想道德素质	① 掌握毛泽东思想、邓小平理论、"三个代表"重要思想、科学发展观、习近平新时代中国特色社会主义思想的科学体系和精神实质;树立正确的世界观、人生观和价值观; ② 培养高尚的思想道德和理想情操;了解法律基础知识,增强法治观念; ③ 树立科学的职业观,养成诚信品格,具有良好的职业道德和敬业精神; ④ 关心时事,掌握基本的军事理论知识	马克思主义基本原理概论、思想道德修养与法律基础、毛泽东思想和中国特色社会主义理论体系概论、形势与政策、大学生心理健康教育、军事训练

表 6-2-1

培养标准	知识与能力要求	课程与教学环节
科学与人文素质	① 掌握常用的文、史、哲知识； ② 拥有一定的审美、鉴赏能力； ③ 培养人文与科学精神，塑造完善人格； ④ 具备一定的阅读和翻译专业英文资料的能力以及听、说、写的能力	中国近现代史纲要、音乐素养、大学生创新创业素质教育、素质拓展、大学英语 A（Ⅰ）、大学英语 A（Ⅱ）、大学英语 A（Ⅲ）、大学英语 A（Ⅳ）、旅游英语、旅游服务学

（2）学科基础：掌握经济学、管理学等学科的基础知识和方法，具有解决管理问题的基本能力，见表 6-2-2。

表 6-2-2　学科基础知识能力实现矩阵

培养标准	知识与能力要求	课程与教学环节
良好的数理知识基础	① 良好的数理基础； ② 通过数据分析、建模等手段支持管理决策能力	高等数学 E（Ⅰ）、高等数学 E（Ⅱ）、线性代数 C、概率统计 B、应用统计、计算机应用基础
具备经济管理知识与方法	① 管理组织、沟通与协作能力； ② 对管理业务的理解及规范表达的能力	管理学原理、经济学原理、管理信息系统

（3）专业知识：掌握旅游经济基本规律、旅游相关法律、旅游服务运作过程、旅游景区管理和酒店管理知识，了解学科的理论前沿和发展动态，见表 6-2-3。

表 6-2-3　专业知识能力实现矩阵

培养标准	知识与能力要求	课程与教学环节
了解本学科的理论前沿和发展动态	① 了解本学科发展现状和学科前沿； ② 了解本专业历史渊源、发展现状，熟悉本专业课程内容与知识结构	专业导论、学科前沿、旅游学概论、旅游经济概论、旅游资源学、旅游法规
了解旅游的相关专业基础知识	① 了解旅游的构成要素和发展历程； ② 了解旅游经济的基本规律，把握旅游者的心理特征； ③ 了解旅游资源的分类； ④ 熟悉旅游业相关法律知识； ⑤ 掌握旅游服务的运作过程和质量管理方法； ⑥ 掌握旅游景区管理方向或酒店管理方向知识	旅游学概论、旅游经济概论、旅游心理学、旅游资源学、旅游法规、旅游服务学、旅游市场营销、旅游文化、旅游电子商务、旅游美学、旅游公共关系、旅游地理、旅游景区管理、中国饮食文化、旅游策划、酒店管理、旅游消费者行为、旅游目的地管理、中外民俗概论

（4）综合素质：掌握就业创业基本方法和技巧，树立科学的职业观，养成诚信品格，具有良好的职业道德和敬业精神，见表 6-2-4。

表 6-2-4　综合素质知识能力实现矩阵

培养标准	知识与能力要求	课程与教学环节
身心素质	① 掌握提高身体素质的有关知识和方法,具有科学锻炼身体的技能; ② 具有健全的体魄; ③ 拥有健康心理和乐观的态度	体育(Ⅰ)、体育(Ⅱ)、体育(Ⅲ)、体育(Ⅳ)、体育(Ⅴ)、大学语文、大学生心理健康教育、音乐素养、素质拓展
职业素质	① 掌握就业创业基本方法和技巧; ② 树立科学的职业观,养成诚信品格,具有良好的职业道德和敬业精神	大学生职业发展与就业指导、素质拓展、旅游礼仪

(5)职业能力:掌握旅游企业业务操作能力、内部运作能力、规划开发能力,掌握创业的原理和方法,具有较强的创新意识和能力,具有较强的沟通能力和协作能力,见表 6-2-5。

表 6-2-5　职业能力知识能力实现矩阵

培养标准	知识与能力要求	课程与教学环节
核心能力	① 掌握旅游管理的基本理论; ② 旅游管理与发展能力; ③ 掌握酒店或旅游景区财务和人力资源管理能力; ④ 掌握酒店或旅游企业管理的知识	导游业务、旅游地理、旅行社经营管理、前厅与客房管理、餐饮管理、酒店财务管理、酒店人力资源管理、旅游市场营销、旅游景区管理
实践操作能力	① 酒店或旅游景区相关业务操作能力; ② 酒店或旅游景区企业内部运作能力; ③ 具备一定的营销服务专业技能	饭店管理、旅游英语、认识实习、酒店模拟实习、酒店综合实习、旅游景区实习、旅游市场营销策划、旅游电子商务、模拟导游
拓展和创新能力	① 具有良好的人际沟通与协作能力; ② 能够熟练运用专业知识进行一定的创新创业	通识选修课程、大学生创新创业实践、论文写作指导、毕业设计(论文)、大学生创新创业素质教育

三、专业核心课程

管理学原理、旅游学概论、旅游法规、旅游经济概论、旅游消费者行为、旅游规划与开发、酒店管理。

四、学制与毕业要求

(1)学制:4 年。

(2)毕业要求:在规定学制内,修满本专业人才培养方案规定的 165 学分,最长修读年限为 6 年。

五、学位及授予条件

符合《徐州工程学院学士学位授予工作实施细则》的相关规定,可授予管理学学士学位。

第二节　旅游管理专业的课程设置

本校旅游管理专业课程体系设置如表 6-2-6、表 6-2-7 所示。

表 6-2-6　旅游管理专业课程设置总表

课程类别		课程编号	课程名称	学分分配		实践形式	考核形式	课内周学时数	修读学期
				理论	实践				
通识课程平台	通识必修课	1501G0003	大学生心理健康教育	0.5	0.5	讲座	考查		1
		1502G0001	体育（Ⅰ）		0.5	实训	考查	2	1
		1503G0001	大学英语 A（Ⅰ）	3	1	视听说	考试	4	1
		1505G0001	计算机应用基础	1	1	上机	考试	2	1
		1518G0002	思想道德修养与法律基础	2.5	0.5	社会实践	考查	4	1
		1502G0002	体育（Ⅱ）		1	实训	考查	2	2
		1505G0002	大学英语 A（Ⅱ）	3	1	视听说	考试	4	2
		1510G0001	大学语文	2			考查	2	2
		1518G0001	马克思主义基本原理概论	2.5	0.5	社会实践	考查	4	2
		1502G0003	体育（Ⅲ）		1	实训	考查	2	3
		1505G0003	大学英语 A（Ⅲ）	2			考试	2	3
		1518G0004	毛泽东思想和中国特色社会主义理论体系概论	4.5	0.5	社会实践	考查	4	3
		1502G0004	体育（Ⅳ）		1	实训	考查	2	4
		1505G0004	大学英语 A（Ⅳ）	2		视听说	考试	2	4
		1518G0003	中国近现代史纲要	2.5	0.5	社会实践	考查	4	4
		1501G0002	大学生职业发展与就业指导	0.5	0.5	讲座	考查		6
		1501G0001	形势与政策	2		讲座	考查		1—4
		1502G0005	体育（Ⅴ）		0.5	实训	考查		5—6
			通识必修课小计	28.0	10.0				
	通识选修课	1501G1001	◇音乐素养	1	1		考查		
		1501G1002	◇大学生创新创业素质教育	1	1		考查		
			素质拓展		4		考查		
			通识选修课程	9			考查		
			通识选修课小计	11.0	6.0				
			通识课程平台合计	39.0	16.0				

表 6-2-6（续）

课程类别		课程编号	课程名称	学分分配		实践形式	考核形式	课内周学时数	修读学期
				理论	实践				
专业课程平台	学科基础课	1504B0009	高等数学 E（Ⅰ）	3			考试	3	1
		1515B0001	◆管理学原理	3.5			考试	4	1
		1504B0010	高等数学 E（Ⅱ）	3			考试	3	2
		1515B0002	经济学原理	4			考试	4	2
		1504B0016	线性代数 C	2			考查	2	3
		1515B0003	应用统计	3			考查	3	3
		1504B0018	概率统计 B	3			考查	3	4
		1515B0004	管理信息系统	2.5	0.5	上机	考试	4	4
			学科基础课小计	24.0	0.5				
	专业必修课	1515P0043	◆旅游学概论	3			考试	3	3
		1515P0110	◆旅游法规	3			考查	3	3
		1515P0044	◆旅游经济概论	3			考试	3	4
		1515P0111	◆酒店管理	3	0.5	实训	考试	4	4
		1515P0112	◆旅游消费者行为	2.5			考查	3	5
		1515P0113	▲旅游服务学	2.5			考查	3	5
		1515P0114	旅游景区管理	3	0.5	实训	考试	4	5
		1515P0115	旅游电子商务	1.5	0.5	实训	考查	2	6
		1515P0051	◆旅游规划与开发	3	0.5	实训	考试	4	6
		1515P0052	旅游市场营销	3			考试	3	6
			专业必修课小计	27.5	2.0				
	专业选修课	跨方向课程							
		1515P1001	◇专业导论	1		讲座	考查		1
		1515P1051	旅游礼仪	1.5	0.5	实训	考查	2	3
		1515P1147	导游业务	2			考查	2	3
		1515P1148	旅游地理	2			考查	2	3
		1515P1054	旅游公共关系	2			考查	2	3
		1515P1127	生态旅游	2			考查	2	4
		1515P1149	旅行社经营管理	1.5	0.5	实训	考查	2	4
		1515P1052	旅游美学	2			考查	2	4
		1515P123	会展旅游	2			考查	2	4
		1515P1150	旅游资源学	2			考查	2	5
		1515P1049	旅游文化	2			考查	2	5
		1515P1124	旅游策划	2			考查	2	5
		1515P1151	中国饮食文化	2			考查	2	6
		1515P1152	旅游英语	2			考查	2	6

表 6-2-6（续）

课程类别		课程编号	课程名称	学分分配		实践形式	考核形式	课内周学时数	修读学期
				理论	实践				
专业课程平台	专业选修课	1515P1006	◇学科前沿	1		讲座	考查		7
		旅游景区方向课程群							
		1515P1153	旅游目的地管理	1.5	0.5	实训	考查	2	4
		1515P1154	中外民俗概论	2			考查	2	5
		1515P1057	旅行社计调	1.5	0.5	实训	考查	2	5
		1515P1155	旅游景区人力资源管理	2			考查	2	6
		酒店方向课程群							
		1515P1156	酒店人力资源管理	2			考查	2	4
		1515P1063	餐饮管理	1.5	0.5	实训	考查	2	4
		1515P1060	前厅与客房管理	1.5	0.5	实训	考查	2	5
		1515P1157	酒店财务管理	2			考查	2	6
	专业选修课小计			41.0	3.0	此模块至少选修 24 学分			
	专业课程平台合计			72.5	5.5				
集中实践平台		1501T0001	军事训练（含军事理论）		2				1
		1515T0003	认识实习		1	校外企业见习			2
		1515T0027	酒店模拟实习		1	校内综合实训			4
		1515T0055	旅游景区实习		1	校外分散实训			5
		1515T0056	旅游市场营销策划		1	校内集中实训			6
		1515T0030	酒店综合实习		13	校外综合实训			7
		1515T0010	大学生创新创业实践		1	校内集中实训			7
		1515T0012	毕业设计（论文）		12	综合实训			8
	集中实践平台合计				32.0				
	学分共计			111.5	53.5				

注：◆表示专业核心课程；◇表示选修课中的必选课程。

表 6-2-7 旅游管理专业课程构成及学分分配汇总表

课程分类		学分	其中:实践环节学分	占总学分比例	其中:实践环节比例
通识课程平台	通识必修课	38	10	23.03%	6.06%
	通识选修课	17	6	10.30%	3.64%
专业课程平台	学科基础科	24.5	0.5	14.85%	0.30%
	专业必修课	29.5	2	17.88%	1.21%
	专业选修课	24	3	14.55%	1.82%
集中实践平台		32	32	19.39%	19.39%
合计		165	53.5	100%	32.42%

第三节 旅游管理专业的教学环节

旅游管理专业的教学环节分为理论教学和实践教学两部分,包括课堂教学(包括课堂讲授、课堂讨论、案例学习等)、作业课程论文、实习、从业技能培训、社会调查与社会实践、考试考查、毕业论文等。其中课堂讨论作业、案例教学等环节的学时比例和学时数一般由任课教师在授课计划中统筹安排,不同性质的课程有所不同。

一、课堂讲授

课堂讲授是教学的基本形式,也是理论教学的主要环节。课堂讲授能使学生系统地集中地掌握本课程所涵盖的重点内容和难点所在。为了能抓住重点和难点,学生应该在课前预习课程内容,查找相关的背景资料。在听讲的过程中学生要紧跟老师的思路,积极思考,这样基本上能理解大部分讲授内容。教师可以根据教学内容灵活安排教学形式,针对一些相对简单的内容给学生锻炼的机会,由学生来担当老师的角色完成部分课堂讲授。

二、课堂讨论

课堂讨论是课堂讲授的有效补充,目的是帮助学生理解、巩固和深化所学知识。课堂讨论是培养学生智能的重要渠道,是一种学习与思考相结合的教学环节。课堂讨论一方面促进学生的自主学习,锻炼学生分析解决问题的能力;另一方面可以锻炼学生口头表达观点的能力。教师可以通过课堂讨论检查学生的学习效果和智能发展水平。此外,一些难以理解或容易混淆的概念,通过课堂讨论和争辩,可以得到澄清或变得易于接受。课堂讨论对培养学生独立思考的能力、拓宽思路有很大的促进作用。随着素质教育的深入,课堂讨论的课时数有所增加。

三、案例教学

案例教学是管理类课程教学经常采用的教学手段。案例教学是指教师在学生学习完相关理论知识后,通过案例分析来加强对理论知识的理解,培养和提高学生分析问题和解决问题能力的一种教学方式。教师通过案例向学生更加生动地讲述理论在实践中如何运用,可大大提高学生对课程的兴趣。通过列举与实际生活有着紧密联系的例子,可使得枯燥的理论容易理解并能深化学生对理论知识的记忆。

四、课程论文

课程论文是高等院校教学体系的一个重要组成部分,是教师检验课堂教学效果实施素质教学的重要手段。学生通过每学期末的课程论文的撰写,需要搜集关于本课程某一选题的大量资料,锻炼了学生融会贯通运用课程理论知识的能力,并能深入追踪某一领域的前沿问题。

五、实习

简单地讲,实习就是接触实际的学习,不同于纸上谈兵的学习。旅游管理专业是一门应用性很强的学科,实习对提高学生的综合素质和技能有重要的意义。旅游管理专业的实习包括行业认识实习、酒店综合实习、野外认识实习等多种实习。通过实习,学生能够接触实际,增强感性认识,获得实际知识,学习实践技能,提高分析和解决实际问题的能力。行业认识实习主要通过参观访问来完成,其主要目标是通过认识实习,使学生亲自接触和正确认识旅游行业现场状况及其发展变化。经过现场参观调查研究、阅读与调查有关资料等强化学生对现场的感性认识,为下一步学习提供认识上的支持。酒店综合实习由学校统一联系实习单位,学生到相关单位完成实习任务后,教师根据实习总结报告和实习单位的评语评定实习成绩。

六、毕业论文

毕业论文是专业学习的总结性作业,也是作为专业工作者独立工作的开始,它可以培养学生综合运用所学知识和技能来分析解决问题,是旅游管理专业基本训练最重要的环节,也是对学生大学期间学习效果的综合检验。毕业论文安排在大学四年级的最后一个学期,一般为期15周左右。在毕业论文撰写之前,每个学生需要在指导老师的指导下完成选题确定和提交开题报告的工作,题目选定和开题报告通过后,最终要完成毕业论文的写作,申请论文答辩。答辩小组根据学生的论文水平、答辩情况、平时表现等多方面情况给学生优秀、良好、中等、及格或不及格的成绩。

七、考核

考核的方式主要有考试和考查两种,其目的是检测与评价教学质量,为教学工作提供反馈信息,同时也是为了鉴别和发现优秀人才。考试按实施周期可分为期中考试、期末考试和随堂测验,按实施方式可分为口试、笔试和实践考试、实际操作考试。其中笔试又分为开卷闭卷等形式。期末考试的内容较多,而且带有总结性质,通过系统地总结和复习,可以对整个课程有一个全面整体的了解。有些课程结束时不进行考试,而用考查的办法评定成绩。课程论文是高等院校考查经常采用的主要形式。一门课程是考试还是考查,将由教学计划决定。一般来说,必修课程通常都是考试课程,而选修课程部分是考查课程。

第四节　旅游管理专业主要课程介绍

旅游管理专业主要课程有管理学原理、旅游学概论、旅游经济概论、旅游规划与开发、酒店管理、旅游消费者行为、旅行社经营管理、酒店财务管理、酒店人力资源管理、餐饮管理等,具体介绍如下。

一、管理学原理

管理学原理是管理类各专业的学科基础课,也是一门核心课程,是学习其他管理类、经济类课程的理论基础。本课程从一般理论、一般原理、一般特征的角度对管理活动加以研究,从中找出一般规律性,也称一般管理学或管理原理学,主要讲授管理学的基本概念、基本原理和方法,管理的计划、组织、领导、控制、创新等职能。

本课程目的是以科学性、先进性、系统性和实用性的教学,使学生能够掌握管理过程的普遍规律、基本原理和一般方法,并注重管理实践能力的运用。为达到上述目的,本课程教学过程中要做到理论性、系统性与实践应用性的结合,并针对我国的管理实践,积极借鉴发达国家的先进的管理经验。

二、旅游学概论

旅游学概论是旅游管理专业的一门专业必修课,是该专业学生学习和掌握旅游管理专业知识的入门课程。本课程系统介绍了旅游学的基本原理、旅游活动(包括旅游者和旅游产业活动)的特点及其规律。

其教学目的是使旅游管理专业的学生初步掌握旅游及其相关概念,掌握旅游活动的本质、内容、种类、表现形式以及发展旅游业的基本要素及各要素之间的相互关系,认识旅游活动发展的基本规律,了解社会经济发展与旅游活动的关系,旅游对接待地区的基本影响以及旅游和旅游业的发展趋势,从而提高学生对旅游的认识,并为后续其他专业课的学习打下坚实的基础。

三、旅游经济概论

旅游经济概论是旅游管理专业开设的一门专业必修课程。它以经济学的一般理论为指导,系统介绍旅游经济活动产生、发展的原因、条件和各阶段的不同特征,旨在使学生掌握旅游经济活动的特殊规律,熟悉旅游经济学的研究对象和主要研究方法。

本课程培养符合社会主义经济建设与市场经济需求、从事旅游经济管理理论研究和实务的复合型人才;使学生对旅游经济理论中的基本原理、基本知识以及这些理论、知识在旅游业发展中的运行机制和方法、调控的手段等有较全面的认识和理解;使学生学会观察和分析旅游经济运行中所需环境、条件及可能出现问题的正确方法,培养辨析和解决旅游中实际问题的能力;培养学生树立正确的思想意识和全新的经济理念。

四、旅游规划与开发

旅游规划与开发是旅游管理专业的一门专业课程,全面系统地介绍了旅游资源的分类与评价、旅游规划与开发的概念体系、基础理论、模式分析、市场分析、主题定位、项目设计、可行性分析、效益评估以及保障体系等,是培养旅游规划与开发的人才,提高其实践能力的专业综合性课程。

本课程是研究旅游规划与开发理论与实践的科学,通过教学使学生掌握旅游开发与规划的基础理论、基本知识、基本内容与基本方法,使学生能够站在更高的高度理解旅游管理;借鉴国内外成功的旅游开发经典案例,使学生能够对旅游规划的实践有一定的理论认识和初步的实践知识,吸收和借鉴发达国家的现代旅游规划发展趋势与管理方法,为以后在专业上的实践打下坚实的基础。

五、酒店管理

酒店管理是旅游管理专业的一门专业必修课,它在专业课程体系中起着承前启后的重要作用。本课程全面阐述酒店管理的基本原理和架构,阐述了酒店管理的主要概念和方法,能够让参加本课程学习的学生对酒店管理形成比较完整、系统的理论框架和认识,奠定学生的专业基本知识结构,为后续的专业方向课程提供指导。

课程的教学目的是使学生通过这门课程的学习熟悉和掌握酒店管理的基本理论和专业知识,以便他们能够运用所学的理论和知识了解酒店管理方面的矛盾,掌握酒店管理方面的规律,提高酒店管理的水平。

六、旅游消费者行为

旅游消费者行为是旅游管理专业的一门重要的专业必修核心课程,是以消费者行为学、心理学和旅游学相关理论为基础来研究旅游者的行为规律及内心活动规律、旅游企业和旅游从业者如何针对旅游者的心理及行为开展有效的服务与管理的基本原理与方法的一门应用性学科。

本课程的目的,要求师生按照课堂讲授与案例分析相结合,启发引导与讨论相结合的方式来理解、掌握、研究旅游消费者行为理论;通过该课程的教学,使学生理解旅游消费行为在旅游业中的重要作用与地位,理解和掌握旅游者作为旅游主体所具有的心理及行为规律,从而掌握和提高旅游服务和管理的旅游服务行为理论和艺术。

七、旅行社经营管理

旅行社经营管理是旅游管理专业的一门专业必修课,起着引导学生进入旅游行业管理之门及培养学生初步形成旅行社经营管理理念的作用。本课程是以旅行社发展的实践为基础,从整理和了解旅行社经营管理的实践经验中分析、总结从而发现其规律,同时更加突出实际流程操作和应变能力的培养,具有较强的实践性。

通过本课程的学习,学生应具备旅行社计调、外联、导游、门市接待及财务等方面的基本知识和技能,培养与业界同行、相关业务单位沟通的能力和处理突发事件的能力,从而能够更好地就业和发展。

八、酒店财务管理

酒店财务管理是旅游管理专业的一门专业选修课,课程系统介绍酒店企业的财务活动、处理财务关系过程中所进行的科学预测、决策、计划、控制、协调、核算、分析和考核等一系列企业经济活动过程。它以酒店为对象,依据相关法律法规,利用价值形式,对酒店经营过程中客观存在的财务活动进行有效的组织,对客观存在的财务关系进行恰当处理的一门学科。

通过课程的学习与实训,学生应掌握财务管理的基本操作方法,具备进行投资决策、资金筹资、收益分配、营运资金管理、财务分析等的实务操作的能力。本课程的任务是让学生掌握资金筹集、运用和分配的基本理论、基本内容和决策方法。通过该课程的基础理论教学、案例分析等一系列教学活动,培养学生将财务管理的新理论、新方法、新思路与企业面临的现实问题和管理实践相结合,具体分析问题,解决问题,为日后从事酒店服务工作打下坚实的理论基础和有效的实践经验。

九、酒店人力资源管理

酒店人力资源管理是旅游管理专业选修方向课之一。这是一门实践性和应用性很强的课程。该课程系统地分析和讨论了社会组织在酒店人力资源管理工作方面的理论与实践,具有很强的实用性。本课程的任务和目的是通过课程学习使学生全面掌握酒店人力资源管理的理论与实践,系统编制组织的工作分析,科学预测酒店人力资源需求,有效使用现代人才招募技术,掌握人员使用的方法与原则,进行酒店人力资源开发,开展员工绩效考评和组织薪酬管理,采取科学方法进行酒店人员激励。

本课程主要内容包括酒店人力资源规划、酒店工作分析与设计、酒店员工招聘与选用、酒店员工培训、酒店绩效考核与管理、酒店薪酬管理、酒店员工激励等,对酒店人力资源管理的具体操作实务做了详尽的分析与阐述,给出了具体的操作方法和案例分析,使学生能够全面掌握酒店人力资源管理的流程、方法和技能。

十、餐饮管理

餐饮管理是旅游管理专业的专业选修方向课,为进一步学习其他专业课和日后的实际管理工作奠定理论基础。

通过本课程的学习,学生应了解餐饮管理的机构设置与人员编制,熟悉餐饮管理的全过程,把握餐饮经营中零点餐厅服务与管理、宴会服务与管理的要领与特色,掌握餐厅经营全过程中的服务管理、产品管理、销售管理、价格管理等的方法与技巧。课程的教学过程中,结合本专业的实际,重点讲授餐饮服务、餐饮产品管理、销售管理的基本概念、基本理论与基本方法,让学生了解与掌握具体的方法与技巧,以解决具体的问题;并充分利用酒店实验室进行教学,将理论知识直观化,将实践内容现实化,让学生参与餐饮实务,培养学生的实际工作能力。

第三章　旅游管理专业基础知识与学习方法

第一节　基 本 概 念

作为一门综合性较强的学科专业,旅游管理专业所涵盖的专业领域较为广泛,所涉及的概念繁多。只有较好地理解旅游管理专业的相关概念,才能更好地进行旅游管理专业的学习和研究,也才能对旅游经济现象及其规律具有深刻的认识。根据旅游管理专业学习和教学的需要,我们只列出了旅游管理专业中一些常见的基本概念。

一、旅游者

随着现代旅游活动的发展,参加旅游活动的人将越来越多,旅游的种类也将越来越多,因此旅游者的概念也必然越来越复杂。在现代,想要制定一个被世界各国所公认的,在各种情况下都能适用的旅游者的概念,已经显得很困难。下面重点介绍两类具有实际意义的旅游者的概念。

（一）国际旅游者的概念

国际组织对旅游者的定义较有影响的有以下几种。

1. 国际联盟的定义

20世纪上半叶,由于国际旅游作用日益增长,使国际联盟对这一问题产生了特殊兴趣。因而,国际联盟专家统计委员会于1937对"国际旅游者"的概念做出如下定义,即"旅游者是离开自己的常住国到另一个国家访问超过24小时的人"。并且确认下列几种人属于旅游者:① 出于娱乐、健康和家庭原因而出国旅行的人;② 为出席会议或作为任何种类包括科学、管理、外交、宗教、体育等活动代表而旅行的人;③ 因商务而出国旅行的人;④ 在航海沿途停靠即使在当地停留不超过24小时的人;⑤ 其他。

同时,该委员会还确认以下几类人不属于国际旅游者范围:① 前来某国参加一项工作,或从事任何商业活动的人;② 到另一个国家或地区定居的人;③ 寄宿于企业或学校的留学生和年轻人;④ 住在边境的居民及定居者,越过边界到邻国去工作的人;⑤ 临时过境而不停留的人,即使是超过24小时的人。

这一定义,对旅游统计和市场研究与推销,以及战后国际旅游业的发展起了重要作用,但不适用于国内旅游者,定义内涵过于宽泛。

2. 罗马会议的定义

1963年在罗马举行的联合国旅行和旅游会议上,在国际联盟对旅游者定义的基础上,做了修改和进一步补充,并提出了游客、旅游者和短途旅游者三种人。

（1）游客（visitor）。

游客是指除为获得报酬和从事某项职业以外,基于任何原因到一个非常住国去访问的人。

（2）旅游者（tourist）。

旅游者是指到一个国家去，至少逗留 24 小时的游客，其旅行的目的：一是为了休闲（如从事疗养、度假、娱乐、宗教和体育运动等）；二是工商业务、探亲、公务出差、会议。

（3）短途旅游者（excursionist）。

短途旅游者是指到一个国家去，暂时逗留不足 24 小时的人（包括乘船旅游者）。其中，游客包括旅游者和短途旅游者两类。这个概念在 1967 年得到了联合国统计委员会召集的专家研究小组的一致认可，并建议世界各国使用 1963 年罗马会议提出的国际旅游者的概念。

3. 世界旅游组织的定义

1991 年，世界旅游组织在加拿大召开的旅游统计国际大会上对国际旅游者的定义做了重新修整，将旅游消费者分为以下几种。

（1）游客。

游客是指一个人到他通常居住的国家以外的另一个国家旅行，时间不超过 1 年，主要目的不是从访问国获得经济利益。

（2）旅游者。

旅游者是指一个游客在访问国停留至少 1 夜，最多不超过 1 年，主要目的不是从访问国获得经济利益。

（3）当日游客。

当日游客是指一个游客在访问国停留不超过 24 小时并不过夜，主要目的不是从访问国获得经济利益。

目前，世界旅游组织对国际旅游者的基本概念原则上已被大多数国家接受，但各国在实际中又不完全一致，各国都根据自己的国情制定了自己的统计标准。我国国家旅游局于 1997 年从统计工作的角度，对国际旅游者的概念做出规定：国际旅游者是指来我国参观旅行、探亲、访友、休养、考察或从事贸易、业务、体育、宗教活动及参加会议等的外国人、华侨和港澳台同胞。

中国国家统计局规定的非国际旅游者，也称为非海外游客，包括：政府高层访问团；驻华使领馆人员和长驻我国的外国专家、留学生、记者；航班过境旅客、边境往来的边民；来华定居的外国人、华侨、港澳台胞。

（二）国内旅游者的概念

对于国际旅游者世界上已经有了原则上公认的定义。虽然国际旅游者和国内旅游者的根本区别在于是否跨越国界，但对于国内旅游者的概念，国际上尚未统一，为了求得国际间的一致性和可比性，1984 年世界旅游组织又给出了国内旅游者的定义：任何以消遣、闲暇、度假、体育、商务、公务、会议、疗养、学习和宗教为目的，而在其居住国，不论国籍如何，所进行的 24 小时以上，1 年之内旅行的人，均视为国内旅游者。

我国对国内旅游者的概念做了如下规定：国内游客是指任何因休闲、娱乐、观光、度假、探亲访友、就医疗养、购物、参加会议或从事经济、文化、体育、宗教活动而离开常住地到我国境内其他地方访问，连续停留时间不超过 6 个月，并且访问的目的不是通过所从事的活动获取报酬的人。根据我国的具体情况，并不是任何一个暂时离开自己常住地区，到外地逗留超过 24 小时的人都是国内旅游者，以下几种人员不属于国内旅游者：① 到各地巡视工作的部级以上领导;② 驻外地办事机构的临时工作人员;③ 调遣的武装人员;④ 到外地学习的学生;⑤ 到基层锻炼的干部;⑥ 到其他地区定居的人员;⑦ 无固定居住地的无业游民。

基于以上认识,我们认为旅游者是指不是为了定居和谋求职业而离开常住地(最多为1年),在异国他乡进行食、住、行、游、购、娱等旅行和游览活动,以获得精神上满足和业务上发展的人。

二、旅游产品

现代旅游市场营销理论认为,旅游产品,是指旅游经营者在经营活动中向旅游者提供的有效用的物质产品和服务的总称。旅游产品有整体产品和单个产品之分。整体产品,是由多个单项物质产品或劳务服务组合而成的统一体,是以能够满足旅游者消费需求的有形物品和无形劳动力表现出来的。例如,在一次完整的旅游活动全过程中,旅游经营者除向旅游者提供各种吸引物外,还提供包括交通、住宿、餐饮、娱乐、购物等物质产品和劳务服务。这就是旅游产品的整体概念。单个旅游产品,是指整体旅游产品中的某一个物质产品或某项劳务服务。每个单个旅游产品,都是整体旅游产品结构中的一个组成部分,但经营单项旅游产品的企业的经营活动又是独立进行的。例如,汽车公司提供旅游车服务,满足游客在旅游线路空间位置移动的需求;旅游饭店提供住房餐饮等产品,满足旅客住、食的需求;旅游景区(点)提供各类吸引物,满足游客游览、娱乐的需求;如此等等。这些单个旅游产品一般通过旅游经营者将它们组合起来,形成能够满足旅游者旅游过程中各种需要的整体旅游产品。由此可见,旅游产品与一般产品在根本性质上是相同的,因为它们都具有使用价值,并且能够为使用者带来一定的满足。但是,旅游产品又不同于一般产品,它是一种特殊的产品,只有那些具有在旅游范畴内的使用价值的产品才被称为旅游产品。然而,从单个旅游产品来看,它与一般意义上的产品一样,也具有三层意义,即核心产品、外形产品和外延产品。

从"核心产品"的角度来看,旅游产品的使用价值集中表现于为旅游者提供某种服务上。这种服务的提供可以使旅游者更为方便地实现旅游目的,从而获得某一方面的满足。例如,交通企业为旅游者提供便捷的交通工具,从而使旅游者能够方便到达旅游目的地;餐饮企业为旅游者提供餐饮服务,从而保证旅游者在旅游过程中对食物的需要;导游为旅游者介绍各种有关信息,从而使旅游者实现开阔眼界、丰富知识、休闲娱乐的目的。由于人们在旅游过程中的需求是多样化的,所以旅游产品也就种类繁多。不同的旅游产品可以提供不同的使用价值,从而满足旅游者各个方面的需要。旅游产品为旅游者提供各种服务功能是其核心的真正所在。

从"外形产品"的角度来分析,如果旅游产品是以向旅游者提供劳务服务为主要内容时,其表现形式上就多种多样。当某游客在旅游过程中消费某种服务时,很难像消费某种实物产品一样对其造型、颜色、品牌等有一个非常直观的认识。这也就使得旅游营销有别于其他实物产品的营销。如果旅游产品是以向旅游者提供物质产品为内容时,其表现形式与一般产品的外在表现具有相同性。

从"外延产品"的角度来看,由于旅游产品核心功能是服务,再加上它的表现形式比较灵活,所以,其外延产品不仅形式繁多,而且种类多样。在有些情况下,人们很难将其"外延产品"和"外形产品"区分开来。例如,在旅游过程中,导游人员通常要生动形象地向旅游者介绍典故及文化背景,我们可以认为,这是一种外形产品;但是,有些导游人员经常会将这种行为融入普通的言谈话语中,他们可以在与旅游者闲聊的同时完成其导游工作,从而使旅游者在旅游过程中感受到轻松和满意,此时的旅游产品,其外延部分与外形部分便很难区分出来。

三、旅游需求

(一) 旅游需求的概念

需求,是指人们在一定条件下对某种事物渴求满足的欲望,是产生人类一切行为的原动力。当人们产生旅游欲望时,则意味着人们将产生旅游需求。从经济学意义上说,需求是指消费者在一定时期内,依照一定价格购买某一商品或服务的欲望。旅游需求则指人们购买旅游产品的欲望。如果进一步分析则可以看出,需求是购买欲望与支付能力的统一,缺少任何一个条件都不能构成有效或现实的需求。由于旅游活动的特点,要购买旅游产品,除了购买欲望与支付能力外,还必须拥有足够的余暇时间。因此,旅游需求就是有一定支付能力和余暇时间的人购买某种旅游产品的欲望。

根据旅游需求的产生条件,旅游需求可分为潜在的旅游需求和现实的旅游需求。潜在的旅游需求是指那些具有旅游欲望,但不具备支付能力或余暇时间的旅游需求。现实的旅游需求是指既有旅游欲望,又具有一定支付能力和余暇时间的旅游需求。

虽然潜在的旅游需求和现实的旅游需求同属于旅游需求的范畴,但是它们在旅游经济活动中却有着不同的意义。首先,潜在的旅游需求在较短的时间内不可能形成有效的市场需求;而现实的旅游需求既有旅游欲望,又有支付能力和闲暇时间,所以表现为有效的市场需求。其次,潜在的旅游需求是现实的旅游需求的基础;现实的旅游需求是潜在的旅游需求的发展。再次,潜在的旅游需求反映了市场的扩容潜力,对旅游市场的发展趋势具有特殊意义;现实的旅游需求不反映市场扩大的潜力,但它对当前和今后的旅游经济活动会产生直接的影响。

现实的旅游需求又可以分为已实现的旅游需求和未满足的旅游需求。已实现的旅游需求是指旅游产品在数量、质量、结构等方面都符合旅游者的需要,表现为用货币进行购买的旅游需求。未满足的旅游需求是指旅游产品在数量、质量、结构等方面不符合旅游者的需求,因而没有用货币购买的旅游需求。

随着社会生产力的发展和国民收入水平的提高,潜在的旅游需求经过有效的市场开发会不断转化为现实的旅游需求。因此,适时加大促销力度是扩大客源市场的一个重要途径。

(二) 旅游需求的特点

旅游需求分析对旅游经济来说至关重要,它不仅是分析旅游市场变化和预测旅游需求变化趋势的重要依据,也是旅游经营者制订经营计划和策略的出发点。进行旅游需求分析,首先需要掌握旅游需求的特点。

1. 旅游需求的整体性

一次旅游活动是指旅游者从离开常住地开始直到旅游结束归来的全过程。在整个旅游过程中,食、住、行、游、购、娱等每一项活动都是深刻的旅游体验。大多数旅游者在决定旅游时,不是仅仅考虑某一方面的旅游产品或服务,而是将有关的产品或服务结合起来进行综合考虑。因此,旅游需求是整体性需求。这就需要对旅游业进行宏观调控,保证整个旅游活动过程各环节的衔接和配合,才能使旅游者获得良好的旅游感受。

2. 旅游需求的多样性

旅游需求的产生,既有主观因素,也有客观条件。人们的兴趣爱好及所处环境的差异,会使人们产生各种各样的旅游需求。有的旅游者为了好奇、冒险而进行刺激、体验式旅游;有的旅游者为了放松、缓解工作压力而进行休闲、疗养度假、观光型旅游;有的旅游者因公务、经商、洽谈业务而进行文化型、考察学习型旅游。过去,旅游主要是对自然景观和文物古迹的观光游览,旅游目的地集中在风景名胜区;现代旅游者除了对山水风光、文物古迹感兴趣外,还对生态旅游和民族风情旅游表现出极大的兴趣,旅游需求出现多样化发展趋势。

3. 旅游需求的多层次性

随着经济的发展,不仅潜在的旅游需求转化为现实的旅游需求,在现实消费者内部也不再是统一的低消费。由于消费能力的不同,消费者对旅游产品的消费逐渐分化,形成高、中、低三个消费层次,呈现出初级的市场细分状态。低层次旅游消费者绝大多数仍是观光旅游,中层次旅游消费者则需要更广泛的旅游产品,高层次旅游消费者从纯粹的观光型旅游向休闲度假型旅游转变。

4. 旅游需求的季节性

旅游具有较强的季节性,一方面,由于旅游目的地的不同季节的气候条件对旅游环境的影响,在某些季节旅游很舒适,而某些季节旅游不舒适;另一方面,闲暇时间分布和人们外出旅游的传统习惯等因素的影响,使旅游需求出现旺季和淡季,旺季时旅游产品供不应求,淡季时则供过于求。

四、旅游供给

(一)旅游供给的概念

经济学意义上的供给是指一定时期内、一定条件下生产者愿意而且能够向市场提供的商品数量。在旅游经济中,旅游供给则是指在一定时期内、一定价格下,旅游目的地、旅游企业愿意而且能够向旅游市场提供的旅游产品的数量。有效的旅游供给既要有市场,又要有提供旅游产品的意愿,还要有生产这种产品的能力。

旅游供给以旅游需求为前提条件,旅游生产经营单位和部门,必须对旅游者的需求内容、层次和动向进行必要的调查研究和预测,结合制约旅游供给的条件,制订规划、计划,建立起适应旅游活动需要的旅游供给体系,组织旅游产品生产,达到实现旅游供给的目的。

旅游供给必须有愿意并有可供出售的旅游产品。虽然旅游需求决定了旅游供给的方向、数量和质量,但这仅仅是一种前提条件。要真正体现旅游供给,必须同时具备旅游经营者愿意出售并有可供出售的旅游产品。这种旅游供给同旅游需求一样,是相对于旅游产品的价格而言的,即在特定的价格下,总有特定的旅游产品供给量与之相对应,并随着价格的变动而相应变动。同时,旅游产品的供给还不仅仅是单个旅游产品数量的累加,而是综合地反映了旅游产品的数量多少、质量高低。因此,要提高旅游供给,不能只抓旅游产品的数量,更重要的是提高旅游产品的质量,要在独特的旅游资源、旅游景观的基础上,注重提高旅游服务质量和旅游设施水平,才能增加有效供给,更好地满足市场的需求。

(二)旅游供给的内容

旅游供给是由多种因素构成的,按照与旅游需求的密切相关程度,旅游供给可以分为两大类:基本旅游供给和辅助旅游供给。

1. 基本旅游供给

基本旅游供给是指直接针对旅游者需要而提供的旅游产品,包括旅游资源、旅游设施和旅游服务,此三者构成了旅游供给的核心部分。

2. 辅助旅游供给

辅助旅游供给是指旅游地的基础设施,除了为旅游者提供服务外,还为非旅游者提供服务,主要包括交通、通信、供水、供电、供气、供热系统,污水处理系统,能源系统,医疗系统及城市公用设施等。由于旅游活动的社会、经济、文化的特性,离开了目的地的基础设施和劳务,旅游活动大多难以开展,所以,辅助旅游供给是旅游供给中不可缺少的组成部分。

基本旅游供给与辅助旅游供给的划分具有约定俗成的相对性。例如,旅游区内的交通常常划入基本旅游供给范围,而旅游区以外且到达旅游区必须经过的交通则划归于辅助旅游供给。

五、旅游市场

(一) 市场的概念

市场是生产力发展到一定阶段的产物,属于商品经济的范畴,可以说凡是存在社会分工和商品交换的地方,就有市场。从经济学的角度来说,市场就是商品交易的场所,这是狭义的市场概念。广义的市场概念是人们不仅把市场看作是交换的场所,而且看作是整个交换关系的总和。市场既体现商品的买方、卖方和商业中间人之间的关系,还体现着商品在流通过程中发挥促进或辅助作用的一切机构、部门与商品的买方和卖方之间的关系。

(二) 旅游市场的概念

旅游市场是随着旅游经济活动的产生而产生的,是实现旅游产品交换的领域和场所,也是各种旅游经济活动和旅游商品交换的总和。它是现代市场的重要组成部分,是连接旅游消费者和旅游供给者的纽带。

在旅游业和旅游研究中,旅游市场的定义有广义和狭义之分。广义的旅游市场是指旅游产品交换过程中各种经济活动和经济关系的总和。它是以旅游经营企业生产销售的旅游线路产品和食、住、行、游、购、娱为商品交换对象,反映的是旅游经济活动中的各种劳务关系。狭义的旅游市场是从市场营销学的角度来定义的,是指旅游商品的实际购买者和潜在购买者,也就是我们通常所说的旅游客源市场和旅游需求市场。

(三) 旅游市场的特征

1. 综合性

旅游市场中提供的旅游产品是综合性的商品,这就决定了其数量和质量的标准很难有统一的尺度。旅游者的需求也是复杂多变的,这就使得供求双方很难建立起一种固定且统一的商品流通渠道。

2. 季节性

旅游资源的季节性变化和社会因素的影响,使人们的旅游需求集中出现在某一时间段,就形成了旅游市场的旺季和淡季。这就使得旅游市场的供求关系体现出季节性的特点。例如,对大多数旅游地来说,冬季是旅游的淡季,但是在以冰雪风光著称的哈尔滨却是旅游旺季,这就是由旅游资源的季节性决定的。

3. 高弹性

旅游需求的高弹性主要表现为人们在旅游决策、旅游目的地选择、旅游方式及旅游消费支出额的选择等方面具有很大的自主性。这种自主性促使旅游产品的供给者常常处于被选择的地位,造成供货弹性低。可以说,旅游市场受商品价值规律影响较小,主要受社会整体消费结构及消费水平变化的影响。

六、旅游资源

(一) 旅游资源的定义

旅游资源(tourism resources),在英文中又称为"旅游吸引力"(tourism attraction),其本身包括能刺激旅游者产生旅游动机的各种因素。

在中国,从 20 世纪 70 年代到 80 年代,经济学、地理学和社会学领域的一批学者相继转入旅游科学的研究,他们在撰写论文和专著时都涉及对旅游资源概念的理解和解释,并从不同的角度对旅游资源下了定义:

凡是足以构成吸引旅游者的自然和社会因素,亦即旅游者的旅游对象或目的物都是旅游资源(邓观利:《旅游概论》,天津人民出版社 1983 年版)。

凡是能为人们提供旅游观赏、知识乐趣、度假休闲、娱乐休息、探险猎奇、考察研究以及人民友好往来和消磨闲暇时间的客体和劳务,都可以称为旅游资源(郭喜来:《人文地理概论》,科学出版社 1985 年版)。

旅游资源是指凡是能够激发旅游者的旅游动机,为旅游业所利用,并由此产生经济效益和社会效益的现象和事物(田里:《现代旅游学导论》,云南大学出版社 1994 年版)。

所谓旅游资源,专指地理环境中具有旅游价值的部分,也即旅游者在旅游过程中感兴趣的环境因素和可以利用的物质条件(周进步:《中国旅游地理》,浙江人民出版社 1985 年版)。

旅游资源就是吸引人们前往游览、娱乐的各种事物的原材料。这些原材料可以是物质的,也可以是非物质的。它们本身不是游览的目的物和吸引物,必须经过开发才能成为有吸引力的事物(黄辉实:《旅游经济学》,上海社科出版社 1985 年版)。

旅游资源是指对旅游者具有吸引力的自然存在和历史文化遗产,以及直接用于旅游目的的人工创造物(保继刚:《旅游地理学》,高等教育出版社 1993 年版)。

客观地存在于一定的地域空间并因其所具有的审美和愉悦价值而使旅游者为之向往的自然存在、历史文化遗产和社会现象(谢彦君:《基础旅游学》,中国旅游出版社 2001 年版)。

上述几种说法是目前最具有代表性和影响力的定义。分析这几种定义,可以看出,虽然它们各自的出发点和强调的重点有所不同,但就资源的基本属性而言,大体上是一致的。可以说,把握这些基本属性对于理解旅游资源的概念至为关键。

首先,旅游资源具有激发旅游动机的吸引性。这是旅游资源最大的特点,也是旅游资源理论的核心。与其他资源相比,旅游资源更能激发旅游者的旅游动机,吸引游客到异地进行参观游览、消遣娱乐、登山探险、科学考察和文化交流等活动,以此来陶冶情操,丰富自己的文化生活。

其次,旅游资源具有客观性。作为旅游活动的客体,它是旅游业发展的物质基础。无论是湖光山色、动物植物、变幻天象,还是文物古迹、古今建筑、民俗风情等,都是物质的。有人认为那些诗词曲赋、神话传说、寓言故事等无形的、不易感知和触摸的非物质意识现象,不应属于旅游资源的范畴。实际上它们产生于物质,并依附于物质基础而存在。也就是说,"精神"的产物只要同物质景观相结合,并焕发出单纯的"物质"或"精神"所难以产生的美感和旅游吸引力,就应该属于旅游资源,而且这种精神文化往往是物质景点的灵魂所在。可以说,无论是具体形态的旅游资源,还是依附于物质景观的精神文化旅游资源,其实质依然具有客观实在性。

最后,旅游资源具有效益性。旅游资源可以使旅游业产生社会、经济、生态效益。旅游资源必须是能够为旅游业所利用,经旅游开发后能够产生经济、社会和生态效益的事物和因素。因此,那些对旅游者虽具有吸引力,但因条件限制未被利用或未被注意到的客体,在现有条件下不能产生经济效益的事物和因素,则属于潜在的旅游资源。在旅游业中,旅游资源本身的吸引力和生态环境的吸引力已经构成了一个密不可分的整体。旅游地周围环境质量下降时,将会导致该旅游资源的衰弱甚至消失。人们只有一方面有效地控制旅游对环境的消极影响,另一方面不断更新和再生其吸引力,才能取得旅游的经济效益和社会效益。

基于以上的认识,我们对旅游资源的概念做出了如下的界定:旅游资源是指特定地理环境(自然环境和社会环境)中,能够激发人们的旅游动机并产生旅游活动的各种因素的综合。这种因素可以是物质的,也可以是附着于物质实体上的精神文化,它们在现实条件下的开发能够产生一定的经济、社会、生态和环境效益,或者在未来具有被开发的可能。

(二)旅游资源的分类

根据旅游资源的本质属性,人们通常将旅游资源划分为自然景观和人文景观两种类型。但很多旅游资源是自然景观和人文景观的综合。在自然景观中为方便游人观赏,要修建交通、住宿、餐饮、观赏的建筑;前人的观赏会留下文化艺术景观(碑刻、字画等)。

我国幅员辽阔,旅游资源丰富。这也反映出旅游资源的特性,即多样性、非凡性、长存性和可创造性。多样性反映出旅游资源的种类繁多,形式多样;资源的非凡性越突出,对旅游者的吸引力越大,价值也越高;人文景观是人类建造的,体现了旅游资源的可创造性;许多旅游资源与人类社会同始终,在使用中无消耗,具有长久的生命力。

(三)旅游资源的特征

旅游资源是指一切可以用于发展旅游业的自然资源和古今人文资源的总称。具体来说,自然资源包括:气候、地形、动植物、海滩、自然风景等,而人文资源则包括:民族、风土、人情、历史古迹、博物馆、饮食菜肴、工艺美术、文学音乐、舞蹈、电影、电视,及众多的娱乐设施等。

(1)旅游资源的多样性:旅游资源多种多样,既有自然形成的,又有历史遗留下来的和当代新建的,它们与旅游目的的多样性有着十分密切的联系。

(2)旅游资源的垄断性:也就是不可转移性,大家常常称旅游业为"无形贸易""风景出口",实际上就是凭借着这些千姿百态的自然和社会文化资源把旅游者从世界上的各个角落吸引到旅游地来的。旅游资源不同于其他各种资源,它有强垄断性。

(3)旅游资源的季节性:除了会议、商务等形式的旅游以外,观光旅游受季节的制约最大。这特别表现于海滨城市,每到夏季,前来避暑的游客蜂拥而至,而到了10月份至次年5月份来旅游胜地的游客就寥寥无几。

（4）旅游资源的民族性：我国历史悠久，幅员辽阔，民族众多。各民族地理位置、自然环境、历史背景、经济状况不同，所以他们的生活方式、服饰装束、风土人情、住宅建筑、风味小吃等也不同，带有浓郁的民族色彩。

从以上几个特性来看，旅游资源犹如一面镜子，它以独特的方式反映一个国家的历史、文化、艺术、物质和文明水平。通过它们，旅游者不仅可以看到过去，还可以展望未来，增强民族的自信心和自豪感。

七、旅游目的地

（一）旅游目的地的定义

所谓旅游目的地，是吸引旅游者在此做短暂停留、参观游览的地方。旅游通道将客源地和目的地两个区域连接起来，是整个旅游系统的桥梁。

（二）旅游目的地构成要素

旅游目的地的构成要素至少包括三个层次：第一是吸引要素，即各类旅游吸引物，包括有形的、无形的吸引物，也包括物质性的、非物质性的因素。旅游吸引物产生的是吸引旅游者从客源地到目的地的直接的基本吸引力，以此为基础形成的旅游景区（点）自然是"第一产品"。第二是服务要素，即各类旅游服务的综合。旅游地的其他设施及服务虽然不是旅游者访问目的地的主要因素，但是它们作为"第二产品"将会影响旅游者的整个旅游经历，因此当两地旅游吸引物存在替代关系时，服务质量优劣、设施完善程度、交通便捷程度将会对旅游者的目的地决策产生重大影响，从而使交通、旅游设施及服务作为辅助吸引力的依托，与旅游吸引物共同构成旅游地的整体吸引力的来源。第三是环境要素。环境要素既构成了吸引要素的组成部分，同时也是服务要素的组成部分，更重要的是形成了一个旅游目的地的发展条件，将构成"附加产品"（additional products），并与旅游吸引物等共同构成目的地的整体吸引力，因此也是非常重要的。

八、旅游规划

（一）旅游规划的概念

"规划"一词具有"谋划""筹划""计划"的含义。从广义上讲，规划是为了实现某些预定目标而对未来的一种谋划与安排。不同部门根据规划对象和目的的不同，有不同的规划形式和内容，例如风景区规划、城市规划、环境保护规划等。

旅游规划是旅游业发展的纲领与蓝图，是对旅游业的长远谋划和设计。由于旅游业是一项新兴产业，旅游规划是一个年轻的学科，所以就"旅游规划"的概念而言，至今国内外学术界尚未形成全面统一的认识。

从20世纪30年代开始，国外一些学者开始从事旅游规划的相关工作，并对旅游规划的含义做了表述和界定。其中，比较有代表性和影响的有：墨菲从旅游系统的视角出发认为旅游规划是预测与调节系统内的变化，以促进有序的开发，从而增加开发过程中的社会经济与环境效益；盖茨认为旅游规划是在调查、评价的基础上，寻求旅游业对人类福利和环境质量的最优贡献的过程；因斯克普认为旅游规划应该从供需两个方面系统分析，并提出整体的、可持续发展的、可控的规划方法；冈恩认为旅游规划的首要目标是满足游客的需要，旅游规划是经过一系列的选择,决定适合未来行动的过程。

我国学者从 20 世纪 80 年代开始逐渐从事旅游规划研究,并且从不同角度给出了旅游规划的定义。孙文昌认为旅游规划是以旅游市场变化和发展为出发点,以旅游项目设计为点,按照国民经济发展要求和当地旅游业发展基础,对旅游消费六大要素发展及相关行业进行科学安排和部署的一种行为;吴伟认为旅游规划是为实现既定的旅游发展目标而预先谋划的行动布置,也是不断将人类价值付诸行动的实践过程;吴必虎把旅游规划定义为对未来某个地区旅游业的发展方向产品开发、宣传促销及环境保护等一系列重要事项的总体安排,对地区旅游业的发展具有宏观指导和动态调控作用;马勇认为旅游规划是在旅游资源调查评价的基础上,针对旅游资源的属性特色和旅游地的发展规律,并根据社会、经济和文化发展的趋势,对旅游资源进行的总体布局项目技术方案设计及其具体实施。

（二）旅游规划的类型

旅游规划按规划的范围和政府管理层次分为全国旅游业发展规划、区域旅游业发展规划和地方旅游业发展规划。地方旅游业发展规划又可分为省级旅游业发展规划、地市级旅游业发展规划和县级旅游业发展规划等。旅游规划按规划层次分总体规划、控制性详细规划、修建性详细规划等。

（三）国务院印发《"十三五"旅游业发展规划》解读

"十三五"时期,我国旅游业将持续保持强劲的市场需求。当前旅游业发展的突出问题主要是供给不足和供给结构不合理。因此规划编制过程中通篇贯彻了供给侧结构性改革的思想。

彭德成表示,我国将加快推进旅游业的理念创新、产品创新、业态创新、技术创新等;加快由传统景点景区模式向全域旅游发展模式转变;构建旅游发展新模式,促进旅游发展转型升级,实现旅游业发展战略提升。

扩大旅游新供给,包括推动精品景区建设,加快休闲度假产品开发,大力发展乡村旅游,提升红色旅游发展水平,加快发展自驾车旅居车旅游,大力发展海洋及滨水旅游,积极发展冰雪旅游,加快培育低空旅游等。

此外,还将进一步促进旅游骨干企业规模化、品牌化、网络化经营,形成一批大型旅游企业集团;大力发展旅游电子商务企业,支持中小微旅游企业特色化、专业化发展。

九、旅游业

（一）旅游业的定义

旅游业的概念一直是学术界存在争议的问题,许多专家学者从不同的角度、不同的出发点,对旅游业做出了不同的表述。日本旅游学者前田勇在《观光概论》中的定义为:"旅游业就是为适应旅游者的需要,由许多不同的独立的旅游部门开展的多种多样的经营活动。"

美国旅游学者唐纳德·兰德伯格在《旅游业》一书中概括为:"旅游业是为国内外旅游者服务的一系列相互有关的行业。旅游关联到游客、旅行方式、膳食供应和其他各种事物。它构成一个综合性的概念——随时间和环境不断变化的、一个正在形成和正在统一的概念。"

日本旅游学家土井厚语将旅游业概括为:"旅游业就是在旅游者和交通、住宿及其他有关单位中间,通过办理旅游签证、中间联络、代购代销,通过为旅游者提供导游、交涉、代办手续,此外利用本商社的交通工具、住宿设施提供服务,从而取得报酬的行业。"马勇认为:"旅游业就是以旅游资源为凭借,以旅游设施为基础,通过提供旅游服务来满足旅游消费者各种需要的综合性行业。"李天元认为:"旅游业就是以旅游者为对象,为其旅游活动创造便利条件并提供其所需商品和服务的综合性产业。"王洪斌认为:"旅游业是借助设备、设施、工具或环境,通过提供服务促成人们短期在异地从事消遣的营利性企业的总和。"

综上所述,旅游业就是以旅游资源为凭借,以旅游设施为条件,以旅游者为对象,为旅游者的旅游活动、旅游消费创造便利条件并提供其所需商品和服务的综合性产业。

同其他传统产业的定义相比较,旅游业的定义有两点明显的不同之处:① 这一定义是需求取向的定义,而非供给取向的定义;② 旅游业作为一项产业,其界定标准是其同样的服务对象,而表示同样的业务和产品。

(二)旅游业的构成

目前,人们对旅游业构成的认识主要有三大观点。

1. 旅游业构成的三大支柱

根据联合国的国际产业划分标准,以及对从事旅游业务的具体部门加以分析,旅游业主要由三部分构成,即旅行社、交通客运部门和以旅馆为代表的住宿业部门。在国内,人们通常将旅行社、住宿业和交通运输业称为旅游业的"三大支柱"。

2. 旅游业构成的五大部门

从国家或地区的旅游发展角度来看,旅游业由以下五大部分组成:住宿接待部门、游览场所经营部门、交通运输部门、旅行业务组织部门、目的地旅游组织部门。

3. 旅游业构成的八大方面

从食、住、行、游、购、娱来看,按照我国目前的情况,旅游业的构成应包括下列各类企业:旅行社、以旅馆为代表的住宿业、餐馆业、交通客运业、游览娱乐行业、旅游用品和纪念品销售行业。另外,各级旅游管理机构和旅游行业组织也应纳入旅游业的构成之中。

(三)旅游业的性质

要理解旅游业的性质,我们需要从经济性、"旅游产业"与"旅游事业"的区别两个方面来分析。

首先,旅游业的经济性是不言而喻的,任何一个国家或地区发展旅游业都具有明显的经济动机。旅游业与旅游不同,旅游是人类的一种活动,或者说是一种生活方式,是一种社会现象;而旅游业是一项产业,其目的是推动经济社会的发展,提供各种旅游服务产品并从中获取收益。旅游业的基础是各类旅游企业,而企业是以营利为目的并要进行独立核算的经济组织。同样,以各类旅游企业为基础构成的旅游业也必须进行独立核算。此外,我国也明确地将旅游业列入国民经济的组成部分,纳入社会经济宏观发展计划当中,而不再视其为单纯的文化产业。因此,旅游业是通过旅游产品的生产与交换来获取经济利益的综合性行业,理所当然应该具有经济属性。

其次,旅游产业不同于旅游事业。旅游产业是由各类以营利为目的并需要进行独立核算的旅游企业组成的,旅游产业本身也是需要进行独立核算的。而"事业"并非以发展经济为唯一目的,是没有生产收入、由国家经费开支、不进行经济核算的,这显然与当今旅游业强劲的创收能力相互抵触。"旅游事业"这个概念,是特指那些由政府机关、社会团体、教育部门等非营利性机构所进行的旅游行政工作与社会活动,例如,政策制定、行政管理、监督指导、学术研究、信息传递、宣传教育等,又可称为旅游行政事业。

第二节 主 要 理 论

经过长期的发展,旅游学科逐渐形成和完善了理论体系,并与旅游实践相互促进,相得益彰。本节主要介绍旅游学科体系中的重要相关理论。

一、马斯洛需求层次理论

(一)马斯洛需求层次理论的主要内容

马斯洛需求层次理论是人本主义心理学的理论之一,由美国心理学家亚伯拉罕·马斯洛在1943年在《人类激励理论》论文中所提出。文中将人类需求像阶梯一样从低到高按层次分为五种,分别是:生理需求、安全需求、归属与爱的需求、尊重需求和自我实现需求。

(1)生理需求,指生理上的需求,是人们最原始、最基本的需求,如吃饭、穿衣、住宿、医疗、性、呼吸、睡眠、食物等。这些需求若不满足,人们就会有生命危险。这就是说,它是最强烈的不可避免的底层需求,也是推动人们行动的强大动力。只有这些最基本的需求满足到维持生存所必需的程度后,其他的需求才能成为新的激励因素,而到了此时,这些已相对满足的需求也就不再成为激励因素了。

(2)安全需求,指安全的需求,要求劳动安全、职业安全、生活稳定,希望免于灾难,希望未来有保障等。安全需求比生理需求高一级、当生理需求得到满足以后就要保障这种需求。每一个在现实中生活的人,都会产生安全感的欲望、自由的欲望、防御的欲望。

(3)归属与爱的需求,是指个人渴望得到家庭团体、朋友、同事的关怀、爱护和理解,是对友情信任、温暖爱情的需求。归属与爱的需求比生理需求和安全需求更细微更难捉摸。它与个人性格、经历、生活区域、民族、生活习惯、宗教信仰等都有关系,这种需求是难以觉察、无法度量的。

(4)尊重需求,可分为自尊、他尊和权力欲三类,包括自我尊重、自我评价以及尊重别人。尊重需求很少能够得到完全的满足,但基本上的满足就可产生推动力。马斯洛认为,尊重需求如果得到满足,就能使人对自己充满信心,对社会满腔热情,体验到自己活着的用处和价值。

(5)自我实现需求,这是最高等级的需求。满足这种需求就要求完成与自己能力相称的工作,最充分地发挥自己的潜在能力,成为所期望的人物。这是一种创造的需求。有自我实现需求的人,似乎在竭尽所能,使自己趋于完美。自我实现意味着充分地活跃地忘我地集中全力全神贯注地体验生活。马斯洛提出,为满足自我实现需求所采取的途径是因人而异的。自我实现需求是在努力实现自己的潜力,使自己越来越成为自己所期望的人物。

(二)马斯洛需求层次理论对旅游动机的解释

旅游需求产生的前提是有旅游动机。旅游动机的产生,到底是出于马斯洛需求层次理论中哪些层次的需求呢?先从生理需求这一层次谈起。一个人或者家庭外出旅游,必须首先具备的条件之一就是一定的支付能力。这就意味着有经济能力的外出旅游者,其温饱等基本问题早已得到了解决,所以不可能是因为生理需求而外出旅游。反之,为了满足生理需求而"希望"外出的旅游者也不会有足够的经济条件。即使离开常住地外出,也只能是出于就业或移民的目的,从而超出了旅游者的范畴。

至于安全需求,应该说,一个人在自己熟悉的环境中,如自己的家里,会比在其他任何地方都更具有心理上的安全感,所以为了安全需求而外出旅游的可能性很小。当然,旅游者在外出旅游时同样需要安全,但是这并不是外出旅游的动机。而且在旅游活动中,有不少旅游者显然不是为了满足安全需求而外出旅游的,安全需求不足以解释这些旅游者的动机。

就归属与爱的需求而言,一个人对归属和爱的需求,只有在熟悉的社会群体中才能够得到真正的满足,因为只有在长期的共同生活和工作中,人们才能通过熟悉和了解产生真正的感情,并在团体中获得承认,拥有自己的位置而获得归属感。虽然加入一个旅行团成为其中的一员,或者与其他地方的人进行交流可以给人带来一定的归属感和情感的满足,但是这只是旅游这一社会性活动的客观结果或者说影响,并不足以说明人们是为了满足归属与爱这一需求而外出旅游的。

尊重需求,除了包括在他人心目中受到重视赏识或尊重外,还包括取得成就、提高地位和自信等表现自己的需要。因此,人们一方面要感觉到自己对世界有用,另一方面也需要借助某些外部事物提高自我形象。旅游就是一种很有效的提升自我形象的手段。在欧美,某些形式的旅游,如到外国名胜地区旅游的经历经常被人们羡慕和崇敬,因此有助于满足个人受尊重的需求。而某些由于社会地位等原因在当地不为人所尊重的人到某些旅游地区,如经济文化比较落后的地区旅游,则可能会得到在家乡得不到的看重和尊崇。因此,可以说有人外出旅游是为了满足尚未得到满足的尊重需求。

自我实现需求,一般通过各种挑战自我极限的方式表现出来。在旅游活动中就有各种挑战自我极限的方式。旅游者可以通过旅游活动满足自我实现需求。可以认为,出于自我实现需求而外出旅游的人在旅游者的总体中只占很小的一部分。

总之,马斯洛的需求层次理论虽然并不足以完全解释人的旅游动机,但也可以看出,人们外出旅游,满足的需求多半是较高层次的,属于精神需求。尽管在旅游活动中,旅游者也有满足低层次的生理需求和安全需求的要求,但这并不成为一个人外出旅游的目的。当然,这些需求的满足仍然是必要的,这一点不容忽视。

因此,马斯洛需求层次理论是研究旅游动机的基础,该理论解释了旅游是一种能够满足人类较高层次需求的消费活动。随着旅游业的快速发展,旅游市场的竞争也日趋激烈。旅游企业要想在激烈的竞争中赢得市场就必须研究旅游者的动机,全面了解旅游者的需求和动机,牢牢掌握和抓住旅游者的心理,开展心理营销,及时推出符合目标市场需求的旅游产品和服务,更好地实施差异化经营战略。

二、恩格尔定律及恩格尔系数

(一)恩格尔定律的主要内容和恩格尔系数

19世纪德国统计学家恩格尔根据统计资料,对消费结构的变化得出一个规律:一个家庭的收入越少,家庭收入中(或总支出中)用来购买食物的支出所占的比例就越大。随着家庭收入的增加,家庭收入中(或总支出中)用来购买食物的支出份额则会下降。推而广之,一个国家越穷,每个国民的平均收入中(或平均支出中)用于购买食物的支出所占比例就越大,随着国家的富裕,这个比例呈下降趋势。即随着家庭收入的增加,购买食物的支出比例会下降。

恩格尔系数是根据恩格尔定律得出的比例数,是表示生活水平高低的一个指标。其计算公式如下:

$$恩格尔系数＝食物支出金额/总支出金额$$

除食物支出外,衣着、住房、日用必需品等的支出,也同样在不断增长的家庭收入或总支出中,所占比重上升一段时期后,呈递减趋势。

国际上常常用恩格尔系数来衡量一个国家或地区人民生活水平的状况。根据联合国粮农组织提出的标准,恩格尔系数在59％以上为贫困,50％～59％为温饱,40％～50％为小康,30％～40％为富裕,低于30％为最富裕。

（二）恩格尔系数在旅游消费中的应用

在我国运用这一标准进行国际和城乡对比时,要考虑到那些不可比因素,如消费品价格比价不同、居民生活习惯的差异以及由社会经济制度不同所产生的特殊因素。另外,在观察历史情况的变化时要注意,恩格尔系数反映的是一种长期的趋势,而不是逐年下降的绝对倾向。它是在熨平短期的波动中求得长期的趋势。

虽然恩格尔系数在我国的运用有一定的局限性,但是旅游学上常用恩格尔系数分析旅游消费的整体趋势。根据国家统计局发布的 2017 年国民经济和社会发展统计公报披露,我国恩格尔系数为 29.3％。从国际经验来看,发达国家或者是富足国家的恩格尔系数一般在20％～30％。中国居民消费能力的持续提升,消费结构向高端化、个性化、服务化升级,将推动中国成为全球最大、成长性最强的市场,也将推动中国从"世界工厂"向"世界市场"转变。过去这些年中国经济持续高速增长,城乡居民的生活水平不断提高,老百姓收入不断增长,财富不断积累。中国从过去的温饱阶段逐步发展过渡到小康,再向全面小康迈进,在这个过程当中,居民的消费结构在不断加快升级。

三、闲暇与休闲经济理论

（一）闲暇理论的主要内容

关于如何定义"闲暇"的问题,多年来始终困扰着哲学家和社会学家们。闲暇（leisure）这个英文单词源自拉丁文的 licere,代表"被允许"或"自由的"。事实上,克劳斯和纽林格指出,闲暇通常被描述为一种社会学的和心理学的（心理状态）特质。与之相近的是,近年来有人认为"玩乐"（play）是生活的一项基本要素。

以经济学的角度看,在传统的分析中,闲暇是作为劳动时间之外的时间来看待的,它被视为一种消费品。人们选择闲暇,是因为他们认为闲暇能比工作带来更大的效益。后来,经济学家注意到这样一个简单的事实,消费需要消耗时间。因此,消费商品的行为与时间的结合才是创造效用的源泉。在这里,闲暇不再是消费品,它被还原为时间——一个人完成消费行为所必需的时间。

（二）闲暇和休闲经济理论对旅游业的解释

休闲、旅游,二者相辅相成、辩证统一。休闲是旅游的前提,旅游是休闲的目的之一,也就是说旅游是休闲的一种重要形式,休闲旅游是人与自然的和谐统一,是自然景观与人文景观的和谐统一,是人生品位的高度升华。近十年来,中国旅游和世界旅游的消费特征有很大变化,休闲旅游正成为重要的发展方向。随着我国社会经济的持续发展,选择旅游作为一种休闲方式已成为人们比较普遍的行为方式。休闲旅游产业将是第三产业中的第一重要产业。休闲旅游几乎集结了旅游的所有要素,内容更为丰富,除了观光外,许多特种旅游、专项旅游,都可成为休闲项目,并带来经济的巨大增长。这样就能把潜在的旅游资源优势转化为巨大的经济增长幅度,这对培育新的经济增长点,扩大第三产业的总量,调整经济结构和实现产业优化升级,都是十分必要和切实可行的。

四、乘数效应与示范效应

(一)乘数效应的概念

"乘数"(multiplier)是经济学中的一个基本概念,又译作倍数,主要指经济活动中某一变量与其引起的其他经济量以及经济总量变化的比率。

乘数理论说明,在经济活动中,一种经济量的变化可以引起其他经济量的变化,最终使经济总量的变化数倍于最初的经济变量,我们把这种现象称为乘数效应。在经济活动中,之所以会产生乘数效应,是因为国民经济的各个行业是相互关联、相互促动的。例如,在某部门注入一笔投资,不仅会增加该部门的收入,而且会在各相关部门引起连锁反应,最终产生数倍于投资额的国民收入。

1882年,经济学家巴奇霍特(Bagehot)分析了紧缩产业对经济中其他产业所产生的负面影响。自此,不少经济学家便对乘数理论展开了长期的研究,并在20世纪20年代末30年代初掀起一股乘数理论的研究高潮。庇古(Pigou)、博塞拉甫(Boserup)、吉布林(Gihlin)和沃明(Warming)等经济学家均从不同视角提出了各自的乘数分析方法。其中,英国经济学家卡恩(Kahn)于1931年最早提出乘数概念。然而,现代乘数理论主要是沿着凯恩斯乘数模型和里昂惕夫"投入—产出"模型两大主线发展而来。

(二)旅游收入乘数的概念

鉴于旅游业综合性强和涉及面广的特点,旅游学术界在一些旅游经济学的著作中往往对经济的乘数理论加以修正和发展,形成旅游乘数理论,并以此说明旅游业的产业关联性(即具有促进国民经济各部门倍数增长的优势)。马西森(Matheson)和沃尔(Wall)于1982年提出旅游乘数概念的雏形,即"旅游乘数是这样一个数值,最初旅游消费和它相乘后能在一定时期内产生总收入效应";英国萨瑞大学的阿切尔(Archer)认为:"旅游乘数是指旅游花费在经济系统中(国家或区域)导致的直接、间接和诱导性变化与最初的直接变化本身的比率"。这两个定义在一定程度上揭示了旅游乘数的本质。但将旅游乘数仅仅理解为旅游收入乘数,也具有很强的片面性。旅游乘数的完整定义可以表述为:旅游乘数是用以测定单位旅游消费对旅游接待地区各种经济现象的影响程度的系数。这间接地说明了旅游乘数种类的非单一性及各种旅游乘数值之间的差异。

旅游收入乘数效应是用来衡量旅游收入在国民经济领域中,通过初次分配和再分配的循环周转,给旅游目的地国家或地区的社会经济发展带来的增值效益和连带促进作用的程度。旅游业的发展必然会促进一系列同旅游相关的其他部门的生产,从而带动整个国民经济的发展。正是由于旅游业的发展,对与旅游业直接和间接相关的部门产生了影响,增加了有关部门的收入,因而可在国民经济整体上用旅游收入乘数来衡量旅游业的地位和作用。

旅游者的一笔消费支出进入旅游经济运行系统中后,经过多个环节,使原来的货币基数发挥若干倍的作用,在国民经济各部门中引起连锁反应,从而增加其他部门的收入,最终使国民收入成倍增加。例如,旅游者在饭店里食宿,饭店职工从旅游者花费中获得工资;工资的一部分用于饭店职工的生活支出,其生活支出又注入本地经济;而餐厅对食品饮料的进货又会使农民的收入增加;农民收入的增加,又会促进社会消费品销售量的增加。这种通过旅游者的花费对某一地区旅游业的货币注入而反映出来的国民收入的变化和经济影响,就是旅游收入乘数效应。

对于旅游目的国或地区来说,来访国际游客的旅游消费作为无形出口贸易的收入,使外来资金"注入"到接待国的经济之中,这种"注入"资金在部分流失于本国或地区经济系统之外的同时,余额部分则在本国或地区经济系统内渐次渗透,依次发挥直接效应(direct effects)、间接效应(indirect effects)和诱导效应(induced effects),刺激本国或本地区经济活动的扩张和整体经济水平的提高,但影响越来越弱,直至外来资金在目的国或地区经济活动中的作用小到可以忽略不计时为止。旅游收入乘数效应的发挥可分为三个阶段。

第一阶段,直接效应阶段。旅游收入最初注入的一些部门和企业,如旅行社、交通部门、餐饮业、参观游览部门、旅游娱乐部门、旅游购物部门等,都会在旅游收入的初次分配中获益。旅游者的旅游消费对于经济系统中旅游企业在产出、收入、就业等方面造成的影响,称为旅游消费的直接效应。

第二阶段,间接效应阶段。直接受益的各旅游部门和企业在再生产过程中要向有关部门和企业购进原材料、物料、设备;各级政府把旅游企业缴纳的税金投资于其他企事业、福利事业等,使这些部门在不断的经济运转中获得效益,即间接地从旅游收入中获利。世界上大量研究结果表明:旅游消费的间接效应常常超过它的直接效应。

第三阶段,诱导效应阶段。直接或间接地为旅游者提供服务的旅游部门或其他企事业单位的职工把获得的工资、奖金用于购置生活消费品或用于服务性消费的支出,促进了相关部门和企事业单位的发展。此外,那些在旅游收入的分配与再分配运转中受到间接影响的部门或企事业单位在再生产过程中又不断购置生产资料,又推动了其他相关部门生产的发展。如此,旅游收入通过多次的分配与再分配,对国民经济各部门产生连锁的经济作用。旅游消费的诱导效应是非常显著的。1967 年美国学者哈姆斯顿(F. Harmston)对于美国密苏里州旅游消费诱导效应的研究表明,旅游消费的诱导效应导致的区域内货币流量是间接效应的三倍多。

旅游乘数是用以测定旅游消费(即接待国或地区的旅游收入)所带来的全部经济效应(直接效应＋间接效应＋诱导效应)大小的系数。一般来说,旅游乘数效应可以从两方面估计:一是旅游消费中留在经济系统内继续转手花费的数额,如果这部分数量大,则乘数值大,反之亦然。二是旅游者的花费能在本地内再花费的次数。轮转次数越多,乘数越大;次数越少,乘数越小。

（三）示范效应的主要内容

消费者的消费行为要受周围人们消费水准的影响,这就是所谓"示范效应"。如果一个人的收入增加了,周围人的收入也同比例增加了,则他的消费在收入中的比例并不会变化。而如果别人的收入和消费增加了,他的收入并没有增加,但因顾及在社会上的相对地位,此人也会打肿脸充胖子地提高自己的消费水平。这种心理会使短期消费函数随社会平均收入的提高而整个地向上移动。

（四）示范效应解释旅游业的社会影响

旅游者不仅给旅游区带来了金钱，而且还可能带来诱惑强烈、触目可见的"消费者"生活方式。在珠光宝气的大城市里，旅游者及其消费习惯也许不会引起市民特别的注意，但在未见过大世面、经济落后的地区，旅游者的招摇过市，不仅耀人眼目，而且具有冲击效果。食品、饮料、地方文化、当地服务业、纪念品以及其他所有旅游区内向游客出售的商业享受，会在当地居民中间树立起比传统生活水准更高的物质享受的风气。这种生活方式的不同都可能导致旅游目的地所谓的示范效应现象，其表现形式可以各种各样的面貌出现。如果当地人为追求旅游者更高水准的生活方式，则会把钱更多地花在购买物质享受上，当地人就不会像旅游者到来之前那样积累钱财，并把它们放在投资上了。再假设这些物质资料都来自进口，那么示范效应就会破坏当地经济的收支平衡。示范效应也有可能产生所谓边际人的社会混血儿现象。

以上是示范效应带来的不利影响。但是这不是绝对的。示范效应也有它的积极作用。对于落后地区来讲，示范效应对提高人的素质有积极作用。例如，云南石林五棵松的撒尼农民，西双版纳曼景兰村的傣族农民，大理古城的白族居民，随着旅游业的发展，不仅脱离贫困，而且文化修养、商品经济观念都有了飞跃式的发展，一些人能用英、日、德等国常用语与外宾做生意，部分人走出世代居住的村寨，到昆明、广州等地经商。这种示范效应是简单地投资于有形教育来提高人的素质所无法取得的。为了追求旅游者们所显示出的物质生活消费方式，越来越多的旅游地居民加入服务行业，因为这个行业比传统的农业更能提供发展的机会。农村地区的经济和社会结构也因旅游业的影响而发生变化，旅游业成为当地人提高生活水平的途径。人们尤其是年轻人开始向社会的高层靠拢，从而使当地人中出现贫富差别，这种差别清楚地反映出个人对旅游业的参与程度。这种变化使当地出现了以旅游业为基础的新的社会阶层，并对当地的政治力量产生影响。

示范效应对旅游地的社会经济带来的不良后果已受到广泛关注。一些专家甚至认为，旅游业把西方的生活方式"出口"到发展中国家，并把那些在西方有争议的都市价值观和腐朽的东西传播开来。关于示范效应是否促使旅游地居民追求美好生活这个问题，研究者们尚来找到令人信服的答案。

五、环城游憩带

环城游憩带这个概念由吴必虎教授于1998年首次提出。他在1999年进一步提出环城游憩带的理论，认为发生于大城市郊区，主要为城市居民光顾的游憩设施、场所和公共空间，特定情况下还包括位于城郊的外来旅游者经常光顾的各级旅游目的地，一起形成了环大都市游憩活动频发地带，简称为环城游憩带。环城游憩带以回归自然为主题，形成了乡村旅游区、度假区、生态观光区等休闲活动场所，有时也包含以回归自然为主题的服务于外来旅游者的资源与设施景观，给游憩者提供一个休闲和恢复身心健康的自然环境。

环城游憩带包含四大要素：环（城市）表明了区位；城市体现市场（客源）；游憩指的是所提供的产品；分布形式非圈非点，而是不连续的一个带。之所以谓之"带"，一方面说明环城游憩带需要比较大的单体规模及群体规模（非点），另一方面表明环城游憩带要因地制宜，适度发展,而不是发展成为一个封闭的圈。

环城游憩带形成的根本原因,往往是在土地租金和旅行成本的双向力量作用下,投资者和旅行者达成的一种妥协。因为离开城市距离越远,级差地租越低,投资者的资金压力越小;但是离开城市越远,旅游者的旅行成本就越高,其出行意愿和实际出游率就越低,最终在某个适当的位置形成游憩区域。这一区域并不受行政区域的限制,有时会覆盖周边省市。

在不同发展水平国家之间,由于旅行成本和城市土地价格在空间上的变化速度的不同,环城游憩带所处的位置也有差别。作为旅游客源地,西方城市具有较高的出游能力,居民的出游半径远远大于中国城市居民。所以环城游憩带的范围要根据各个城市发展的具体情况划分,而不能一概而论。

第三节　学习方法

一、角色扮演学习法

(一)角色扮演学习法的内涵与意义

角色扮演学习法,是指教师在教学过程中设计某一项教学任务,设定某种故事情节和问题情境及题材,引导学习者参与教学活动,让学习者扮演各种角色进入角色情境,通过行为模仿或行为替代去处理多种问题和矛盾,充分体会角色的情感变化和行为模式,然后进行讨论分析,从而达到加深对专业理论知识的理解并能灵活运用的目的。学习者要在规定的"表演"时间内与其他角色扮演者协同工作,承担起按时按量完成工作任务的责任。

在现实生活中,每个人每天都在扮演着不同的角色,并以不同的角色处理着各种各样的问题。角色扮演学习法的目的就是培养学习者正确地认识职业岗位角色,学会了解角色内涵,较快进入角色,圆满完成角色承担的工作任务,为学习者进入未来的职业岗位奠定一个良好的基础。

(二)角色扮演学习法的专业可适性分析

与其他行业相比,旅游业是非常典型的服务行业,是人为人服务的行业。旅游业所涉及的职业岗位工作几乎都是以人—旅游者为核心的,目的就是让旅游者享受到高质量、高水平的旅游服务。作为旅游业不同岗位的从业人员,不仅需要明白如何能够更好地为旅游者提供优质的旅游服务,更需要了解旅游者有哪些特殊的旅游需求、需要哪些优质的旅游服务等。因此,在专业课程教学中,学习者要通过角色扮演,提前进入工作岗位角色,体验不同岗位角色心理状态,熟悉不同角色岗位的服务流程,进而在服务程序、服务态度、服务语言及服务技能技巧等方面达到岗位角色所要求的基本水平。还有更重要的一点是,通过角色扮演法,可以让学习者以一个旅游消费者的身份出现,让学习者从旅游消费者的角度去体会旅游消费者的心理与需求。

通过角色扮演学习,学习者可以将现在的学习生活和未来的工作生活紧密联系起来,在角色扮演中逐渐知晓自己将来要做什么、能做什么和做得怎样,进而明确自己该学什么、怎样学和学到什么程度。同时角色扮演还有利于增强学习者的专业意识,让他们了解将来所从事的职业岗位应具备的专业知识、专业技能和综合素质,进而渗透到学习意识中,提高学习效果。

实质上,角色扮演就是一个让学习者明确旅游业中不同工作岗位角色所承担的社会责任,把学习者个人当前的学习状态与未来职业前途联系起来,使学习者在一种神圣的心理体验中,以严肃认真的态度对待学习,从而培养学习者的职业责任感。角色扮演学习将会使得旅游专业的学习者明确作为一名优秀的旅游服务人员或旅游管理人员所肩负的岗位职责和应具备的专业素质。

(三)角色扮演教学法的演绎流程

角色扮演学习法主要包括准备、计划、执行、评价和反馈五个教学阶段。

准备阶段主要是指教师和学习者分别根据教学目标、教学内容和学习目标、学习内容完成相应的教与学前的准备工作,如明确工作任务、布置表演场景等,为后面教学活动的开展奠定良好的基础。

计划阶段主要是指学习者为了完成学习任务,达成学习目标,对整个角色扮演活动进行全面而详细的计划工作,内容包括活动目的确定、内容的明确、程序的设计、人员的配置等方面。

执行阶段主要是指根据前期制订的计划实施角色扮演活动。这是角色扮演学习法实施的主要阶段,既是对前面准备工作、计划工作的检验,又是对后面评价工作、反馈工作的引领。

评价阶段主要是指依据一定的评价指标对学习者的角色扮演活动进行评价。这里既包括学习者的自评,也包括学习者之间的互评,还包括教师的点评;既可以单一评价执行阶段的活动,又可以综合评价前三个阶段的活动,尤其是对计划制订阶段的评价显得尤为重要。

反馈阶段主要是指根据评价阶段的意见和建议,学习者反思角色扮演活动,并进一步加以改进和完善。如果教学时间和教学条件允许,学习者可以进行新一轮的"计划—执行—评价"角色扮演活动。

二、案例学习法

(一)案例学习法的内涵与意义

案例学习法,是在学习者掌握了有关基本知识和分析技术的基础上,在教师的精心策划和指导下,根据教学目的和教学内容的要求,运用典型案例,将学习者带入特定事件的现场进行案例分析,通过学习者的独立思考或集体协作,提高其识别、分析和解决某一类问题的能力,同时培养学习者正确的服务理念、工作作风、沟通能力和协作精神的一种有效教学方法。

案例学习法的本质特征主要表现在:第一,学习者主体性。案例学习法以学习者为中心,在教师的指导下,学习者积极参与,在真情实景中以"当事人"身份思考问题。第二,过程动态性。在教师引导下,学习者通过多方位的互动交流,动态地解决问题。第三,结果多元性。案例学习法倡导多元的、发散型思维方式,在教师合理有效的组织和控制下,让学习者在自由开放的教学环境中发挥想象力,不刻意寻找唯一答案,而是在多种答案中得出一个大家公认的最佳答案。

采用案例学习法,能把实际情况真实客观地反映给学习者,给学习者以真实感、投入感,使他们仿佛置身于现实的实践之中，养成学习者分辨是非、提出问题、解决问题的能力，使学习者发现自己知识和能力的缺陷和不足，加深对课堂教学内容的理解，获得更为全面的知识。实践证明，案例学习法在提高分析和解决实际问题的能力等方面确实很有成效。它可以使死的规则变成活的法律，可以使被动的接受变成主动的探寻，可以使死记硬背变成理解与操作。案例学习法具有突出的实践性，可以成功地解决教育中理论与实践相结合的问题。

（二）案例学习法的专业可适性分析

旅游是一项综合性、关联性很强的社会实践活动，涉及社会、经济、文化、历史、地理、民族、宗教等诸多领域。旅游业的社会适应性强、可操作性强的特点决定了旅游专业教学目标是培养与社会接轨的实用型人才。旅游产业的跨地域性、综合性和快节奏变化性决定了旅游专业教学要培养具有开拓性工作能力的人才。因此，旅游管理专业不仅要培养学习者获得当前从事旅游工作的基本专业能力，还要培养他们具有"对尚未想象出来的未来事件的学习能力和创造能力"。对比案例学习法的特质，这种方法在旅游管理专业教学中的适用性是显而易见的。

案例学习法作为一种直观性的教学法，集实践性、直观性、启示性于一体，在旅游管理专业教学中具有很强的可行性。学习者运用案例学习法，通过对各种案例的分析，能够促进学习者经验的迁移、提高思维能力；能调动学习者的学习积极性和参与意识，发挥学习者学习的主体作用；能够促进学习者把书本上的知识教条活化为思考问题、解决问题的能力和方法。

（三）案例学习法的演绎流程

案例学习法主要包括以下六个环节。

第一，介绍背景，引入案例。通过介绍相关的背景，为案例的引入做好铺垫，形成水到渠成的教学效果。

第二，确定学习任务和学习方式。根据案例呈现的方式和呈现的内容，从而明确具体的学习任务以及学习方式，为后面学习活动的展开奠定基础。

第三，审视、搜寻、评价信息。案例中蕴藏着大量的信息，这些信息之间有主次之分，有远近、繁简、大小之分。想要解决问题，首先必须从案例中搜寻与问题相关的信息，然后对搜寻出的信息进行分析和评价，去伪存真，最终获得有效的信息。

第四，开发、处理各种解决方案。根据已获得的有效信息，开发解决问题的方案。由于开发的角度、类型、重心不同，必然产生各式各样的解决方案，对这些解决方案进行适当处理，即合并、增删、整合，从而获得真正意义上的解决方案。

第五，展示、讨论各种解决方案。展示开发的各种解决方案，讨论各种解决方案的优缺点。

第六，评价结果，得出结论。通过比较、分析、评价讨论的结果，最后确定解决问题的最佳方案。

三、情境学习法

（一）情境学习法的内涵与意义

情境学习法是指在教学过程中，教师有目的地引入或创设具有一定情绪色彩的、以形象为主体的生动具体的场景，以引起学习者一定的态度、情感和认知方面的体验，从而帮助学习者理解和运用所学内容,并使学习者的心理机能得到发展的教学方法。

情境学习法的核心在于激发学习者的情感,在教学过程中引起学习者积极的、健康的情感体验,直接提高学习者对学习的积极性,使学习活动成为学习者主动进行的、快乐的事情。情境学习法要求创设的情境就是要使学习者感到轻松愉快、耳目一新,促进学习者心理活动的展开。

情境学习法所创设的情境,因其是有意识的创设和优化,所以是有利于学习者发展的外界环境。这种经过优化的客观情境,在教师语言的支配下,使学习者置身于特定的情境中,不仅影响学习者的认知心理,而且促使学习者参与学习。

情境学习法使学习者身临其境,通过给学习者展示鲜明具体的形象,包括直接和间接形象,使学习者从形象的感知达到抽象的理性的领悟,同时又激发学习者的学习情绪和兴趣,使学习活动成为学习者主动、自觉的活动。

(二)情境学习法的专业可适性分析

旅游管理专业学习者将来所从事的旅游工作岗位具有很强的即时性和服务性特点,即一时一地一人一物一情境和为人服务,尤其是在导游、门市接待、产品销售等职业岗位上,从业者面对的是瞬息万变、纵横交错的人、事、物。既能够遵循基本的业务工作流程又能够因人而异、量体裁衣,是旅游从业者应具备的基本业务素质之一,也是旅游管理专业人才培养的目标之一。

在这里,有两种关系需要注意:第一,"变"与"不变"的关系。在专业学习中,有一些专业理论知识具有一定的抽象性和高度的精练性,学习者在学习过程中一般感觉较难掌握,难以真正地理解。而且,专业理论知识在教材中的"万变不离其宗"和在实践上的"千变万化"给学习者的学习带来了一定的困惑,产生了一定的障碍。在专业教学中运用情境学习法,能够让学习者从形象的感知达到抽象的理性领悟,在真正意义上掌握专业理论知识。第二,"知"与"情"的关系。在专业学习中采用情境学习法,能够激发学习者的学习情绪和学习兴趣,使学习活动成为学习者主动而自觉的行为结果,将理性思考和情感体验有机地统一起来。情境学习法的本质特征就是激发学习者的情感,以此推动学习者认知活动的进行。形象是情境的主体,情境学习法就是在教学过程中创设许多生动的场景,为学习者提供更多的感知对象,增加学习者大脑中的相似知识块,有助于学习者灵感的产生,培养学生相似性思维能力。

(三)情境学习法的演绎流程

情境学习法主要包括准备、实施、反馈和总结四个教学阶段。

准备阶段主要是指情境的创设。无论是真实的情境还是虚拟的情境,其目的都在于为学习者提供一种能够引起共鸣的情感体验。在所创设的教学情境中,往往包含着某种工作任务,进而引发学习者的进一步学习。

实施阶段主要是指在所创设的情境中,学习者通过体验情境完成工作任务。

反馈阶段主要是指学习者反思学习过程和学习结果,分析其中的各种关联,从而产生某种认识上的顿悟。

总结阶段主要是指基于对情境的反思,学习者总结结果和观点,最终在认知结构方面产生一定的改变。

四、现场学习法

（一）现场学习法的内涵与意义

现场学习法是根据一定的教学任务,组织学习者到景点景区或工作场所,通过观察、调查或实际操作,使理论知识与社会实践相结合的一种教学方法。

著名教育学家夸美纽斯在《大教学论》中曾写道:"一切知识都是从感官开始的。"这说明直观可以使抽象的知识具体化、形象化,有助于学习者感性知识的形成。相对于以传授间接知识为主的课程教学,现场学习最显著的特点在于直接认识对象并亲身参与社会实践活动。作为一种扩大学习者直接经验的教学方法,现场学习法在形式和操作上都有别于课堂教学。

现场学习法具有直观性和亲验性的特征。因为现场学习过程是在工作岗位现场进行的,通过将教学内容与学习者现场直接亲历的经验联系起来,学习者亲临现场、亲身体验,真实感强烈,从而突破了课堂教学的某些局限,改变了学习者的认识活动结构。在现场学习中,学习者通过对实物的观察对专业概念有了感性认识,在实践过程中积累了重要的实战经验。教学心理学也认为,只有通过自己的亲身实践才能真正认识事物本身。现场学习法具有互动性特征。在教学中,教师的教与学习者的学互动频繁,双方教学相长,平等交流,共同研讨,共同进步,亦师亦友,便于营造出和谐的教学氛围。现场学习法具有个性化特征。将课堂搬到现场,把课堂中的问题带到现场,教师现场解决具有针对性的专业问题,充分调动学习者的学习积极性和主动性,尊重每位学习者的特长。

（二）现场学习法的专业可适性分析

随着职业教育经费投入的逐年增多,许多旅游管理专业创建具有专业特色的实训室或模拟室,无论从基本设施配置方面还是从数量规模设置方面都属于高标准高水准。在专业教学中,有一些专业知识的获得和专业技能的训练是可以在实训室或模拟室中完成的,但是,有一些专业知识和专业技能则无法在实训室或模拟室中完成,需要在真实的社会生产现场或景点景区完成。即便是可以在实训室或模拟室完成的专业知识和技能的学习,其学习效果也无法与现场学习效果相比拟,这是因为现场学习是最能凸显旅游管理专业教学特性的教学活动方式。因此,现场学习法的实质就是现场教、现场学和现场做。

对于演艺明星而言,他们知道"镜头感"对于发展他们演艺事业的重要性。同样,对于旅游从业者而言,"现场感"对于他们未来职业发展也是至关重要的。培养学习者对职业岗位的"现场感"是职业教育教学的目标之一,也是职业人应具有的基本素质之一。

现场,才是真正的教学大舞台。现场素材丰富真实,原汁原味,有利于扩展学习者的知识视野,提升专业学习兴趣;有利于学习者领悟专业知识,提高综合素质和技能,保证课程教学质量,具有难以替代的教育作用。因此,现场学习法是旅游专业教学中使用频率较高的教学法之一。

（三）现场学习法的演绎流程

现场学习法主要包括准备、实施、总结三个教学阶段。

准备阶段主要是为现场学习做好充分的准备工作。除了做与课堂教学准备相似的工作之外,现场学习准备还需要做的工作包括教学场所选择、教学路线的设计等内容。这里需要强调的是,不仅教师需要做好准备工作,学习者也要做好准备工作,否则会大大影响教学的顺利开展。

实施阶段主要是指在教学现场实施教学活动的过程。这个阶段的教学过程基本和课堂教学过程无异。其主要的目的就是让学习者掌握学习内容,达到学习目标。

总结阶段主要是指在教学活动结束之后,对前期的准备阶段、实施阶段进行教学层面上的总结反思,从而为下次的教学实施提供有益的建议和意见。

五、项目学习法

(一)项目学习法的内涵与意义

项目学习法是教师和学习者通过共同实施一个完整的"项目"工作而进行的教学活动。项目是指以生产一件具体的、具有实际应用价值的产品为目的的任务。在旅游管理专业中,把某个专业课程如旅行社市场营销、导游实务、旅游景区管理等,分为若干技术或技能单元,每个技术或技能单元就是一个教学项目。对这些项目实行理论、实践一体化的单元式教学,每个单元教学都应用该项技术或技能来完成一个作业,并进行下一个项目的教学。

项目学习法将教学与旅游行业的实际操作过程联系得更加紧密。教学以实际操作过程和服务过程为中心,以采用实践教学为主,强调学习的自主性和探究性,通过小组讨论、协作学习的方式,提高学习者的旅游服务水平、实际操作能力以及解决问题的能力。

(二)项目学习法的专业可适性分析

在旅游业中,无论是导游岗位,还是旅行社的计调岗位,或旅游景点的管理岗位,其从业人员所需要做的主要工作就是完成一个又一个的任务。判断一个人是否具有从事旅游职业岗位工作能力的主要标准之一就是能否独立完成某项旅游任务。由此看来,专业教学的目的是培养学习者具有完成某项任务的专业知识和专业技能,而在岗位工作实践中,某项任务的完成需要特定的专业知识和专业技能。无论是教学实践层面还是岗位实践层面,工作任务成为核心词。项目学习法的实质就是在项目的完成过程中培养完成该项目所需具备的各种知识和能力。这里项目和任务是同义的。因此,项目学习法是最适合在旅游管理专业运用的。

(三)项目学习法的演绎流程

项目学习法主要包括确定、计划、决策、执行、评价和迁移六个教学阶段。

确定阶段主要是明确需要完成的项目以及相关信息。

计划阶段主要是在明确项目的基础上,对如何完成项目制订出可行的计划。

决策阶段主要是针对已制订出的计划,通过讨论交流,加以选择、修订和完善。

执行阶段主要是将先期决策的计划付诸实施。

评价阶段主要是对完成的项目过程及结果做出一定的评价,得出一定结论。

迁移阶段主要是提炼结论,迁移技能,举一反三。

六、考察学习法

(一)考察学习法的内涵与意义

考察学习法是由教师和学生共同计划,由学生独立实施的一种"贴近现实"的活动,包括信息搜集、经验积累和能力训练。教师通过对考察学习法的运用,可以让学习者熟悉将来所要从事的职业岗位,也可以让学习者获得大量的与工作任务有关的信息等,培养学习者的调查能力、分析能力和评价能力,有利于综合能力的培养。

（二）考察学习法的专业可适性分析

简单地讲,旅游业是一种为人服务的特殊行业,人即旅游消费者的现状和变化发展直接影响着旅游业的发展,从而使得旅游业具有较强的时代性、针对性、丰富性和发展性。由旅游消费者产生的各种旅游需求直接制约着旅游产品的开发与销售、旅游景点景区的管理和旅游服务的质量;同时,旅游产品的开发与销售、旅游景点景区的管理和旅游服务的质量又引导着旅游消费者的各种旅游需求。因此,在旅游业的不同岗位中,从业人员具备一定的搜集信息、分析信息、反馈信息的能力以及考察调查能力是非常重要的。

在学习中,运用考察学习法有利于培养学习者的考察调查能力。例如,一份旅游产品的开发、一个旅游景点景区的开发等岗位工作的完成都需要从业人员事先进行认真细致的市场调研,在搜集的原始信息的基础上加以分析,最后做出行动决策;而旅游消费者是否满意旅游服务质量、旅游服务中是否还有需要改进完善的环节等信息的反馈,又需要从业人员及时进行事后的跟踪调查,在获得反馈信息的基础上加以反思,最后调整或完善旅游服务。由此可见,考察调查能力是旅游从业人员应具备的基本能力之一,培养学习者具有一定的考察调查能力是专业教学的主要目标之一。

同时,在认真进行考察调查和拥有翔实的旅游相关信息的基础上,通过整合分析信息,充分发挥人的主观能动性,能够产生一些富有创新性的想法和观点,从而大力地推动旅游业岗位工作的创造性开展。这种从业人员的创新创造能力也是旅游业发展所需的至关重要的职业能力之一,甚至包括其中的团队合作精神和合作意识等。在专业教学中运用考察学习法也有利于培养学习者的创新能力和合作能力,从而促进教学目标的达成。

（三）考察学习法的演绎流程

考察学习法主要包括准备、计划、执行、评价和反馈五个教学阶段。

准备阶段主要是为考察任务的完成做好充分的准备。准备工作包括专业知识技能的准备、考察对象基本信息的准备、考察方法和工具等诸多方面的准备工作。

计划阶段主要是在详细分析工作任务的基础上制订出有效可行的工作计划,涉及人员的分工、工作的重点、工作的内容、工作的流程等诸多方面。

执行阶段主要是依据计划进行考察活动。可能计划预测与现实执行之间存在一定的差异,所以执行过程也是对原定计划修改、调整的过程。

评价阶段主要是在考察活动结束之后,对整个考察活动进行评价,总结其中取得的成绩和存在的问题,并提出修改或改进意见。

反馈阶段主要是在考察的基础上将考察的结果反馈给相关部门、单位或个人,将学习成果转化到实践中去,进而通过对方的反馈来检查和反思学习成果。

七、示范学习法

（一）示范学习法的内涵与意义

模仿是一种快速有效的学习方法。在学校教学中,通过模仿学习者使用较少的时间和精力就能获得所需要的技能,而且还能明显感知学习的成功或失败、哪些方面需要改进、哪些方面需要克服。因此,对于学习者而言,模仿是一种不可或缺的基本学习方法。在教学过程中,与模仿相关联的就是示范学习法。示范学习法就是有目的地以教师的示范技能作为有效的刺激,以引起学习者相应的行动,使他们通过模仿而有效地掌握必要的技能。同样,示范学习法也是一种基本教学方法。

示范学习法使抽象的专业知识变得直观,使枯燥的讲解变得生动有趣,使学习者观有所得,乐在其中。示范学习法能够充分地唤起学习者的学习动机,通过教师的言行示范,将抽象的概念、步骤、结构具体化,有助于集中学习者的注意力,提高学习者的学习兴趣。示范学习法还有利于培养学习者的观察能力和思维能力。在示范的过程中,教师为学习者提供了大量的相关信息,而这种信息的获得远远大于学习者通过自己看书获得的信息量,学习者通过认真观察,积极思维,从中真实感受学习内容,加快了对学习内容的理解和接受。

(二)示范学习法的专业可适性分析

旅游管理专业的主要培养目标就是培养学习者具备从事旅游业不同岗位工作的各种职业技能,如导游讲解能力、旅游产品推销能力、带团能力、处理事故能力等。学习者在具备这些职业技能之前,首先要知道它们是什么,如什么是欢迎词、什么是产品营销、什么是市场调研、什么是仪表美等,这里需要学习者认真听;其次要明白它们怎么做、如何做,如导游工作如何开展、计调如何运作、旅游产品如何营销等,这里需要学习者认真看;最后才能够做它们,如能够设计一份旅游产品、能够独立带团导游、能够制订一份旅游产品营销计划等,从而具备相应的职业技能,这里需要学习者反复做。从学习者的听—看—做,反映出技能学习的规律。教学的起点是教师讲,学习者听,终点是让学习者能做,两者之间的桥梁必然是教师示范和学习者模仿,只有这样才能凸显教育的本质。这也恰恰验证了一句老话:耳听为虚,眼见为实。通过教师的亲自示范,学习者既能快速地理解知识、技能之间的关联,又能随时质疑发问、解惑答疑,还能创造性地发挥,勇于尝试。因此,示范学习法在旅游管理专业教学中的运用是必然的。

由于旅游业是服务性行业,其工作性质就是人对人的工作,而不是人对物的工作,所以,在旅游行业,一方面强调旅游工作的基本规范性,如旅游合同的拟定、导游工作程序等,另一方面突出旅游工作质量没有最好,只有更好。随着社会的进步和时代的发展,大部分旅游岗位工作流程可能没有太大的实质性变更,与教科书上陈述相符。但是以怎么样的态度、心情、心理、精神、仪容等去从事某项岗位工作却是教科书所无法给予的。苍白的教科书语言只能告诉学习者具有某种职业行为所应达到的境界,却不指明到达的途径。示范学习法恰恰能很好地解决这个问题。通过教师的示范,"言传身教",学习者更能牢固地掌握专业知识和技能。

同时,模仿是人的本能,也是人学习的途径之一。长期的教学实践证明,通过模仿—练习教学模式,可以高度强化学习效果。专业课教学本身就是一种示范性和实践性都很强的教学活动。在教学过程中,教师有计划、有目的、有步骤地示范、演示,并引导学习者观看,引导学习者操作,由易到难,由简到繁,达到熟能生巧的程度。学习者不仅熟练地掌握了所学专业的操作技能,而且懂得其中的道理。通过反复训练,既动脑思考,又动手操作,学习者的智能和体能都得到发展,真正做到了"手脑并用"。因此,示范学习法一直是教学界所推崇的一种有效的教学方法。

(三)示范学习法的演绎流程

示范学习法主要包括提出主题、示范演示、强化练习和总结提升四个教学阶段。

提出主题阶段主要是指在营造一定的演示氛围引发学习者的学习动机的前提下,教师提出示范主题,向学习者介绍示范主题的重要性,让学习者进入参与示范学习的状态。同时,教师要说明示范要达到的目标,讲解示范中涉及的相关知识,布置在观察时要注意的事项,让学习者在观察示范前对示范主题有基本认识,以便在观察时能把握重点,有所依循。

示范演示阶段主要指教师在说明概况的基础上进行示范演示,完成示范的整个过程,让学习者对示范主题有整体性的认识。如果有必要可以进行第二次或者第三次示范,将示范技能分成几个组成部分,逐一分解并详细示范。

强化练习阶段主要是指教师可以提出相关问题,让学习者围绕示范主题做进一步思考,也可以让学习者自己动手操作,按照教师示范的步骤进行练习。

总结提升阶段主要是指教师对示范过程进行归纳总结,加强学习者对现象的理解。

八、引导文学习法

(一)引导文学习法的内涵与意义

引导文学习法,是借助预先准备的教学文件,即引导文,引导学习者独立学习和工作的教学方法。实质上,引导文就是专门的教学文件,常常用于一项实际工作的前期准备和后期实施,用引导文指导学习者的自学过程,即通过工作计划和自行控制工作等手段,引导学习者独立完成学习和工作任务。所谓"独立",既可以是一个学习者,也可以是几个学习者组成的学习小组。前者有利于培养学习者的独立工作能力,后者则有利于培养学习者的社会交往能力,如具备团队精神、合作意识等。一般情况下教师都采用两者相结合的方式。引导文学习法所提倡的是"学习者为主体,教师为主导"的教学理念,针对明确的学习目标,采用启发式教学,使学习者掌握正确的学习方法,并促使学习者把学到的理论专业知识自觉地应用于实践。同时,它又十分注重学习者的"个性化学习",赋予每位学习者确立自己行为或工作目标的权利,充分发挥潜在能量,培养关键能力,使之尽快适应日趋激烈的人才市场竞争。

(二)引导文学习法的专业可适性分析

旅游管理专业的教学内容大概可以分为理论类、知识类和技能类。学习者在掌握技能之前,还需要完成理论类专业内容和知识类专业内容的学习。正如工程师要建造一栋摩天大厦之前,必须先打好坚实的地基,否则建起的摩天大厦便会成为空中楼阁。那么,如何学习这些理论类和知识类专业内容呢?在传统教学中,教师一般采用讲授教学法或启发式教学法等来教,学习者采用死记硬背法来学,教学效果一般,教学质量不高。究其根源是教师过多地看重了教师的帮助引导作用,而小觑了学习者的自学能力,将学习者视为专业知识上的"无知者"。事实上,学习者在学习专业知识方面并不存在理解上的障碍,教师只需稍加点拨即可引导学习者独立完成相应的学习任务。因此,打破"一言堂"的教学模式,采用引导文学习法,将为旅游管理专业教学注入新的活力。

引导文学习法实施的基本原则就是引导学习者自主学习,充分地尊重学习者的学习主动性。旅游业是一个比较独特的服务行业,重视从业人员之间的协同合作,但更强调从业人员的"独立作战能力"。因此,在专业教学中应积极鼓励学习者以自己为主体参与教学活动,将模仿学习转变为认知学习,发挥学习者在技能实践中的主体作用,使学习者形成独立获取知识与应用知识并将之转化为独立操作的能力,从而最终实现素质教育。

引导文学习法又是对项目学习法的完善与补充,有助于学习者获得经验并在学习过程中找到解决问题的适当方法。引导文学习法有助于促进学习者独立工作能力的培养,也有助于未来旅游业从业者的独立操作能力和创新精神的培养。

（三）引导文学习法的演绎流程

引导文学习法主要包括明确、咨询、计划、决策、实施、检查和评价七个教学阶段,这些教学阶段都是紧紧围绕学习或工作任务的完成逐一展开的。

明确阶段主要是让学习者明确需要完成的工作任务。由于教师提供工作任务的方式和内容有很多种,如一段视频录像、一份报纸新闻、一张图片资料等等,所以学习者需要认真分析工作任务,明确自己将要做什么、预期达成的目标是什么。这个教学阶段是非常关键的,如果工作任务没有明确,那么后面的工作将无法顺利开展。

咨询阶段主要是让学习者了解完成工作任务需要哪些信息、要素和程序等。任何一项工作任务的完成都需要事先了解一些信息、要素、程序等,了解了这些内容会为工作任务的完成基本扫清障碍。此时教师的专业指导就显得非常关键。教师设计的"引导文"目的就在于引导和帮助学习者了解完成工作任务需要做的准备工作。

计划阶段主要是建立在学习"引导文"的基础上,对如何完成工作任务做出初步的计划。这个计划包括工作的目的、内容、分配、程序、实施、结果等诸多内容,为后面工作任务的实施制定"蓝图"。

决策阶段主要是通过学习者之间的讨论、论证、完善,最后确定一份有效且可行的工作计划。这是计划阶段的延续和升华。

实施阶段主要是按照工作计划,顺利地完成相应工作任务。好的开始是成功的一半。如果计划设计得详细周密,那么工作任务的完成就相对比较顺利;反之,就相对困难。

检查阶段主要是学习者对完成的工作任务进行检查,检查是否有与原先计划不符或有出入的地方、是否达到原先设计的工作任务目标、是否还存在不足和问题等等。

评价阶段主要是依据一定的评价指标对已完成的工作任务进行鉴定评估,从而为学习者提供有效的反馈信息,进而促进学习者完善或改进工作效果。通过评价,还可以检测明确阶段的学习质量,从而更加明确工作任务的目的所在。

九、头脑风暴学习法

（一）头脑风暴学习法的内涵与意义

头脑风暴学习法,是教师引导学习者针对某一主题自由地发表意见和观点的教学方法,是一种能够在短时间内获得最多观点和意见的教学方法。此教学法就是通过头脑风暴式的集体讨论,集思广益,促使参与者即学习者对某一实际问题产生自己的意见,再通过学习者之间的相互激励启发引起思维的连锁反应,从而获得大量的构想和观点,经过一定程度的整合和改进,最终达到创造性地解决问题的目的。

头脑风暴学习法不需要学习者为自己的观点陈述原因,其他学习者也不能对某个参与者的观点加以讨论和评价。一般情况下,教师应鼓励学习者提出一些看似唐突却可能引发智慧火花的想法,因为这些想法很可能引发出智慧的火花。所有意见均放在最后统一进行整理和评判。

（二）头脑风暴学习法的专业可适性分析

头脑风暴法源于埃勒克斯·奥斯本智囊团的任务,是一个小组解决问题的活动。它广泛地用于创造性思维活动之中,其目的是引发一些新奇问题中许多可能的思想或解题方法。头脑风暴法的核心是人的创造性想象力。目前,许多新的课程单元要求学习者去解决问题,人们要求学习者学会解决问题。因此解决问题便成了一种生活的技能,特别在创造性的模式中,解决问题是行动研究过程的核心。头脑风暴法的主要目的是通过积累起来的最广泛的思想和选择方案来解决问题。因此,呈现给学习者的问题应能诱发一系列可能的"答案"或解决方法。任何问题均可通过团体头脑风暴法来解决。

培养学习者的应变能力和处理事件能力是旅游从业人员应具备的基本素质之一,也是旅游管理专业培养的目标之一。旅游业是为人服务的,旅游消费者也是各种各样的,因此,很多旅游服务工作任务具有很强的多变性和突发性,需要从业人员能够及时、合理地处理。运用头脑风暴学习法恰恰能讨论和搜集各种各样的解决实际问题的意见和建议,即建议集合,从而达到创造性地解决实际问题的目的。这一点非常符合旅游工作任务特征,能够培养学习者的专业服务技能。

旅游业是当代社会较为典型的服务行业,对从业者的综合素质的要求较高。其服务对象的独特性和服务工作的本质性要求从业者能够比较独立地处理各种无法按照常规思维和正常程序完成的"特殊"任务,换句话讲,服务对象的消费需求是因人而异的,服务工作的质量水平也是因人而异的。因此,在专业教学活动中,我们更希望将未来的从业者能成为可以独当一面的具有应变能力和处理能力的专业人才。头脑风暴学习法在专业教学中的运用可以让所有的参与者在自由、愉快、畅所欲言的气氛中轻松地交换各种与众不同的观点,并以此诱发集体智慧,激发学习者独特的创意与灵感。

在进入旅游管理专业学习之前,学习者的头脑里并不是空空如也的,以往的生活、学习、实践使他们逐步形成了自己对各种现象和问题的理解和看法,其中就包括了对旅游现象和问题的认识。在专业教学过程中,学习者应立足于已有的经验认识,使每位学习者在各自具有的知识结构和生活经验的基础上亲历知识建构过程,逐步掌握认识问题、发现问题和解决问题的方式和方法,从而提高学习者的创造性思维能力。

（三）头脑风暴学习法的演绎流程

头脑风暴学习法主要包括前期准备、小组成立、议题确定、设想提出、设想记录、总结评价六个教学阶段。

前期准备阶段主要是教师准备话题,创设教学情境。话题既可以是职业岗位中真实的工作任务,也可以是虚拟假设的"情节"。无论哪个,教师都需要对其进行深度加工,尽量设计出"任何人都对其感兴趣,任何人都对其有想法,任何人都对其有话讲"的话题,从而为后期教学活动的展开奠定良好的基础。

小组成立阶段主要是根据班级人数、学习水平、学识背景等因素组建头脑风暴小组。这里成立的头脑风暴小组与平时教学活动中成立的学习小组是有所不同的。在平时的教学活动中,教师一般会根据就近原则、自愿原则、目标原则来成立学习小组,随机性较强,偏重于教学任务的完成。而组建头脑风暴小组侧重于学习者的学识背景,求异性较强,越是具有不同学识背景、人生阅历的学习者越容易进入同一个"小组"。在成立头脑风暴小组的时候,教师可以事先查阅学习者相关背景资料，如成绩单、学籍卡、学习档案袋等，以便学习者在发表观点和意见时可以相互启发。

议题确定阶段主要是明确小组议题。任何一个话题都是复杂和综合的，由一个话题可以引发出许多不同的但又相关的议题。在有限的教学时间里和明确的教学目标下，头脑风暴小组不可能对任何议题都展开深入的自由发言和相互启发。因此，确定议题就成为头脑风暴小组完成工作任务的必经阶段，发挥着承上启下的作用。

设想提出阶段主要是小组成员自由发言，提出解决问题的各种设想，无须追问设想的缘由和依据，只要尽可能多地提出设想就好，即使"异想天开""风马牛不相即"也无妨。在这里，没有"否定者"和"质疑者"，只有"言说者"。

设想记录阶段主要是记录员认真记录每位学习者所提出的各种设想。一般来说，许多具有创意性的设想往往在一瞬间产生，如果没有及时将学习者的"奇思怪想"记录在纸上，不仅遗失了这些具有创新性的潜在想法，同时也无法深入地进行相互启发。因此，记录设想是非常有必要的。记录员也可以尽量运用高科技工具如摄像机、录音笔等记录各种想法。

总结评价阶段主要是总结、评价各种设想，最后确定解决问题的可行性方案或得出结论。无论是对于教师而言还是对于学习者而言，只有问题解决了才能算是完成了学习任务。通过小组内的自由发言，学习者提炼设想、观点，确定解决方案或得出结论，最后顺利完成学习任务。对此，教师和学习者都可以进行必要的点评，促进进一步的思考。尤其需要注意的是，通过此阶段的总结评价，可以为教师和学习者进行下一个话题或议题的"头脑风暴学习"积累大量素材，从而形成新的一轮头脑风暴学习。

第四章　旅游管理专业学生毕业与就业

第一节　毕业要求

一、本科毕业管理规定

全日制普通本科学生的基本修业年限为4年,修满本专业人才培养方案规定的165学分,学校实行弹性学制,学生实际在校修业时间最长为6年。人才培养方案中设置的课程分为两大类:必修课和选修课。必修课是根据专业培养目标必须修读和掌握的基本理论、基本知识、基本能力的课程和环节。选修课包括专业选修课和通识选修课。专业选修课为加深专业基础和拓宽专业能力的课程,一般由本专业开出;通识选修课为扩大学生知识面的课程,其他专业的专业课也可列为此种选修课。必修课和选修课在总学分中所占的比例由各专业的人才培养方案具体规定。各专业开设的课程,如有先修后续的关系,应在人才培养方案中予以注明。学生只有在取得先修课程的学分后,才可选修后续课程。学校实行学分制管理模式,学生在毕业时必须完成本专业人才培养方案中规定的各类学分。

学分计算的基本原则:理论教学课程16学时计1学分,体育课32学时计1学分,实验32学时计1学分,实训、实习、课程设计等(毕业实习和毕业设计除外)集中实践教学环节每周计1学分。最小学分单位为0.5学分。

计算学分的课程均应通过考核后方可取得相应学分。

新生入学后从第一学期开始选课,学生选修课程应参照人才培养方案规定按学期进行,由所在学院指定专业教师予以指导,不得选修低于本专业教学大纲要求的同类课程。学生在修读本专业本年级课程的同时,可根据自身能力,跨学院、跨年级选修课程。

课程重修:必修课经补考后仍不合格,必须参加重修;选修课补考不合格,可以重修,也可改修其他选修课;生产劳动、军事训练、实习及其他实践教学环节考核不合格者,须重新参加本专业低年级该课程教学的全过程学习;缓考不合格,必须参加重修;因旷课超过规定学时数而取消考试资格者、旷考者、考试作弊者均无补考资格,必须参加重修;为保证学习质量,学生每一学期重修的课程数应有所限制,一般每学期重修课程不超过3门;学生应及时参加不合格课程的重修,毕业学期的重修课程不得超过5门,超过部分必须通过延长在校学习时间或结业后补修予以解决。

学生修读的课程已通过考核但本人对成绩不满意,可申请重修。重修的组织管理、学习方式等应执行学校制定的重修管理办法。重修须按有关规定缴纳费用。

按照人才培养方案,学生每学期修读的课程,均须进行考核,考核成绩归入学籍档案。考核方式分为考试和考查两种,一般采用闭卷笔试、开卷笔试、口试或口试笔试兼用、写论文、做大型作业(设计)、机考等方式。专业核心课程考核原则上采用闭卷笔试方式。

课程考核方式及成绩评定办法按教学大纲要求进行。考核成绩的记载一般采用百分制,也可采用五级记分制(即优、良、中、及格、不及格)。

学分绩点的计算方法:课程学分绩点=课程绩点×课程学分;平均学分绩点=课程学分绩点总和=课程学分总和;课程考核成绩、课程绩点的换算关系如下:

90～100分对应课程绩点为4.0～5.0,80～89分对应课程绩点为3.0～3.9,70～79分对应课程绩点为2.0～2.9,60～69分对应课程绩点为1.0～1.9,小于60分对应课程绩点为0。优(90)对应课程绩点为4.0,良(80)对应课程绩点为3.0,中(70)对应课程绩点为2.0,及格(60)对应课程绩点为1.0,不及格(百分制)对应课程绩点为0。

补考课程通过,成绩以及格(60分)计,绩点按1.0计算。重修课程按实际考核成绩记载,但重修后所取得的成绩不计入平均学分绩点,相应课程仍以第一次考核取得的成绩计算课程绩点计入平均学分绩点。

二、学士学位授予工作实施细则

徐州工程学院制定了《徐州工程学院学士学位授予工作实施细则》,具体条款有:

第一条 为贯彻执行《中华人民共和国学位条例》,根据《中华人民共和国学位条例暂行实施办法》和《江苏省学士学位授予工作暂行管理办法》等有关规定,结合实际,特制订本细则。

第二条 学校成立学位评定委员会,由19～25人组成,每届任期3年。成员由相关校领导、有关职能部门负责人、各二级学院院长及教授代表组成。校学位评定委员会设主席1人,副主席2～3人,主席由学校校长担任,校学位评定委员会委员由学校研究决定,报上级主管部门备案。校学位评定委员会下设办公室,负责学位评定的日常工作,办公室挂靠教务处,办公室主任由教务处处长兼任。

各学院设立学位评定分委员会,由5～9人组成,每届任期3年。分委员会设主席1人,分委员会主席由校学位评定委员会委员担任,其他成员由相关专业的具有高级职称的教师和管理人员担任。学位评定分委员会名单由各学院提出,经校学位评定委员会批准备案。学位评定分委员会协助校学位评定委员会工作。

第三条 校学位评定委员会履行以下职责:

(1)讨论并通过学士学位授予工作相关文件及规定。

(2)审议通过授予学士学位学生名单。

(3)做出撤销学士学位的决定。

(4)研究和处理学士学位授予过程中存有争议的问题。

第四条 学位评审会议原则上于每年6月与12月召开,由校学位评定委员会主席或委托副主席主持。当年的学士学位授予工作完成后不再受理学位申请。

第五条 凡符合下列条件者,可申请授予学士学位:

(1)拥护中国共产党的领导,拥护社会主义制度,热爱祖国,遵纪守法,品行端正。

(2)达到专业人才培养方案的各项要求,经审核具备毕业资格。

(3)非外语类专业毕业生,全国大学英语四级考试成绩达到360分(艺术专业学生达到330分、体育专业学生达到320分)者;英语专业毕业生通过英语专业四级考试或专业八级考试成绩达到40分者;朝鲜语专业毕业生通过朝鲜语应用能力中级考试者;中外合作办学班及学位外语选修其他小语种的毕业生,学位外语成绩达到学校规定标准者。

（4）文科类学生通过计算机等级考试一级,理工类学生通过计算机等级考试二级或通过学校组织的同水平计算机考试者。

第六条　凡有下列情况之一者,不授予学士学位:

（1）在校期间违反国家法律法规,被依法追究刑事责任者。

（2）在校期间曾受过留校察看及以上纪律处分者。

（3）毕业时,本专业人才培养方案内课程(含实践教学环节)平均学分绩点小于2.0者。

（4）其他经校学位评定委员会认定不能授予学士学位者。

第七条　凡仅因平均学分绩点小于2.0而未获得学士学位的本科学生(试读学生除外),可在规定的学习年限内,向教务处申请,经审核同意后重修有关课程,其平均学分绩点大于等于2.0者可申请授予学士学位。

第八条　应届本科毕业生向所在学院提出授予学士学位申请。院学位评定分委员会根据本细则提出的要求和条件,对毕业生情况进行全面审核,确定拟授予学士学位名单,经所在学院学位评定分委员会主任签字后报校学位评定委员会办公室。

第九条　校学位评定委员会办公室对各学院上报的拟授予学士学位名单进行复审。

第十条　召开校学位评定委员会会议,对毕业生学士学位授予资格进行审定。学位评定会议须有2/3及以上校学位评定委员会委员出席,会议决议须有超过1/2出席会议的委员同意方为有效。

第十一条　在学士学位授予过程中,如发现错授或舞弊等行为,校学位评定委员会予以复议,并做出相应处理决定。

第十二条　在本校学习的外国留学生学士学位授予根据上级和学校留学生学士学位授予的有关规定办理。

第十三条　成人高等教育学生学士学位授予根据上级和学校成人高等教育学士学位授予的有关规定执行。

第二节　就业前景

一、旅游管理专业发展前景

旅游产业是欣欣向荣的产业,因此旅游管理专业也是朝阳专业。随着旅游管理体系的逐渐完善,把理论与实践更好地结合起来后,旅游管理专业的前景非常光明。

随着旅游业的兴旺发达,我国旅游业存在十大增长点:新型住宿接待业、特色餐饮业、旅游景区景点开发、旅游商品生产与销售、旅游农业、旅游工业、旅游新兴服务业、旅游文化娱乐业、旅游交通运输业、旅游劳务输出。

根据世界旅游组织的统计,目前旅游业已经成为世界最大的产业,每年还以两位数的速度在增长。在中国,2003年我国旅游业的固定资产达到8 439亿元人民币,年营业收入约2 308亿元人民币,创造就业机会约6 487 400个。根据世界旅游组织的研究结果,到2020年,中国将成为世界第一大旅游目的地,年接待1.37亿人次的入境旅游者,同时2020年出境人数1亿人次,位列世界第四。因此我国对旅游管理人才需求有很大的缺口。

放眼国际,根据世界旅游组织的统计,目前旅游业每年以两位数的速度在增长。在国内,根据国家发展改革委、国家旅游局联合发布的《关于实施旅游休闲重大工程的通知》,2020 年我国旅游就业总量将达到 5000 万人,旅游业对中国经济和就业的综合贡献率已超过 10%。因此我国对旅游管理专业人才需求有很大的缺口。

值得关注的是,在政策红利不断释放的背景下,旅游型特色小镇成为资本关注的特点,形成了新的旅游就业环境。与此同时,产业型特色小镇也出现了新的旅游热点,如工业旅游、农业旅游、体育旅游、节庆旅游、教育旅游等。特色小镇所产生的就业体系,与一般的旅游景区点相比,具有更高的规划性,因此对旅游管理专业人才的需求更大。

某高校从事旅游管理教学的老师认为,中国旅游业的持续发展是必然趋势。未来中国旅游市场之大,将为旅游管理专业的毕业生提供广阔的空间。

旅游管理专业是一门新兴学科,教学体系相对还不完善,但中国旅游市场的迅猛发展会加速它的建设。市场是最好的导向,相信在不久的将来,旅游管理专业会实现逆袭,旅游管理专业的毕业生将会成为经济管理人才中不可或缺的一支,成为中国旅游业应对国际挑战的坚强后盾。

二、旅游管理专业学生就业前景

近年来,世界旅游业发展势头稳健,中国被认为是旅游业发展最快的国家之一。2017 年 5 月,国家旅游局发布的《2016 中国旅游投资报告》显示,2016 年全国国内旅游人数达 44.4 亿人次,人均出游 3.4 次,旅游总收入 4.69 万亿元,旅游业对国民经济综合贡献达到 11%,与世界平均水平持平。

在世界经济论坛(WEF)发布的 2016 年度《旅游竞争力报告》显示,中国旅游业竞争力名列全球参评的 148 个国家和地区中的第 15 位,继续保持世界最大的国内旅游消费市场、世界第一大出境旅游客源国和第四大入境旅游接待国的地位。

在旅游政策红利加快释放和强劲的旅游需求驱动下,旅游业的战略地位日益提升,吸引了大量社会资本、民营企业转向投入旅游业,不仅带动衣食住行等各行业的综合发展,对就业的推动效果也是十分明显的。

国务院出台的《"十三五"旅游业发展规划》明确提出要"加强人才队伍建设",并提出了实施重点人才开发计划、发展现代旅游职业教育、加强旅游相关学科专业建设、加强人才培养国际合作、加强旅游基础研究等很多具体措施。规划强调,加强人才培养国际合作,开展"一带一路"等国际旅游人才开发合作,推动高校开展国际交流。大力引进海外高端旅游教育人才和创新创业人才,支持旅游专业骨干教师和优秀学生到海外留学进修。

规划强调"实施旅游创业就业计划",建设面向旅游创新创业的服务平台,支持各类旅游产业发展孵化器建设。开展国家旅游文创示范园区、国家旅游科技示范园区、国家旅游创业示范园区和示范企业、示范基地建设。举办中国旅游创新创业大赛。推动旅游共享经济商业模式创新,开展互联网约车、民宿旅游接待、分时度假等共享经济试点项目。建设国家旅游就业需求服务平台,提供人才资源、就业信息等。完善居民参与旅游发展利益共享机制,鼓励旅游企业为当地居民提供工作岗位和就业机会。

第三节　职业发展

旅游业是以旅游资源和服务设施为基础条件,为旅游者在旅行游玩或观赏过程中提供各种服务性劳动而取得经济收益的行业。旅游业是综合性的经济事业,其组成会涉及社会的许多部门或分支机构,其基础经济活动由旅行社、旅游饭店和旅游交通运输为三大组成部门。此外,作为旅游产业还有为旅游者提供旅游商品的各种零售行业。

一、旅游管理专业主要发展方向

旅游管理专业主要发展方向有旅游管理方向、酒店管理方向、旅行社经营和管理方向、旅游风景区管理方向、会展旅游管理方向和旅游行政管理方向等。例如酒店管理方向,截至2017年底,全国星级饭店统计管理系统中共有 10 645 家星级饭店,其中一星级 82 家,二星级 2 026 家,三星级 5 166 家,四星级 2 525 家,五星级 846 家(摘自 2017 年度全国星级饭店统计公报)。现在酒店正在面临转型,因此对酒店专业管理人才的需求将会大大增加。经研究表明我国酒店的本土管理者基本上都是以前中专相关专业或者与酒店管理无关的其他专业的学生,他们先是从事酒店管理和业务,在一步一步积累经验后从基层提升上去的,普遍存在理论知识不够的现象。有一定工作经验和理论知识扎实的本专科毕业生很受青睐。

二、旅游管理职业规划

旅游管理专业培养适应新形势旅游企事业单位需要的一线服务与管理类专门人才,具有旅游管理专业知识,较好的思想道德品质和综合素质,具备较强的综合职业能力和发展基础,能在各级旅游行政管理部门、旅游企事业单位从事旅游管理工作的高级专门人才就业。

1. 旅游管理专业提升

旅游管理本科专业毕业的学生可以选择继续深造,考取旅游管理专业的研究生,以此更为深刻地学习和钻研旅游管理的发展方向。

2. 旅游行政管理部门

旅游行政管理部门就业要通过考取公务员的方式,具体流程和步骤包括网上报名、现场报名、笔试和面试、体检考察、名单公示等环节。

3. 导游与旅行社经营管理方向

在中国有很多大型知名的旅行社机构,例如中国国际旅行社、中国旅行社、中国青年旅行社、港中旅集团。在每个旅行社都会分为业务部、计调部、接待部、导游部、外联部、财务部等多个部门,毕业生可以积极寻求实习和工作。

4. 职业院校的旅游教学工作

随着中国旅游业的快速发展,对旅游基层人才需求量随之增加,各地旅游职业中专发展较快,因而从事旅游中职教育同样也是旅游本科毕业生职业生涯和规划的不错选择。

5. 会展策划与管理方向

毕业生可以从事和会展相关的工作,例如进入策划服务公司和酒店等企业或公司单位负责会展策划、设计、制作、现场指导以及管理运营和大型活动的执行等工作。

6. 酒店管理方向

酒店管理方向毕业的学生可以从事酒店或餐饮相关工作,到国际酒店品牌连锁店、本土化星级酒店和中外餐饮连锁集团的前厅部、客房部、餐厅部、人力资源部门、销售部等多个部门进行学习和工作。

7. 旅游与休闲行业的自主创业

毕业生可以在旅游景点或风景区自主开设有个性的旅游纪念品商店、特色餐饮店、有当地文化的小吃店和酒吧。旅游目的地的旅游与休闲自主创业可说是种类繁多。从旅游者的需求和期望来分析和着手,会发现有很多的商机和发展前景。

8. 旅游电子商务企业

旅游电子商务企业主要提供服务的范围包括旅游咨询,预订机票、火车票、酒店和景点门票,旅行线路设定及商旅实用信息查询等综合性服务。比如,携程旅行网、去哪儿网、途牛旅行网和艺龙旅行网等是国内外知名的旅游电子商务企业。

9. 旅游规划机构中高级管理工作

毕业生可根据自己的所学方向和研究从事旅游规划相关工作,旅游规划机构主要负责一些旅游业发展规划和设计、旅游景区布局和规划、旅游产品的策划等业务。

对于毕业生实习和就业情况来说,要做到的是评估自己、定位思考、发现兴趣、评估能力,根据所学的研究方向和兴趣爱好来选择适合自己的实习和工作岗位,发挥其所长、优势和能力所在,在职业发展和前进的道路上不断提升和进步。

第七篇

房地产开发与管理专业导论

第一章　房地产开发与管理专业教育发展概况

第一节　房地产开发与管理专业教育发展历程

我国的房地产业开始于 20 世纪的 80 年代初的住房制度改革以及城市土地使用制度改革,2005—2013 经过了快速发展,2014 年之后进入盘整期。随着房地产业的兴起,我国的高等教育的专业——房地产经营管理专业也随之诞生。我国高校房地产专业的设置相对于房地产行业的发展有明显的滞后性。我国高等院校正式开始设置房地产经营管理专业是在 1989 年,到 1998 年全国设置房地产经营管理专业的高等学校达到了 114 所。由此可见,高校对新专业的设置热情高涨。但是,我们的房地产行业的发展不尽如人意,房地产行业在 1998 年进入了冬天,全国各地的商品房积压严重,房地产开发企业纷纷被银行逼债,多数房地产开发企业进而转产或倒闭。2005 年之后房地产业进入了一个快速发展期。

教育部 1998 年颁布的《普通高等学校本科专业目录》将房地产经营管理调整为管理科学与工程类下的目录外专业(110106W)。各高校按照教育部的要求,1999 年开始对房地产经营管理专业的归属进行了调整。通常有两种做法:一是将其并入工程管理专业,二是将其并入工商管理专业。为了规范指导专业的发展,1994 年建设部成立了"全国高等学校建筑与房地产管理学科专业指导委员会",该委员会在 1998 年过渡到"全国高等学校工程管理专业指导委员会"的过程中,继续对房地产专业进行教育指导,并将"房地产经营管理"作为工程管理专业的一个方向延续至 2012 年。

2012 年 9 月 14 日,《教育部关于印发〈普通高等学校本科专业目录(2012 年)〉〈普通高等学校本科专业设置管理规定〉等文件的通知》发布,在专业目录中将专业名称"房地产经营管理"改为"房地产开发与管理",归在"管理科学与工程类"专业之下。2013 年 5 月 10 日,住房和城乡建设部受教育部委托,根据 2012 年新版《普通高等学校本科专业目录(2012 年)》,增设了"房地产开发与管理和物业管理学科专业指导委员会",由 18 位来自全国各地的知名高校院所的专家学者组成,负责"房地产开发与管理"和"物业管理"两个本科专业有关专业建设和人才培养的研究、指导、咨询和服务工作。

房地产经营管理侧重于投资收益的管理,以效益为中心,考虑如何用最低的投入来取得最高的回报。房地产开发与管理侧重于房地产开发过程的管理,包括前期投资策划阶段,委托设计、招投标阶段,实施阶段,竣工交付、物业租售以及后期的物业管理阶段等过程的管理。由于专业名称发生了变化,人才培养内容的侧重点不再相同,房地产开发与管理专业的培养目标、培养规格、课程体系也随之不同,因此,为了更好地进行专业建设,需要对房地产开发与管理专业人才培养目标、培养方案进行科学规划。

第二节　高等院校房地产开发与管理专业设置状况

自 20 世纪 90 年代起,随着我国房地产事业的发展,众多高等学校相继开设了类似房地产经营管理等本科专业。1998 年教育部颁布了《普通高等学校本科专业目录》,将房地产经营管理等相关专业并入工程管理专业。此后,部分高校陆续开设了房地产经营管理目录外本科专业。2012 年,教育部颁布新修订的《普通高等学校本科专业目录(2012 年)》,将房地产开发与管理专业列入本科专业目录。截至 2012 年底,全国设有房地产开发与管理专业的本科院校共 57 所,在校生人数约 9 200 人。

房地产开发与管理专业是融合建筑、经济、管理、金融等多领域知识而形成的交叉性、综合性的专业。国内外知名高校均设有房地产或相关专业,其方向涵盖建筑工程、经济金融等多个领域。在我国,房地产专业不仅服务于房地产行业,还为工程、投资、金融、咨询等相关行业的发展提供综合性人才培养的支撑。在我国经济发展的转型时期,房地产经济在国民经济中占有非常重要的地位,房地产行业的发展在受到关注的同时,房地产专业的专业定位、发展方向、人才培养也都将会得到充分的重视。

第三节　房地产开发与管理专业高等教育的特点

一、学科体系的综合性

房地产开发与管理专业是一门综合自然科学与社会科学于一体的学科,是一门文、理、工结合的综合性、交叉性学科。房地产业是指从事房产、地产开发、经营、管理与服务的行业,按照国际通行的"三次产业划分法"划分,房地产业属第三产业中为生产与生活服务的部门,具有商业与服务业性质。房地产开发与管理专业以培养具备房地产投资策划、开发、经营、管理、咨询、评估等方面知识和技能,熟悉国家房地产相关法律法规,具有从事房地产开发、投资、经营管理、咨询服务等工作及具备一定实践能力的应用型人才作为培养目标,学科体系与培养方向都具有综合性与广泛性的特点。

二、学科内容的广泛性

房地产开发与管理专业涉及建筑工程、经济金融、营销策划、法律、公共关系、物业管理等技术、经济等多个领域。核心课程如房屋建筑学、工程项目管理、房地产开发与管理、房地产估价理论与方法、房地产金融、工程造价等既有自然科学的特点又有社会科学的特点,专业课程包括城市规划原理、建筑工程概预算、房地产法规、房地产市场营销、房地产经纪、物业管理概论、房地产投资分析、工程经济学等主要课程,涉及面广、内容多,有利于培养学生成为复合型人才。

三、培养方向的应用性与实践性

房地产开发与管理专业作为应用性与实践性都很强的学科,对从业人员的实践操作能力要求高,培养的毕业生应具备房地产开发与经营整个产业链各个领域的综合职业能力和全面素质。专业课程的设置与教学内容在基础理论、专业理论知识和实践技术技能各方面都应具有应用性和复合性,以适应社会行业或岗位技术水平提高和知识能力结构多样化的需要。本专业着力培养学生的创新精神和实践应用能力,促进学生知识、能力和素质的协调发展,有效满足学生就业、创业和继续深造的需求。

第四节　房地产开发与管理专业学科体系

一、房地产开发与管理专业的知识理论体系

房地产开发与管理专业的知识理论体系由人文社会科学基础知识、自然科学基础知识、工具性知识和专业知识四个部分构成。其中专业知识又由四大部分构成:① 房地产开发与建设;② 房地产经济理论与方法;③ 房地产管理理论与技术;④ 房地产法律制度政策,见图 7-1-1。

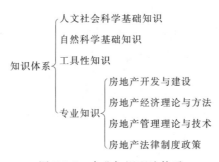

图 7-1-1　专业知识理论体系

二、房地产开发与管理专业的课程体系

房地产开发与管理专业的课程体系设置根据《普通高等学校本科专业类教学质量国家标准》管理科学与工程类要求,借鉴其他开设房地产开发与管理专业相关高校的办学经验,结合经济社会发展对本专业人才的需求,按照人才培养目标要求,形成了理论教学课程体系和实践教学课程体系两部分,其中,理论教学课程体系包括通识课程、基础课程、专业课程,实践教学课程体系包括课程实验、课程设计、社会实践、实习实训、毕业论文与综合训练等。课程总学分不少于 150 学分,其中实践及创新创业类教学课程累计学分不低于总学分的20%,凸显实践教学的重要性。

(1)通识课程主要培养学生具有坚定的政治方向和良好的心理素质,具有良好职业道德和社会责任感,树立正确的世界观、人生观和价值观。主要包括自然科学、社会科学、人文学科、艺术、体育、外语、计算机与信息技术等方面的知识内容。

(2)基础课程主要培养学生具备扎实的专业知识,掌握经济、管理等学科基础知识,具有解决经营管理问题的基本能力。主要包括数理类、信息技术与工程类、经济类、管理类等专业基础课程。

(3)专业课程主要培养学生掌握房地产开发与管理专业相关工程技术、经济、管理、法律法规等知识,具备运用房地产投资分析、管理、评估、市场营销、工程造价、物业管理等专业

技能开展实际工作的能力。主要设置了不少于 6 门的专业主干课程,同时,开展相关选修课程,有一定的新兴交叉课程。

(4)实践教学课程主要培养学生具有较强的语言与文字表达和人际沟通能力,具备良好的职业核心能力、职业实操运作能力、职业拓展和创新能力。主要包括课程实验、课程设计、社会实践、实习实训、毕业论文与综合训练等。

本专业人才培养方案中构建的课程体系符合《普通高等学校本科专业类教学质量国家标准》管理科学与工程类要求,既能满足地方行业发展的需求,又能满足学生的学习兴趣和就业需要。

三、房地产开发与管理专业相关的学科

根据教育部《普通高等学校本科专业目录(2012 年)》,房地产开发与管理专业被列入管理学门类管理科学与工程类专业。但因为房地产开发与管理涉及大量的工程技术知识,又涉及法律、经济、城市规划等多方面知识,故本专业属于多学科的交叉性学科专业。

与房地产开发与管理专业相关的学科主要有:

(1)管理学:是系统研究管理活动的基本规律和一般方法的科学,主要涉及本专业的房地产营销、房地产财务管理等方面的知识。

(2)工学:是用数学和其他自然科学的原理来设计有用物体的一门应用学科,主要涉及本专业的工程结构、工程施工、城市规划等方面的知识。

(3)法学:是以法律、法律现象以及其规律性为研究内容的科学,主要涉及本专业的房地产合同、房地产相关法律等方面的知识。

(4)经济学:是研究人类经济活动的规律即价值的创造、转化、实现的规律的一门学科,主要涉及本专业的房地产金融、房地产投资等方面的知识。

第二章　房地产开发与管理专业的教学安排

教育部《高等学校房地产开发与管理本科指导性专业规范》提出了国家对房地产开发与管理本科专业教学的基本要求,规定了房地产开发与管理专业本科学生应学习的基本理论知识及掌握的基本技能和方法;同时,强调了技术、经济、管理、法律等多领域知识的交叉融合;我校房地产开发与管理专业教学计划的安排、专业课程设置、教学环节的设计、核心课程的选择严格按照该专业规范规定及要求,并根据学校人才目标定位和办学特色进行创新与发展空间拓展;在对专业能力培养的要求上,房地产开发与管理专业把实践性教学放在更重要的位置。

第一节　房地产开发与管理专业的教学计划

一、培养目标

培养德、智、体、美全面发展,具有良好道德修养和综合素质,掌握与房地产开发与管理相关的建筑与土木工程技术、经济、管理、法律基础知识及相关的专业基础知识,具有较强的实践能力和创新精神,适应社会经济发展要求,服务基层生产、管理等一线的应用型人才,能够在房地产开发企业、房地产评估机构、房地产营销策划企业、房地产中介机构、物业服务企业、招投标代理机构等就业。

二、培养标准

(1) 道德修养:树立正确的世界观、人生观和价值观,具有良好的社会公德、职业道德、家庭美德和个人品德,具有健康的体魄,具有敬业爱岗、吃苦耐劳、团结合作的职业精神,达到国家规定的大学生体育合格标准。

(2) 学科基础:掌握经济、管理等学科基础知识,具有解决经营管理问题的基本能力。

(3) 专业知识:掌握房地产开发与管理专业相关土木工程技术、经济、管理、法律法规等知识;具备运用房地产投资分析、管理、评估、市场营销、房地产估价、工程估价、物业管理等专业技能开展实际工作的能力。

(4) 综合素质:具备良好的身心素质与基本职业素质,具备房地产开发与管理相关工作的基本能力。

(5) 职业能力:具有较强的语言与文字表达和人际沟通能力,具备良好的职业核心能力、职业实操运作能力、职业拓展和创新能力。

三、专业核心课程

房屋建筑学、工程项目管理、房地产金融、房地产开发与管理、房地产估价、建设工程估价与成本控制。

四、学制与毕业条件

（1）学制：四年。

（2）毕业条件：至少获得本方案规定的 165 个总学分，其中至少包含 4 个拓展学分。最长学习年限为 6 年。

第二节　房地产开发与管理专业的课程设置

课程设置按照平台＋模块模式。课程平台有通识课程平台、专业课程平台、集中实践平台；模块含有通识必修课、通识选修课、学科基础课、专业必修课、专业选修课，见表 7-2-1。

表 7-2-1　房地产开发与管理专业课程设置总表

课程类别	课程编号	课程名称	学分	学分分配		实践形式	考核形式	课内周学时数	修读学期
				理论	实践				
通识课程平台		1518G0006	思想道德修养与法律基础	3	2.5	0.5	社会实践	考查	4	1
	通识必修课	1501G0003	大学生心理健康教育	1	0.5	0.5	讲座	考查		1
		1502G0001	体育（Ⅰ）	0.5		0.5	实训	考查	2	1
		1505G0001	计算机应用基础	2	1	1	上机	考试	2	1
		1503G0001	大学英语A（Ⅰ）	4	3	1	视听说	考试	4	1
		1510G0001	大学语文	2	2			考试	2	2
		1502G0002	体育（Ⅱ）	1		1	实训	考查	2	2
		1518G0005	马克思主义基本原理概论	3	2.5	0.5	社会实践	考查	4	2
		1503G0002	大学英语A（Ⅱ）	4	3	1	视听说	考试	4	2
		1503G0003	大学英语A（Ⅲ）	2	2			考试	2	3
		1518G0008	毛泽东思想和中国特色社会主义理论体系概论	5	4.5	0.5	社会实践	考查	4	3
		1502G0003	体育（Ⅲ）	1		1	实训	考查	2	3
		1518G0007	中国近现代史纲要	3	2.5	0.5	社会实践	考查	4	4
		1503G0004	大学英语A（Ⅳ）	2	2			考试	2	4
		1502G0004	体育（Ⅳ）	1		1	实训	考查	2	4
		1502G0005	体育（Ⅴ）	0.5		0.5	实训	考查		5
		1501G0002	大学生职业发展与就业指导	1	0.5	0.5	讲座	考查		6
		1518G0009	形势与政策	2	2		讲座	考查		1—8
	通识必修课小计			38	28	10				
	通识选修课	1501G1001	◇音乐素养	2	1	1		考查		
		1501G1002	◇大学生创新创业素质教育	2	1	1		考查		
			素质拓展	4		4		考查		
			通识选修课程	9	9			考查		
	通识选修课小计			17	11	6				
通识课程平台合计				55	39	16				

表 7-2-1(续)

课程类别	课程编号	课程名称	学分	学分分配		实践形式	考核形式	课内周学时数	修读学期
				理论	实践				
学科基础课	1504B0009	高等数学 E(Ⅰ)	3	3			考试	3	1
	1515B0001	管理学原理	3.5	3.5			考试	4	1
	1504B0010	高等数学 E(Ⅱ)	3	3			考试	3	2
	1515B0002	经济学原理	4	4			考试	4	2
	1504B0016	线性代数 C	2	2			考查	2	3
	1504B0018	概率统计 B	3	3			考查	3	3
	1515B0003	应用统计	3	3			考查	3	4
	1515B0004	管理信息系统	3	2.5	0.5	上机	考试	4	4
学科基础课小计			24.5	24	0.5				
专业课程平台 专业必修课	1515P0094	工程图学(张程程)	2.5	2.0	0.5	实训	考查	3	2
	1515P0021	◆房屋建筑学	3	2	1	实训	考试	4	3
	1515P0095	房地产市场分析(牛鸿蕾)	2	2			考查	2	3
	1515P0096	◆房地产开发与管理(何梅)	2	2			考试	2	3
	1515P0125	◆工程项目管理(何旭东)	2	2			考试	2	4
	1515P0097	城市规划原理(何梅)	2	1.5	0.5	实训	考查	4	4
	1515P0126	◆房地产估价(魏本忠)	2	2			考试	2	5
	1515P0098	房地产法律制度(耿波)	2	2			考查	2	5
	1515P0028	工程经济学	3	3			考试	3	5
	1515P0099	建设工程合同管理(张程程)	2	2			考试	2	5
	1515P0030	◆房地产金融	3	3			考试	3	6
	1515P0100	◆建设工程估价与成本控制(张程程)	2	2			考试	2	6
	1515P0101	建筑施工管理(李公产)	3	3			考试	3	6
	1515P0102	物业与资产管理(耿波)	2	2			考试	4	7
专业必修课小计			32.5	30.5	2.0				
专业选修课	跨方向选修课程								
	1515P1001	◇专业导论	1	1		讲座	考查		1
	1515P1139	城市土地利用与管理(赵然)	2	2			考查	2	3
	1515P1140	城市与房地产经济学(赵然)	2	2			考查	2	4
	1515P1020	工程结构	2.5	2	0.5	实训	考试	3	4
	1515P1117	工程测量	2.5	2	0.5	实训	考查	3	5
	1515P1116	房地产投资分析	2	2			考查	3	6
	1515P1022	房地产营销	3	2	1	实训	考试	4	6
	1515P1006	◇学科前沿	1	1		讲座	考查		7
	1515P1021	专业英语	2	2			考查	4	7

表 7-2-1(续)

课程类别		课程编号	课程名称	学分	学分分配		实践形式	考核形式	课内周学时数	修读学期
					理论	实践				
专业课程平台	专业选修课		房地产营销方向课程							
		1515P1142	商务沟通(耿波)	2	2			考试	2	5
		1515P1144	房地产经纪(何旭东)	3	3			考查	3	6
		1515P1143	房地产策划实务(何梅)	3	2	1	实训	考查	6	7
			房地产估价方向课程							
		1515P1145	资产评估基础(牛鸿蕾)	2	2			考试	2	5
		1515P1027	房地产估价实务	3	2	1	实训	考试	4	6
		1515P1028	建设项目评估	3	3			考查	4	7
		专业选修课小计		21	19	2	此模块至少选修21学分			
		专业课程平台合计		78	73.5	4.5				
集中实践平台		1501T0001	军事训练(含军事理论)	2		2	校内集中实训	考查		1
		1515T0013	认识实习	2		2	校外企业见习	考查		2
		1515T0051	房地产开发与管理课程设计(何梅)	1		1	课程设计	考查		3
		1515T0014	房地产市场调查实习	2		2	校外企业见习	考查		4
		1515T0052	工程项目管理课程设计(何旭东)	1		1	课程设计	考查		4
		1515T0015	房地产项目综合训练	1		1	综合实训	考查		5
		1515T0053	房地产估价课程设计(魏本忠)	1		1	课程设计	考查		5
		1515T0016	施工现场管理实习	2		2	综合实训	考查		6
		1515T0054	建筑工程估价与成本控制课程设计(张程程)	1		1	课程设计	考查		6
		1515T0017	生产实习	6		6	校外顶岗实习	考查		7
		1515T0010	大学生创业创新实践	1		1	校内集中实训	考查		7
		1515T0012	毕业设计(论文)	12		12	综合实训	考查		8
		集中实践平台合计		32		32				
		学分共计		165	112.5	52.5				

注:◆课程表示专业核心课程;◇课程表示选修课程中的必选课程。

第三节　房地产开发与管理专业的教学环节

房地产开发与管理专业教学环节分为知识环节、实践环节和大学生创新训练三部分,通过有序的课堂教学、实践教学和课外活动,实现知识融合、能力提升和价值观养成。

一、知识环节

知识环节由人文社会科学基础知识、自然科学基础知识、工具性知识和专业知识四个部分组成。

知识环节包括知识领域、知识单元和知识点三级内容。知识单元是提供专业知识的基本要素，是房地产开发与管理专业知识环节中专业知识领域的最小集合，是专业教学中必要的基本教学内容。

（一）专业知识领域构成

房地产开发与管理专业知识环节中专业知识领域由以下四大部分构成：

（1）房地产开发与建设技术。

（2）房地产经济理论与方法。

（3）房地产管理理论与技术。

（4）房地产法律制度与政策。

（二）专业领域的知识单元

专业领域的知识单元是房地产开发与管理专业学生必须掌握的知识，包括人文社会科学基础知识、自然科学基础知识、工具性知识的知识领域、知识单元。

二、实践环节

房地产开发与管理专业实践环节包括各类实验、实习、设计、社会实践以及科研训练等方面。实践环节分实践领域、实践单元、知识与技能点三个层次。通过实践教学，培养学生分析、研究、解决实际问题的综合实践能力和科学研究的初步能力。

（一）实验领域

房地产开发与管理专业实验领域包括专业基础实验、专业实验及研究性实验三个环节。

（1）专业基础实验。包括建设工程估价与成本控制实验、工程力学演示实验、工程结构演示实验、工程项目管理类软件应用实验等。

（2）专业实验。包括工程咨询类软件模拟实验、房地产类软件模拟实验等。

（3）研究性实验。可作为拓展能力的实验教学环节，针对核心专业知识领域开设，设计性、综合性实验为主。

（二）实习领域

房地产开发与管理专业实习领域包括认识实习、课程实习、生产实习和毕业实习四个环节。

（1）认识实习。按房地产开发与管理概论的相关要求安排认识实习，应选择符合专业培养目标要求的实习内容，并选择不少于三个相关企业作为认识实习基地。

（2）课程实习。包括房地产项目策划、房地产市场营销、物业与资产管理、房地产估价等专业基础课和专业课的实习训练，以及其他与专业相关的课程实习。

（3）生产实习和毕业实习。各高等学校应根据自身办学特色和优势安排房地产开发、投资分析、物业管理、房地产估价等专业实习，注重培养学生的综合专业能力。

（三）设计领域

专业设计领域包括课程设计和毕业设计（论文）。

课程设计要求结合课程知识单元和工程实践问题合理确定设计内容。

毕业设计（论文）的实践单元按专业方向安排相关内容。

三、大学生创新训练

专业人才的培养应体现知识、能力、素质协调发展的原则，特别强调大学生创新思维、创新方法和创新能力的培养。大学生创新训练和初步科研能力的培养应在整个本科教学和管理相关工作中的贯彻和实施，要注重以知识环节为载体，在课堂知识教学中进行创新训练；应以实践环节为载体，在实验、实习和设计中进行创新训练；选择合适的知识单元和实践环节，提出创新思维、创新方法、创新能力的训练目标，构建和实施创新训练单元。提倡和鼓励学生参加创新活动，如挑战杯、房地产营销大赛、大学生创新创业训练计划等大学生创新实践训练。

第四节　房地产开发与管理专业主要课程介绍

一、"房屋建筑学"简介

房屋建筑学是房地产开发与管理专业的必修课，是研究建筑空间和构造的设计理论、设计方法的一门工程技术类课程。本课程由建筑设计基本原理和建筑构造两部分知识体系构成，通过本课程的学习，使学生能掌握一般民用建筑的构造组成、各组成部分的作用相互关系、材料选用及构造原理和方法；掌握建筑设计和构造设计的基本理论和方法。

本课程的主要任务是培养学生对建筑空间的理解能力和设计能力，使学生掌握建筑空间及构造的基本知识，并初步具备常见建筑类型的简单设计能力，为学习后续课程打下坚实的基础。

二、"工程项目管理"简介

工程项目管理是房地产开发与管理专业的一门专业必修课。工程项目管理贯穿于工程项目全寿命周期，是工程施工和管理人员对项目全过程进行管理所必须掌握的基本知识。

该课程的主要任务是使学生掌握工程项目管理的组织体系，掌握工程项目的进度控制、质量控制、成本控制和安全控制的基本原理和方法；掌握工程项目现场管理、合同管理、生产要素管理和风险管理的基本内容。通过本课程教学，应使学生掌握工程项目管理的基本理论和投资控制、进度控制、质量控制的基本方法，熟悉各种具体管理方法在工程项目上的应用，培养学生从事工程项目管理的基本能力。

三、"房地产开发与管理"简介

房地产开发与管理是房地产开发与管理专业的专业必修课。课程内容涉及房地产基础知识、项目选择、土地开发、规划设计、房地产金融、市场营销策划、开发资金筹集与成本监控等。

课程的目的和任务：指导学生全面了解和掌握房地产开发与管理的基本理论和基本规律，掌握房地产开发和管理的基本方法，全面了解房地产开发和管理过程中相关的法律法规，并且能够运用基本原理和方法分析和解决实际问题。

四、"房地产估价理论与方法"简介

房地产估价理论与方法是房地产开发与管理专业一门实用性很强的专业必修课，全面系统地介绍了房地产估价的基本理论，房地产估价方法与程序、地价评估、房地产估价及实例、数理统计方法在房地产估价中的应用，是学习房地产开发与管理其他专业课程的重要基础。

通过房地产估价理论与方法的教学应使学生掌握房地产价格评估的基本理论和方法，理解房地产价格评估的理论基础、房地产价格形成的原因、房地产价格的构成和影响因素，理解掌握房地产价格评估的原则和程序，理解掌握和正确运用市场比较法、收益法、成本法等房地产评估的基本方法，综合运用所学的基本知识和技术对具体的估价对象进行简单的评估工作，并为学习后续课程打下坚实的基础。

五、"房地产金融"简介

房地产金融是房地产开发与管理专业的专业必修课程，是研究房地产领域中的金融问题的学科。随着经济水平的提高和投资渠道的多元化，房地产及其相关投融资活动受到越来越多的关注。一方面，房地产是一种特殊的资产，在贷款等融资活动中扮演着不可替代的抵押品的角色；另一方面，房地产作为投资工具，体现了货币市场、资本市场和资产市场的密切关系。

通过本课程的学习，要求学生在了解房地产金融学基本理论的基础上，熟悉房地产业中的各种金融工具的应用，掌握房地产开发企业融资与个人购房融资的融资过程，包括房地产开发贷款、房地产市场融资、房地产投资信托基金、个人住房贷款以及住房金融体系与住房公积金等金融业务在房地产业中的应用，并能运用这些理论和方法分析和认识房地产市场发展中的现象和问题，提高学生理论素质和分析、解决实际问题的能力。

第三章　房地产开发与管理专业基础知识与学习方法

第一节　基本概念

一、房地产

房地产是一个综合的较为复杂的概念,从实物现象看,它是由建筑物与土地共同构成的。土地可以分为未开发的土地和已开发的土地,建筑物依附土地而存在,与土地结合在一起。建筑物是指人工建筑而成的产物,包括房屋和构筑物两大类。

对于房地产的概念,应该从两个方面来理解:房地产既是一种客观存在的物质形态,同时也是一项法律权利。

作为一种客观存在的物质形态,房地产是指房产和地产的总称,包括土地和土地上永久建筑物及其所衍生的权利。房产是指建筑在土地上的各种房屋,包括住宅、厂房、仓库和商业、服务、文化、教育、卫生、体育等各行业各业的用房以及办公用房等。地产是指土地及其上下一定的空间,包括地下的各种基础设施、地面道路等。房地产由于自身的特点即位置的固定性和不可移动性,在经济学上又被称为不动产,可以有三种存在形态,即土地、建筑物、房地合一。在房地产拍卖中,其拍卖标的也可以有三种存在形态,即土地(或土地使用权)、建筑物和房地合一状态下的物质实体及其权益。随着个人财产所有权的发展,房地产已经成为商业交易的主要组成部分。

法律意义上的房地产本质上是一种财产权利,这种财产权利是指寓含于房地产实体中的各种经济利益以及由此而形成的各种权利,如所有权、使用权、抵押权、典当权、租赁权等。

二、房地产市场

房地产市场可以理解为从事房地产买卖、租赁、抵押、典当等交易活动的场所以及一切交易途径和形式。一个完整的房地产市场是由市场主体、客体、价格、资金、运行机制等因素构成的一个系统。

房产市场是以房产作为交易对象的流通市场,也是房屋商品交换关系的总和。房产市场流通的房产,是有一定的房屋所有权和使用权的房屋财产。狭义的房产,是指已经脱离了房屋生产过程的属于地上物业的房屋财产;广义的房产,是指房屋建筑物与宅基地作为一个统一体而构成的财产,亦包含相应的土地使用权在内。

三、房地产投资

房地产投资是以房地产为对象,为获得预期效益而对土地和房地产开发、房地产经营以及购置房地产等进行的投资。广义上说,房地产投资的预期效益因投资主体不同而有所不同,政府投资注重宏观的经济效益、社会效益和环境效益;企业投资注重于利润指标;购置自用的房地产,则注重它的使用功能的发挥。追求的效益虽然有所不同,但各种效益是相互交叉、相互影响的。从狭义上说,房地产投资主要是指企业以获取利润为目的的投资。房地产投资是固定资产投资的重要组成部分,一般占全社会固定资产投资 60% 以上。它需要动员大量的社会资源(包括资金、土地、物质材料、劳动力、技术、信息等资源),才可能使投资效益得到实现。

四、房地产开发

房地产开发是通过多种资源的组合使用而为人类提供入住空间、并改变人类生存的物质环境的一种活动。资源包括:土地、建筑材料、城市基础设施、城市公用配套设施、劳动力、资金和专业人员经验等。房地产开发是指在依法取得国有土地使用权的土地上,按照城市规划要求进行基础设施、房屋建设的行为。因此,取得国有土地使用权是房地产开发的前提,而房地产开发也并非仅限于房屋建设或者商品房屋的开发,而是包括土地开发和房屋开发在内的开发经营活动。简言之,房地产开发是指在依法取得国有土地使用权的土地上进行基础设施、房屋建设的行为。房地产开发与城市规划紧密相关,是城市建设规划的有机组成部分。为了确定城市的规模和发展方向、实现城市的经济和社会发展目标,必须合理地制订城市规划和进行城市建设以适应社会主义现代化建设的需要。

五、房地产市场分析

市场需求预测,就是要估算出一个地区对某种产品的潜在需求数量。房地产市场分析,是通过信息将房地产市场的参与者与房地产市场联系起来的一种活动,即通过房地产市场信息的收集、分析和加工处理,寻找出其内在的规律和含义,预测市场未来的发展趋势,用以帮助房地产市场的参与者掌握市场动态、把握市场机会或调整其市场行为。

六、房地产投资风险

风险是指未来获得预期收益可能性的大小。房地产投资的风险主要体现在投入资金的安全性、期望收益的可靠性、投资项目的变现性和资产管理的复杂性四个方面。房地产投资的风险分为:系统(市场)风险和个别风险。系统风险包括通货膨胀、市场供求、周期、变现、利率、政策、或然风险等;个别风险包括收益现金流、未来运营费用、资本价值、时间、持有风险。

七、房地产项目不确定性分析

房地产投资项目不确定性分析,是分析不确定性因素对项目可能造成的影响,并进而分析可能出现的风险。不确定性分析是房地产投资项目经济评价的重要组成部分,对房地产投资项目的投资决策有着重要的影响。房地产投资项目不确定性分析,可以帮助投资者根据房地产项目投资风险大小和特点,确定合理的投资收益率水平,提出控制风险的方案,有重点地加强对投资风险的防范和控制。

八、可行性研究

可行性研究是在投资决策前,对建设项目进行全面的技术经济分析、论证的科学方法。

具体地讲,可行性研究就是在工程项目投资决策前,对与项目有关的社会、经济和技术等方面情况进行深入细致的研究;对拟定的各种可能建设方案或技术方案进行认真的技术经济分析、比较和论证;对项目的经济、社会、环境效益进行科学的预测和评价。在此基础上,综合研究建设项目的技术先进性和适用性、经济合理性以及建设的可能性可行性,由此研究并提出建设项目是否应该投资和如何投资等结论性意见,为决策部门最终决策提供可靠的、科学的依据,并作为开展下一步工作的基础。

九、房地产泡沫

所谓泡沫指的是一种资产在一个连续的交易过程中陡然涨价,价格严重背离价值,在这时的经济活动中充满了并不能反映物质财富的货币泡沫。资产价格在上涨到难以承受的程度时,必然会发生暴跌,仿佛气泡破灭,经济开始由繁荣转向衰退,人称"泡沫经济"。泡沫经济的两大特征是:商品供求严重失衡,供给量远远大于需求量。房地产泡沫,是指由于房地产投机引起的房地产市场价格与使用价值严重背离,脱离了实际使用者支撑而持续上涨的过程及状态。最早可考证的房地产泡沫是发生于 1923—1926 年的美国佛罗里达房地产泡沫,这次房地产投资狂潮曾引发了华尔街股市大崩溃,并导致了以美国为首的 20 世纪 30 年代的全球经济大危机,最终导致了第二次世界大战的爆发。

十、物业管理

物业管理是指业主对区分所有建筑物共有部分以及建筑区划内共有建筑物、场所、设施的共同管理或者委托物业服务企业、其他管理人对业主共有的建筑物、设施、设备、场所、场地进行管理的活动;物权法规定,业主可以自行管理物业,也可以委托物业服务企业或者其他管理者进行管理。物业管理有狭义和广义之分:狭义的物业管理是指业主委托物业服务企业依据委托合同进行的房屋建筑及其设备、市政公用设施、绿化、卫生、交通、生活秩序和环境容貌等管理项目进行维护、修缮活动;广义的物业管理应当包括业主共同管理的过程,和委托物业服务企业或者其他管理人进行管理的过程。

第二节 主要内容

一、房地产投资与投资风险

房地产投资是指经济主体以获得未来的房地产资产增值或收益为目的,预先垫付一定数量的货币或实物,直接或间接地从事或参与房地产开发与经营活动的经济行为。房地产开发投资是指从事商品房和土地开发经营活动的投资。房地产投资的特性:① 投资对象的固定性或不可移动性;② 投资数额巨大;③ 回收周期较长;④ 需要专门的知识和经验。

房地产投资的形式:① 直接投资:从购地开始的开发投资和面向建成物业的置业投资;② 间接投资:购买房地产开发、投资企业的债券、股票,购买房地产投资信托公司的股份或房地产抵押支持证券等。

风险对投资决策的影响:① 两者根据不同类型房地产投资风险的大小,确定相应的目标投资收益水平;② 使投资者尽可能规避、控制或转移风险。

投资组合理论的主要论点是:对于相同的宏观经济环境变化,不同投资项目的收益会有不同的反应。

二、房地产市场及其运行规律

(一)房地产市场

房地产空间市场与资产市场的联系和均衡状态:空间市场的供求关系决定了房地产租金的水平,该租金水平同时决定了房地产资产的收益率,从而影响资产市场中的需求;同时,空间市场上的供给又是由资产市场决定的。

房地产市场的影响因素:① 影响房地产市场发展的社会经济因素;② 影响房地产市场转变的社会经济力量。

房地产市场结构包括总量结构、区域结构、产品结构、供求结构和投资结构。

房地产市场的细分:按照地域范围、房地产类型、增量存量、交易形式等细分。房地产市场指标包括供给指标、需求指标、市场交易指标。

房地产市场的特性:① 市场供给的特点;② 市场需求的特点;③ 市场交易的特点;④ 市场价格的特点。

(二)房地产市场周期

房地产市场周期循环的主要原因包括:供需因素的影响;市场信息不充分;投机或非理性预期;政策因素;政治冲击;总体经济形势等。房地产周期理论的主要内容:在市场供求平衡的前提下,房地产市场会正常运转,且这种平衡性会持续一定的时期;在此时期内,投入房地产市场的资金的利润预期保持不变,投资者具有自我调节投资量的能力。房地产市场的发展呈现一种自我修正的周期性,且不同周期之间的时间差异和投资回报差异微乎其微。

房地产自然周期的四个阶段:① 自然周期的第一个阶段始于市场周期的谷底;② 自然周期的第二阶段(增长超过了平衡点),需求继续以一定的速度增长,形成了对额外房屋空间的需求;③ 自然周期的第三阶段始于供求转折点,此时由于房地产空置率低于合理空置率,所以看起来市场情况还不错;④ 自然周期的第四阶段始于市场运行到平衡点水平以下,此时供给高增长,需求低增长或负增长。房地产市场的投资周期:随着自然周期的运动,投资于房地产市场上的资金流也呈现出周期性变动,形成投资周期。

(三)房地产泡沫

房地产泡沫的成因:① 土地的有限性和稀缺性是房地产泡沫产生的基础。② 投机需求膨胀是房地产泡沫产生的直接诱因。③ 金融机构的过度放贷是房地产泡沫产生的直接助燃剂。过度开发(过热)是指当市场上的需求增长赶不上新增供给增长的速度时,所出现的空置率上升、物业价格和租金下降的情况。过度开发的诱因有:① 开发商对市场预测的偏差;② 开发商之间的博弈和非理性行为;③ 开发资金的易得性。房地产泡沫与过度开发的区别:① 反映两个不同层面的市场指标;② 严重程度和危害性方面不同;③ 在周期循环中所处的阶段不同;④ 参与者不同。

三、房地产开发程序

房地产开发的主要程序:① 投资机会选择与决策分析;② 前期工作;③ 建设阶段;

④ 租售阶段。投资机会选择包括投资机会寻找和筛选两个步骤。投资决策分析包括市场分析和项目的财务评价两部分工作。前期工作包括:获取土地使用权;确定规划设计方案并获得规划许可;建设工程招标;开工申请与审批;前期工作的其他环节。建设阶段,是指开发项目从开工到竣工验收所经过的过程。项目管理的内容包括:质量控制;进度控制成本控制;合同管理;安全管理;竣工验收。租售阶段:选择物业销售形式;制定租售方案;制定宣传与广告策略。

四、房地产市场调查与分析

市场调查的意义:企业的经营决策者只有掌握全面和可靠的信息,准确地估计市场目前和未来发展变化的方向、趋势和程度,才能发现合适的市场机会、市场威胁和预见营销中可能产生的问题,从而调整企业的市场营销决策,以适应市场的变化,使企业能更好地生存和发展。所以市场调查是企业进行市场分析与预测、正确制订市场营销战略和计划的前提。运用市场调查资料可以做以下工作:① 分析研究产品的生命周期,确定研制设计新产品;② 根据消费者对产品价格变动的反应,研究产品适宜的售价;③ 设计销售促进方案,加强推销活动,扩大销售量;④ 在考虑市场、产品等因素的基础上,降低销售成本;⑤ 企业综合运用各种营销手段,制订正确的市场营销综合策略。

市场调查的内容:国内外市场环境调查、技术发展调查、市场需求调查、消费者调查、竞争情况调查、市场营销调查等。市场调查的步骤:确定问题和调查目标、制订调查计划、收集信息、分析信息、报告结果。有效的市场调查具备以下特点:① 方法科学;② 调查具有创造性;③ 调查方法多样;④ 模型和数据相互依赖;⑤ 合理的信息价值和成本比率;⑥ 正常的怀疑态度;⑦ 市场调查过程遵守职业道德。

市场细分的方法:根据买主对产品的不同需求或营销反应将购买者分为若干类型。弥隙市场具备如下特点:市场内的消费者有自己独特的相对复杂的需求;消费者对于最有能力满足自己需要的企业,愿意支付较高的价格;市场内的营销人员要取得成功,必须使自己经营具有独到之处;市场内处于领导地位的企业,其地位不会被其他竞争对手轻易取代。现代营销战略的核心可以称为 STP 营销,即细分市场、选择目标市场、产品定位。市场细分的模式:按照消费者对产品两种属性的重视程度进行划分,就会形成不同偏好的细分市场,这会出现三种不同的模式:① 同质偏好;② 分散偏好;③ 集群偏好。

市场定位:目标市场确定后,企业为了能与竞争产品有所区别,开拓和进占目标市场,取得产品在目标市场上的竞争地位和优势,更好地为目标市场服务,还要在目标市场上给本企业产品做出具体的市场定位决策。差异化分析:差异化是指设计一系列产品差别,来区分企业与竞争对手之间的产品的行为。定位是指企业设计出自己的产品和形象,从而在目标顾客心中确定与众不同的有价值的地位。竞争者分析的步骤:① 识别竞争者;② 确定竞争者;③ 确定竞争者的战略;④ 判断竞争者的反应模式;⑤ 企业应采取的对策。

房地产市场分析的内容:① 宏观因素分析,如经济增长、人口、社会政治、产业结构等。② 市场供求分析,如供给、需求、竞争、市场占有率分析。③ 相关因素分析。房地产产品功能定位,是指在目标市场选择和市场定位的基础上,根据潜在的目标消费者使用需求的特征,结合房地产特定产品类型的特点,对拟提供的房地产产品应具备的基本和辅助功能做出具体规定的过程。房地产产品进行功能定位的具体的方法与步骤:① 明确目标使用者群体;② 把握目标使用者的需求特征;③ 针对目标使用者群体设计。

五、风险与不确定性分析

房地产开发项目的主要不确定性因素有:土地费用、建安工程费用、租售价格、开发期与租售期、贷款利率、建筑容积率等。房地产置业投资项目,影响其经济效果的主要不确定性因素包括:购买价格、权益投资比率、租金水平、空置率、运营成本、有效面积系数和贷款利率等。

盈亏平衡分析,是在完全竞争或垄断竞争的市场条件下,研究投资项目产品成本、产销量与盈利的平衡关系的方法。盈亏平衡分析有线性盈亏平衡分析和非线性盈亏平衡分析。当产销量的变化不影响市场销售价格和生产成本时,成本与产量、销售收入与销量之间呈线性关系,此时盈亏平衡分析属于线性盈亏平衡分析。房地产项目的盈亏平衡分析,有临界点分析和保本点分析两种,两者的主要差异在于平衡点的设置。临界点分析,是分析计算一个或多个风险因素变化而使房地产项目达到允许的最低经济效益指标的极限值,以风险因素的临界值组合显示房地产项目的风险程度。保本点分析,是分析计算一个或多个风险因素变化而使房地产项目达到利润为零时的极限值,以风险因素的临界值组合显示房地产项目的风险程度。

敏感性分析的目的在于:① 找出影响项目经济效益变动的敏感性因素,分析敏感性因素变动的原因,并为进一步进行不确定性分析提供依据;② 研究不确定性因素变动如引起项目经济效益值变动的范围或极限值,分析判断项目承担风险的能力;③ 比较多方案的敏感性大小,以便在经济效益值相似的情况下,从中选出不敏感的投资方案。

敏感性分析的步骤:① 确定用于敏感性分析的经济评价指标;② 确定不确定性因素可能的变动范围;③ 计算不确定性因素变动时,评价指标的相应变动值;④ 通过评价指标的变动情况,找出较为敏感的不确定性因素,做出进一步的分析。

风险分析的一般过程:风险辨识、风险估计、风险评价。风险评价的方法有:① 调查和专家打分法;② 解析方法;③ 蒙特卡洛法。

概率分析的步骤:① 找出需要进行概率分析的不确定性因素;② 选择概率分析使用的经济评价指标;③ 分析确定每个不确定性因素发生概率;④ 计算在规定的概率条件下经济评价指标的累计概率,并确定临界点发生的概率。

六、房地产开发项目可行性研究

可行性研究的根本目的,是实现项目决策的科学化、民主化,减少或避免投资决策的失误,提高项目开发建设的经济、社会和环境效益。可行性研究的作用:① 是项目投资决策的依据;② 是筹集建设资金的依据;③ 是开发商与有关各部门签订协议、合同的依据;④ 是编制下阶段规划设计的依据。

可行性研究的依据:① 国家和地区经济建设的方针、政策和长远规划;② 批准的项目建议书和同等效力的文件;③ 国家批准的城市总体规划、详细规划、交通等市政基础设施规划等;④ 自然、地理、气象、水文地质、经济、社会等基础资料;⑤ 有关工程技术方面的标准、规范、指标、要求等基础资料;⑥ 国家所规定的经济参数和指标;⑦ 开发项目备选的土地利用条件、规划设计条件以及备选规划设计方案等。

3

可行性研究的内容：① 项目概况；② 开发项目用地的现状调查及拆迁安置方案的制定；③ 市场分析和建设规模的确定；④ 规划设计方案的选择；⑤ 资源描绘条件分析；⑥ 环境影响评价；⑦ 项目开发组织机构和管理费用的研究；⑧ 开发建设计划的编制；⑨ 项目经济及社会效益分析；⑩ 结论建议。

七、房地产金融与项目融资

房地产项目融资，是整个社会融资系统中一个重要组成部分，是房地产投资者为确保投资项目的顺利进行而进行的融通资金的活动。房地产项目融资的实质，是充分发挥房地产的财产功能，为房地产投资融通资金，以达到尽快开发、提高投资效益的目的。房地产投资项目融资的特点，是在融资过程中的存储、信贷关系，都是以房地产项目为核心的。通过为房地产投资项目融资，投资者通常可将固着在土地上的资产变成可流动的资金，使其进入社会生产流通领域，达到扩充社会资金来源、缓解企事业单位资金压力的目的。

房地产项目融资方案的内容：① 融资组织形式选择；② 资金来源选择；③ 资本金筹措；④ 债务资金筹措；⑤ 融资方案分析（资金来源可靠性分析、融资结构分析、融资成本分析、融资风险分析）。金融机构对项目贷款的审查：客户评价、项目评估、担保方式评价和贷款综合评价。

房地产项目的资金来源方式有：权益融资和债务融资；房地产开发贷款与土地储备贷款；房地产抵押贷款、房地产投资信托。房地产开发项目投资估算的范围，包括土地费用、前期工程费、房屋开发费、管理费、财务费、销售费用、其他费用及开发期税费等。租售计划的内容通常包括：拟租售物业的类型、时间和相应的数量、租售价格、租售收入及收款方式。资金筹措计划：要以房地产开发项目资金使用计划销售收入计划为基础，确定资金的来源和相应的数量。财务评价的基本报表有：① 现金流量表；② 资金来源与运用表；③ 损益表；④ 资产负债表。可行性研究报告的基本构成：封面、摘要、目录、正文、附表和附图。

进行风险管理的主要措施是：① 对未取得国有土地使用证、建设用地规划许可证、建设工程规划许可证、建设工程施工许可证的项目，不得发放任何形式的贷款；② 对申请贷款的房地产开发企业，应要求自有资金不低于开发项目总投资的 30%，严格落实房地产开发企业贷款的担保、抵押，确保其真实、合法有效；③ 房地产开发项目，应符合国家房地产发展总体方向，有效满足当地城市规划和房地产市场的需求，保证项目的合法性和可行性；④ 对申请贷款的房地产开发企业进行深入调查审核，对成立不满 3 年且开发项目较少的专业性、集团性的房地产开发企业的贷款应审慎发放，对经营管理存在问题、不具备相应资金实力或有不良经营记录的房地产开发企业的贷款发放应严格限制；⑤ 在房地产开发企业的自筹资金得到保证后，可根据项目的进度和发展状况，分期发放贷款，并对其资金使用情况进行监控，以防止其挪用贷款转作其他项目或其他用途；⑥ 对房地产开发企业的销售款进行监控，以防止其挪用该销售款开发其他项目或作其他用途；⑦ 密切关注房地产开发企业的开发情况，以确保商业银行对购买主体结构已封顶住房的个人发放个人住房贷款后，该房屋能够在合理期限内正式交付使用。

个人住房贷款的风险：操作风险、信用风险、市场风险、管理风险和法律风险。个人住房抵押贷款的风险管理，包括贷款发放管理和贷后对还款过程的管理。发放前的管理主要有以下措施：① 遵照个人住房贷款的相关政策规定，严格遵守贷款年限、贷款价值比率等方面的规定;② 详细审查借款人的相关信息;③ 通过借款人的年龄、学历、工作年限、职业、收入水平等资料对贷款申请做整体分析;④ 考核借款人还款能力;⑤ 在发放个人住房贷款前应对新建设房进行整体性估价。

房地产投资信托的风险管理:① 提升专业化经营水平;② 提升规模经营水平;③ 吸引机构投资者参与;④ 制定积极稳妥的经营战略;⑤ 建立优秀的管理队伍。

八、物业资产管理

房地产资产管理的职能有:物业管理、设施管理、资产管理和组合投资管理。物业管理和设施管理以运行管理为主,资产管理和投资组合管理以策略性管理为主。资产管理的主要工作包括:制订物业策略计划,持有或出售分析,检讨物业重新定位的机会,审批主要的费用支出,监控物业运行绩效,根据物业在同类物业竞争市场上的绩效表现,管理并评估物业管理公司的工作,协调物业管理公司与租户的关系,定期进行资产的分析和运营状况分析。

房地产组合投资管理,包括确定物业投资者或业主的投资目标,评估资产管理公司的绩效,审批资产管理公司提出的物业更新改造计划以保持资产的良好运行状态和市场竞争力,管理资产以实现组合投资收益的最大化,就新购置物业或处置物业做出决策等。组合投资管理的主要工作包括:与投资者沟通并制定组合投资的目标和投资准则,制订并执行组合投资策略,设计和调整房地产资产的资本结构,负责策略资产的配置和衍生工具的应用,监督物业购买处置、资产管理和再投资决策,评估投资组合绩效,客户报告与现金管理。

物业管理的内容:① 制订管理计划;② 加强市场宣传以提升物业的租金;③ 制定租金收取办法;④ 物业的维修养护;⑤ 安全保卫;⑥ 协调与业主和租户的关系;⑦ 组织与控制。

第三节　学习方法

一、四类经典学习方法

强化:能增强反应率的效果。强化是指通过某一事物增强某种行为的过程。① 在经典条件反射中,指使无条件刺激与条件刺激相结合,用前者强化后者。② 在操作条件反射中,指正确反应后所给予的奖励(正强化)或免除惩罚(负强化)。

消退:有机体做出以前曾被强化过的反应,如果在这一反应之后不再有强化物相伴,那么这一反应在今后发生的概率便会降低,称为消退。

惩罚:当有机体做出某种反应以后,呈现一个厌恶刺激或不愉快刺激,以消除或抑制此类反应的过程,称作惩罚。

二、主要学习方法

（一）合理安排时间

首先,制定一张作息时间表。在表上填上那些非花不可的时间,如吃饭、睡觉、上课、娱乐等。安排这些时间之后,选定合适的、固定的时间用于学习,必须留出足够的时间来完成正常的阅读和课后作业。当然,学习不应该占据作息时间表上全部的空闲时间。一张作息时间表也许不能解决所有的问题,但能让你了解如何支配这一周的时间,从而使你有充足的时间学习和娱乐。

（二）学会预习

（1）预习时要读、思、问、记同步进行。对课本内容能看懂多少就算多少，不必要求全部理解，疑难也不必深钻，只需顺手用笔做出不同符号的标记，把没有读懂的问题记下来，作为听课的重点。但对涉及已学过的知识以及估计老师讲不到的小问题，一定要搞懂。

（2）预习应在当天作业做完之后再进行。切不可每天学习任务还未完成就忙着预习，打乱了正常的学习计划。

（3）课前不预习，上课听不懂，课后还需花大量的时间去补缺和做作业，进一步挤占了预习的时间。其实，很多学生听课效果差的根本原因就在不预习上。学习由预习、上课、整理复习、作业四个环节组成。缺了预习这个环节就会影响下面环节的顺利运转。这些学生必须做好在短期内要多吃点苦的思想准备。在完成每天的学习任务后，要安排一点时间预习。

（三）充分利用课堂时间

学习成绩好的学生很大程度上得益于在课堂上充分利用时间，这也意味着在课后少花些工夫。课堂上要及时配合老师，认真做好笔记来帮助自己记住老师讲授的内容，尤其重要的是要积极地独立思考，跟得上老师的思维。课堂上做的笔记要在课后及时回顾，不仅要复习老师在课堂上讲授的重要内容，还要复习那些仍然掌握不牢的知识。如果坚持定期复习笔记和课本，并做一些相关的习题，就能更深刻地理解这些内容，记忆也会保持更久。

（四）选择良好的学习环境

选择某个地方做学习之处，这一点很重要。可以是单间书房或教室或图书馆，但必须是舒适、安静的，有助于全神贯注于功课的学习。学习时情绪应平稳。科学研究表明，在学习之前绝对不能有和同学争吵或者兴奋的剧烈运动等行为；否则，会因无法集中注意力而迟迟无法进入学习状态。所以在学习之前要平静心态，集中注意力，才可以取得事半功倍的效果。

（五）着力于提升自身实践能力

（1）积极、主动地配合老师完成实践教学任务。目前，本专业的实验、实习、课程设计和毕业设计等组成的实践教学体系已基本构建，情景模拟、计算机辅助、多媒体技术应用等实践教学形式和社会调查、课程设计等实践教学手段已在一定程度上得到了应用。这类教学被作为对课本知识学习的一种解释、验证或补充，需要学生深度参与，才能真正实现具备获取知识、应用知识和进行创新创造的能力的学习目的。

（2）参加社会实践，提升职业认知能力。勤工助学作为一项社会实践活动，对增进大学生的职业认知十分重要。现实生活中，大学生遇到的许多心理困扰，大都与不能客观认识、接受和评价自我有关，也与对社会职业的认知不足有关。在社会实践中，大学生可以更好地了解自己的职业兴趣、爱好、优势、特长等个性特点，以便更好地确定自己将来的职业选择方向和目标。

（3）充分利用专业大赛、专业资格考证书考试等辅助教学形式，通过这种形式的拓展促进自身实践能力的提升。一方面，要经常参加一些房地产专业技能竞赛，如房地产策划大赛、房产投资大赛、房地产经纪人大赛等；另一方面，在学习过程中应注重与行业资格认证要求的结合，积极考取各类执业资格证书，如房地产策划师、物业管理师、房地产助理估价师等。

第四章　房地产开发与管理专业学生毕业与就业

第一节　毕业要求

房地产开发与管理专业的学生,应树立正确的世界观、人生观和价值观,具有良好的社会公德、职业道德、家庭美德和个人品德,具有健康的体魄,具有敬业爱岗、吃苦耐劳、团结合作的职业精神,达到国家规定的大学生体育合格标准。

一、道德修养方面

要求掌握毛泽东思想、邓小平理论、"三个代表"重要思想、科学发展观以及习近平新时代中国特色社会主义思想的科学体系和精神实质,树立正确的世界观、人生观和价值观。培养高尚的思想道德和理想情操,自觉加强大学生心理素质健康教育。了解法律基础知识,增强法治观念。树立科学的职业观,养成诚信品格,具有良好的职业道德和敬业精神。

二、学科基础方面

具备良好的数理知识基础,能够通过数据分析、建模,利用计算机等手段进行辅助决策。掌握经济、管理等学科基础知识和研究方法,培养管理组织、沟通与协作能力以及对管理业务的理解及规范表达能力,具有在实际业务运营管理过程中发现问题、分析问题和解决问题的基本能力。

三、专业知识方面

掌握建筑施工与结构方面的基础知识与原理以及工程造价方面的基础知识与原理。掌握房地产开发与管理专业相关的土木工程技术、经济、管理、营销、金融和法律法规等知识。具备运用房地产投资分析、管理、评估、市场营销、房地产估价、工程估价、物业管理等专业技能开展实际工作的能力。

四、综合素质方面

掌握提高身体素质的知识和方法,具备科学锻炼身体的技能,具有健康的体魄。拥有健康心理和乐观的态度,具备良好的身心素质与基本职业素质。关心社会热点和民生时事,掌握基本的军事理论知识。了解产业现状,明确职业目标,掌握就业创业基本方法和技巧,具备房地产开发与管理工作的基本职业素质。

五、职业能力方面

掌握并应用房地产营销与策划等方面的学科知识,具备较强的语言与文字表达和人际沟通能力。掌握并应用房地产估价等方面的学科知识和业务运作流程,具备良好的职业核心能力和职业实操运作能力。培养从事房地产开发与管理相关的执业资格能力,具备房地产职业拓展和创新能力。

本专业学生应在 4 年学制时间内(最长 6 年)至少获得本专业人才培养方案规定的 165 个总学分,其中至少包含 4 个拓展学分,才能获得毕业资格。相关专业课程主要包括管理学、经济学原理、城市规划、工程制图、工程结构、房地产开发与管理、工程项目管理、房地产项目营销与策划、房地产投资分析、房地产合同管理、房地产估价、工程造价、物业管理等。符合《徐州工程学院学士学位授予工作实施细则》相关规定的毕业学生,可以获得管理学学士学位。

第二节 就业前景

房地产开发与管理专业学生毕业后可在工程、管理、科研和咨询等领域获得广阔的就业机会,能够从事与房地产经营管理相关的教学、科研、管理及设计开发工作,或者在房地产投资、咨询、设计、施工、质检、金融与保险等领域从事房地产项目营销策划、商业运营和物业管理等工作。

一、主要从事行业

本专业毕业生就业方向主要分布在房地产开发、房地产金融、房地产运营、房地产管理、房地产咨询、房地产物流,以及与房地产相关的制造业、公共事业、科学研究、行政管理等领域。

二、主要从事工作

本专业毕业生具体从事的工作包括房地产项目可行性研究、房地产市场调查与咨询、房地产项目决策、房地产项目开发、房地产建设项目投资与融资、房地产项目施工、房地产项目销售、房地产经纪、房地产项目评估与验收、房地产商业运作和房地产物业管理等。

三、主要工作岗位

本专业毕业生主要就业岗位包括房地产规划设计师、商业地产策划师、房地产咨询分析师、房地产评估师、房地产造价师、房地产估价师、房地产经纪师、房地产营销师、房地产物业管理、土建工程师、工程部经理、建筑设计师、楼层经理、项目经理、工程监理等。

第三节 职业发展

房地产开发与管理专业学生的职业发展包括职业发展方向、职业发展规划、职业发展能力培养、职业发展路径等方面内容。目前,全国共有 72 所高等院校开设房地产开发与管理专业,包括重庆大学、华中师范大学和山东建筑大学等,涵盖经济、管理、规划、施工等多个专业方向。无一例外,各大高校十分重视大学生职业发展与就业指导工作。课程体系是否完善,课程结构是否合理,实践技能训练能否满足工作岗位的职能要求,学生综合素质培养能否满足房地产行业对专业人才的需求,对高校房地产开发与管理专业学生毕业就业乃至未来职业发展影响深远。

显然,课程建设、实践技能和综合素养等因素取决于房地产开发与管理专业人才培养模式的构建。现有专业人才培养模式必须适应房地产行业对人才知识与能力的需求。目前房地产行业和企业出现一些新的发展趋势和战略性选择变化,必然改变房地产行业发展格局,进而对高校房地产专业人才培养提出新的要求。比如房地产企业的产品对象逐步从单一房地产开发向房地产金融、物业管理和教育产业等多元化业务领域发展,这种变化势必要求高校人才培养从过去专注于住宅开发的培养模式向复合型人才培养模式转型,尤其是课程设置,要从过去单一专注于工程类课程向交叉型课程设置转型。又如近年来房企并购案例增多,融资渠道不断拓宽,运营模式和资产证券化创新加快,新变化要求高校人才培养要强化学生在投资、融资以及财务管理方面的能力和素养。

因此,房地产开发与管理专业人才培养必须紧密契合房地产行业的最新发展趋势,对接房地产行业和企业对复合型专业人才的需求,在完善课程体系、强化实践技能和提升学生综合职业素养等方面下功夫。

一、树立新型的教育教学理念

结合本专业的特点,在全体教学人员和学生中树立"一切以用人单位的需求为中心,房地产行业用人的标准就是我们育人的标准,把学生培养成理念先进,理论功底扎实,基本技能过硬,专项能力突出,能够适应房地产业要求的高素质人才"的教育教学理念,并将它渗透到课程设置、教学管理、学生管理、师资队伍建设等方面。从新生入校,首先进行专业理念的教育,在日后的各项活动中,不断地实践,不断地强化,不断地完善,将教育教学理念贯穿到教与学的各个环节。

二、契合就业方向与职业能力需求调整课程设置

在课程设置上,打破基础课、专业基础课和专业课的"老三块"的传统课程设置,围绕职业素质和职业能力培养主线安排课程。职业素质:健康的心理素质和身体素质;强烈的职业道德;牢固的服务意识、组织意识和吃苦意识;积极的创新意识及优雅得体的气质风度等。职业能力:房地产开发与管理能力、房地产预算与估价能力、房地产市场营销与广告策划能力、语言表达能力、沟通能力、组织与合作能力、计算机应用能力、写作能力等。按照教学大纲进行课程设计,立足当前,兼顾长远;兼顾知识的广度与深度;兼顾理论学习与技能训练,从根本上实现高素质技能型人才培养。

三、完善实践教学体系,强化实践性教学环节

学生的实践能力是教学成功与否的重要标志。因此,要进一步加大实践性教学环节。同时,还要制定实践项目课程标准和评价体系,完善实践教学体系。可利用就业讲座、团队活动、参观访问、现场实习、座谈、企业访谈、模拟面试等方式,让学生积极参与其中,提升自身素养和能力。充分利用校内外资源如职场人士、校友群等人力资源,有的放矢地传授实际经验,提升实践效果。

四、建立产学结合的专家指导委员会和实习基地

根据本专业的特点,聘请与专业有关的领导、经验丰富的房地产行业专家组成专业指导委员会,共同探讨人才培养方案、教学内容和课程标准的制定与修改,进行教学研讨,开设房地产行业方面的专题讲座,参与指导实习等。在省内外建立专业实习和顶岗实习基地,与一些信誉高的企业建立稳定的合作关系,以促进产学结合,提高教学水平,树立专业形象。

五、组织参加行业技能比武和技能等级证书考试

组织学生参与房地产行业的等级证书考试以及相关设计大赛,鼓励和引导学生参加施工员、造价员、安全员、材料员等八大员资格考试。在竞赛和考核中提高学生的操作技能,激励学生的进取精神,检查教师的教学效果。